高职高专“十三五”规划教材

汽车电气构造与维修

（第2版）

主　编　张　伟
副主编　姚明傲　段艳文　李宏峰
主　审　高卫明

北京航空航天大学出版社

内 容 简 介

本书是根据《教育部关于加强高职高专教育教材建设的若干意见》的精神，参考作者多年的教学实践和课程的理论要求编写而成的。全书共分 10 个项目，内容包括：初识汽车电气系统、汽车电源、汽车起动机、汽车点火系统、汽车仪表和报警系统、汽车照明与信号系统、汽车辅助电器系统、车载影音系统、车用空调系统、汽车电气设备总线路，并包含课后练习。

本书可以作为高职院校汽车检测专业、汽车电气专业的教材，也可供有关技术人员参考。

图书在版编目(CIP)数据

汽车电气构造与维修 / 张伟主编. -- 2 版. -- 北京 ：北京航空航天大学出版社，2017.6

ISBN 978-7-5124-2349-7

Ⅰ.①汽… Ⅱ.①张… Ⅲ.①汽车—电气设备—构造—高等职业教育—教材②汽车—电气设备—车辆修理—高等职业教育—教材 Ⅳ.①U472.41

中国版本图书馆 CIP 数据核字(2017)第 035414 号

汽车电气构造与维修(第 2 版)

主 编 张 伟

副主编 姚明傲 段艳文 李宏峰

主 审 高卫明

责任编辑 董 瑞 甄 真

*

北京航空航天大学出版社出版发行

北京市海淀区学院路 37 号(邮编 100191) http://www.buaapress.com.cn

发行部电话：(010)82317024 传真：(010)82328026

读者信箱：goodtextbook@126.com 邮购电话：(010)82316936

北京时代华都印刷有限公司印装 各地书店经销

*

开本：787×1 092 1/16 印张：15 字数：384 千字

2017 年 6 月第 2 版 2017 年 6 月第 1 次印刷 印数：3 000 册

ISBN 978-7-5124-2349-7 定价：32.00 元

第 2 版前言

高职教育是为了培养直接在生产、管理、服务第一线从事技术应用、经营管理、高新技术设备的应用与调试的高级技术应用型人才。

汽车电气是汽车的重要组成部分，随着科技的发展，汽车电气部分在整车中所占比重也越来越大。汽车行业近几年来飞速发展，对于人才的需求也急剧增长。

“汽车电气构造与维修”是汽车类专业必修的一门主干专业课。该课程主要介绍现代汽车上常用的电器元件和电子设备，主要内容包括：电源系统、启动系统、点火系统、照明与信号系统、电器仪表系统、汽车空调系统、辅助电器系统等。通过对该课程的学习，使学生掌握现代汽车电气设备的结构、原理和检修方法，学会相关检测设备的使用，最终具备一定现场分析、解决汽车实际电路问题的能力。

本书由四川航天职业技术学院张伟担任主编，姚明傲、段艳文、李宏峰担任副主编，高卫明教授担任主审。

本书作者均来自教学一线，在编写时力争使内容符合当前的教学实践，为更好地组织教学，作者充分考虑学生的实际情况，力求培养学生扎实的基础知识和提高动手能力。

在本书编写过程中，参考了大量的著作和文献资料，在此向有关作者及编者表示真诚的谢意。由于作者水平有限，书中不妥或错误之处在所难免，恳请读者批评指正。在使用过程中，如果有好的意见、建议请发送 E-mail 至：43305847@qq.com。

编　者

2016 年 12 月

目　录

项目1 初识汽车电气系统

【项目要求】

- 了解汽车电气系统的现状与发展。
- 了解汽车电气系统的分类。
- 掌握汽车电气系统的组成及特点。

【项目解析】

汽车的问世至今已有100多年，汽车的发展给整个人类和世界带来了巨大的变化，汽车技术也突飞猛进、日新月异。汽车电气系统是汽车的重要组成部分，随着汽车技术的进步，汽车电气设备的结构与性能也在不断进步，特别是电子技术和计算机技术在汽车电气设备中的应用，在解决汽车节能减排、行车安全等方面起着越来越重要的作用。

任务1.1 汽车电气系统的发展

1.1.1 汽车电源系统的发展

现代汽车上使用的铅酸蓄电池已有近一个半世纪的历史，法国物理学家普兰特发明的铅酸蓄电池为后来的汽车用电开辟了道路。

长期以来，汽车上采用的是直流发电机，由于靠整流子换向的直流发电机已不能适应现代汽车的要求，因而其逐渐被交流发电机所取代。交流发电机的采用是汽车电器的一大突破，它始用于20世纪50年代，当今世界发达国家均已在汽车上普遍采用硅整流交流发电机，我国也从20世纪70年代开始使用，并已迅速普及。

如今，大量的高新技术在汽车上的广泛采用使得汽车上的电气电子装置愈来愈多，如空调、电子燃油喷射系统、自动换挡变速器、电动转向、中央控锁系统、自动导航系统等设备。因此，如何提供足够的电力以保证所有电气系统的可靠工作，已经成为新一代汽车电源发展和设计的重要课题。

1.1.2 汽车点火系统的发展

近100年来，汽车点火系统总共有4种形式，即热管式、磁电机式、蓄电池式、计算机控制式。1883年，戴姆勒发明的第一台汽油机采用的是热管点火。热管是一个从汽缸内伸出的封闭的金属管，启动时用喷灯加热到红热状态，由于热管保持高热，当汽缸内混合气被压缩时，压力温度升高，就自己发生点火。汽油机磁电机点火装置是在汽缸燃烧室内装置带电极的火花塞，由永磁微型发电机供电，用一个由凸轮轴带动的断电器周期性断开线圈，产生高压电火花，点燃混合气。1912年，人们发现利用蓄电池和发电机系统的电流完全可以供给点火装置使用，因而磁电机点火装置就不再使用了，出现了蓄电池点火装置。计算机控制点火装置是1983年出现的，它与电子控制汽油喷射装置一起，无疑是今后汽车点火系统的发展方向。

1.1.3 汽车照明与信号系统的发展

1898年,“哥伦比亚”号电动汽车首先把电用于前灯和尾灯。最初的前大灯不能调光,所以汽车在会车时有些晃眼,后来采用了附加光度调节器,并由美国异航灯具公司推广应用。这种前大灯可以在垂直方向上下移动,但驾驶员必须下车转动夹具装置,非常不方便。1925年,导航灯具公司推广了双丝灯泡,远光和近光的调节通过开关来控制,才把这个问题彻底解决。目前,汽车照明系统正在经历着重要变革,不仅HID和LED光源得到了更广泛地应用,而且汽车照明系统也日益智能化,并且在智能化的范围不断延伸。例如,头灯甚至可以转化任意角度,以便驾驶者看到偏僻的角落,不过这取决于汽车的行驶速度。

汽车上首先应用电灯的是1898年的“哥伦比亚”号汽车,这是一辆用蓄电池驱动的电动汽车。汽油车的灯光采用的是另外一种方法,就是利用一个钢瓶,里面装上压缩乙炔气,再把乙炔气引导到前大灯,以火焰来点燃,此法于1904年被推广应用。另外一些汽车制造者重新采用了直流发电机,也持续了一些时间,那时每次充电,蓄电池不必从汽车中取出。直到1908年,汽车上还没有使用电扬声器,驾驶员仍要通过踩踏板踩踏响铃或发出呼号来警告行人避让,但这两种方法都不如电扬声器声音来得响亮。1908年—1911年间,装电扬声器的汽车为数很少,所采用的能源是干电池,因为干电池消耗很快,必须经常更换,所以花费很大。

1.1.4 汽车仪表系统的发展

汽车仪表与信号是由一排外视器组成的,随后出现的仪表是精确计时仪。在1901—1905年间,大多数汽车上的计时仪仅仅是卷簧时钟;后来又出现了速度表、润滑油压、充电电流表、发动机冷却液温度以及燃油液位等各种仪板,并使仪表板配备了夜间照明系统;20世纪80年代,随着电子技术的发展,电子数字式显示仪表板代替了原来的机械仪表,彩色显示甚至阴极射线示波管显示也在汽车仪表上得到应用。

目前,汽车仪表板总的发展趋势正在向简洁明了的模拟式仪表和数字式仪表板方向发展。

任务1.2 汽车电气系统的分类

现代汽车所装备的电气系统按其用途可大致划分为下面几类。

1.2.1 电源系统

汽车电源系统包括蓄电池、发电机、调节器。

蓄电池的主要作用是发动机启动时向起动机供电,同时辅助发电机向用电设备供电。发电机为主电源,发电机正常工作时,由发电机向全车用电设备供电,同时给蓄电池充电。调节器的作用是使发电机的输出电压保持恒定。

1.2.2 启动系统

现代汽车发动机以电动机作为启动动力。启动系统是由蓄电池、点火开关、启动继电器、起动机等组成。启动系统的功用是通过起动机将蓄电池的电能转换成机械能,启动发动机运转。

启动开关接通起动机电磁开关电路，以使电磁开关通电工作。汽油发动机的启动开关与点火开关组合在一起。

启动继电器由启动继电器触点（常开型）控制起动机电磁开关电路的通断，启动开关只是控制启动继电器线圈电路，从而保护了启动开关。启动继电器有单联型（保护启动开关）和复合型（既保护启动开关又保护起动机）。

1.2.3 点火系统

点火系统的作用是适时地为汽油发动机汽缸内的可燃混合气体提供足够能量的电火花，同时满足可燃混合气体充分燃烧及发动机工作稳定的性能要求，使发动机能及时、迅速地做功，实现从热能到机械能的转变。

目前汽车上采用的点火系统有 3 种类型：传统点火系统、电子点火系统、微机控制点火系统。

传统点火系统主要由电源（蓄电池）、点火开关、点火线圈、信号发生器、点火模块（或称点火控制器、电子点火器）、分电器（包括配电器、点火提前机构）、火花塞等组成。

微机控制点火系统主要由电源（蓄电池）、点火开关、传感器、电子控制单元（或称电控单元）、执行器（点火线圈、点火模块、火花塞）等组成。

1.2.4 汽车仪表和报警系统

仪表系统的作用是显示汽车运行参数以及交通信息。报警系统的作用是警示汽车运行性机械故障情景，以确保行驶和停车的安全性、可靠性。仪表与报警系统主要由各种仪表、传感器、报警指示灯和控制器等组成。

1.2.5 照明与信号系统

汽车照明系统包括汽车内、外各种照明灯及其控制装置，用来保证夜间行车安全。其主要有前照灯、雾灯、尾灯、制动灯、棚灯、电扬声器、转向灯闪光器等。

所谓汽车信号系统，就是能对车辆之外的其他车辆、人或动物进行提醒和警示的电气系统，其主要目的是为了自身及他人的安全。此系统包括转向灯、示宽灯、应急灯、倒车灯、倒车提示器、驻车灯、制动灯、扬声器等。

1.2.6 电子控制系统

汽车电子控制系统可以分为以下 4 个部分。

① 发动机和动力传动集中控制系统，包括发动机集中控制系统、自动化变速控制系统、制动防抱死和牵引力控制系统等。

② 底盘综合控制和安全系统，包括车辆稳定控制系统、主动式车身姿态控制系统、巡航控制系统、防撞预警系统、驾驶员智能支持系统等。

③ 智能车身电子系统，包括自动调节座椅系统、智能前灯系统、汽车夜视系统、电子门锁与防盗系统等。

④ 通信与信息/娱乐系统，包括智能汽车导航系统、语音识别系统、“ON STAR”系统（具有自动呼救与查询等功能）、汽车维修数据传输系统、汽车音响系统、实时交通信息咨询系统、

动态车辆跟踪与管理系统、信息化服务系统(含网络等)等。

1.2.7 辅助电器系统

现代汽车上,除基本电器设备外,还有一些辅助电器设备,以达到各种不同的目的。常见的辅助电器设备有电动刮水器、风窗玻璃洗涤器、电动车窗、电动后视镜、电动座椅、汽车防盗系统,而且从发展趋势来看,汽车上的辅助电器设备只会越来越多。

1.2.8 车用空调

车用空调的作用是对车室内空气的温度、湿度、流速和清洁度等参数进行调节,使乘客和驾驶员感到舒适。车用空调主要由制冷系统、暖风系统、通风系统、空气净化系统和控制系统等部分组成。

任务1.3 汽车电气系统的特点及未来

1.3.1 汽车电气系统的特点

(1) 低　压

标称电压有12 V、24 V,轿车通常用12 V,而重型柴油车通常用24 V。

(2) 直　流

因为发动机靠起动机启动,起动机由蓄电池供电,而蓄电池单格数少,电能消耗后又必须用直流电充电,所以汽车电气系统为直流系统。

(3) 单线制

从电源到用电设备只用一根导线连接,用底盘、发动机等金属机体作为另一根导线,线路简化清晰,安装和检修方便。

(4) 负极搭铁

汽车电气系统采用单线制式,蓄电池的一个电极接到车体上,俗称“搭铁”。若蓄电池的负极与车体相接,就称负极搭铁;反之,称为正极搭铁。按照国家标准规定,国产汽车的电气系统均采用负极搭铁。负极搭铁的优点:对车架和车身金属的化学腐蚀较轻,对无线电干扰小。

1.3.2 汽车电气系统的未来

汽车电子技术的应用将使汽车发生以下主要变化。

(1) 汽车轻量化

未来汽车的机械结构将发生重大变化,汽车的各种操纵系统将向电子化和电动化方向发展,实现“线操控”,用导线代替原来的机械传动机构,例如“导线制动”“导线转向”“电子油门”等。这个变化将使车体越来越轻,从而节约燃油。

(2) 汽车供电系统将由12 V向42 V转化

随着汽车电子装置越来越多,消耗的电能正在大幅度地增加,现有的12 V动力电源已满足不了汽车上所有电气系统的需要。今后将采用集成起动机—发电机42 V供电系统,发电机最大输出功率将会由目前的1 kW提高到8 kW左右,发电效率将会达到80%以上。42 V汽车电气系统新标准的实施将会使汽车电器零部件的设计和结构发生重大的变革，机械式的继电器、熔丝式保护电路将被淘汰。

(3) 汽车更加智能化

智能汽车装备有多种传感器，能够充分感知驾车者和乘客的状况以及交通设施和周边环境的信息，判断乘员是否处于最佳状态，车辆和人是否会发生危险，并及时采取应对措施。

项目评定

1. 填空题

(1) 100 年来，汽车点火系统总共有五种形式，即热管式、________、________、蓄电池式、计算机控制式。

(2) 汽车电气的特点是：________、直流、单线制、________。

(3) 汽车电气系统的发展方向有：________________、电压 42 V、______________。

2. 简答题

(1) 试举出你身边的汽车里有哪些汽车电气设备。

(2) 在汽车的发展中，各种电气设备越来越多，描绘出你认为的未来汽车电气设备会有怎样的功能。

项目2 汽车电源

【项目要求】

- 了解汽车蓄电池的种类、构造和型号。
- 了解汽车蓄电池的工作原理。
- 掌握汽车蓄电池的维护事项。
- 掌握汽车发电机和调节器的工作原理。
- 掌握汽车电源系统的故障诊断和维护方法。

【项目解析】

蓄电池是一种将化学能转化为电能的装置,是一种可逆的直流电源。用于汽车上的蓄电池为汽车发动机启动提供电能。为满足发动机启动需要,蓄电池应保证在5～10 s的短时间内,提供给汽车起动机足够大的电流。汽油机启动电流为200～600 A,有的柴油机启动电流可达1 000 A。

任务2.1 车载蓄电池

2.1.1 蓄电池的种类

车用蓄电池可分为两类:铅酸蓄电池和碱性蓄电池。其中,铅酸蓄电池又分为普通型、干荷电型、湿荷电型、免维护型和胶体型等。

一般轿车上使用的电池为铅酸蓄电池,且是启动型蓄电池,其可分为普通电池、干荷电池和免维护蓄电池3种。

① 普通电池:普通电池的极板是由铅和铅的氧化物构成的,电解液是硫酸的水溶液。它的主要优点是电压稳定、价格便宜;缺点是比能(即每千克电池存储的电能)低、使用寿命短和日常维护频繁。

② 干荷电池:它的全称是干式荷电铅酸电池,主要特点是负极板有较高的储电能力,在完全干燥状态下,能在两年内保存所得到的电量,使用时,只需加入电解液,等过20～30 min就可使用。

③ 免维护蓄电池:在有效使用期内无须再进行添加蒸馏水等维护工作的蓄电池称为免维护蓄电池,或无须维护蓄电池,英文名称是Maintenance-Free Battery,简称MF蓄电池。

2.1.2 蓄电池的作用

蓄电池主要的作用是在车辆启动时向起动机和点火系统供电,使车辆可以正常起步,而在车辆熄火或是停驶之后,以及发电机电压较低时向车上的用电设备提供必要电源,例如音频、视频、照明等诸多方面。发电机端电压高于蓄电池电动势时,可以将发电机的电能转化为化学能储存起来。另外,蓄电池还相当于一个大电容器,能够吸收发电机的过电压,保护车用电子元件免受损坏。

2.1.3　普通蓄电池的结构

图 2 - 1 所示是铅蓄电池的结构图，包括极板、隔板、电解液、外壳、联条和极柱等部分。

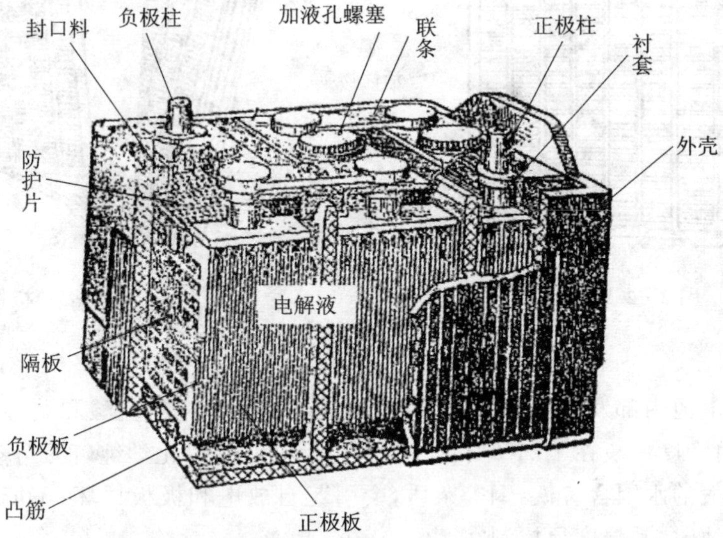

图 2 - 1　铅蓄电池结构图

1. 极　板

极板由栅架和活性物质构成，分为正极板和负极板，是蓄电池的核心部分，由栅架和填充在上面的活性物质组成，如图 2 - 2 所示。蓄电池的充放电是通过极板上的活性物质和电解液进行的。

栅架的作用是容纳活性物质并使极板成形。栅架一般由铅锑合金构成(含锑量为 2%～3.5%)，具有良好的导电性、耐腐蚀性和一定的机械强度，其作用是固结活性物质。正极板上的活性物质是二氧化铅(PbO_2)，呈棕红色。负极板上的活性物质是纯铅，是一种灰色海绵状物质。

极板的厚度对蓄电池的容量和启动性能有着极大的影响。目前，国产极板厚度为 1.8～2.4 mm，其中，正极板厚度为 2.2 mm，负极板厚度为 1.8 mm；国外大都采用 1.1～1.5 mm 的薄型极板。采用薄型极板可提高蓄电池的容量和启动性能。

为增大蓄电池的容量，可将多片正、负极板分别并联，用横板焊接成正、负极板组，横板上有极柱，各片间留有空隙。安装时，各片正、负极板相互嵌合，中间插入隔板后装入蓄电池单格便形成单格电池，在每个单格电池中负极板总比正极板多一片，如图 2 - 3 所示。因为正极板活性物质比较疏松，且正极板处的化学反应剧烈，反应前后活性物质体积变化较大，所以正极板加在负极板之间可使其两侧放电均匀，从而减轻正极板的翘曲和活性物质脱落。

2. 隔　板

隔板是蓄电池的重要组成部分，由多孔的绝缘物质构成，其作用是把正、负极板隔开，避免正、负极板接触短路。电解液可以透过隔板导电，隔板的弹性可延缓正极板上活性物质的脱落。

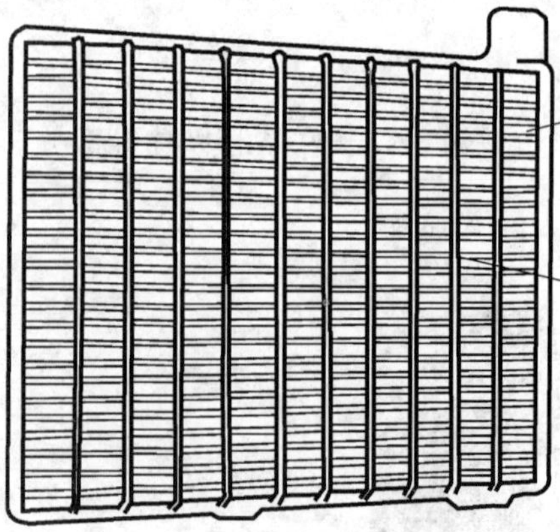

图 2-2　极板结构

图 2-3　极板组

3. 电解液

电解液是蓄电池内部发生化学反应的主要物质,由化学纯净硫酸和蒸馏水按一定的比例配制而成,其相对密度一般在1.24~1.28。硫酸电解液必须以化学纯硫酸与蒸馏水配制而成,工业用硫酸和一般的水因含有铁、铜等杂质,会引起自放电和极板损坏,不能用于蓄电池。电解液在加入蓄电池时,其温度须控制在22~32 ℃。

使用电解液时应根据当地最低气温或制造厂的要求进行选择,如表2-1所列。

表 2-1　电解液相对密度与放电程度对照表

g/cm

气候条件	充足电时电解液相对密度	放电时电解液相对密度			
		放电 25%	放电 50%	放电 75%	全放电
冬季气温低于-40 ℃地区	1.31	1.27	1.23	1.19	1.15
冬季气温高于-40 ℃地区	1.29	1.25	1.21	1.17	1.13
冬季气温高于-20 ℃地区	1.27	1.23	1.19	1.15	1.11
冬季气温高于0 ℃地区(海南)	1.24	1.20	1.16	1.12	1.09

注:表中相对密度值是指温度为25 ℃时的值,环境温度每升高1 ℃,应在测得的密度值上加0.007,每降低1 ℃则应减0.007。

4. 外　壳

蓄电池的外壳用来盛放电解液和极板组,外壳应耐酸、耐热、耐振,通常用硬橡胶或聚丙烯塑料制成。

蓄电池电压一般有6 V和12 V两种规格,因此,外壳内由间壁分成3个和6个互不相通的单格,底部制有凸筋用来支撑极板组。凸筋之间的间隙可以积存极板脱落的活性物质,避免正、负极板短路。每个单格的盖中间有加液孔,可以用来检查液面高度和测量电解液的密度,加液孔平时用加液孔螺塞拧紧。加液孔螺塞中心的通气孔应保持畅通,使蓄电池电化学反应放出的气体随时逸出。在极板组上部装有防护板,以防止测量电解液相对密度、液面高度或添加电解液时损坏极板上部。

5. 联　条

联条的作用是将单格蓄电池串联起来，提高整个蓄电池的端电压。联条一般由铅锑合金铸造而成，有外露式、内部穿壁式和跨越式 3 种，前者用在硬橡胶外壳和盖上，后两种用在塑料外壳和盖上。单体电池的连接方式如图 2－4 所示。

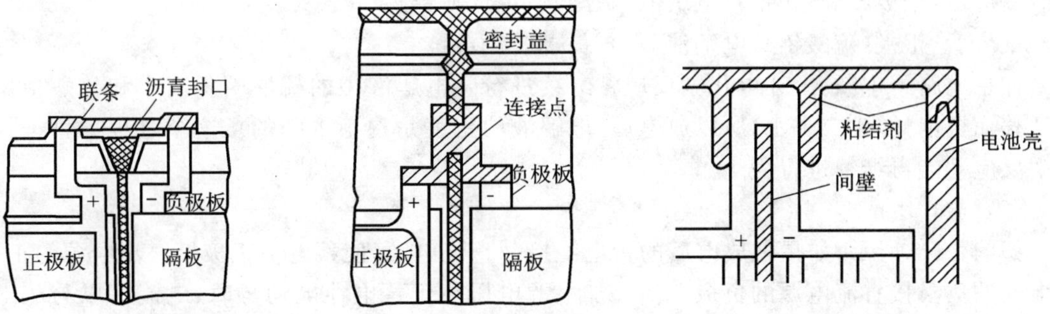

图 2－4　单体电池的连接方式

6. 接线柱

普通铅酸蓄电池首尾两极板组的横板上焊有接线柱，接线柱有圆锥形、L 形和侧孔形 3 种。为了便于区分，正接线柱上或旁边标有“＋”或“P”记号，负接线柱上标有“－”或“N”记号，有些蓄电池正接线柱上涂有红色油漆。

2.1.4　启动型铅蓄电池的型号

蓄电池的型号一般都标注在外壳上，其型号的编制由 5 部分组成，具体如下。

[1]－[23]－[45]

1 表示串联的单格电池数用阿拉伯数字表示。

2 表示蓄电池的类型用拼音字母来表示。其中：Q 代表启动型蓄电池；M 代表摩托车用蓄电池；JC 代表船用蓄电池；HK 代表飞机用蓄电池。

3 表示电池特征用字母表示。其中：A 代表干荷电蓄电池；H 代表湿荷电蓄电池；W 代表免维护蓄电池；S 代表少维护蓄电池等。

4 表示 20 h 放电额定容量用阿拉伯数字表示，不带容量单位。

5 表示特殊性能，例如：G 代表高启动率蓄电池；D 代表低温启动性能好的蓄电池；S 代表塑料外壳蓄电池。

例如：6－Q－105 表示由 6 个单格串联，额定电压 12 V，额定容量 105 A·h 的启动型蓄电池。

2.1.5　铅蓄电池的作用原理

蓄电池的工作原理就是化学能与电能的互相转化。当蓄电池将化学能转化为电能而向外供电时，称为放电过程；当蓄电池与外界直流电源相连将电能转化为化学能存储起来时，称为充电过程。

(1) 放电过程

如图2-5所示,当蓄电池充足电时,正极板上的活性物质是二氧化铅,负极板上的活性物质纯铅在电解液(纯硫酸+蒸馏水)作用下,发生以下化学反应:

$PbO_2+2H_2SO_4+Pb \rightarrow PbSO_4+2H_2O+PbSO_4$

反应前:正极(二氧化铅)、电解液(硫酸)、负极(纯铅)

反应后:正极(硫酸铅)、电解液(水)、负极(硫酸铅)

如果电路不中断,上述电化学反应将继续进行。电解液中的硫酸因氢离子和硫酸根离子的迁移而被消耗,生成了水,所以放电后,电解液的密度是逐渐下降的。这个过程一直进行到化学反应不能再继续进行为止。

(2) 充电过程

如图2-6所示,如果把放电后的蓄电池接一直流电源,使蓄电池正极接直流电源的正极,蓄电池的负极接直流电源的负极。当外加电源电压高于蓄电池电动势时,电流将以与放电电流相反的方向流过蓄电池,使蓄电池正、负极发生与放电相反的化学反应:

$PbSO_4+2H_2O+PbSO_4 \rightarrow PbO_2+2H_2SO_4+Pb$

反应前:正极(硫酸铅)、电解液(水)、负极(硫酸铅)

反应后:正极(二氧化铅)、电解液(硫酸)、负极(纯铅)

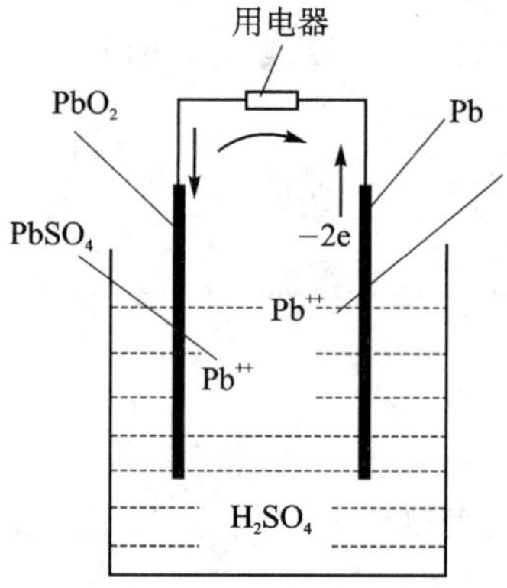

图2-5 蓄电池放电过程

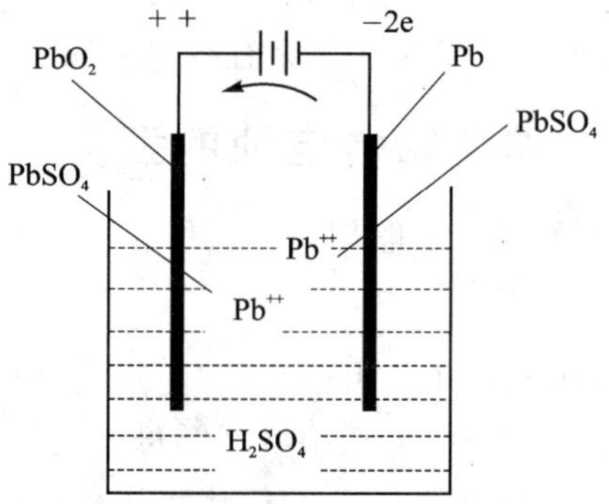

图2-6 蓄电池充电过程

充电时,正极板外加电流将两个电子经外电路输送到负极板,正极板上原二价铅离子因失去两个电子而成为四价铅离子,再与水反应生成二氧化铅(附着在正极板上)。而在负极板上,由于得到两个电子与原二价铅离子结合生成纯铅(附着在负极板上)。与此同时,从正、负极上电离出来的硫酸根离子则与水中氢离子结合生成硫酸。所以充电时,水被消耗,电解液密度上升。在充电过程中,上述化学反应不断进行,当充电进行到极板上的物质和电解液完全恢复到放电前的状态,又可向外供电。

2.1.6 蓄电池的维护

1. 及时进行电解液密度的检查和调整

电解液的密度对汽车蓄电池的放电容量和使用性能有很大的影响。电解液的密度决定着极板的电动势、电解液的阻值以及离子的扩散速度。电解液的密度高,极板细孔中的硫酸量多,蓄电池放电容量就增大,但密度不能过高;否则会加速极板栅格的腐蚀,造成蓄电池的早期损坏，同时还会增大内阻，降低放电容量。因此，应根据气候环境、使用条件以及蓄电池的性能要求，严格控制电解液的密度。

2. 保证电解液的纯净度

若电解液中含有铀、铜、锡、锑等杂质，在发电机对蓄电池充电时，这些物质将沉积在负极板上，与海绵状铅构成短路可变成硫酸铅，使蓄电池的容量严重下降。若含有变价金属铁以及有机化合物，将会加速正极板上二氧化铅、负极板上铅的消耗，使活性物质脱落、减少而损失容量。当电解液中含铁量达到 1%时，24 h 内将导致蓄电池放电 100%。同时，有机化合物的存在还会造成正极板栅与活性物质交界处的板栅严重腐蚀，导致汽车蓄电池的早期损坏。所以在配制和加注电解液时，应认真做好对原材料纯度的检验和防污染工作。

3. 加强蓄电池的补充电

由于蓄电池会引起自放电，因此应定期从车上拆下蓄电池，在充电间对蓄电池进行补充电，一般一两个月进行一次，以提高其使用可靠性，延长使用寿命。注意：必须要用专用的充电器给蓄电池充电。

4. 注意换季保养和维护

冬季特别是严寒季节使用蓄电池时，应经常保持蓄电池处于充足电状态，并提高电解液的密度，以防止电解液密度降低而结冰，造成汽车蓄电池壳体胀裂、极板损坏等故障。夏季时应通过加注蒸馏水来降低电解液的密度。加水时，应补加纯净无污染的蒸馏水(严禁添加电解液)。由于冬季蓄电池容量降低，冷机启动时应进行预热，并且每次接通起动机的时间不应超过 3～5 s，再次启动时，应间隔 5～6 s 后进行。

5. 汽车车载蓄电池的充电

蓄电池充电所需要的专用工具是 GMP/N 1302040ST－1201 蓄电池侧端子接头。在充电过程中要注意：不许对蓄电池充电机使用升压、跨接启动、摇晃或相当的方法来加强蓄电池充电，因为使用这些方法会产生过热，过量气泡会从通气口溢出，导致蓄电池损坏。禁止给比重计显示绿色或浅黄色的蓄电池充电。

2.1.7　免维护蓄电池的结构

免维护蓄电池又称 MF 蓄电池，免维护是指在电池寿命内，不需要对蓄电池进行加注蒸馏水、检测电解液液面高度、检测电解液密度等维护作业。免维护蓄电池特点如下。

① 栅架材料采用铅钙合金，既提高了栅架的机械强度，又减少了蓄电池的耗水量和自放电。免维护蓄电池的寿命为普通电池的两倍，可以达到 4 年，所以普遍应用于现在的汽车。

② 采用了袋式微孔聚氯乙烯隔板，将正极板装在隔板袋内，既可避免正极板上的活性物质脱落，又能防止极板短路。因此壳体底部不需要凸起的肋条，降低了极板组的高度，增大了极板上方的容积，使电解液贮存量增多。

③ 蓄电池内部安装有电解液密度计，可自动显示蓄电池的存电状态和电解液液面的高低。如果密度计的观察窗呈绿色，表明蓄电池存电充足，可正常使用；若显示深绿色或黑色，表明蓄电池存电不足，需补充充电；若显示浅黄色，表明蓄电池已接近报废。内嵌式密度计的原理如图 2－7 所示。

④ 采用了新型安全通气装置和气体收集器，在孔盖内部设置了一个氧化铝过滤器，可阻止水蒸气和硫酸气体通过，同时又可以使氢气和氧气顺利逸出。通气塞中装有催化剂钯，可促

使氢、氧离子重新结合成水回到蓄电池中。

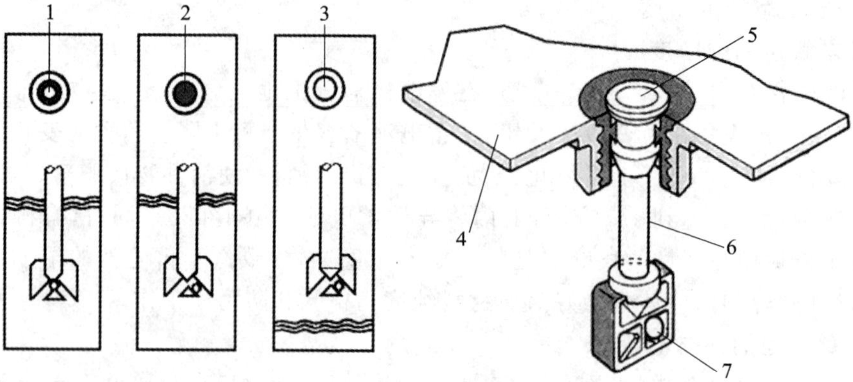

1—绿色(充电程度为 65%或更高);2—黑色(充电程度低于 65%);
3—浅黄色(蓄电池有故障);4—蓄电池盖;5—观察窗;
6—光学的荷电状况指示器;7—绿色小球

图 2-7　内嵌式密度计的原理

2.1.8　电池的充、放电特性

1. 充电特性

蓄电池的充电特性是指在恒流充电的过程中,蓄电池的端电压和电解液的密度随充电时间变化的规律。图 2-8 所示为一只 6-QA-60 型蓄电池以 3A 的充电电流进行充电时的特性曲线。

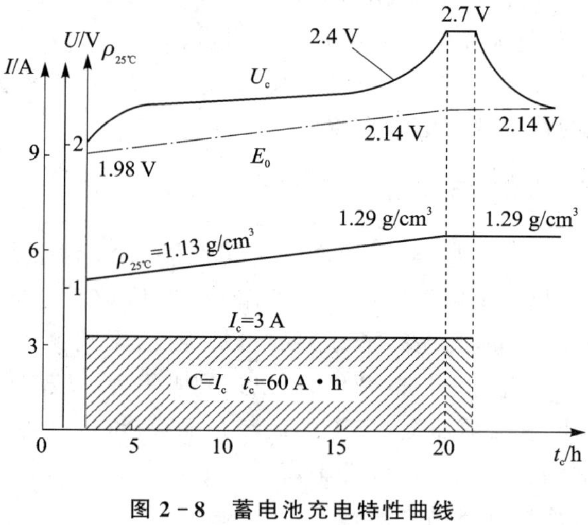

图 2-8　蓄电池充电特性曲线

由于采用恒流充电,单位时间内所产生的 H_2SO_4 量是相等的,因此,电解液密度随时间的变化曲线是一条上升直线。

充电过程中,端电压的变化规律可分为以下 4 个阶段。

第一阶段,充电开始时,端电压上升较快。这是由于极板活性物质孔隙内部的水迅速消耗,孔隙外部的水还没有来得及渗入极板内部,极板内部电解液相对密度迅速上升引起的。

第二阶段,端电压上升平稳,至单格电压达到 2.4 V。这是由于该阶段极板内、外离子移动达到动态平衡所致。

第三阶段，端电压达 2.4 V 以后迅速上升至 2.7 V。这是由于该阶段电解液中的水开始电解，正极板表面逸出 O_2，负极板表面逸出 H_2，O_2 和 H_2 以气泡形式释放出来，电解液呈“沸腾”状态。

第四阶段，此阶段为过充电阶段，其端电压不再回升。为了保证蓄电池充分充电，一般需要过充电 2～3 h。

过充电时，由于剧烈产生气泡，会在极板内部造成压力，加速活性物质脱落，使极板过早损坏，所以应避免长时间过充电。

充电停止后，附加电位消失，极板孔隙内电解液和容器中的电解液密度趋向平衡，因而蓄电池的端电压又降至 2.14 V。

蓄电池充电终了的特征如下。

① 蓄电池电解液内产生大量气泡，呈“沸腾”状态。

② 端电压和电解液密度均上升至最大值，且 2～3 h 内不再增加。

2. 放电特性

蓄电池的放电特性是指在恒流放电过程中，蓄电池的端电压和电解液的密度随时间变化的规律。图 2-9 所示为 6-QA-60 型干荷电蓄电池以 20 h 放电率进行恒流放电的特性曲线。

由于放电过程是恒流放电，电流值不变，单位时间内所消耗的硫酸量相同，因此，电解液的密度随时间呈直线下降。密度每下降 0.04 g/cm3，蓄电池放电约为 25%。

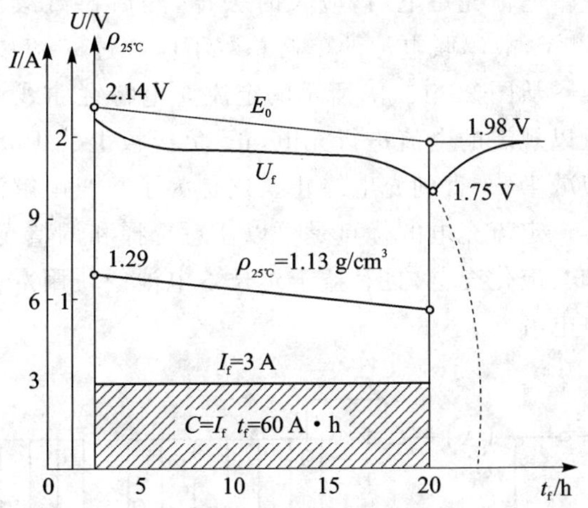

图 2-9 蓄电池放电特性曲线

放电过程中，端电压的变化规律可分为以下 3 个阶段。

第一阶段，放电开始时，端电压由 2.14 V 迅速下降到 2.1 V 左右。这是因为放电前渗入极板活性物质孔隙内部的 H_2SO_4 迅速反应变为水，而极板外部的 H_2SO_4 还来不及向极板孔隙内部渗透，极板内部电解液相对密度迅速下降，端电压迅速下降。

第二阶段，端电压由 2.1 V 呈直线规律缓慢下降。因为该阶段单位时间极板孔隙内部消耗的 H_2SO_4 量与孔隙外部向极板孔隙内外离子移动达到动态平衡。

第三阶段，放电接近终了时，端电压迅速下降到 1.75 V。因为极板表面已形成大量 $PbSO_4$，堵塞了孔隙，渗透能力下降；同时，由于极板内部 H_2SO_4 消耗量大于 H_2SO_4 向极板内部的渗透量，极板内部电解液密度迅速下降（对应的电压叫终止电压，对应的状态叫放电终了）。此时应停止放电，如果继续放电，端电压在短时间内将急剧下降到零，致使蓄电池过度放电，产生硫化故障，缩短蓄电池使用寿命。

放电停止后，由于电解液渗透的结果，使孔隙内外的电解液密度趋于一致，蓄电池单格电池电动势会回升至 1.98 V。

蓄电池放电终了的特征如下。

① 单格电池电压下降至放电终止电压,以20 h放电率放电,单格电池终止电压为1.75 V。

② 电解液密度下降至最小的许可值,大约为1.11 g/cm³。

此外,放电终止电压与放电电流大小有关,放电电流越大,连续放电时间越短,允许的放电终止电压也就越低。蓄电池的终止电压与放电电流的关系如表2-2所列。

表2-2　蓄电池的终止电压与放电电流的关系

放电电流/A	0.05Q20	0.1Q20	3Q20
连续放电时间	20 h	10 h	1 min
单格电池终止电压/V	1.75	1.70	1.40

蓄电池的充电方法有:定流充电、定压充电和脉冲充电等。常见充电设备有硅整流充电机、晶闸管(可控硅)充电机和快速脉冲充电机等。

1. 定流充电

在充电过程中,保持充电电流恒定的充电方法称为定流充电。硅整流充电机和晶闸管充电机都可方便地实现充电电流恒定的控制。采用定流充电可以将不同电压等级的蓄电池串联在一起充电,连接方法如图2-10(a)所示。充电电流应按照容量最小的电池来选择,当小容量蓄电池充足电后,应及时去掉,然后再继续给大容量蓄电池充电。充电时,每个单格需要2.7 V,故串联电池的单格总数不应超过$n=U_c/2.7$(U_c为充电机的充电电压)。

从图2-10(b)所示的定流充电特性曲线可以看出,一般定流充电分为两个阶段:第一阶段以规定的电流进行充电,正、负极板上的$PbSO_4$基本上还原成活性物质;第二阶段,充电电流减半,一直到充电终止。这是为了防止电解液中的水电解。

定流充电的优点是可以任意选择和调整充电电流,因此适用于蓄电池的初充电、补充充电和去硫化充电,且有益于延长蓄电池的使用寿命。缺点是充电时间较长,而且需要经常调整充电电流。

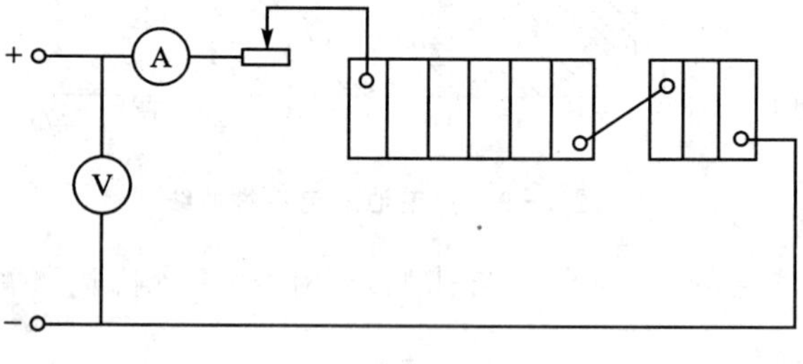

(a) 电　路

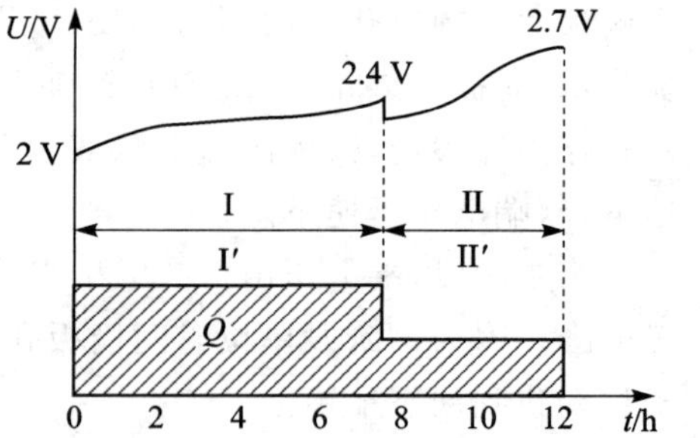

(b) 曲　线

图2-10　定流充电

2. 定压充电

在充电过程中,保持充电电压恒定的充电方法称为定压充电。汽车上的充电系统采用电压调节器实现对充电电压恒定控制。定压充电连接方法及特性曲线如图2-11所示。

采用定压充电时,若充电电压过高,则充电初期充电电流过大,且易发生过度充电现象;若

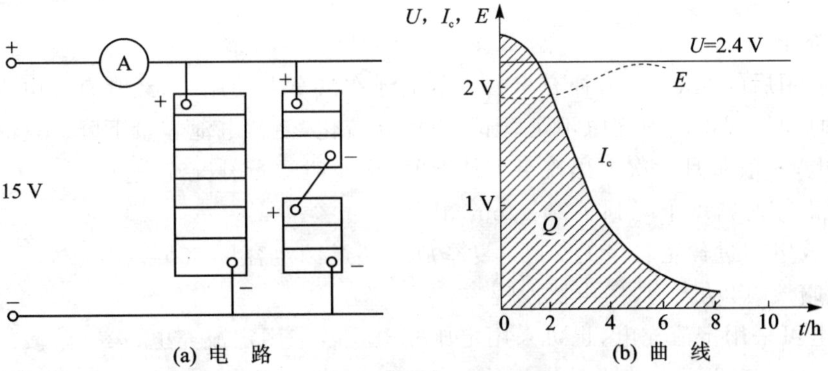

图 2－11　定压充电

充电电压过低，则蓄电池充电不足。若充电电压选择合适，电池充足后，充电电流会自动趋向于零，使充电自动停止，就不必由人工进行调整和照管。

定压充电的优点是充电效率高，充电 4～5 h，就可获得 90％～95％的电量，可大大缩短充电时间。缺点是由于定压充电电流大小不能调整，不能确保蓄电池完全充足电，不适用于蓄电池的初充电和去硫化充电。

3. 脉冲充电

常规充电（定流、定压充电）所需充电时间长，易产生极化现象，而脉冲充电采用自动控制电路对电池进行正反向脉冲充电，克服了充电过程中所产生的极化现象，有效地提高了充电效率。

脉冲充电首先利用充电初期蓄电池可以接受大充电电路的特点，初期采用（0.8～1）Q_e 的大电流对蓄电池进行定流充电，使蓄电池电量在短时间内达到额定容量的 60％左右；当单格电池电压达到 2.4 V，电解液开始冒气泡时，控制电路使充电转入脉冲充电阶段：先停止25 ms，接着再由反向脉冲快速充电，脉宽为 150～1 000 μs，脉幅为（1.5～3）Q_e 的充电电流；接着再停止充电 25 ms，然后再用正向脉冲进行充电。周而复始，直到充足电为止。其充电电流波形如图 2－12 所示。

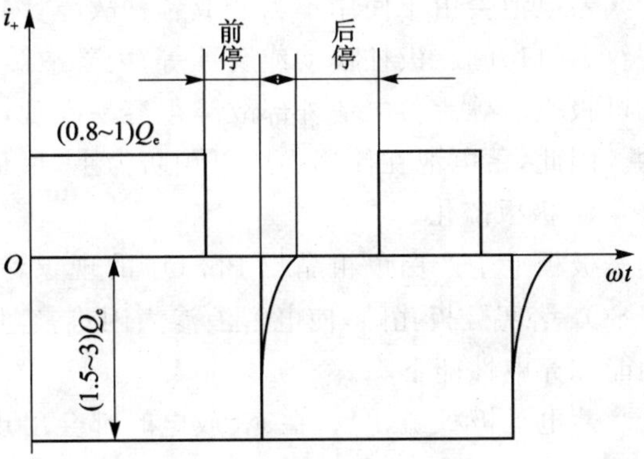

图 2－12　快速脉冲充电

脉冲充电的优点是充电时间短。缺点是由于采用大电流，不适用于蓄电池的初充电和去硫化充电。

2.1.9　充电种类

1. 初充电

新蓄电池或更换极板的蓄电池在使用前进行的首次充电，称为初充电。初充电是为了还原普通极板存放期间被氧化的活性物质。因此，初充电对蓄电池的使用性能影响很大，若充电不彻底，会导致蓄电池永久性的充电不足，导致蓄电池容量不足、寿命短。初充电一般采用定流充电。

2. 补充充电

蓄电池使用后的充电，称为补充充电。蓄电池在汽车上使用时，经常有充电不足的现象发生。如果长时间出现蓄电池充电不足，则极板极易硫化，使蓄电池容量下降。这时应根据需要进行补充充电，一般每月一次。出现下列情况时，应及时进行补充充电。

① 电解液相对密度下降到 1.20 g/cm^3 以下。

② 冬季放电超过额定容量的 25%，夏季放电超过额定容量 50%。

③ 灯光暗淡，启动无力，扬声器沙哑。

补充充电可采用定流充电，也可采用定压充电。若采用定流充电，第一阶段的充电电流为额定容量的 1/10，充电至单格电池电压达到 2.4 V 时电流减半，直至充足。若采用定压充电，只需选取合适的充电电压。

3. 去硫化充电

对硫化程度较轻的蓄电池，可以通过充电予以消除，其过程如下。

① 首先倒出蓄电池内的电解液，用蒸馏水冲洗两次后，再加入足够的蒸馏水。

② 接通通电电路，将电流调到初充电第二阶段电流值进行充电。当密度上升到 1.15 g/cm^3 时，倒出电解液，换加蒸馏水再次充电，直到密度不再增加为止。

③ 以 20 h 放电率放电至单格电池电压降到 1.75 V 时，再进行上述充电，充电后又放电，如此循环，直到输出容量达到额定容量值的 80%以上以后，即可使用。

2.1.10 蓄电池常见故障及排除

蓄电池会由于使用不当造成各种故障，缩短使用寿命。常见外部故障有壳体或盖子出现裂纹、封口开胶、极柱松动或腐蚀等；内部故障有极板硫化、活性物质脱落、极板短路、自行放电和极板拱曲等。蓄电池外部故障很容易发现，易修复；而内部故障不易发现，且发现后不易排除。因此，蓄电池在使用中应以预防为主，尽量避免内部故障产生。

1. 极板硫化

极板上生产白色粗晶粒 $PbSO_4$ 的现象称为“硫酸铅硬化”，简称“硫化”。这种粗晶粒的 $PbSO_4$ 堵塞极板孔隙，使电解液渗入困难，容量降低；且硫化层导电性差，内阻显著增大，启动性能和充电性能下降。

蓄电池极板硫化后，在充、放电时都会出现异常。例如：充电时，单格电压上升过快，电解液温度过高，“沸腾”过早，电解液相对密度达不到规定值；放电时，电压急剧下降，不能持续供给启动电流，以至于不能启动。

硫化产生的原因：

① 蓄电池长期充电不足或放电后未及时充电，当温度发生变化时，$PbSO_4$ 发生再结晶的现象；

② 电解液液面过低，极板露出部分与空气接触而发生氧化，由于液面的上下波动，氧化的极板时干时湿而发生了再结晶，产生了硫化；

③ 蓄电池经常过放电或小电流深度放电，使 $PbSO_4$ 深入到极板内层，充电时又得不到恢复，久而久之也将导致硫化；

④ 电解液不纯、相对密度过高和气温剧烈变化都是促使硫化形成的外部原因。

预防措施：

① 对蓄电池定期进行补充充电，使其经常处于充足电状态；

② 放完电的蓄电池应在 24 h 内进行补充充电；

③ 电解液相对密度应适当，液面高度应符合要求。

2. 活性物质脱落

活性物质脱落主要是正极板上的 PbO_2 脱落。特征为：充电时，电解液中有褐色物质自底部上升，单体蓄电池端电压上升快，电解液过早出现"沸腾"现象，而电解液密度不能达到规定的最大值；放电时，蓄电池容量明显下降。

活性物质脱落的原因：

① 充电电流过大或长时间过充电，水被电解，生成大量气体，在极板内部造成压力，使活性物质脱落；

② 大电流放电，尤其是低温大电流放电，迅速生成 $PbSO_4$，体积严重膨胀，极板拱曲变形，使活性物质脱落；

③ 蓄电池受到剧烈振动时也会引起极板活性物质脱落。

预防措施：

① 避免过充电和大电流长时间充、放电；

② 安装搬运蓄电池应轻搬轻放，避免振动冲击；

③ 蓄电池在汽车上的安装应牢固可靠。

3. 自行放电

蓄电池在无负载状态下，电量自行消失的现象称为自放电或称漏电。若每昼夜电量降低超过了 2% 额定容量，说明蓄电池有自放电故障。

自行放电的原因：

① 电解液不纯，含铅以外的其他金属杂质过多，这些金属微粒在电解液中与正、负极板形成封闭微型电池而放电；

② 蓄电池顶部不清洁，造成正、负接线柱之间短路，导致自行放电。外露式联条的蓄电池自行放电更为严重；

③ 蓄电池内部正、负极板短路，如隔板破裂、极板拱曲变形、活性物质脱落和极板组装时不慎落入铅渣等。

预防措施：

① 配制电解液用的 H_2SO_4 及蒸馏水必须符合规定；

② 配制电解液所用器皿必须是耐酸材料做的，配好的电解液应妥善保管，严防掉入脏物；

③ 加液孔螺塞要盖好，保持电池外表清洁干燥；

④ 补充的蒸馏水要符合要求。

任务 2.2　交流发电机

发电机是汽车的主要电源，其功用是在发动机正常运转时向所有用电设备（起动机除外）供电，同时向蓄电池充电。图 2－13 是汽车发电机与蓄电池连接示意图。

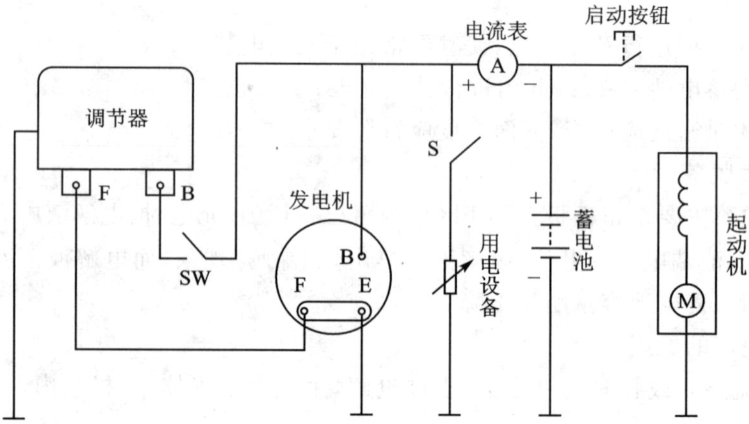

图 2-13 汽车电源示意图

2.2.1 交流发电机的结构

普通交流发电机的基本结构大同小异,只是由于使用条件不同,在局部结构如传送带轮尺寸、槽型、槽数、整流管数、转子以及接线方式等有所差异外,均由转子总成、定子总成、散热板(硅整流器)、电刷总成、前后端盖以及传动散热装置(传送带、风扇与带轮等)部件组成,如图 2-14 所示。

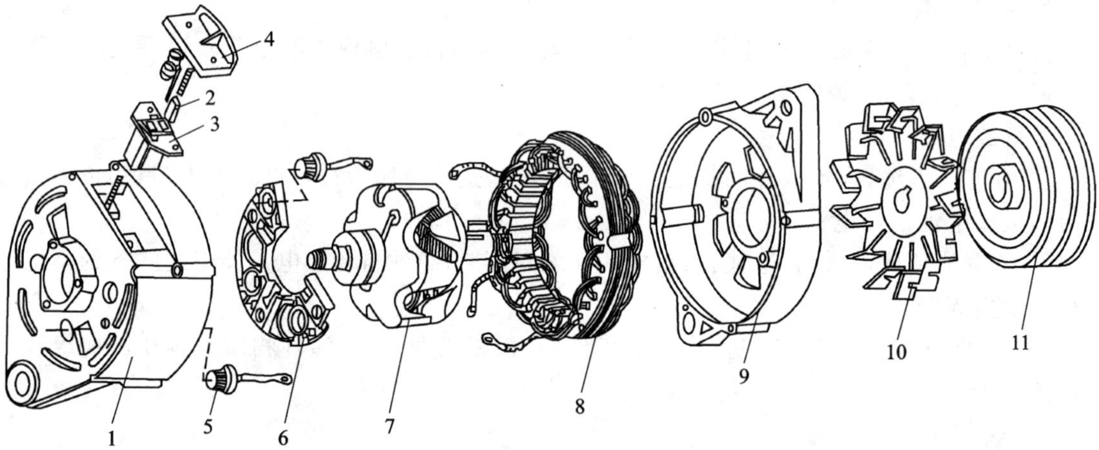

1—后端盖;2—电刷架;3—电刷;4—电刷弹簧压盖;
5—硅二极管;6—散热板;7—转子;8—定子总成;9—前端盖;10—风扇;11—带轮

图 2-14 JF132 发电机的结构

1. 转子总成

转子总成是交流发电机的磁极部分,用来产生磁场。它由转子轴、两块爪形磁极、磁轭、励磁绕组、集电环(滑环)等组成,如图 2-15 所示。

两块爪形磁极有数目相等的鸟嘴形磁极,互相交错地排列后形成磁极(通常每块具有六个爪形磁极),它们是用低碳钢板冲压而成,也可以用精密铸造方法成形。在两块爪形磁极之间的空腔内装有导磁用的铁芯,称为磁轭,它由低碳钢制成,其上绕有磁场线圈。爪形磁极和磁

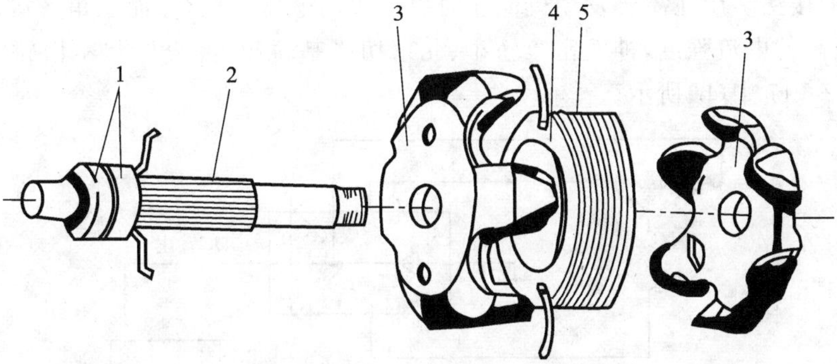

1—集电环；2—转子轴；3—爪形磁极；4—磁轭；5—励磁绕组

图 2-15　交流发电机的转子总成

轭均压装在有花键的转子轴上。磁场线圈的两个头分别焊接在与轴绝缘的两个滑环上，滑环通常由黄铜制成，由酚醛玻璃纤维塑料制成的环座固定于转子轴上。因此，两滑环之间、滑环与转子轴之间均保持绝缘。滑环的外表面必须平整、光滑，才能很好地和它们相互配合的两个碳刷保持接触。两个碳刷装在与端盖绝缘的碳刷架内，通过弹簧压力与滑环保持接触。两碳刷的引线分别与端盖上的磁场(F)、搭铁(E或－)两接柱(大多数发电机在端盖接线柱旁铸出相应的标识，如F、E等)相连。平时爪形磁极上保持剩磁能力差，当直流电源通过磁场、搭铁两接柱后，两块爪形磁极分别产生N、S极，形成6对相互交错的磁极。

大部分磁通路径是：磁轭→爪形磁极(N极)→爪形磁极空气隙→定子铁芯→另一爪形磁极(S极)→磁轭；小部分磁通从定子旁边的空气中及N、S极之间的空气通过，称为漏磁通。

2. 定子总成

定子总成由定子铁芯和定子绕组组成，如图2-16所示。

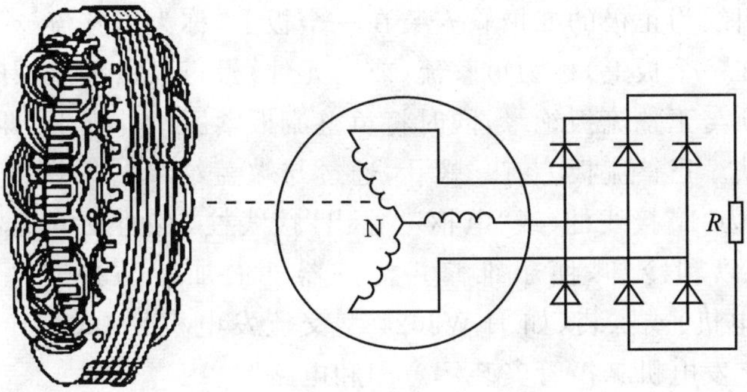

图 2-16　定子总成

定子总成是三相交流发电机的电枢，用来产生三相交流电，它固装在两端盖之间。定子铁芯由硅钢片叠制而成，为了防止磁的损失，硅钢片的两侧涂有绝缘漆或进行了氧化处理。铁芯内侧分布有许多槽，在槽内布有三相线圈绕组。三相绕组用高强度聚酯漆包线在绕线机上绕制而成，在嵌入定子铁芯槽内时，通常先用绝缘纸(一般为青壳纸)等绝缘材料将线圈包好，与铁芯槽隔开，最后用干燥的与槽形相仿的槽楔(竹条)打入挤紧，以防止线圈通电时松动发响。三相绕组连接方式有星形接法和三角形接法两种，但大部分发电机按星形接法，如图2-17中

(a)所示。星形接法多用在需要发动机低速时提供较高电压的场合,而三角形接法的交流发电机可以输出较高的电流强度,神龙富康轿车、北京切诺基轿车、部分广州本田轿车均采用三角形接法,如图2-17中(b)所示。

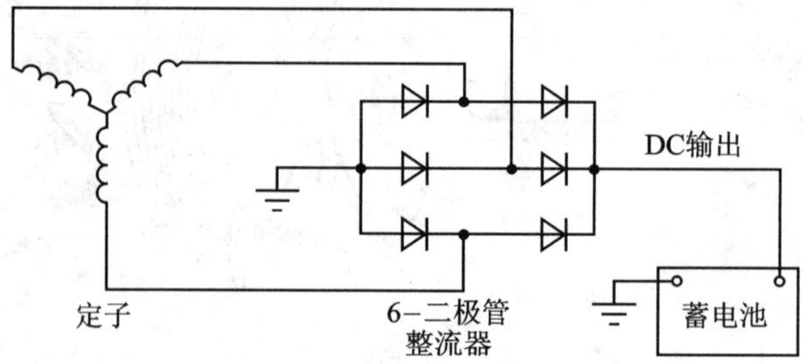

(a) 定子的"Y"形连接

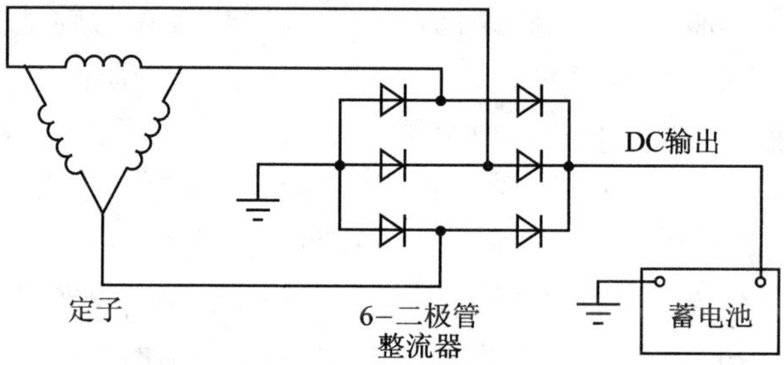

(b) 定子的"△"形连接

图2-17 定子绕组的"△"形和"Y"形连接

3. 整流器

整流器的功用是将定子绕组产生的交流电变成直流电。车用硅整流二极管的引线是一个极,外壳是一个极,引线为正极的二极管安装在一个板上,称为正整流(或正元件)板;引线为负极的二极管也安装在一个板上,称为负整流(或负元件)板,正、负整流板间用绝缘垫隔开,且紧固整流板的螺钉必须与正整流板绝缘,同时将负整流板紧压于外壳上,即负整流板必须与端盖保持良好接触而搭铁。正整流板上有一螺孔,通过与端盖绝缘的螺钉将整流后的直流电引至端盖外,称此接线柱为"B"接线柱(或"电枢""输出"接线柱,有的发电机标"A")。整流器总成装于后端盖的外侧,以利冷却,便于维修。整流器外面加装防护盖。二极管通过焊接(如JFW1521型交流发电机)或压装(如JFW2621型交流发电机)方式装于整流板上。图2-18所示为普通六管交流发电机二极管安装示意图和电路图。

4. 电刷与电刷架

电刷的作用是与滑环相接触,将直流电引入励磁绕组。电刷由石墨制成。电刷架内装电刷和弹簧,利用弹力使电刷与滑环紧密接触。电刷架多用酚醛玻璃纤维塑料制成。

电刷、电刷弹簧以及电刷架构成一个组合体,如图2-19所示。

交流发电机的电刷总成有内装式和外装式两种结构。内装式是将电刷架安装在后端盖内部,即电刷的拆装或更换在电机内部;外装式则是用螺钉将电刷架安装在后端盖壳外表上,即电刷的拆装或更换在外部进行。在后端盖安装电刷架的励磁接线柱旁边,通常会对应铸出"F""F+""D+"和"E""F-"等标记。如果中性点抽头也有引出线,则与励磁绕组接线柱共用电刷架定位，在同一个出线口，但在中性点接线柱旁边也标出“N”字样。

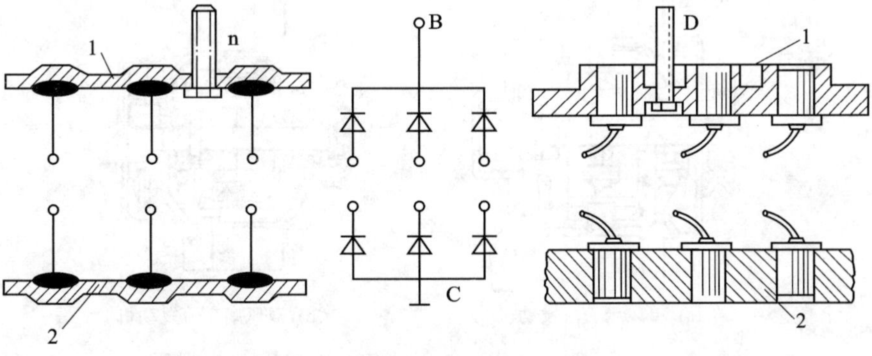

(a) 焊接方式　(b) 电路图　(c) 压装方式

1—正整流板；2—负整流板

图 2-18　二极管安装示意图和电路图

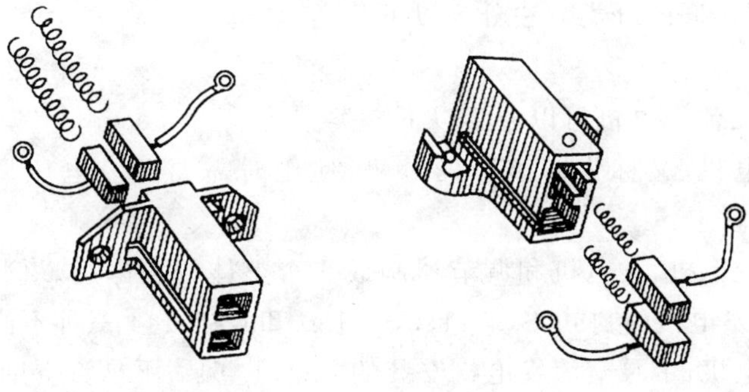

(a) 外装式　(b) 内装式

图 2-19　电刷总成

5. 端　盖

端盖的作用是支撑转子，封闭内部结构，方便安装与调整 V 型传送带松紧度，它由铝合金铸造。采用铝合金的最主要目的是为了防止漏磁，同时又减少发电机重量，且散热性能好。

端盖有前后之分。前端盖铸有安装臂，调整臂与出风口。后端盖铸有安装臂与进风口。发电机的整流器及电刷总成都安装在后端的内侧或外侧上。

6. 传动散热装置

发电机的前端装有传动带盘，它通过发动机曲轴带动传送带盘旋转。为了对发电机强制通风散热，在传送带盘后装有叶片风扇（或直接在转子端面上加工出具有风扇功能的多片突缘），前、后端盖开有通风口。当传送带盘与风扇一起转动时，靠风扇的离心作用使空气从后端盖进风口流入，经发电机内部从前端盖出风口流出。有些装有两个风扇的紧凑型发电机，利用风扇的离心力从前、后端盖的进风口吸入空气，再从前、后端盖径向的出风口排出，将转子和定子绕组的热量带走，达到散热的目的。交流发电机散热装置如图 2-20 所示。

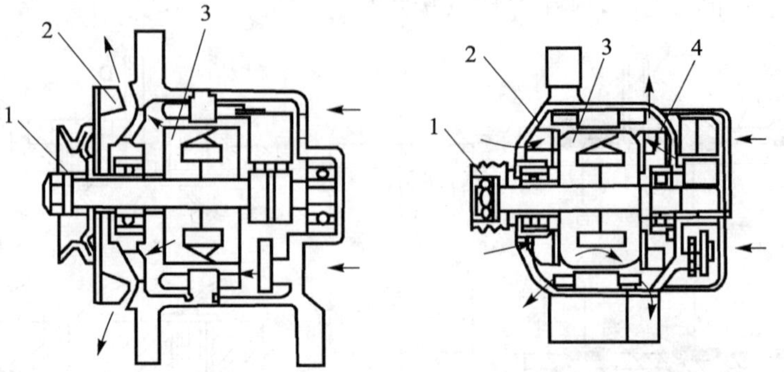

(a) 单风扇交流发动机　　(b) 双风扇交流发动机

1—带轮;2—左风扇;3—转子;4—右风扇

图2-20　交流发电机散热装置

2.2.2　汽车发电机的分类

交流发电机按照不同的分类方法分为以下几类。

1. 按总体结构分

按总体结构分,交流发电机可以分为以下5类。

① 普通交流发电机,又称为硅整流发电机,使用时需要配装电压调节器。例如:JF132(EQ140用)。

② 整体式交流发电机,发电机和调节器制成一个整体的发电机。例如:别克轿车的发动机上装配的是CS型发电机(包括CS-121、CS-130和CS-144三种不同的型号)。

③ 带泵交流发电机,带泵交流发电机安装的泵是真空泵,不是真空助力泵,真空助力泵是汽车制动系统上的。

④ 无刷交流发电机,其是不需要电刷的发电机。例如:JFW1913。

⑤ 永磁交流发电机,磁极为永磁铁制成的发电机。

2. 按整流器结构分

按整流器结构分、交流发电机可以分为以下4类。

① 六管交流发电机。例如:JF1522(东风汽车用)。

② 八管交流发电机。例如:JFZ1542(天津夏利汽车用)。

③ 九管交流发电机。例如:(日本日立、三凌、马自达汽车用)。

④ 十一管交流发电机。例如:JFZ1913Z(奥迪、桑塔纳汽车用)。

3. 按磁场绕组搭铁形式分

按磁场绕组搭铁形式分、交流发电机可以分为以下两类。

① 内搭铁型交流发电机,磁场绕组的一端(负极)直接搭铁(和壳体相连)。

② 外搭铁型交流发电机,磁场绕组的一端(负极)接入调节器,通过调节器后再搭铁。

2.2.3　交流发电机的型号

根据中华人民共和国行业标准QT/T73—93《汽车电气设备产品型号编制规则方法》的规定,汽车交流发电机的型号如下:

1	2	3	4	5

各数字代表的含义如下所述。

1——产品代号，用 2～3 个汉语大写拼音字母表示。交流发电机的产品代号有 JF、JFZ、JFB 和 JFW 4 种，分别表示交流发电机、整体式交流发电机、带泵交流发电机和无刷交流发电机。

2——电压等级代号，用 1 位阿拉伯数字表示，1 表示 12 V；2 表示 24 V；6 表示 6 V。

3——电流等级代号，用 1 位阿拉伯数字表示，其含义如表 2－3 所列。

4——设计序号，按产品的先后顺序，用 1～2 位阿拉伯数字表示。

5——变型代号，交流发电机以调整臂的位置作为变型代号。从驱动端看，Y 表示调整臂在右边，Z 表示调整臂在左边，调整臂在中间时不加标记。

进口发电机不符合上述标准。

表 2－3 电流等级代号

电流等级代号	1	2	3	4	5	6	7	8	9
电流/A	≤19	20～29	30～39	40～49	50～59	60～69	70～79	80～89	≥90

例如：型号 JF152，表示额定电压是 12 V，电流等级为第 5 级，即额定电流在 50～59 A 之间，第二次设计的普通硅整流交流发电机；型号 JFZ1913Z，表示额定电压是 12V，电流等级为 9 级，即额定电流≥90 A，第 13 次设计，调整臂在左边的整体式硅整流交流发电机。

2.2.4 交流发电机的工作原理

交流发电机工作原理如图 2－21 所示。交流发电机是根据电磁感应原理工作的。交流发电机定子的三相绕组按一定的规律排列在发电机的定子槽内，彼此相差 120°，三相绕组的末端连在一起，呈星形连接。

当励磁绕组接通直流电源时，励磁绕组便产生了磁场，转子轴上的两块爪形磁极被分别磁化为 N 极和 S 极，其磁力线由 N 极出发，穿过转子与定子之间很小的间隙进入定子铁芯，最后又通过间隙回到相邻的 S 极。

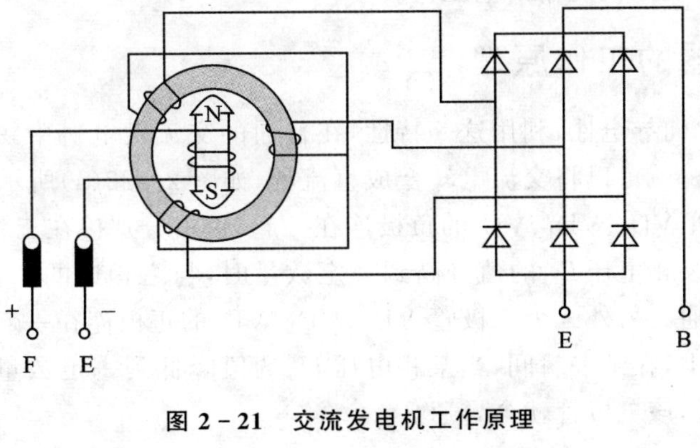

图 2－21 交流发电机工作原理

当转子旋转时，转子磁力线和定子绕组之间便产生相对运动，转子爪形磁极间产生的磁力线势必被三相绕组线圈所切割。由于三相绕组在定子槽中分布的位置不同,所以在三相绕组中分别产生交流电动势。由于三相绕组是对称的,所以产生的三相电动势也是对称的,即 e_A、e_B、e_C 三相电动势的大小相等,相位差互为 120°,其瞬时值分别为

$$e_A = E_m \sin\omega t \tag{2-1}$$

$$e_B = E_m \sin(\omega t - 2\pi/3) \tag{2-2}$$

$$e_C = E_m \sin(\omega t + 2\pi/3) \tag{2-3}$$

式中:E_m——每相电动势的最大值,$E_m \approx 1.414 E_\varphi$,其中,$E_\varphi$ 为每相电动势的有效值(V);

ω——电频率(rad/s)。

同理,可得三相电压有效值 U_A、U_B、U_C。

而

$$E_\varphi = 4.44\ KfN\varphi \tag{2-4}$$

式中:K——绕组系数,取决于绕组的分布设计,当采用集中绕组时,$K=1$;

N——每相绕组的匝数;

f——感应电动势的频率(Hz);

φ——每极磁通(Wb)。

其中,频率 f 与磁极对数和转速有关,其关系式为

$$f = Pn/60$$

式中:P——磁极对数;

n——转子转速(r/min)。

将 f 代入式(2-4),得

$$E_\varphi = 4.44\ KPnN\varphi/60 \tag{2-5}$$

对于定型的发电机而言,式(2-5)中的 K、P、N 均为定值。

设 $C=4.44KPN/60$,则有

$$E_\varphi = Cn\varphi \tag{2-6}$$

由上述可知,三相同步交流发电机每相电动势有效值的高低与转子的转速和磁通量的乘积成正比。若忽略发电机内部绕组电阻所引起的电压降低,每相电压输出的有效值为

$$U_\varphi = Cn\varphi \tag{2-7}$$

式(2-7)表明,使用中的交流发电机,其交变电动势的有效值取决于转速和转子的磁通量,这一性质直接决定交流发电机的输出电压值。

2.2.5 硅整流器的工作原理

硅二极管具有单向导电性,利用这一特性,在普通的交流发电机中,采用 6 只硅二极管组成三相桥式整流电路,就可以将交流电转变成直流电,如图 2-22(a)所示。

其中,3 个正极管 VD_1、VD_3、VD_5 的负极连在一起,正极分别接在三相绕组的首端 A、B、C 上。在某一瞬间,当某相电压 U_φ 的值升高到一定数量时,与之相连的二极管正极电位随之升高,该二极管就会导通。另外 3 个二极管 VD_2、VD_4、VD_6 的正极连在一起,负极也是接在三相绕组的首端 A、B、C 上,在某一瞬间,当某相电压 U_φ 的值降低到一定数量时,与之相连的二极管负极电位随之降低,该二极管就会导通。

1. 整流的过程

当发电机在正常的工作状态,有外电路负载的情况下,其整流的过程如图 2-22(b)所示。

在 $t_1 \sim t_2$ 时间内，u_A 最高，u_B 最低，VD_1 和 VD_4 处于正向电压导通状态，电流从最高电位 u_A 出发，经 VD_1→"+"→R_L→"−"→VD_4，流入最低电位 u_B，于是在 R_L 上得到的电压为 u_{AB}（因为二极管的内阻很小），其方向上"+"下"−"。

在时间 $t_2 \sim t_3$ 内，u_A 仍最高，而 u_C 变为最低，VD_1 和 VD_6 处于正向电压导通状态，电流从最高电位 u_A 出发，经 VD_1→"+"→R_L→"—"→VD_6，流入最低电位 u_C，于是在 R_L 上得到的电压为 u_{AC}，其方向也是上"+"下"−"。

在时间 $t_3 \sim t_4$ 内，u_B 最高，u_C 最低，VD_3 和 VD_6 导通，R_f 上得到 u_{BC}，同样是上"+"下"−"。

同理，依次下去，周而复始，在负载 R_f 上得到一个比较稳定的脉冲电压，一个周期 6 个纹波，脉动频率为 $6f$，通过 6 只二极管整流后，在负载 R_f 上得到一个比较平稳的直流电压。

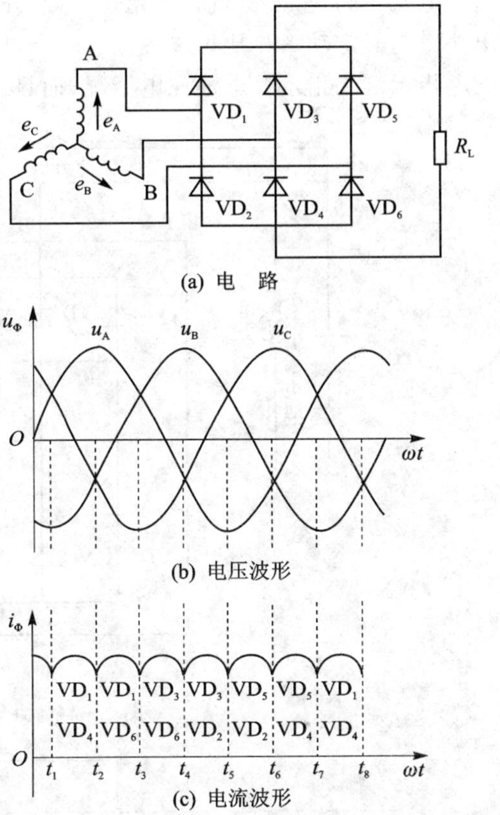

图 2-22 三相桥式整流电路及电压、电流波形

2. 八管交流发电机的整流原理

八管交流发电机的整流电路如图 2-23 所示。这种整流电路是在六管交流发电机的整流电路上增加了两个功率二极管（也称中性点二极管），从星形绕组的中性点引出连接线，其目的是提高发电机的输出功率。试验表明，在交流发电机结构不改变的情况下，增加中性点二极管后，发电机的输出功率与原来相比可提高 10%～15%，并且转速越高输出功率增加越明显。

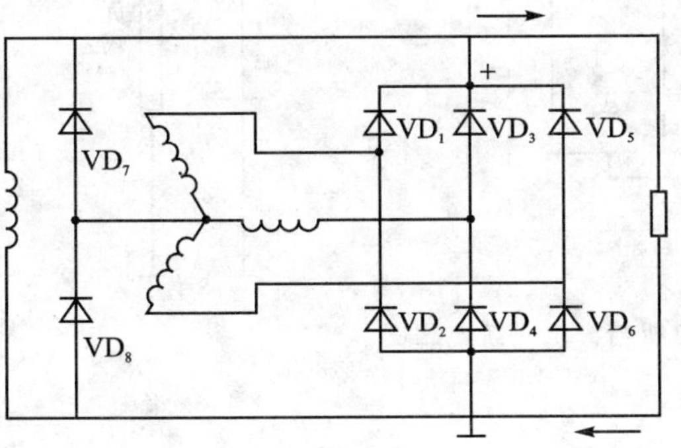

图 2-23 八管交流发电机的整流电路

3. 九管交流发电机的整流原理

九管交流发电机的整流电路是在六管交流发电机的整流电路上增加了 3 个小功率二极管。如图 2-24 所示，这 3 个二极管和桥式全波整流电路中的 3 个正极二极管是并联关系。它的作用是给交流发电机的励磁绕组提供电流，所以又称为磁场二极管。在磁场二极管的输出端和交流发电机的"B^+"端之间接一个充电指示灯，可指示发电机工作情况的好坏。

4. 十一管交流发电机的整流原理

图 2-25 所示为东风 EQ2102 型越野汽车用 JFW2621 型 28V45A 整体式无刷发电机与充电系统电路图。整流器总成具有 3 只正极管 VD_1、VD_3、VD_5，3 只负极管 VD_2、VD_4、VD_6，3 只磁场二极管 VD_7、VD_8、VD_9，以及 2 只中性点二极管 VD_{10}、VD_{11} 的交流发电机，称为十一管交流发电机。

与普通六管整流器相比，在不改动交流发电机结构的情况下，加装两只中性点二极管后，当发电机中高速(发电机转速超过 2 000 r/min,发动机转速大约超过 800 r/min)工作时,其输出功率与额定功率相比可以提高 11%~15%。增设的 3 只小功率磁场二极管不仅可以控制充电指示灯来指示蓄电池充电情况,而且能够指示充电系统是否发生故障。

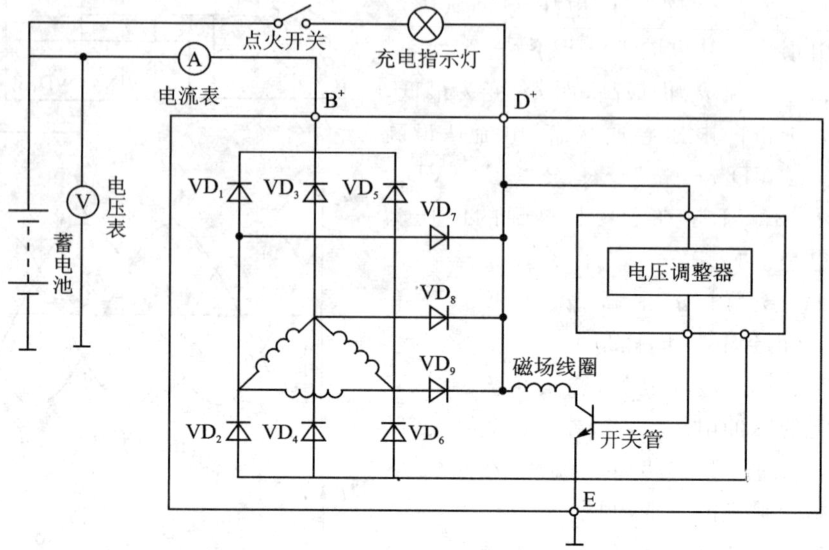

图 2-24 九管交流发电机的整流电路

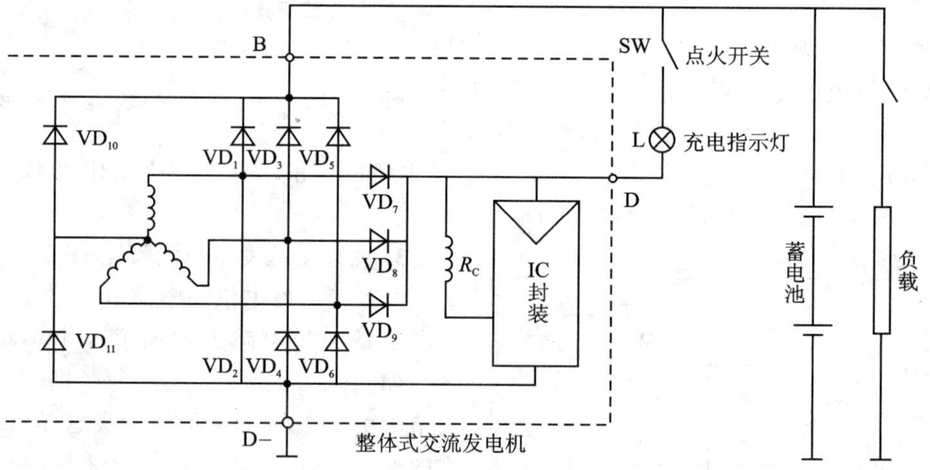

图 2-25 十一管交流发电机与充电系统电路图

2.2.6 无刷交流发电机

交流发电机按有无电刷可分为有刷式和无刷式两大类。有刷式交流发电机根据电刷架安装方式不同可分为外装式和内装式两种;无刷式交流发电机可分为爪极式、磁感应式、带励磁机式和永磁式 4 种。

无刷交流发电机由于转子上没有电刷和集电环,所以不存在电刷和集电环的磨损和烧蚀现象,不会产生火花,结构简单,故障少,工作可靠性得到提高。

下面介绍爪极式无刷交流发电机。爪极式无刷交流发电机的结构与普通交流发电机大致相同。图 2-26 所示为国产 JFW14 系列无刷交流发电机的外形及零部件组成图。其磁场绕组是静止的且不随转子转动，因此，磁场绕组两端引线可直接引出，从而省去了集电环(滑环)和电刷形成无刷结构，而爪极在磁场绕组的外围旋转。

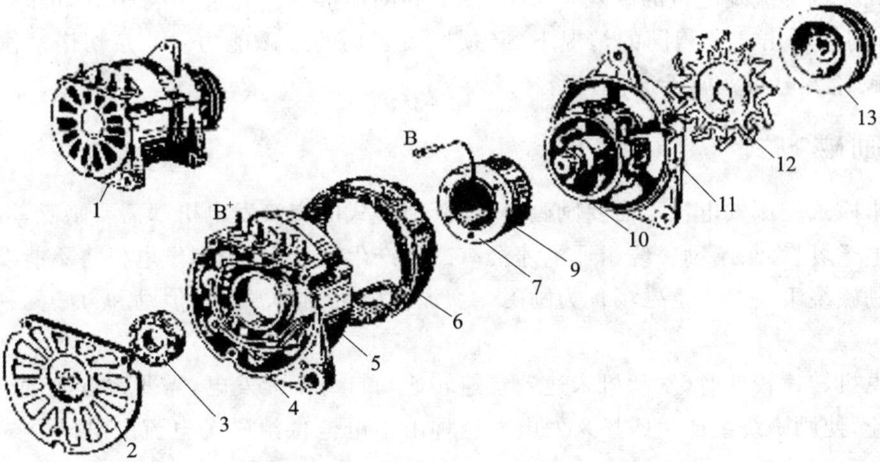

1—外形图；2—防护盖；3—后轴承；4—整流二极管；5—磁场绕组托架与后轴承支架；6—定子总成；7—磁轭；8—磁场绕组引线端子；9—磁场绕组；10—爪极；11—前端盖；12—风扇叶片；13—驱动带轮

图 2-26 国产 JFW14 系列无刷交流发电机外形及零部件组成

转子的功用是产生磁场，主要由磁轭、磁场绕组和爪极等组成。结构与一般交流发电机大致相同，所不同的是励磁绕组不是装在转子上，而是装在后端盖上，励磁绕组不随转子转动，所以绕组两端可直接引出，不需要集电环和电刷。

爪极式无刷交流发电机的结构原理和磁路如图 2-27 所示。爪极 3 和爪极 4 用非导磁材料固定在一起，爪极 4 固定在转子轴上，这样当转子轴转动就带动爪极 4 和爪极 3 共同在定子内转动。励磁绕组 5 固定在发电机中部的磁轭托架 10 上，磁轭托架固定在端盖 7 上。这样，爪极 3 和爪极 4 随转子转动而励磁绕组 5 不动。在爪极 3 的轴向制有大圆孔，磁轭托架 10 由此圆孔伸入爪极 3 和爪极 4 的腔室内，磁轭托架 10 与爪极 3 以及转子磁轭之间均需留出附加间隙以便转子转动。

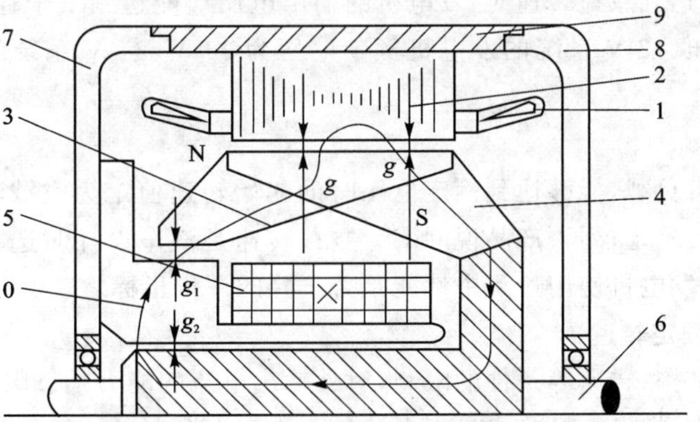

1—定子绕组；2—定子铁芯；3、4—爪极；5—励磁绕组；6—转子轴；7、8—端盖；9—机座；10—磁轭托架

图 2-27 爪极式无刷交流发电机结构原理及磁路

当励磁绕组5通过电流时,励磁绕组磁通通路为:爪极3→主间隙→定子铁芯2→主间隙→爪极4→转子磁轭→附加间隙 g_1→磁轭托架10→附加间隙 g_2→爪极3,构成闭合回路。当转子旋转时,磁力线切割定子绕组1,在三相绕组中产生三相交变电动势。

爪极式无刷交流发电机的缺点是:两块磁极间的连接工艺复杂;由于在磁路中增加了两个附加间隙,则在输出功率相同的情况下,必须增大磁场的励磁能力。北京切诺基汽车装用的JFW18型交流发电机就属于这种类型。

2.2.7 励磁方式

除了永磁式交流发电机不需要励磁以外,其他形式的交流发电机都需要励磁,因为它们的磁场都是电磁场,必须给励磁绕组通电才会有磁场产生而发电,否则发电机将不能发电。将电流引入到励磁绕组使之产生磁场称为励磁。交流发电机励磁方式有他励和自励两种。

1. 他 励

在发电机转速较低时(发动机未达到怠速转速),自身不能发电,需要蓄电池供给发电机励磁绕组电流,使励磁绕组产生磁场来发电。这种由蓄电池供给磁场电流发电的方式称为他励发电。

2. 自 励

随着转速的提高(一般在发动机达到怠速时),发电机定子绕组的电动势逐渐升高并能使整流器二极管导通,当发电机的输出电压大于蓄电池电压时,发电机就能对外供电了。当发电机能对外供电时,就可以把自身发的电供给励磁绕组,这种自身供给磁场电流发电的方式称为自励发电。交流发电机励磁过程是先他励后自励。当发动机达到正常怠速转速时,发电机的输出电压一般高出蓄电池电压1~2 V,以便对蓄电池充电,此时,由发电机自励发电。不同汽车的励磁电路各不相同,但有一个共同特点是,励磁电路都必须由点火开关控制。

2.2.8 汽车交流发电机的性能指标

1. 额定电压

交流发电机的电压受电压调节器控制,一般比较稳定,只是在发动机启动阶段略有变化。正常情况下,发动机达到怠速转速时,发电机的输出电压应能达到一个稳定值,这个电压值称为发电机的额定电压(12 V系统的发电机额定电压为14 V,24 V系统的发电机额定电压为28 V)。

2. 空载转速

交流发电机不带负载,能够达到额定电压时的初始转速值定为空载转速。空载转速在发电机出厂时通过试验确定,列入产品说明书。空载转速是汽车设计时选择发动机和发电机速比的主要依据,也是发电机使用过程中性能是否下降的评价指标之一。

3. 额定电流和额定转速

交流发电机受结构、转速等条件的限制,对外输出电流的能力是有限的。为了评价发电机对外输出电流的能力,把发电机输出最大电流的2/3定为发电机的额定电流,达到额定电流时的转速定为额定转速。发电机出厂时,通过试验确定额定转速和额定电流,并列入产品说明书。发电机的额定转速和额定电流是评价发电机性能的重要指标。

任务 2.3　交流发电机的调节器

2.3.1　电压调节器的作用

发电机是由发动机驱动的，而发电机的转速变化是发动机转速变化的 1.7～3 倍。在汽车正常行驶过程中，发动机的转速是时刻变化的，这就导致发电机的转速也随时变化，所以其输出电压也随转速的变化而有很大的变化，不能满足汽车用电设备的需要。

电压调节器的作用就是当发电机转速发生改变时，通过电压调节器的调节作用，自动调节输出电压，使发电机输出的电压保持恒定或稳定在某一范围，以防止电器设备因电压过高或过低而被烧坏或蓄电池被过充电。

2.3.2　电压调节器的工作原理

由电机原理可知，发电机的输出电压 $U=Cn\varphi$（式 2－7），其中 C 是由发电机本身结构决定的常数，φ 是发电机铁芯回路中的磁通，n 是转子转速。在汽车行驶过程中，n 是随时变化的，要使发电机端电压保持恒定，可以通过改变磁通 φ 的大小来进行调节，而磁通 φ 的大小是由励磁电流来决定的。因此，当发电机转速 n 升高时，可以减小励磁电流使磁通减小，保持发电机的输出电压不变；反之，当发电机转速降低时，增大励磁电流。因此，电压调节器的作用就是在发电机转速变化时，自动改变励磁电流的大小，使发电机输出电压保持不变。

2.3.3　电压调节器的分类

汽车用交流发电机调节器有电磁振动式调节器、晶体管调节器和集成电路调节器 3 种。3 种调节器的基本原理都是以转速为基础，通过改变励磁电流来保证发电机输出电压的恒定。

电磁振动式调节器又称触点式调节器，它的特点是结构复杂、调节精度低、有火花干扰、可靠性差、寿命短，目前已经被淘汰。

晶体管调节器优点是可通过较大的励磁电流，适合于功率较大的发电机。其特点是电压调节精度高，无线电干扰小，体积小，可靠性高。

随着集成电路技术的发展，集成电路调节器由于它体积特别小，可直接安装在发电机内部，省去了与发电机外部的连线，其具有工作可靠性高、防潮、防尘、耐高温性能好、价格低等优点，现广泛应用于桑塔纳、奥迪等车型中。

1. 晶体管调节器

以国产 JFT106 型晶体管调节器为例进行说明。

(1) 组　成

国内外产生的晶体管调节器的结构与设计基本相同，一般都是由 2～3 个三极管、1～2 个稳压管和一些电阻、电容、二极管等电子元件组成。外壳用铝合金或钢板合密封。在外壳上通常铸有“＋”“S”或“D＋”表示火线接柱，“－”或“E”表示搭铁接柱，“F”或“D_F”表示磁场接柱符号。

JFT106 型晶体管调节器主要由组成分压器的电阻 R_1、R_2 和 R_3，晶体三极管的偏置电阻 R_5、R_6、R_7 和 R_8，正反馈电阻 R_4、稳压管 VD_3，组成复合大功率三极管开关电路 VD_4、VD_6、

VD_7三极管，续流二极管VD_8，电容器C_1、C_2等组成。

(2) 工作过程

JFT106型晶体管调节器电路如图2-28所示。

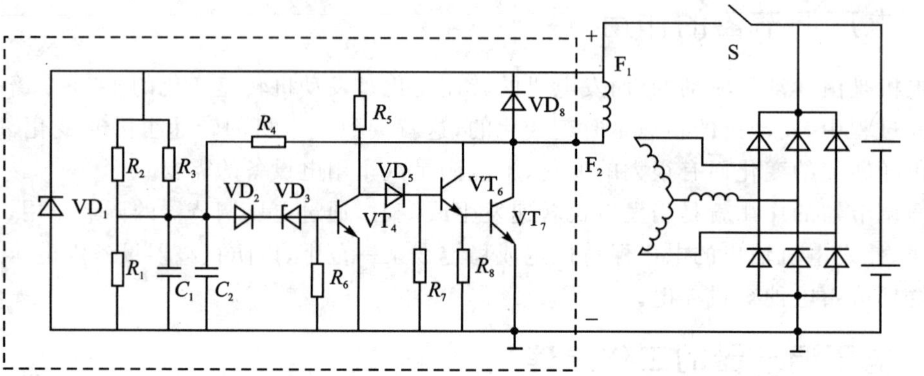

图2-28 JFT106型晶体管调节器电路

JFT106型晶体管调节器属外搭铁式调节器，它可以与14 V、750 W的外搭式九管硅整流发电机配套，也可以与14 V、功率小于1 000 W的外搭式六管硅整流发电机相配套。该调节器有“+”“F”“−”3个接线柱。其中“+”接线柱与发电机“F1”接线柱经熔断器，由点火开关“IG”接线柱供电；“F”接线柱与发电机“F_2”接线柱相连接；“−”接线柱搭铁。

调节器工作过程如下。

接通点火开关S，蓄电池电压经分压器加在稳压管VD_3两端，此时，VD_3截止，三极管VT_4截止，而VT_6、VT_7导通，接通了发电机的励磁电路，发电机进行他励建立电动势。当发电机端电压升高到高于蓄电池电压时，发电机由他励转为自励正常发电。

随着发电机转速的升高，当发电机端电压高于规定值时，稳压管VD_3导通，三极管VT_4由截止转为导通，VT_6、VT_7则由导通转为截止，切断磁场电路，发电机端电压下降；当降至规定值时VD_3又截止，VT_4也截止，VT_6、VT_7又导通，再次接通励磁电路，发电机端电压又上升。如此反复，使发电机电压保持在规定值附近。

二极管VD_2接在稳压管VD_3之前，其作用是保证稳压管安全可靠地工作。当发电机端电压过高时，VD_2能限制流过VD_3的电流，以防止烧坏VD_3；当发电机端电压降低时，VD_2又迅速截止，以保证VD_3可靠截止。

续流二极管VD_8作用是防止VT_7截止时，励磁绕组中的自感电动势击穿VT_7。

电阻VT_4具有提高灵敏度、加速VT_7翻转、减少三极管过度损耗、改善调压质量的作用。

电容器VD_1、VD_2可降低晶体管的开关频率，进一步减少管耗。

稳压管VD_1起到过电压保护作用，利用稳压管的稳压特性，可在发电机负载突然减小或蓄电池接线突然断开时，对发电机所产生的正向瞬时过电压起保护作用，并可利用其正向导通特性对开关断开时，对电路中可能产生的瞬时过电压起保护作用。

2. 集成电路调节器

集成电路调节器又称IC调节器，与晶体管调节器的工作原理是一样的，都是利用晶体管组成开关电路，以控制励磁电流调节发电机的输出电压。它们的区别是：集成电路调节器把电路中的若干元件集成在同一基片上，制成一个独立的电子芯片，安装在发电机内部，构成整体式交流发电机。

(1) 集成电路调节器的输入电压信号的检测

集成电路调节器根据检测点不同把输入电压信号的检测方法分为发电机电压检测法和蓄电池电压检测法两种,基本电路如图 2-29 所示。

发电机电压检测法与蓄电池电压检测法的最大区别在于,前者所取信号直接来自于发电机的输出端,后者则来自于蓄电池的端电压。相比较而言,采用发电机电压检测法可省去信号输入线,缺点是当发电机至蓄电池电路上的压降损失较大时,可导致蓄电池的端电压偏低,引起蓄电池充电不足。因此,大功率发电机多采用蓄电池电压检测法,使蓄电池的端电压得以保证。但采用蓄电池电压检测法后,若发电机的电压输出线或信号输入线短路时,由于无法检测发电机的工作情况,会造成发电机失控,故在多数实用电路中,对其电路作了相应改进。

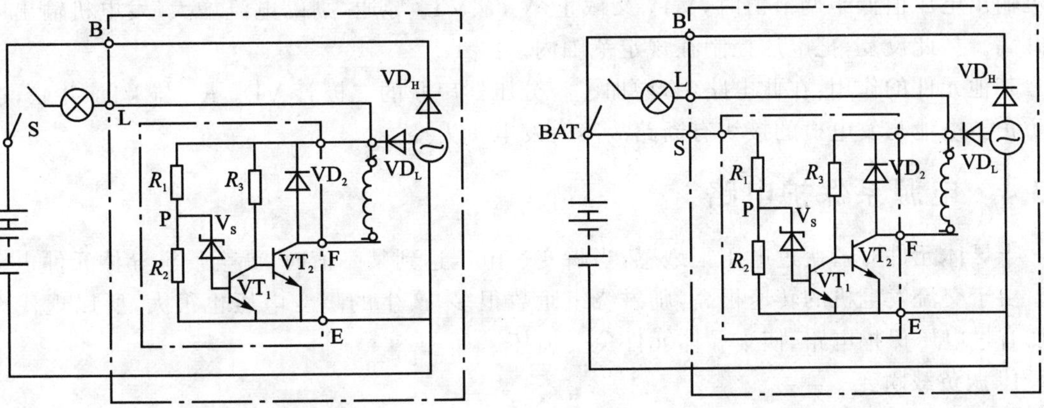

(a) 发电机电压检测法线路　　(b) 蓄电池电压检测法线路

图 2-29　集成电路调节器的输入电压信号检测

(2) 集成电路调节器实例

日产汽车集成电路调节器的形式很多,基本电路如图 2-30 所示。电路结构与 JF106 型

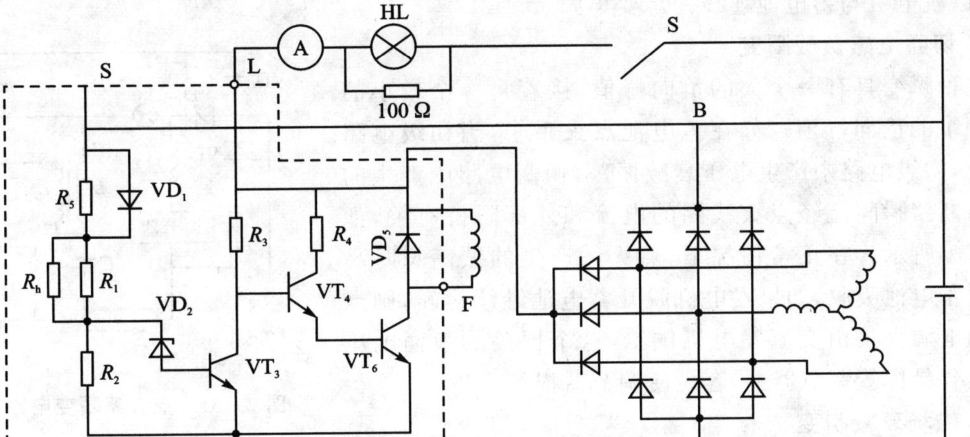

图 2-30　日产汽车集成电路调节器

晶体管调节器的电路大体相同,仅在指示灯上并联了一个100 Ω的电阻,保证指示灯丝烧断后,电流仍能通过。工作过程如下。

打开点火开关,蓄电池电压加在分压器上,由于电压小于发电机调节值,VD_2 截止,VT_3 截止。由 R_3 给 VT_4 提供基极电流,VT_4、VT_6 导通,发电机获得励磁电流。其电流通路为:蓄电池正极→点火开关S→充电指示灯HL→电流表→调节器"L"接线柱→励磁绕组→磁场接线柱"F"→VT_6→蓄电池负极。此时,充电指示灯亮,发电机他励,发电机不能给蓄电池充电。

随着发电机转速升高,励磁二极管的输出端电压升高。当输出端电压高于蓄电池电压,充电指示灯熄灭。发电机自励,发电机开始向蓄电池充电。当发电机转速继续升高,其输出电压超过调节值时,晶体管 VT_3 导通,VT_4、VT_6 截止,励磁电流减小,发电机输出电压降低。当发电机输出电压值低于调节值时,VT_3 又截止,VT_4、VT_6 导通,励磁电流增大,发电机输出电压又升高。如此反复,把电压控制在规定范围内。

其他元件的作用:在此电路中,增加了与分压器串联的二极管 VD_1,R_5 与 VD_1 并联,这样可防止蓄电池与发电机的接线有断路故障时发电机失控。

2.3.4 电源系保护电路

半导体元件对瞬变过电压很敏感,当瞬变过电压达到某一值时,就会使半导体元件击穿损坏。由于交流发电机的转速很高,励磁绕组匝数很多,产生的瞬变电压也很大,所以现代汽车都加有过电压保护电路,使半导体元件免受损坏。

1. 抛负载瞬变

交流发电机在向外供电时若突然断开负载,则定子绕组中的电流突然减小,产生很高的自感电动势。如果此时蓄电池并联在发电机中,瞬变过电压会被蓄电池吸收,不会有很高的瞬时尖峰电压。若发电机正向蓄电池充电和向其他负载供电时,发电机与蓄电池之间连接突然中断或者不带蓄电池的情况下突然断开负载,发电机会产生很高的瞬时过电压。因为抛开负载越大,发电机转速越高,断开负载的速度越快,所产生的瞬变电压的幅值就越大,衰减时间越长,所以发电机与蓄电池连线一定要牢固。

2. 切断电感负载瞬变

这种瞬变具有一个大的负向峰值,接着是一个较小的被减幅了的正向峰值。如在蓄电池点火系中,当初级电路断开时,初级电路中产生电压衰减振荡,振荡电路中产生的电压与断路瞬间流经点火线圈的电流和外部阻抗有关,如图2-31所示。在正常情况下,点火系产生的振荡瞬时高电压由蓄电池吸收,如果发电机脱开蓄电池继续运转,则点火系的电源直接由交流发电机供给,这个振荡的浪涌电压便作用到晶体管调节器上,容易使调节器损坏。

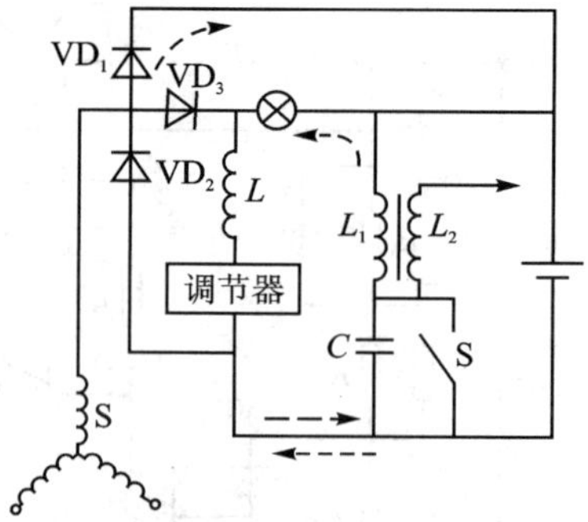

图2-31 点火系瞬变电路图

3. 磁场衰减瞬变

当点火开关转到断开位置,蓄电池突然停止向交流发电机励磁绕组供电时,由于电磁感应,励磁绕组中会产生负脉冲电压,幅值可高达50~100 V,由于励磁电路时间常数大,发电机端子上将在较长时间内(衰减时间可达200 ms)保持危险电压。

任务2.4　汽车充电系统的使用与维护

2.4.1　交流发电机及调节器的使用与检测

交流发电机与调节器如果使用得当，不但可以减少故障，还可以延长使用寿命；如果使用不当，不仅故障多，而且容易损坏。因此，要正确使用交流发电机和调节器。

1. 交流发电机的正确使用

① 交流发电机正常运行时，不得随意拆动电气设备的连接导线，以免连线搭铁短路或因突然断开而引起瞬时过电压。

② 发电机运行中，不得用“试火”的方法检测发电机是否正常，不得用兆欧表或220V交流电压检测发电机及调节器的绝缘情况，应用万用表或低压试灯检查。

③ 交流发电机与蓄电池的连线要牢固可靠，以免电路突然中断产生瞬时过电压烧毁电器元件。

④ 发电机的搭铁极性与蓄电池搭铁极性必须一致，由于国产及进口发电机均为负极搭铁，蓄电池也必须负极搭铁。

⑤ 发动机熄火后，必须将点火开关（或电源开关）断开，以免蓄电池长时间向励磁绕组放电导致励磁绕组过热损坏。

⑥ 交流发电机传送带松紧度要合适。

2. 交流发电机调节器的正确使用

① 调节器与发电机电压等级必须一致，否则充电系统不能正常工作。

② 调节器与发电机的搭铁形式必须一致，否则发电机无磁场电流而不能输出电压。

③ 调节器的调节电压不能过高或过低，避免损坏用电设备或引起蓄电池充电不足。

④ 调节器与发电机之间的线路连接必须正确，否则充电系统不能正常工作，甚至还会损坏调节器。

⑤ 调节器必须受点火开关控制。

3. 交流发电机的检测

（1）交流发电机不解体检测

① 测量各接线柱之间的电阻。用万用表R×1挡测量发电机各接线柱之间的电阻值，若所测电阻值不符合规定，则表示发电机有故障。

② 用试验台进行发电试验。图2-32所示为在汽车电器试验台上对发电机进行发电试

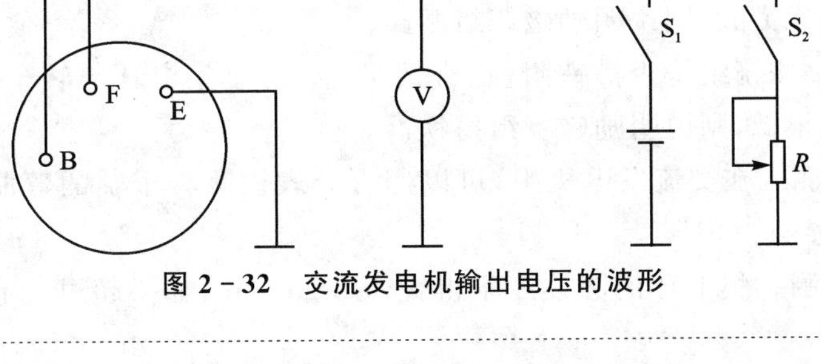

图2-32　交流发电机输出电压的波形

验,测试出发电机空载转速和满载转速,测出结果应满足表2-4所示的规定。如果空载转速过高或达到规定满载转速时发电机的输出电压过小,则表示发电机有故障。

表2-4 部分交流发电机的规格及性能

型号	规格		空载特性		满载特性		
	电压/V	功率/W	电压/V	转速/($r \cdot min^{-1}$)	电压/V	电流/A	转速/($r \cdot min^{-1}$)
JFZ1815Z	14	770	14	1 100	14	55	4 800
JFZ1813Z	14	1 260	14	1 050	14	90	6 000
JF13A	14	350	14	1 000	14	25	2 500
JF152	14	500	14	1 100	14	36	2 700
JFZ1913Z	14	1 000	14	1 050	14	90	6 000
JF15	14	500	14	1 000	14	36	2 500

③ 用示波器观察输出电压波形。当交流发电机有故障时,其输出电压的波形将出现异常,因此可以根据输出电压波形判断交流发电机是否有故障。交流发电机的输出压波形如图2-33所示。

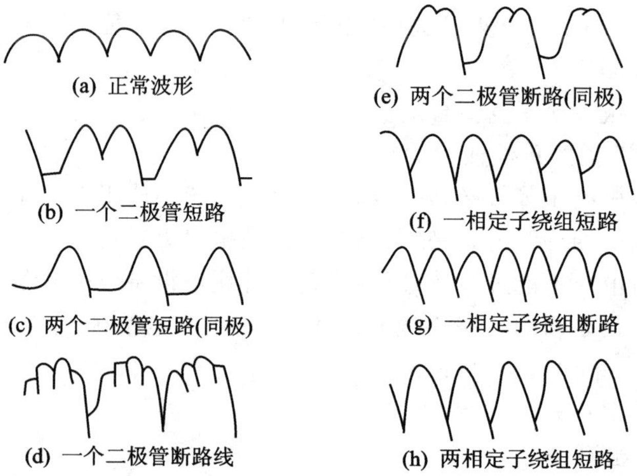

图2-33 交流发电机输出电压的波形

(2) 交流发电机零部件的检测

1) 转子的检测

① 励磁绕组故障主要有短路、断路和搭铁,检测所用工具为万用表。图2-34所示为用万用表检测励磁绕组是否短路和断路。如果实际测得的阻值低于标准值,说明励磁绕组有短路故障;如果阻值为无穷大,则说明励磁绕组断路。

用万用表检测励磁绕组是否搭铁附,正常情况 下,每个集电环与转子轴之间阻值都应该为无穷大,如果阻值很低,则说明励磁绕组搭铁。

② 转子轴的检测。在交流发电机中,可以用百分表检测转子轴的弯曲度,如果摆差超过0.10 mm,应予校正。

③ 集电环的检测。集电环的圆柱度不得大于0.25 mm,如果超过或有严重烧蚀,则需要

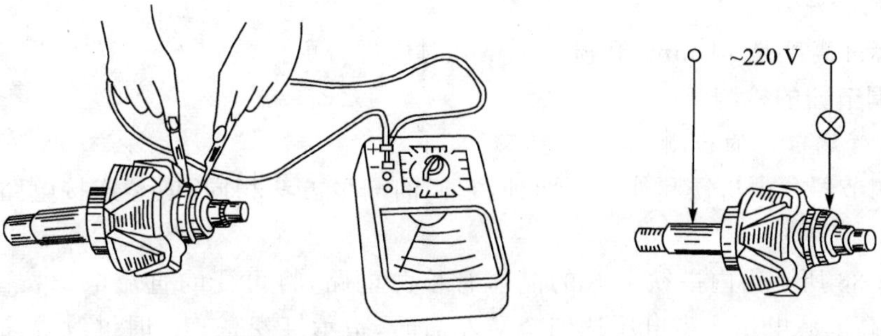

(a) 短路和断路　　(b) 搭铁的检测

图 2-34　励磁绕组的检测

在车床上进行精车加工；轻微的烧蚀可用“00”号砂纸打磨；集电环的厚度小于 1.50 mm 时应予更换。

2）定子的检测

定子常见故障主要是定子绕组的短路、断路和搭铁，其中，断路和搭铁用万用表检测。

如图 2-35 所示，用万用表每次任取定子绕组 3 个首端中的两个测量，共测量 3 次，每次测量的阻值都应小于 0.5 Ω；如果阻值为无穷大，则说明励磁绕组断路，需要更换定子总成。

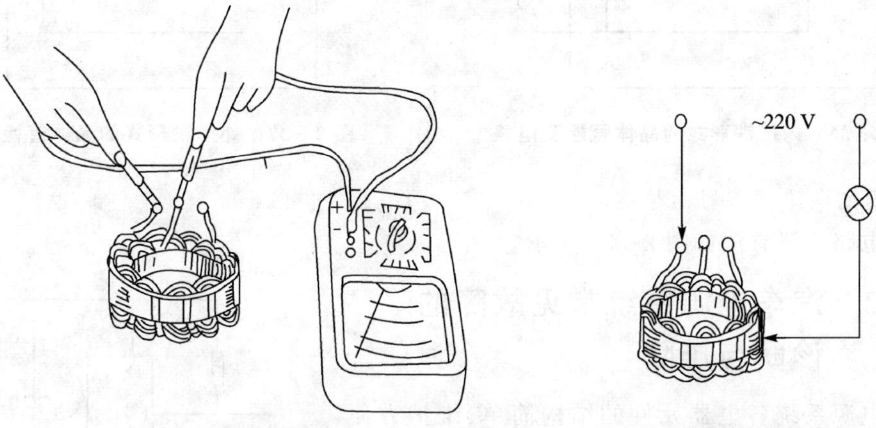

(a) 定子绕组短路检查　　(b) 定子绕组搭铁检查

图 2-35　励磁绕组的检测

用万用表测量定子绕组的某一首端和定子铁芯之间的电阻时，正常情况下，阻值应为无穷大，否则说明定子绕组有搭铁故障。

定子绕组短路故障很难检测，如果测量所有部件都正常但是输出电压很低，则可能是定子绕组匝间短路。无论哪种故障均需更换定子总成。

3）二极管的检测

整流二极管的检测：首先将二极管拆下，用万用表的两个表笔分别与二极管的中心抽头和壳体接触，测量二极管的正、反向电阻。二极管的正向电阻应 8～10 Ω，反向电阻应在 10 kΩ 以上。如果正、反向电阻均为 0，则说明二极管短路；如果正反向电阻均为无穷大，则说明二极管断路。

4）电刷的检测

电刷的标准高度是14 mm，磨损至7 mm时应进行更换。

4. 电压调节器的检测

(1) 晶体管调节器的检测

晶体管调节器分内搭铁和外搭铁两种，它们的测量方法相同，但是连接电路不同，分别如下所述。

① 图2－36所示为内搭铁形式的晶体管检测电路，将可变的直流电源按图示的方法连接，再逐渐提高电源电压。当电压达到6 V左右时，指示灯变亮。此时继续提高电源电压，当电压达到13.5～14.5 V时，指示灯熄灭。此时电压为调节器的调节电压，若灯不亮或发电机电压超过规定值后，灯仍不熄灭，则调节器有故障。

② 图2－37所示为外搭铁形式的晶体管检测电路，将可变的直流电源按图示例方法连接，测试方法和内搭铁测试方法一样。

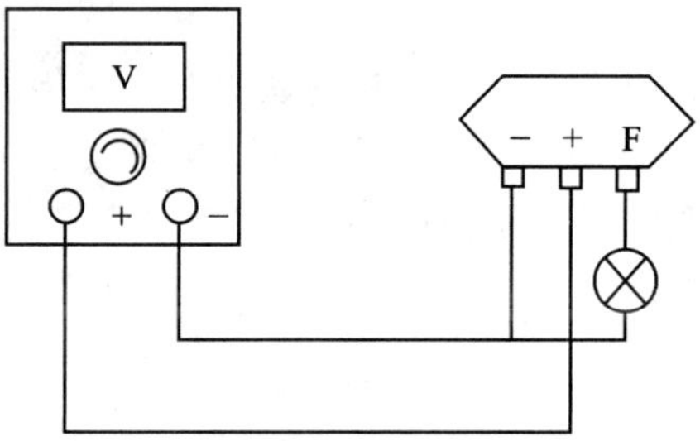

图2－36　内搭铁形式的晶体管检测电路

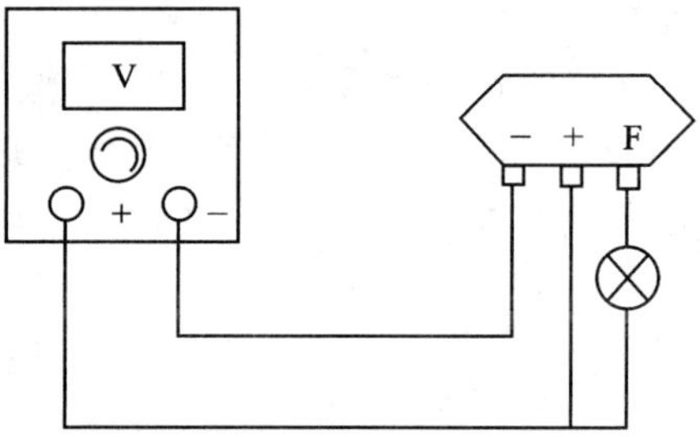

图2－37　外搭铁形式的晶体管检测电路

(2) 集成电路调节器的检测

集成电路检测方法如图2－38所示。

2.4.2　汽车电源系统常见故障的诊断与排除

汽车电源系统各电器元件的结构简单、维护方便，但由于使用不当可能引起很多故障发生。汽车电源系统发生故障时，应正确诊断并及时排除故障与维修。汽车电源系统常见的故障有不充电、充电电流过小、充电电流过大、充电不稳、发电机工作有异响和充电指示灯故障等。

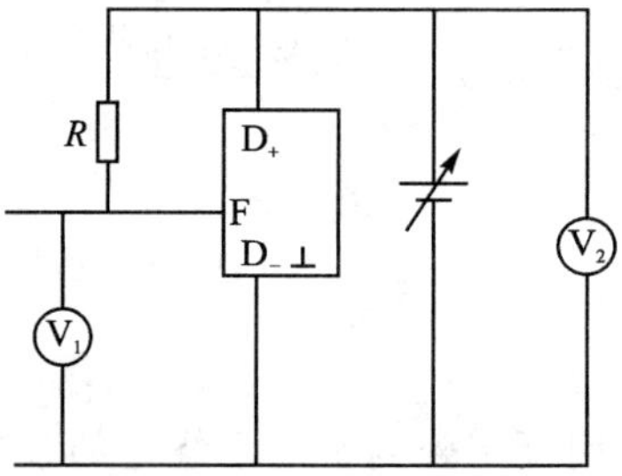

图2－38　集成电路调节器的检测方法

1. 不充电

(1) 故障现象

发动机在怠速以上运转时，电流表的指针指示在放电位置或充电指示灯不熄灭。

(2) 故障原因

① 发电机传送带太松或沾油打滑。

② 发电机励磁线路或充电线路断路。

③ 发电机有故障。

第一，二极管击穿、断路、短路。

第二，定子绕组断路或搭铁。

第三，电刷与滑环接触不良。

第四，转子绕组断路。

④ 调节器有故障。

第一，晶体管调节器的稳压管及小功率三极管短路，大功率三极管断路。

第二，发电机与调节器搭铁形式不匹配。

(3) 故障诊断与排除

① 检查传送带是否过松，如果是，则调整传送带松紧度至合适；传送带是否有油污，如果有油污，则将它清除掉。

② 检查充电系统导线是否松脱，如果是松脱，紧固即可；熔断器是否烧断，如果是烧断，更换即可。

③ 检查励磁回路的电磁力，如果电磁力明显，则故障在电枢回路；如果电磁力不明显，则励磁回路有断路、接触不良或局部短路。

④ 如果电枢回路有故障，用试灯的一端搭铁，另一端接触发电机"B^+"接线柱。如果灯亮，则表明蓄电池到发电机电枢接线柱之间连接正常，发电机有故障；如果灯不亮，则表明蓄电池到发电机"B^+"之间断路。

⑤ 如果励磁回路有故障，可用直接给励磁绕组通电的方法检查励磁绕组的磁力是否足够。如果有磁力，则故障在励磁绕组以外的电路上；如果磁力不够，则说明故障在发电机内部。

2. 充电电流过小

(1) 故障现象

① 蓄电池在亏电情况下，发动机中速以上运转时，电流表指示充电电流过小。

② 蓄电池经常存电不足。

③ 打开大灯，灯光暗淡，按动电扬声器声音小。

(2) 故障原因

① 充电线路接触不良。

② 传送带打滑使发电机转速过低。

③ 发电机有故障。

第一，个别二极管损坏。

第二，电刷与集电环接触不良。

第三，定子绕组连接不良。

第四，励磁绕组局部短路。

④ 调节器调节电压值过低或有故障。

(3) 故障诊断与排除

① 检查传送带松紧度，清除油污，检查紧固导线。

② 拆下发电机"B^+"和"F"接线柱上导线，用试灯的两根线分别连接发电机"B^+"和"F"接线柱，启动发动机，逐步提高转速，观察试灯亮度。如果试灯发红，且不随转速升高而发亮或亮度增加不明显，则为发电机内部有故障，应拆检发电机；如果试灯亮度能随发电机转速升高而增加，则说明发电机良好，故障在调节器。

3. 充电电流过大

(1) 故障现象

① 蓄电池在不亏电的情况下,充电电流仍在10 A以上。

② 蓄电池电解液损耗过快。

③ 各种灯泡经常烧坏。

(2) 故障原因

① 调节器调节电压值过高或晶体管调节器的大功率三极管集电极和发射极不能有效截止。

② 发电机有故障,如绝缘电刷与散热板短接时,造成调节器不起作用。

(3) 故障诊断与排除

① 如果是调节器故障应更换。

② 如果是发电机故障应更换转子总成。

4. 充电不稳

(1) 故障现象

发动机在怠速以上运转时,电流表指针左右摆动或充电指示灯时亮时灭。

(2) 故障原因

① 传动带打滑。

② 充电系线路连接线接触不良。

③ 发电机转子或定子线圈有局部断路或短路故障;集电环脏污或电刷与集电环之间接触不良。

(3) 故障诊断与排除

① 排除传送带打滑和导线接触不良等因素影响。

② 电流表在怠速转速以上各种转速下都不稳定,应说明调节器调压不稳,应更换调节器。

任务2.5 42 V及24 V电源简介

2.5.1 未来汽车电源发展趋势

汽车使用14 V电源系统始于20世纪50年代,当时汽车的电子附件较少,14 V电源系统完全能满足需要,所以这一系统一直袭用了50余年。现代汽车电气系统普遍采用12V电压,只有部分大型柴油车的启动系统采用24 V电压系统。随着各种电子设备在汽车上的广泛应用,特别是改善汽车舒适性、便利性以及安全性的电子装置的增多,汽车电气系统功率消耗明显增加,14 V电源系统3 kW左右的功率已经不能满足需要,因此,今后汽车电源系统的发展趋势将是用新的42 V电源系统取代14 V电源系统,以便能提供更大的极限功率,减小线束和提高信号传送的质量,使更多的电子控制设备得以使用。

2.5.2 提高汽车电压的解决措施

在保证汽车电气线路电流不变的情况下,可以大大提高汽车用电设备的供电量,为汽车使用更多的电器设备提供了可能。随着42 V电气系统的采用,汽车上许多传统的机械系统和液压系统将逐步被电气系统所取代，以提高车辆的系统效率，降低燃料的消耗。但是在 42 V 电气系统中，由于系统电压的提高，一些新的问题需要解决。因为电压越高，电源线两极相碰短路产生的电弧火花越大，危险也越大，所以绝缘和保险设置的标准需要重新制定。另外，车上所有的电气部件像蓄电池、发电机、起动机、灯泡、仪表等都须重新设计。由于涉及产品技术改造的范围广，必然会加大成本，因此，采用单一 42 V 电源系统可能需要一个较长的时期。

14 V/42 V 双电压方案将汽车电器与电控装置根据耗电大小分为两组，传统电器及部分电器装置（如照明、信号、仪表板等）功率不大，采用 14 V 电压供电；功率较大的电器装置（如冷却风机、电气悬架、电磁阀驱动电器等）采用 42 V 电压供电。14 V/42 V 双电压方案需要12 V 及 36 V 两个蓄电池组，因而增加了车辆附加承载，占用更大的空间及增加造价。另外，DC/CD 变换器产生的电磁干扰、高电压瞬态现象及抑制控制方法、双电压电气系统在车辆运行时的功率流向及分配等问题尚未解决。概括而论，目前 42 V 电源技术仍处于研发和试用阶段，尚未得到推广使用。

项目评定

1. 填空题

（1）汽车上的电源有________和________两种。

（2）某铅酸蓄电池型号为 6 - QAW - 65，其标准电压为________ V，额定容量为________ Ah。

（3）蓄电池的充电种类有________、________、去硫化充电三种。

（4）蓄电池正极板上的活性物质是________，负极板上的活性物质是________。

（5）汽车蓄电池的日常充电方法属于________，这一电压控制是依靠________实现的。

（6）________是交流发电机的磁极部分，用来产生磁场。

2. 判断题（对打“√”，错打“×”）

（1）只要发电机是好的，即使蓄电池没电，汽车也可以正常启动。（　　）

（2）蓄电池的电解液密度可以根据环境条件的不同进行改变。（　　）

（3）蓄电池放电的过程中电解液的密度是不断下降的。（　　）

（4）在蓄电池每个单元格中，正极板的片数要比负极板少一片。（　　）

（5）免维护电池的寿命比普通电池的寿命长。（　　）

（6）蓄电池长期充电不足或放电后未及时充电容易导致活性物质脱落故障。（　　）

（7）交流发电机转速较低时，自身不能发电，需要蓄电池供给发电机励磁绕组电流，这种励磁方式称为“自励”。（　　）

3. 选择题

（1）用万用表 R×1 挡测量二极管时，若测得正、反向电阻值均为无穷大，说明二极管（　　）。

A. 短路　　B. 断路　　C. 正常

（2）外搭铁式电压调节器中的大功率三极管是接在调节器的（　　）。

A. “＋”与“－”之间　B.“＋”与“F”之间　C. “F”与“－”之间

（3）在讨论蓄电池结构时，甲说 12 V 蓄电池由 6 个单格电池并联组成，乙说 12 V 蓄电池由 6 个单格电池串联组成，你认为（　　）。

A. 甲对　　B. 乙对　　C. 甲、乙都对　　D. 甲、乙都不对

(4) 交流发电机所采用的励磁方法是(　　)。

A. 自励　　B. 他励　　C. 先他励,后自励

(5) 在讨论充电系统调节时,甲说交流发电机需要限流,乙说激磁电流越大输出电压越低,你认为(　　)。

A. 甲对　　B. 乙对　　C. 甲、乙都对　　D. 甲、乙都不对

(6) 下面(　　)不是造成蓄电池提前报废的常见原因。

A. 充、放电　　B. 极板硫化　　C. 电解产生气体　　D. 过充电

4. 简答题

(1) 汽车交流发电机是由哪几部分组成的?各组成部分的功用是什么?

(2) 蓄电池的功用是什么?

(3) 请说明电压调节器的工作原理和工作过程。

(4) 如何简单判断蓄电池的放电程度?

项目3　汽车起动机

【项目要求】

- 了解起动机的构造和类型。
- 了解起动机的工作原理。
- 掌握启动系统故障诊断与排除方法。

【项目解析】

要使发动机由静止状态过渡到工作状态，必须用外力转动发动机的曲轴，使汽缸内吸入（或形成）可燃混合气并燃烧膨胀，工作循环才能自动进行。

曲轴在外力作用下开始转动到发动机开始自动地怠速运转的全过程，称为发动机的启动。发动机启动的方法很多，汽车发动机常用的电动机启动是用电动机作为机械动力，当将电动机轴上的齿轮与发动机飞轮周缘的齿圈啮合时，动力就传到飞轮和曲轴，使之旋转。

起动机在汽车上的位置和电路连接如图3-1所示。

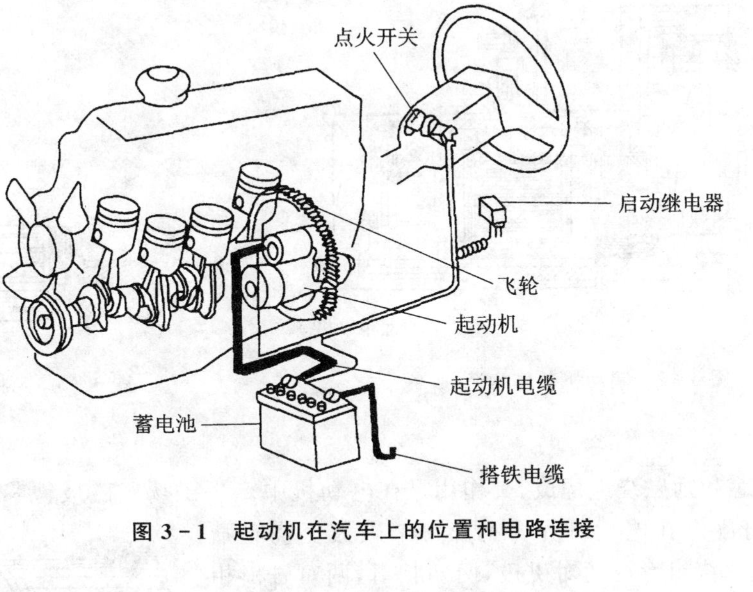

图3-1　起动机在汽车上的位置和电路连接

任务3.1　起动机的结构及工作原理

3.1.1　起动机的结构

车用起动机一般由串励直流电动机、传动机构和操纵机构3部分组成，如图3-2所示。

① 串励直流电动机的作用是产生转矩。

② 传动机构（或称啮合机构）的作用是：在发动机启动时，使起动机驱动齿轮啮入飞轮齿环，将起动机转矩传给发动机曲轴；而在发动机启动后，使驱动齿轮打滑与飞轮齿环自动脱开。

③ 操纵机构(即开关),用来接通和切断起动机与蓄电池之间的电路,在有些汽车上还具有接入和隔除点火线圈附加电阻的作用。

起动机的功用是:点火开关在启动挡时,起动机将蓄电池的电能转换为机械能,再通过传动机构将发动机启动。

1. 串励直流电动机

电动机的作用是将蓄电池输入的电能转换为机械能产生电磁转矩。串励直流电动机由电枢、磁极、电刷、壳体等主要部件构成。

(1) 电 枢

电枢是直流电动机的旋转部分,包括电枢轴、换向器、电枢铁芯、电枢绕组等部分,如图3-3所示。为了获得足够的转矩,通过电枢绕组的电流一般很大(汽油机为200～600 A,柴油机可达1 000 A),因此电枢由铁芯、电枢绕组、电枢轴及换向器组成。电枢铁芯由多片互相绝缘的硅钢片叠成。电枢绕组采用很粗的扁铜线用单波绕法绕制而成。如图3-3所示。换向器由铜质换向片和云母片叠压而成,且云母片的高度略低于铜质换向片的高度,为了避免电刷磨损的粉末落入换向片之间造成短路,起动机换向片间云母的高度一般不能过低,如图3-4所示。电枢绕组各线圈的端头均焊接在换向器片上,通过换向器和电刷将蓄电池的电流传递给电枢绕组,并适时地改变电枢绕组中电流的流向。

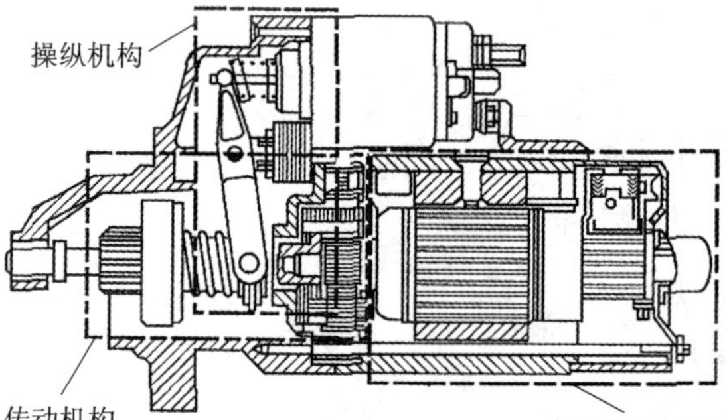

图3-2 起动机总体构造

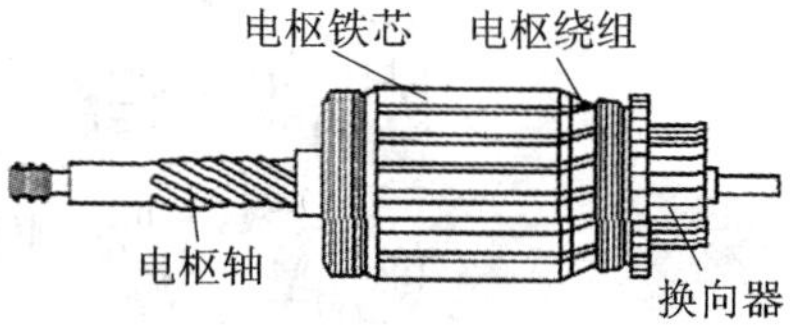

图3-3 电枢总成

(2) 磁 极

磁极由铁芯和励磁绕组构成,其作用是在电动机中产生磁场。磁极铁芯一般由低碳钢制成,并通过螺钉固定在电动机壳体上。每个磁极上绕有励磁绕组,4个励磁绕组形成两对磁极,两两相对,两对磁极相对交错安装在电动机定子内壳上,如图3-5所示。

4个励磁线圈可互相串联后再与电枢绕组串联,也可两两串联后再与电枢绕组串联,如图3-6所示。常见的励磁绕组一般与电枢绕组串联在电路中,故被称为串励式直流电动机。

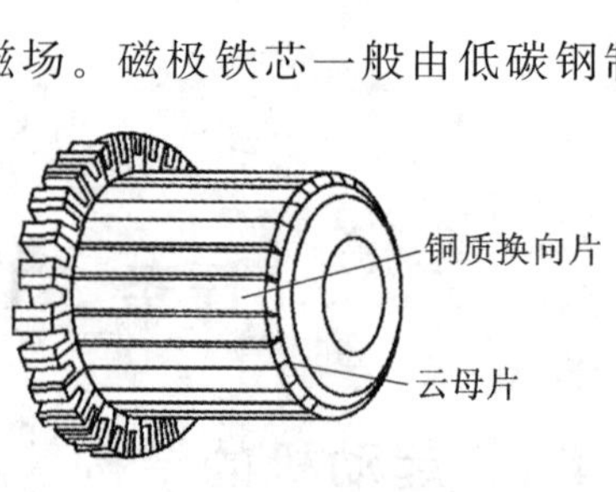

图3-4 换向器

(3) 电刷架与壳体

电刷架一般为框式结构,其中正极刷架与端盖绝缘,负极刷架通过机壳直接搭铁。电刷置于电刷架中,正电刷与励磁绕组的末端相连,负电刷负极刷

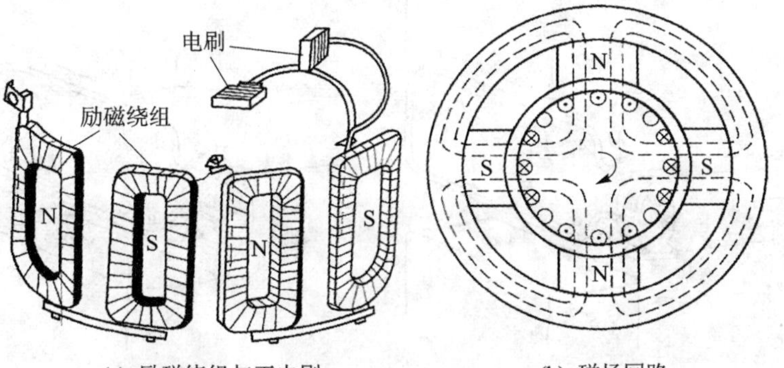

(a) 励磁绕组与正电刷　　(b) 磁场回路

图 3－5　励磁绕组与磁场回路

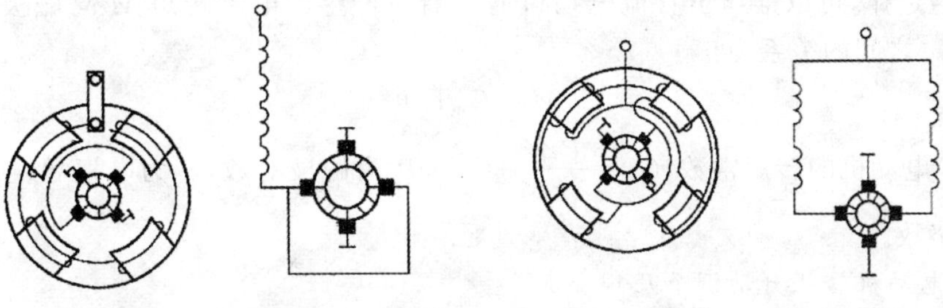

(a) 励磁绕组的串联　　(b) 励磁绕组的串、并联

图 3－6　励磁绕组的接法

架搭铁。电刷由铜粉与石墨粉压制而成，呈棕红色。刷架上装有弹性较好的盘形弹簧，用来保证电刷与换向器有良好的接触。

起动机机壳的一端有 4 个检查窗口，中部有一个与壳体绝缘的电流输入接线柱，并在内部与励磁绕组的一端相连。端盖分前、后两个，前端盖由钢板压制而戎，后端盖由灰口铸铁绕制而成。前、后端盖均压装有青铜石墨轴承套或铁基含油轴承套，外固有 2 个或 4 个组装螺孔。电刷装在后端盖内，前端盖上有拨叉座，盖口有凸缘和安装螺孔，还有拧紧中间轴承板的螺钉孔。

起动机的工作原理包括以下两个方面。

1）直流电动机的工作原理

图 3－7 所示是直流电动机的工作原理图。电动机工作时，电流通过电刷和换向器流入电枢绕组。如图 3－7(a)所示，换向片 A 与正电刷接触，换向片 B 与负电刷接触，绕组中的电流方向为 a→b→c→d，根据通电导体在磁场中受电磁力的原理(左手定则)，绕组 ab 边、cd 边均受到电磁力 F 的作用，由此产生逆时针方向的电磁转矩 M 使电枢转动；当电枢转动至换向片 A 与负电刷接触，换向片 B 与正电刷接触时，电流改由 d→c→b→T(换向器适时地改变了电枢绕组中的电流方同)，如图 3－7(b)所示，但电磁转矩的方向仍保持不变，使电枢按逆时针方向继续转动。

图 3－7 只列出了电枢绕组中的一匝线圈的工作过程，实际上，直流电动机为了产生足够大且转速稳定的电磁力矩，其电枢上绕有很多组线圈，换向器的铜片也随其相应增加。

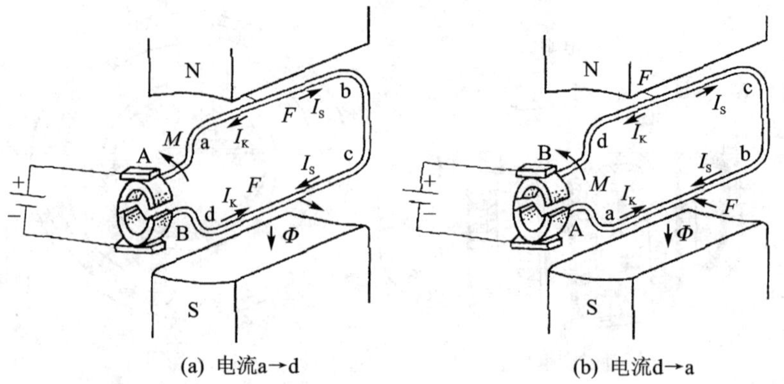

图 3-7　直流电动机工作原理

根据安培定律,可以推导出直流电动机通电后所产生的电磁转矩 M 与磁极的磁通量 Φ 及电枢电流 I_s 之间的关系为:

$$M = C_m I_s \Phi \tag{3-1}$$

式中:C_m——电动机的转矩常数,$C_m = \dfrac{PZ}{2\pi\alpha}$。其中,$P$ 为磁极对数,Z 为电枢导线总根数,α 为电枢绕组支路数。

2) 直流电动机转矩自动调节原理

直流电动机的电枢在电磁力矩 M 作用下产生转动的同时,由于绕组在转动时切割磁力线而产生感应电动势,且其方向与电枢电流 I_s 的的方向相反,故称反电动势 E_f。反电动势 E_f 与磁极的磁通量 Φ 和电枢的转速 n 成正比,即

$$E_f = C_e \Phi n \tag{3-2}$$

式中:C_e——电动机的电机常数。

由此可推出电枢回路的电压平衡方程式,即

$$U = E_f + I_s R_s + I_s R_j \tag{3-3}$$

式中:U——加在起动机上的电压,单位为 V;

R_s——电枢回路电阻,单位为 Ω,其中包括电枢绕组的电阻和电刷与换向器的接触电阻;

R_j——励磁绕组等效电阻,单位为 Ω。

在直流电动机刚接通电源的瞬间,电枢转速 n 为零,电枢反电动势也为零。此时,电枢绕组中的电流达到最大值,即 $I_{max} = U/(R_s + R_j)$,将相应产生最大电磁转矩 M_{max},若此时的电磁转矩大于电动机的阻力矩 M_s,则电枢开始加速转动。随着电枢转速的上升,E_f 增大,I_s 下降,电磁转矩 M 也就随之下降;当 M 下降至与 M_s 相平衡($M = M_s$)时,电枢就以此转速运转。如果直流电动机在工作过程中负载发生变化,就会出现如下的变化:

工作负载增大时,$M < M_s \to n\downarrow \to E_f\downarrow \to I_s\uparrow \to M\uparrow \to M = M_s$,达到新的平衡;

工作负载减小时,$M > M_s \to n\uparrow \to E_f\uparrow \to I_s\downarrow \to M\downarrow \to M = M_s$,达到新的平衡。

可见,当负载变化时,电动机能通过转速、电流和转矩的自动变化来满足负载的需要,使之能在新的转速下稳定工作。因此,直流电动机具有自动调节转矩的功能。

2. 传动机构

起动机的传动机构实际上是一个单向离合器,单向离合器的作用是单方向传递转矩,即启

动发动机时，与将起动机的转矩传给发动机曲轴，而当发动机启动后，它又能自动打滑，不使飞轮齿环带动起动机电枢旋转，以免损坏起动机。

单向离合器有滚柱式、摩擦片式、弹簧式和棘轮式等不同形式。其中，摩擦片式的单向离合器多用于大功率起动机。

(1) 滚柱式离合器

滚柱式离合器的构造如图 3－8 所示。其中，离合器的驱动齿轮采用 40 中碳钢加工淬火而成，与外壳连成一体。外壳内装有十字块和 4 套滚柱及弹簧，十字块与花键套筒固定连接，护盖和外壳相互密封滚柱。花键套筒的外面装有缓冲弹簧及垫圈，末端安装着移动衬套与卡簧整个离合器总成利用花键套筒套装在起动机轴的花键部位上，可以做轴向移动和随轴移动。

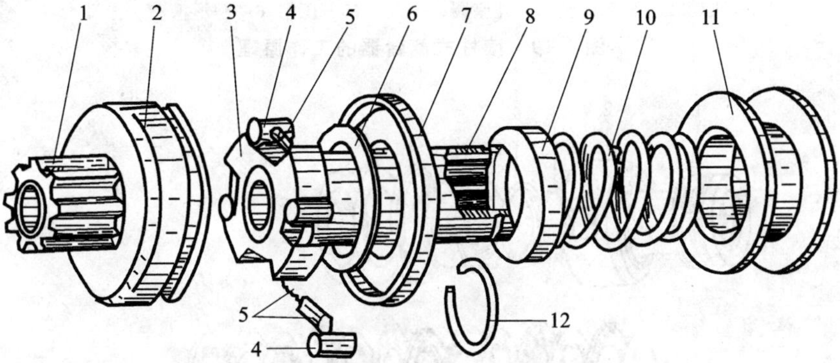

1—起动机驱动齿轮；2—外壳；3—十字块；4—滚柱；5—压帽与弹簧；6—垫圈；7—护盖；
8—花键套筒；9—弹簧座；10—缓冲弹簧；11—移动衬套；12—卡簧

图 3－8　滚柱式离合器的构造

发动机启动时，通过拨叉动作，经移动衬套将离合器沿花键推出，驱动齿轮啮入发动机飞轮齿环，此时电枢转动。由于十字块处于主动状态，随电枢一起旋转，促使 4 套滚柱滚入楔形槽较窄的一侧而卡住，从而传递转矩，驱动发动机飞轮齿环旋转，进而启动发动机，如图 3－9(a)所示。

发动机启动后，飞轮齿环的转速高于驱动齿轮，十字块处于被动状态，促使滚柱滚入楔形槽宽的一侧而打滑，只有驱动齿轮随飞轮齿环做高速转动。这样转矩就不能从驱动齿轮传给电枢，从而防止电枢超速“飞散”的危险。启动完毕，由于拨叉回位弹簧作用，经移动衬套使离合器退回，驱动齿轮完全脱离飞轮齿环，如图 3－9(b)所示。

(2) 摩擦片式离合器

摩擦片式离合器的构造如图 3－10 所示，由主动盘 2、被动盘 5、主动摩擦片 8、被动摩擦片 9、保险弹性垫圈 15 和驱动齿轮轴套 10 等机件组成。

主动摩擦片用铜片制成，被动摩擦片用钢片制成。主、被动摩擦片相互排列，能在主、被动盘上做轴向移动。驱动齿轮与驱动齿轮轴套 10 制成一体，内部中空，套装在电枢轴的光滑部分，可以转动也可以轴向移动。轴套在螺旋键的端部制有环槽，以便用锁圈 4 和卡环 3 将被动盘上的机件锁住。

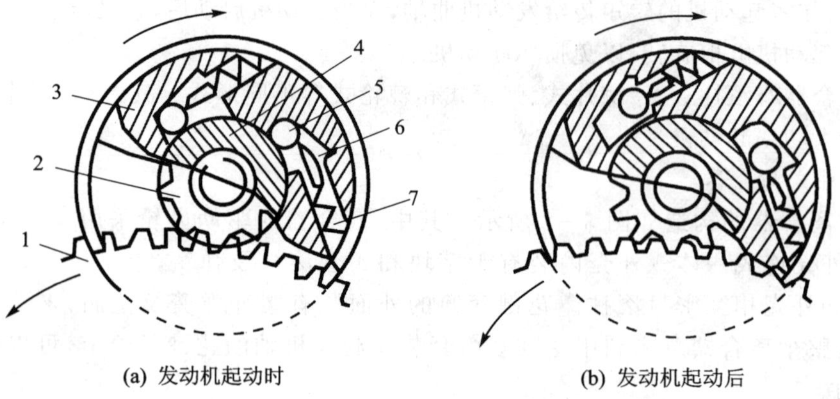

1—飞轮；2—驱动齿轮；3—外座圈；4—滚柱；5—压帽；6—楔形槽；7—弹簧

图 3-9　滚柱式离合器的工作原理

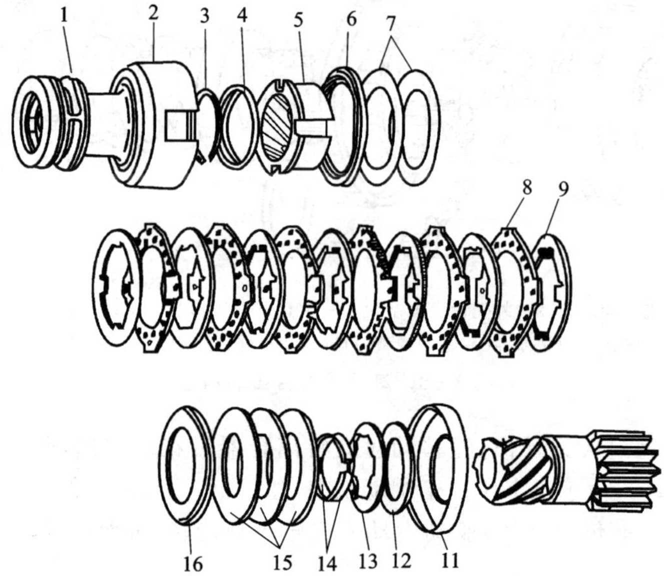

1—胶木拨叉环；2—主动盘；3—卡环；4—锁圈；5—被动盘；6—压盘；7—调整垫圈；
8—主动摩擦片；9—被动摩擦片；10—驱动齿轮轴套；11—后端盖；12—挡圈；
13—锥面盘；14—半圆卡环；15—保险弹性垫圈；16—承推环

图 3-10　摩擦片式离合器的构造

如图 3-11 所示，离合器总成在起动机不工作时，主、被动摩擦片之间处于放松无摩擦力的状态。发动机启动时，在控制装置的作用下，拨叉推动离合器后移，使驱动齿轮与飞轮啮合。电枢轴带动主动盘和主动摩擦片转动，借主、被动摩擦片之间的摩擦力带动被动摩擦片及被动盘。

由于发动机阻力矩很大，驱动齿轮和轴套开始并不转动，因而迫使被动盘沿驱动齿轮轴套的螺旋键槽转动(从驱动齿轮一端看，被动盘作顺时针方向转动)。如果把被动盘看作螺母，则此时相当于将螺母向里拧紧，由于它是沿着压紧摩擦片的方向做轴向移动，摩擦片间的正向压力增大，所能传递的摩擦力矩也随之增大。当摩擦片间能够传递的摩擦力矩增大到能够克服

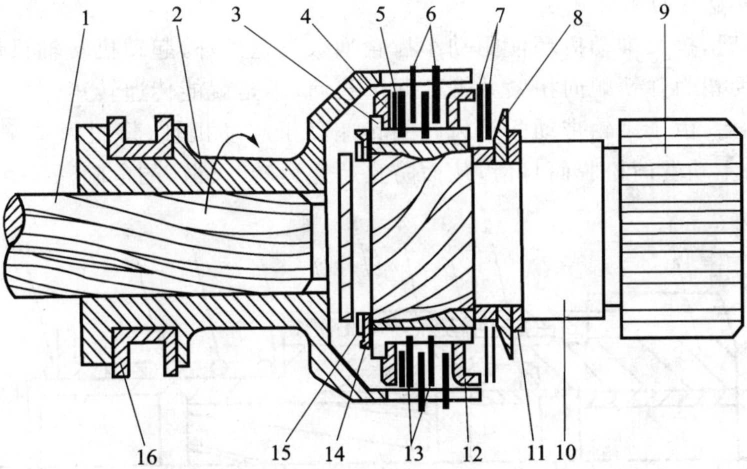

1—电枢轴；2—主动盘；3—被动盘；4—压盘；5—调整垫片；6—主动摩擦片；
7—保险弹性垫圈；8—锥面盘；9—驱动齿轮；10—驱动齿轮轴套；
11—挡圈；12—承推环；13—被动摩擦片；14—锁圈；15—卡环；16—拨叉环

图3-11　摩擦片式离合器装配示意图

发动机的阻力矩时，被动盘将停止轴向移动，并随主动盘一起转动，电动机产生的转矩即可通过驱动齿轮带动发动机飞轮旋转。在摩擦片被压紧的同时，作用在承推环上的压力将使保险弹性垫圈拱曲。发动机的阻力矩越大，被动盘向压紧摩擦片的方向移动越多，保险弹性垫圈拱曲变形的程度亦随之增大，摩擦片间的压力便相应增加，直到能够传递的转矩稍微超过发动机启动阻力矩为止。这样便能满足发动机对阻力矩的要求。但当被动盘轴向移动直至它的末端抵住保险弹性垫圈的内缘时，便不再做轴向移动，摩擦片将不能进一步压紧，此时，离合器所能传递的转矩将达到最大值。如果发动机的阻力矩超过这一极限，则摩擦片间发生滑动，不再带动发动机，这样就避免了电枢轴因超负荷而折断的可能，同时也防止电动机转不动时，长时间通过大电流而烧坏电动机。

由于摩擦片式离合器所传递的最大转矩是受被动盘轴向移动时它的末端抵住保险弹性垫圈的压力限制的，因而加减调整垫片，可以调整被动盘的轴向移动距离，从而调整离合器的打滑力矩，即离合器所能传递的最大转矩。长期使用中，如因磨损引起离合器打滑力矩减小时，可通过增加调整垫片进行调整。

摩擦片式离合器具有传递较大转矩、防止超载损坏起动机的优点，多用在大功率起动机上。但由于摩擦片很容易发生磨损而影响启动性能，因此需要经常检查、调整或更换摩擦片。另外，摩擦片式离合器的结构比较复杂，消耗材料较多，加工费时，而且不便于维修。

(3) 弹簧式离合器

1) 弹簧式离合器的构造

弹簧式离合器的构造如图3-12所示，主动套筒套在电枢轴的花键上，小齿轮套筒则套在电枢轴前端的光滑部分。在对接处有两个月牙形圈，使二者只能作相对转动而不能做轴向移动。在小齿轮套筒与主动套筒的外圆上装有扭力弹簧，扭力弹簧的内径略小于两套筒的外径，有一定的过盈量(0.25～0.5 mm)。在主动套筒上用垫圈封闭传动弹簧，外侧安装缓冲弹簧和固连拨环。

2)弹簧式离合器的工作原理

启动发动机时,拨叉推动拨环使驱动小齿轮啮入飞轮齿环,起动机转轴只带动花键套筒即主动套筒旋转,使扭力弹簧顺向扭紧并箍死两个套筒,于是就能传递转矩。

发动机启动后,由于飞轮带动驱动齿轮的转速高于起动机轴,将扭力弹簧作反向放松,使驱动齿轮套筒与主动套筒松脱而打滑,从而防止超速运转"飞散"的危险。

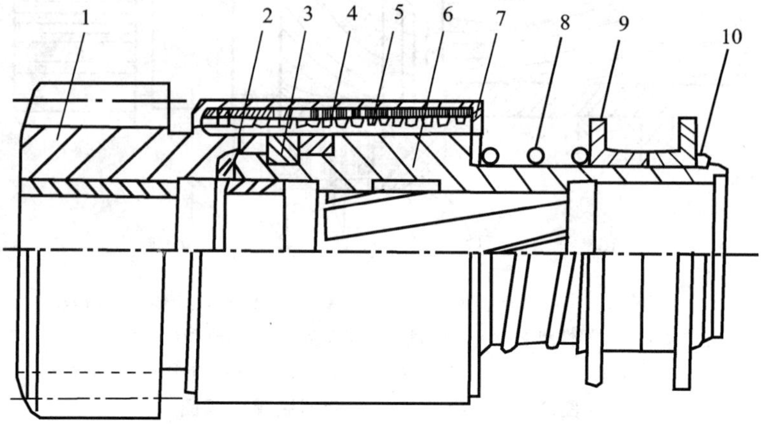

1—驱动齿轮;2—挡圈;3—月牙形圈;4—扭力弹簧;5—护圈;6—连接套筒;
7—垫圈;8—缓冲弹簧;9—移动衬套;10—卡环

图3-12 弹簧式离合器的构造

3)弹簧式离合器的特点

弹簧式离合器具有结构简单、制造工艺简单和成本低等优点,但由于驱动弹簧所需圈数较多,导致其轴向尺寸较大,故较适宜用于小型起动机中。

3. 操纵机构

操纵机构的作用是通过控制启动电磁开关及杠杆机构(或其他某种装置),来实现起动机传动机构与飞轮齿圈的啮合与分离,并接通和断开电动机与蓄电池之间的电路,同时还能接入和切断点火线圈的附加电阻(传统点火装置)。

电磁式控制装置一般称之为起动机的电磁开关,与电磁式拨叉合装在一起,利用挡铁控制,可分为直接控制和带启动继电器控制两种。

(1)直接控制

黄河TN150汽车起动机的电磁开关就是采用这种直接控制方式,它所用的ST614型起动机电磁开关的结构原理如图3-13所示。

当合上启动总开关9,按下启动按钮8时,吸引线圈6和保持线圈5的电路接通。其电流通路为:蓄电池正极→接线柱14→电流表16→熔断丝10→启动总开关9→启动按钮8→接线柱7。然后分两路:一路为保持线圈5→搭铁→蓄电池负极;另外一路为吸引线圈6→接线柱15→起动机磁场绕组→电枢绕组→搭铁→蓄电池负极。

这时活动铁芯4在吸引线圈和保持线圈电磁吸力的共同作用下,克服回位弹簧2的弹力向右移动,带动拨叉3并将驱动齿轮1推出与飞轮齿环啮合。这时由于吸引线圈的电流流经磁场绕组和电枢绕组,产生一定的电磁转矩,所以驱动齿轮是在缓慢旋转的过程中啮合的。当齿轮啮合完成后,接触盘13将接线柱14、15接通,于是蓄电池的大电流流经起动机的电枢和

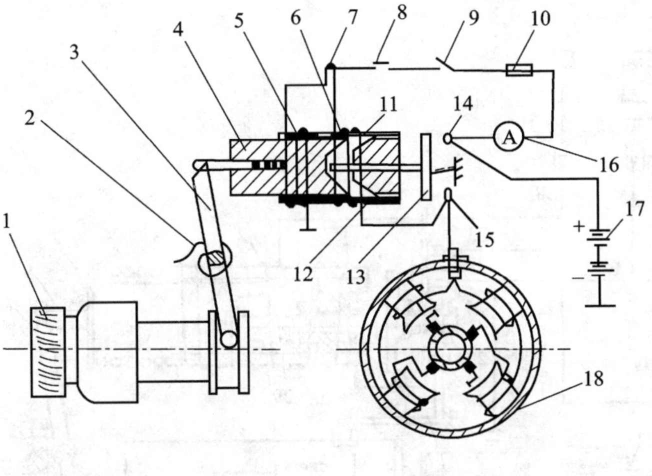

1—驱动齿轮；2—回位弹簧；3—拨叉；4—活动铁芯；5—保持线圈；6—吸引线圈；
7、14、15—接线柱；8—启动按钮；9—启动总开关；10—熔断丝；
11—黄铜套；12—挡铁；13—接触盘；16—电流表；17—蓄电池；18—起动机

图 3-13　ST614 型起动机电磁开关的结构原理

磁场绕组，产生正常的转矩，带动发动机启动。同时，吸引线圈被短路，齿轮的啮合位置由保持线圈 5 的吸力来保持。

发动机启动后，松开启动按钮瞬间，保持线圈中的电流只能经吸引线圈 6 构成回路。此时，吸引线圈的磁通方向与保持线圈的磁通方向相反，故相互抵消，于是活动铁芯在回位弹簧的作用下回到原位，驱动齿轮退出啮合，接触盘 13 脱离接触，切断接线柱 14、15 的电流，从而切断启动电路，起动机停止运转。这种电磁开关是利用挡铁与电磁铁芯之间的一定空隙，保证驱动齿轮先部分啮入飞轮齿环后，才接通启动主电路。它具有操作轻便和工作可靠的优点。

(2) 带启动继电器控制

带启动继电器控制的电磁开关在现代汽车中使用较多，如东风 EQ140 汽车的 QD124、北京 BJ212 的 QD123 等。下面以东风 EQ140 汽车的 QD124 型起动机为例来进行讲述，其电路如图 3-14 所示。

启动时，将点火开关转到启动位置，启动继电器线圈电路接通，继电器触点闭合，于是接通电磁开关中吸引线圈和保持线圈的电路。在两线圈电磁力的共同作用下使引铁 5 向前移，引铁 5 后端通过耳环 6 带动拨叉 7 推动驱动齿轮 11 与飞轮齿环啮合。当驱功齿轮与飞轮齿环接近完全啮合时，引铁 5 前端推动接触盘顶杆 29 带动接触盘 18 将电动机的电路接通。起动机带动发动机旋转。

电动机电路接通时，吸引线圈被短路，引铁 5 靠保持线圈的磁力将引铁保持在吸合位置。在电动机电路接通的同时，接触盘 18 也将附加电阻短路开关接线柱 22 与电动机开关接线柱 21 接通，使点火系统中的附加电阻线 25 短路，从而保证启动过程中可靠地点火。

在启动过程中，当驱动齿轮与飞轮齿环发生抵齿而不能啮合时，拨叉 7 下端可推动分开式离合器滑环 14 的后半环，压缩缓冲弹簧 13 继续后移，使电动机电路接通。待起动机旋转后，在缓冲弹簧的作用下，再迫使驱动齿轮与飞轮啮合。

发动机启动后，放松启动开关，启动继电器线圈电路切断，继电器触点张开。继电器触点

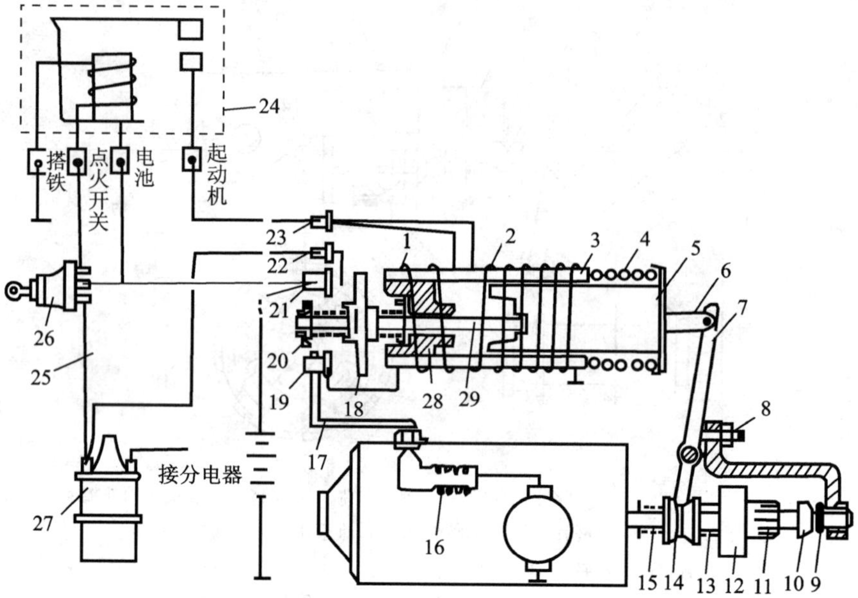

1—吸引线圈;2—保持线圈;3—钢套;4—引铁回位弹簧;5—引铁;6—耳环;7—拨叉;8—拨叉限位螺钉;
9—止推垫圈;10—限位螺母;11—驱动齿轮;12—单向离合器;13—缓冲弹簧;14—滑环;15—定位弹簧;16—磁场绕组;
17—导电片;18—接触盘;19、21—电动机开关接线柱;20—接触盘回位弹簧;22—附加电阻短路开关接线柱;
23—电磁开关接线柱;24—启动继电器;25—附加电阻线;26—点火开关;27—点火线圈;28—固定铁芯;29—接触盘顶杆

图3-14 QD124型起动机电路

张开后电动机开关断开前瞬间,保持线圈的电流由蓄电池正极、电动机开关接线柱21、接触盘18、电动机开关接线柱19、吸引线圈1、保持线圈2、搭铁至蓄电池负极构成回路。

由于两线圈通过电流后,产生的磁场方向相反,相互削弱,于是引铁5在引铁回位弹簧4的作用下退回原位。接触盘也在引铁回位弹簧20的作用下退回,电动机电路切断,电动机停止工作。

引铁退回的同时,推动拨叉上端后移,拨叉的下端则带动滑环前移,迫使驱动齿轮与飞轮分离。离合器传动导管与电枢轴采用螺旋键配合,有利于驱动齿轮与飞轮齿环的分离。因为电动机电路切断后,电枢转速降低,而离合器由于惯性作用,再加上飞轮齿环的带动,其转速会高于电枢转速,结果促使离合器带动驱动齿轮沿电枢轴的螺旋键槽向前移动,加速了驱动齿轮与飞轮齿环的分离。正因如此,引铁回位弹簧20可采用弹力较弱的弹簧,一方面可减小引铁前移时的阻力,容易带动驱动齿轮与飞轮齿环啮合;另一方面又可减小电磁铁线圈的尺寸,既能节约导线又使结构紧凑。

当点火开关转到启动挡位时,因蓄电池电力不足或因低温严寒等原因,有时会发生起动机带不动发动机的现象。此时虽然放松了启动开关,但由于电动机已通过电流产生转矩,在两齿面间作用很大压力,阻碍齿轮脱出的摩擦力超过引铁回位弹簧的张力,这样驱动齿轮就不能脱出,引铁不能回位,电动机开关也不能断开,电枢绕组及磁场绕组会因通过强大电流而烧坏。为避免此种情况的发生,在分开式滑环的前面装一可供压缩的定位弹簧15,该弹簧的弹力小于引铁回位弹簧的弹力。当驱动齿轮不能脱出时,在引铁回位弹簧弹力作用下,拨叉下端带动滑环的前半环压缩弹簧,使引铁回位,从而先将电动机电路切断。齿面摩擦力消失,两齿轮即可分离。

3.1.2 其他常见的起动机

1. 永磁式起动机

永磁式起动机的磁极不再采用传统的电磁场，而是采用铁氧体或钕铁硼等永磁材料。由于取消磁场绕组，起动机结构简化，体积、重量也相应减小。比较常见的有北京切诺基BJ2021型吉普车装用的德国Bosch公司生产的12VDW1.4型永磁式起动机，其原理简图如图3-15所示。

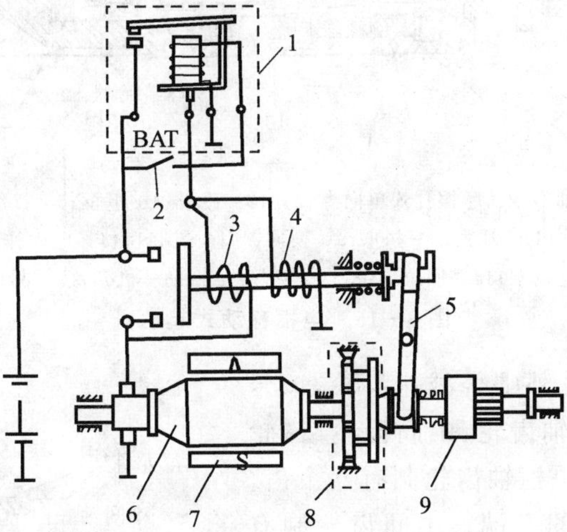

1—启动继电器；2—点火开关；3—吸引线圈；4—保持线圈；5—拨叉；6—电枢；
7—永久磁极；8—行星齿轮减速装置；9—滚柱式单向离合器

图3-15 12VDW1.4型永磁式起动机原理简图

2. 电枢移动式起动机

电枢移动式起动机常用于大功率柴油车上。电枢移动式起动机的结构如图3-16所示。

电枢移动式起动机的特点如下。

① 起动机不工作时，电枢在弹簧的作用下，停在与磁极中心轴向靠前错开的位置上。

② 换向器较长，以便移动后仍能和电刷接触。

③ 啮合过程是靠电枢在磁场的作用下，进行轴向移动来实现的。启动之后，靠回位弹簧的拉力使驱动齿轮脱离接合，回至原位。

④ 有主、辅两种励磁绕组，如串联的主励磁绕组、串联的辅助励磁绕组和并联的辅助励磁绕组。由于扣爪和挡片的作用，辅助绕组首先接通。

3. 减速起动机

为了提高启动系统的启动性能和起动机输出转矩，可以通过增加驱动齿轮和曲轴飞轮之间的传动比来实现。但由于驱动齿轮和飞轮的尺寸及加工工艺的限制，实际上应用更多的方法是在电动机电枢轴和输出轴之间增设一级减速装置，从而构成一种新型的启动装置——减速起动机。12V11E1.4型减速起动机是日本电装公司生产的，用于皇冠牌轿车上。

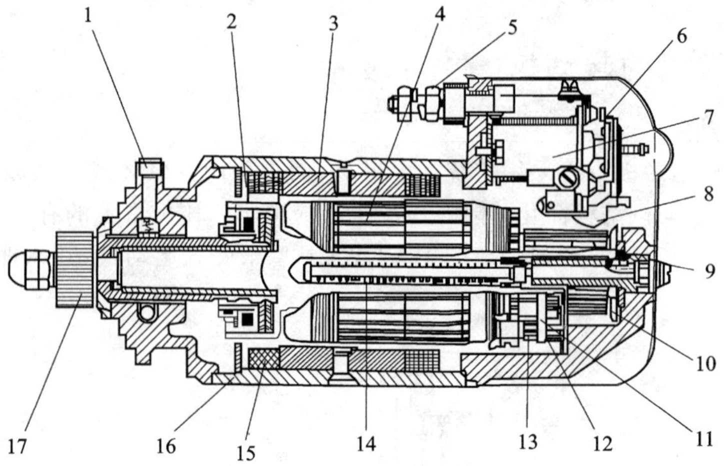

1—油塞;2—摩擦片式单向离合器;3—磁极;4—电枢;5—接线柱;
6—接线桥;7—电磁开关;8—扣爪;9—换向器;10—圆盘;11—电磁弹簧;12—电刷;
13—电刷架;14—回位弹簧;15—磁场绕组;16—机壳;17—驱动齿轮

图3-16　电枢移动式起动机

减速装置采用平行轴外啮合减速齿轮,该装置中有3个齿轮,即电枢轴齿轮、中间齿轮(惰轮或中间轮)及减速齿轮。电枢轴齿轮制有9个齿,利用内键齿压装在电枢的一端。中间齿轮制有26个齿,利用滚柱轴承支撑在中间轴上。减速齿轮制有40个齿,以传动导管为轴心转动,其啮合关系如图3-17所示。

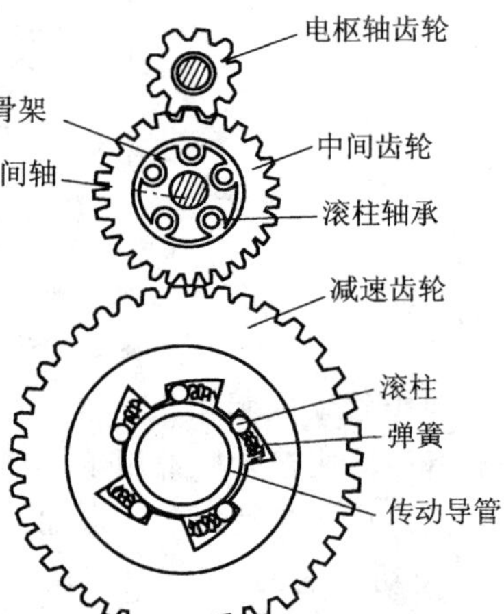

图3-17　减速齿轮啮合关系

起动机没有工作时,接触盘与触点分开,驱动齿轮与飞轮分离。需要启动时,接通启动开关,吸引线圈和保持线圈通电,电磁力吸动引铁左移,挺杆推动驱动齿轮轴,迫使驱动齿轮与飞轮啮合,这种动作过程称为直动齿轮式。与此同时,接接触触点,电机电路接通并开始旋转。电枢轴产生的转矩经电枢轴齿轮→中间齿轮→减速齿轮→滚柱式单向离合器→传动导管螺旋键齿→驱动齿轮轴→驱动齿轮→飞轮,再带动曲轴旋转,使发动机启动。发动机启动后,及时放松启动开关。吸引线圈和保持线圈断电,引铁在回位弹簧张力作用下回位,接触盘与触点分离,电枢停止转动。同时,驱动齿轮轴也在回位弹簧作用下带动驱动齿轮与飞轮分离,一切恢复到初始状态。其控制过程如图3-18所示。

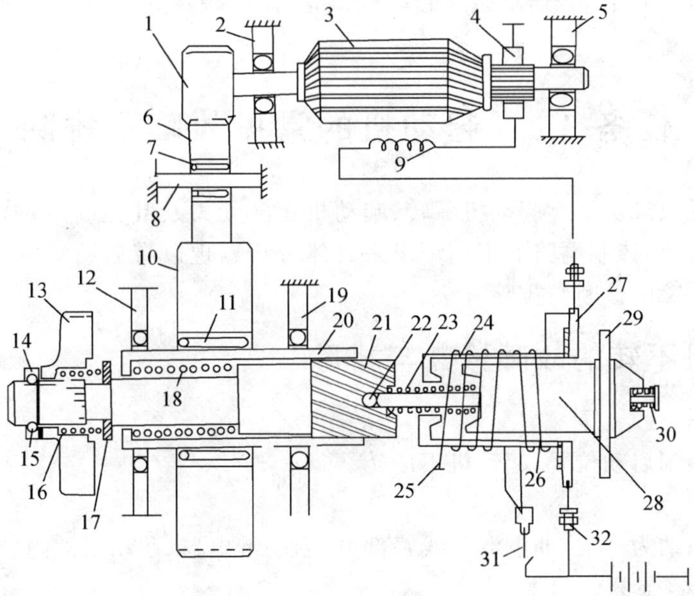

1—电枢轴齿轮；2、5、12、19—球轴承；3—电枢；4—电刷；6—中间齿轮；7—圆柱滚子轴承；8—中间齿轴；9—磁场绕组；10—减速齿轮；11—单向离合器滚柱；13—驱动齿轮；14—挡圈；15—卡环；16、30—缓冲弹簧；17—内键齿挡圈；18—驱动齿轮轴回位弹簧；20—传动导管；21—驱动齿轮轴；22—钢球；23—引铁回位弹簧；24—钢套；25—保持线圈；26—吸引线圈；27—触点；28—引铁；29—接触盘；31—启动开关；32—接线柱

图 3-18　12V11E1.4 型减速起动机控制装备结构示意图

3.1.3　起动机的型号规格

起动机的型号组成如图 3-19 所示。

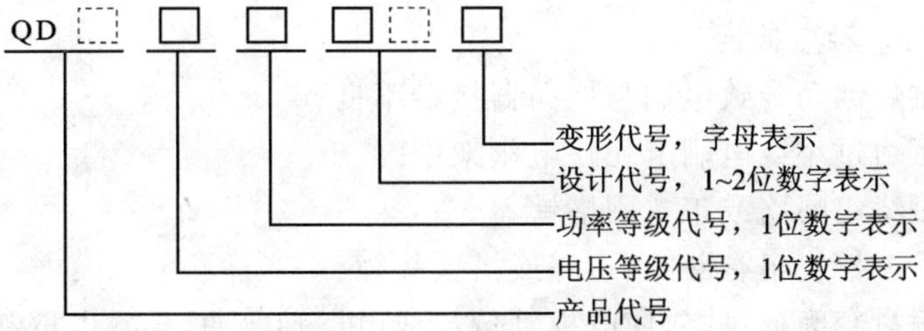

图 3-19　起动机的型号

① 产品代号：QD 表示普通电磁式起动机；QDJ 表示减速起动机；QDY 表示永磁起动机。

② 电压等级代号：1 表示 12 V；2 表示 24 V。

③ 功率等级代号：含义如表 3-1 所列。

表 3-1　起动机的功率等级代号

功率等级代号	1	2	3	4	5	6	7	8	9
功率/kW	＜1	1～2	2～3	3～4	4～5	5～6	6～7	7～8	＞8

例如:QD124,QD 表示普通电磁式起动机;1 表示 12 V;2 表示功率 1~2 kW;4 表示第四次设计。

任务 3.2　起动机的常见故障及排除

启动系统常见故障主要有起动机不转、起动机运转无力及其他故障。在诊断与排除启动系统的故障时,要根据控制电路的不同情况来具体分析。现以带启动继电器的控制电路为例来说明启动系统故障的诊断与排除方法。

3.2.1　起动机不转的故障诊断与排除

1. 现　象

将点火开关旋到启动位置,起动机不运转。

2. 故障原因

该故障可以归纳为 3 类,即电源及线路部分、启动继电器、起动机故障。

(1) 电源及线路部分的故障

① 蓄电池严重亏电。

② 蓄电池正、负极柱上的电缆接头松动或接触不良。

③ 控制线路断路。

(2) 启动继电器的故障

① 继电器线圈绕组烧毁可断路。

② 继电器触点严重烧蚀或触点不能闭合。

(3) 起动机故障

① 起动机电磁开关触点严重烧蚀或两触点高度调整不当而导致触点表面不在同一平面内,使触盘不能将两个触点接通。

② 换向器严重烧蚀而导致电刷与换向器接触不良。

③ 电刷弹簧压力过小或电刷卡死在电刷架中。

④ 电刷与励磁绕组断路或正电刷搭铁。

⑤ 磁场绕组或电枢绕组有断路、短路或搭铁故障。

⑥ 电枢轴的铜衬套磨损过多,使电枢轴偏心或电枢轴弯曲,导致电枢铁芯“扫膛”(即电枢铁芯与磁极发生摩擦或碰撞)。

3. 故障诊断与排除方法

根据故障排除从易到难的一般原则,首先应检查蓄电池储电情况和蓄电池搭铁线、相线的连接是否有松动,然后再做进一步的检查。故障诊断与排除程序如下。

① 打开前照灯开关或按下扬声器按钮,若灯光较亮或扬声器声音洪亮,说明蓄电池存电较足,故障不在蓄电池;若灯光很暗或扬声器声音很小,说明蓄电池容量严重不足;若灯不亮或扬声器不响,说明蓄电池或电源线路有故障,应检查蓄电池相线及搭铁电缆的连接有无松动以及蓄电池储电是否充足。

② 若灯亮或扬声器响,说明故障发生在起动机、电磁开关或控制电路。可用螺钉旋具将电磁开关的 30# 接柱与 C 接柱接通。若起动机不转,则起动机有故障;若起动机空转正常,则

说明电磁开关或控制电路有故障。

③ 诊断起动机故障时，可用螺钉旋具短接30#接柱与C接柱时产生火花的强弱来辨别。若短接时无火花，则说明磁场绕组、电枢绕组或电刷引线等有断路故障；若短接时有强烈火花而起动机不转，则说明起动机内部有短路或搭铁故障，需拆下起动机进一步检修。

④ 诊断电磁开关或控制电路故障时，可用导线将蓄电池正极与电磁开关50#接柱接通（时间不超过3～5 s），如果接通时起动机不转，则说明电磁开关故障，应拆下检修或更换电磁开关；如果接通时起动机转动，则说明开关回路或控制回路有断路故障。

⑤ 判断是开关回路还是控制回路故障时，可以根据是否有启动继电器吸合的响声来判断。若有继电器吸合的响声，则说明是开关回路有断路故障；若无继电器吸合的响声，则说明是控制回路有断路故障。

⑥ 排除线路的断路故障，可用万用表或试灯逐段检查排除。

3.2.2 起动机运转无力的故障诊断与排除

1. 现 象

将点火开关旋至启动挡时，起动机能运转，但功率明显不足，时转时停。

2. 故障原因

① 蓄电池储电不足或有短路故障，致使供电能力降低。

② 起动机主回路接触电阻增大使起动机工作电流减小。接触电阻增大的原因包括蓄电池正、负极柱上的电缆紧固不良；起动机电磁开关触点与导电盘烧蚀；电刷与换向器接触不良或换向器烧蚀等。

③ 起动机磁场绕组或电枢绕组匝间短路使起动机输出功率降低。

④ 起动机装配过紧或有“扫膛”现象。

⑤ 发动机转动阻力矩过大。

3. 故障诊断与排除方法

① 检查蓄电池容量（用高率放电计检查），若容量不足，可用容量充足的蓄电池辅助供电的方法加以排除。

② 检查蓄电池桩头接柱及启动电磁开关主触头接柱的松动情况，若松动，加以紧固。

③ 若怀疑是起动机内部故障，可用同型号无故障的起动机替换加以排除。确认是起动机内部故障时，应进一步拆检起动机。

3.2.3 起动机其他故障诊断与排除

起动机其他故障包含起动机空转、驱动齿轮与飞轮齿圈啮合异响、电磁开关异响等故障。

1. 起动机空转的故障诊断与排除

① 现象。启动发动机时，起动机运转且转速很高，响声较大而发动机不运转。

② 故障原因。单向离合器打滑，不能传递驱动转矩。

③ 排除方法。更换单向离合器故障即可排除。

2. 驱动齿轮与飞轮齿圈啮合异响的故障诊断与排除

① 现象。启动发动机时，驱动齿轮不能顺利啮入飞轮齿圈，有齿轮撞击声。

② 故障原因。

第一,驱动齿轮轮齿或飞轮齿圈轮齿磨损过甚或个别齿损坏。

第二,起动机调整不当,驱动齿轮端面与端盖凸缘间的距离过小。当驱动齿轮与飞轮齿圈尚未啮合或刚刚啮合时,起动机主电路就已接通,于是驱动齿轮高速旋转着与静止的飞轮齿圈啮合而发生的撞击声。

③ 排除方法。若是齿轮磨损别齿损坏,则更换驱动齿轮、飞轮齿圈;若是起动机调整不当,则按要求调整好起动机。

3. 起动机电磁开关异响的故障诊断与排除

① 现象。启动发动机时,电磁开关发出“打机枪”似的“哒哒哒”声。

② 故障原因。

第一,电磁开关保位线圈断路或搭铁不良。

第二,蓄电池严重亏电或内部短路。

第三,启动继电器触点断开电压过高。

③ 排除方法。启动发动机时,用万用表检测蓄电池电压不得低于9.6 V。如果电压过低,则说明严重亏电或内部短路,应予更换。若蓄电池没有问题,启动时电磁开关时仍有“打机枪”似的“哒哒哒”声,则应拆检电磁开关的保位线圈是否断路或搭铁不良。对于个别车型,还有可能是启动继电器断开电压过高,故应检查其断开电压。

项目评定

1. 选择题

(1) 汽车发动机在启动时,曲轴的最初转动是(　　)。

A. 由于有一个外力转动了发动机飞轮而引起的

B. 借助于汽缸内的可燃混合气燃烧和膨胀做功来实现的

C. 借助于活塞与连杆的惯性运动来实现的

D. 由启动电动机通过带传动直接带动的

(2) 为了获得足够的转矩,通过电枢绕组的电流很大,一般汽油机的启动电流为(　　)。

A. 20～60 A　B. 100～200 A　C. 200～600 A　D. 2 000～6 000 A

(3) 起动机在启动瞬间,则(　　)。

A. 转速最大　B. 转矩最大　C. 反电动势最大　D. 功率最大

(4) 起动机在汽车的启动过程中是(　　)。

A. 先接通启动电源,然后让起动机驱动齿轮与发动机飞轮齿圈正确啮合

B. 先让起动机驱动齿轮与发动机飞轮齿圈正确啮合,然后接通启动电源

C. 在接通启动电源的同时,让起动机驱动齿轮与发动机飞轮齿圈正确啮合

D. 以上都不对

(5) 起动机电刷的高度如不符合要求,则应予以更换。一般电刷高度不应低于标准高度的(　　)。

A. 1/2　B. 2/3　C. 1/4　D. 1/5

2. 判断题(对打“√”,错打“×”)

(1) 串励直流式电动机中“串励”的含义是4个励磁绕组相串联。　(　　)

（2）反电动势的大小正比于电枢转速，但对电枢电流没有影响。（　　）

（3）起动机的电磁转矩与电流的平方成反比。（　　）

（4）起动机转速愈高，流过起动机的电流愈大。（　　）

（5）串励直流式电动机在重载时转速低而转矩大的特性，可保证启动安全、可靠。（　　）

（6）对功率较大的起动机可在轻载或空载下运行。（　　）

（7）起动机驱动齿轮与飞轮不啮合并有撞击声，这是起动机开关闭合过晚的缘故。（驱动齿轮与飞轮还未啮合，起动机就转动了）（　　）

（8）判断起动机电磁开关中吸拉线圈和保拉线圈是否已损坏，应以通电情况下看其能否有力地吸动活动铁芯为准。（　　）

（9）发动机在启动时需要的扭力较大，而起动机所能产生的最大扭力只有它的几分之一，因此，在结构上就采用了通过小齿轮带动大齿轮来增大扭力的方法解决。（　　）

3.简答题

（1）起动机由哪些部分组成？各组成部分的作用是什么？

（2）汽车上为何采用串励直流式电动机？

（3）改变蓄电池的搭铁极性，起动机的旋转方向是否改变？为什么？

（4）启动系统常见的故障有哪些？

项目 4　汽车点火系统

【项目要求】

● 了解汽车点火系统的构造和类型。

● 了解汽车点火系统的工作原理。

● 掌握点火系统故障诊断与排除方法。

【项目解析】

由于汽油自燃温度高，难以被压燃，因此汽油发动机设置了点火系统，采用电火花点燃可燃混合气的方法。

点火系统的作用是将汽车电源供给的低压电转变为高压电，并按照发动机的做功顺序与点火时间的要求适时、准确地配送给各缸的火花塞，在其点击电极间隙处产生电火花，点燃汽缸内的可燃混合气。

对点火系统的要求如下。

① 点火系统应能迅速及时地产生足以击穿火花塞电极间隙的高电压。使火花塞电极之间产生火花的电压称为击穿电压。发动机正常工作时的击穿电压一般均在 15 kV 以上；发动机在满载低速时击穿电压为 8～10 kV；启动时需 19 kV。考虑各种不利因素的影响，通常点火系统的设计电压为 30 kV。

② 电火花应具有足够的点火能量。正常情况下，可靠点燃可燃混合气的点火能量为 50～80 mJ，启动时需 100 mJ 左右的点火能量。

③ 能根据发动机各种工况提供最佳的点火时刻。发动机的温度、负荷、转速和燃油品质等，都直接影响混合气的燃烧速度。点火系统必须能适应上述情况的变化，并实现最佳点火时刻的变化。

任务 4.1　电感式点火系统

点火系统按其电能的来源可分为蓄电池点火系统和磁电机点火系统。蓄电池点火系统的电能由蓄电池或发电机供给，经点火线圈和分电器将低压电变成高压电，然后通过高压线和火花塞形成高压电火花，点燃汽缸内的混合气。磁电机点火系统的电能由磁电机本身产生低压电，并且其点火线圈、断电器和配电器组合为一个整体，一般用在摩托车和拖拉机上。汽车点火系统按其组成和发展可分为传统点火系统、电子点火系统和计算机控制点火系统 3 种类型；按其产生高压电的方式又可分为电感储能式点火系统、电容储能式点火系统和电磁储能式点火系统等。

点火系统产生高压前，以点火线圈建立磁场能量的方式储存点火能量的，称为电感式点火系统，其特点是靠断开初级线圈电流产生点火电压，火花持续时间长。

4.1.1 电感式传统点火系统

传统点火系统是利用断电器触点直接控制点火线圈低压电路的通断。电感式传统点燃系统的缺点是点火线圈低压电路的电流经断电器触点，触点间容易产生火花使断电器触点烧蚀；优点是结构简单。虽然现在的汽车逐渐采用了电子和计算机控制的点火系统，但是理解掌握传统点火系便于更加理解掌握电子和计算机控制点火系统。

1. 传统点火系统的组成及工作原理

传统点火系统的组成如图 4-1 所示，主要由电源（蓄电池）、点火线圈、分电器（断电器和配电器）、点火开关、火花塞、附加电阻和高、低压导线等组成。

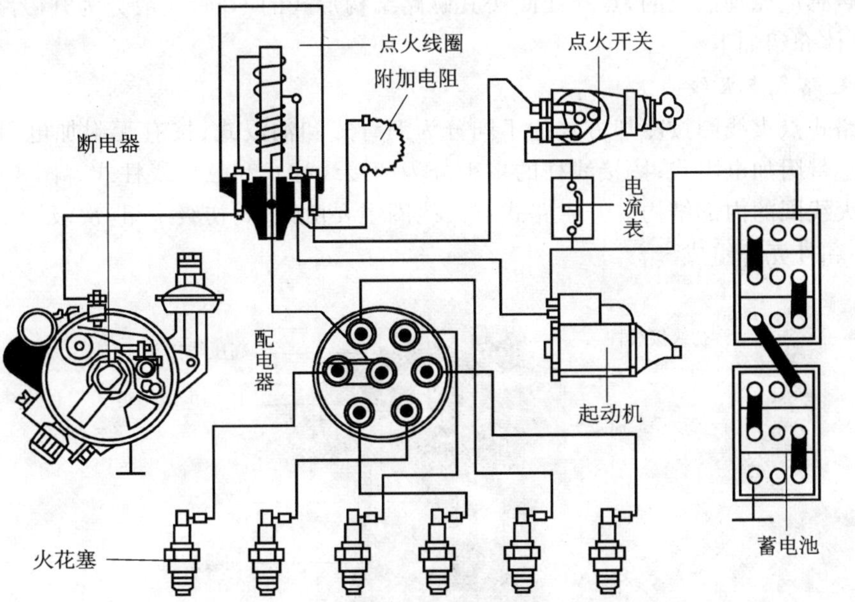

图 4-1 传统点火系统的工作原理图

在传统点火系统中，电源供给的低压直流电经断电器和点火线圈转变为高压电，再经配电器分送到各缸火花塞，在火花塞的电极间产生电火花，点燃可燃混合气，使发动机工作。

接通点火开关，启动发动机，发动机开始工作。断电器凸轮在发动机凸轮轴的驱动下不断旋转，凸轮旋转时交替地使断电器的触点断开和闭合。当断电器触点闭合时，接通了点火线圈初级绕组的电路，即初级电路，又称低压电路。流经初级电路的电流称为初级电流，其路径是：蓄电池“正极”→电流表→点火开关→点火线圈“＋”接线柱→附加电阻→点火线圈“开关”接线柱→点火线圈初级绕组→点火线圈“－”接线柱→断电器触点→搭铁→蓄电池“负极”。

电流通过初级绕组时，在点火线圈的铁芯中形成磁场，积蓄了磁场能。当分电器凸轮将触点顶开时，初级电路被切断，初级电流迅速下降，铁芯中的磁场也迅速消失，于是在点火线圈的次级绕组中感应出高压电动势。由于次级绕组是初级绕组的 80～100 倍，所以其感应电动势可达 15 000～20 000 V，配电器把高压电传送给工作缸火花塞，击穿火花塞的间隙，产生电火花。

当火花塞的间隙被击穿时，在点火线圈次级绕组的电路中有电流通过，该电流称为次级电流。次级电流流经的电路称为次级电路，也称高压电路，其路径是：点火线圈次级绕组→点火线圈“开关”接线柱→附加电阻→点火线圈“＋”接线柱→点火开关→电流表→蓄电池→搭铁→火花塞侧电极→火花间隙→火花塞中心电极→高压导线→配电器的旁电极→分火头→配电器的中央电极→高压导线→点火线圈次级绕组。

发动机工作期间，断电器触点每开闭一次，上述过程将重复进行一次。因此，发动机每转两转，各缸按工作顺序轮流点火一次，点火开关断开后，初级电路切断，发动机熄火。

2. 传统点火系统主要部件的构造及作用

(1) 点火线圈

点火线圈将电源提供的12 V低压电转变成能击穿火花塞电极间隙的高压电。点火线圈是利用电磁感应原理制成的，点火线圈按其磁路结构形式的不同，一般分为开磁路式和闭磁路式两种，具体介绍如下。

1) 开磁路式点火线圈

开磁路式点火线圈按冷却方式的不同分为沥青式和油浸式；按有无附加电阻分为带附加电阻式和不带附加电阻式；按接线柱的多少分为两接线柱式和三接线柱式。图4-2所示为开磁路式点火线圈的内部结构。开磁路式点火线圈主要由铁芯、初级绕组、次级绕组、胶木盖、瓷座、接线柱和外壳等组成。

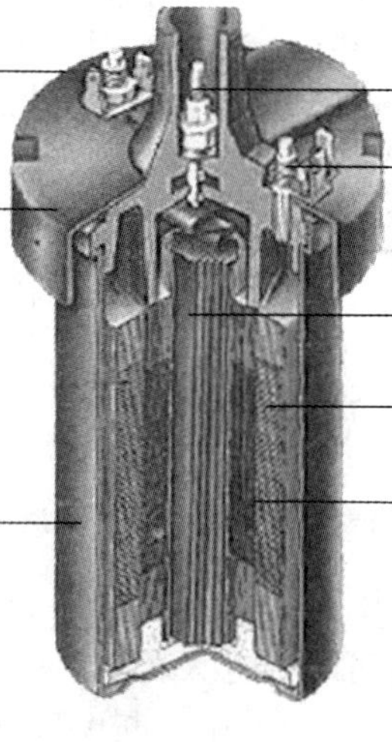

图4-2 开磁路式点火线圈的内部结构

为了减少涡流和磁路损失，铁芯由若干层涂有绝缘漆的硅钢片叠成，包在硬纸做成的绝缘套管内。套管外面有直径为0.06～0.10 mm的漆包线分层绕制的次级绕组，绕组匝数为11 000～26 000匝。每层绕组之间都用绝缘纸隔开，最外层的绝缘纸层数较多。再用同样方法将初级绕组绕在次级绕组的外边。初级绕组因通过的电流较大，所以一般用0.5～1.0 mm的漆包线绕制，匝数为230～380匝。绕组绕好后在真空中浸以石蜡和松香的混合物，以增强绝缘性。外壳与绕组之间装有导磁用的钢套，钢套的作用是减小磁阻，并使初级绕组的热量易于散出。两个绕组连同铁芯在浸渍石蜡和松香的混合物后装入外壳中，并支于瓷质绝缘座上。为加强绝缘，防止潮气浸入，利于散热，在外壳内填满沥青或变压器油，前者称为沥青式点火线圈，后者称为油浸式点火线圈。点火线圈上端装有胶木盖，用于密封点火线圈内部，并可防止高压电击穿次级绕组的绝缘层,向外壳放电。

点火线圈的胶木盖上装有与点火开关、分电器连接的低压接线柱。两接线柱式点火线圈的低压接线柱上分别标有“+”“-”标记。三接线柱式点火线圈的低压接线柱上分别标有“开关”“+”“-”标记,并在“开关”和“+”接线柱上接有附加电阻。胶木盖的中央是高压线接头,周围较高,以防高压电在接线柱间放电。点火线圈的初级绕组两端分别接“+”(或开关)和“-”接线柱,次级绕组的一端接初级绕组,另一端接高压线接头。

2) 闭磁路式点火线圈

闭磁路点式火线圈和开磁路式点火线圈相比,其铁芯不是条形的,而是“曰”字形或“口”字形的。铁芯磁化后,其磁感应线经铁芯构成闭合磁路。由于闭磁路式点火线圈漏磁小,磁路的磁阻小,能量损失小,所以能量转换率高达75%,因此称高能点火线圈。而开磁路式点火线圈的能量转换率最高只有60%。另外,由于闭磁路的铁芯导磁能力强,可在较小的磁动势下产生较强的磁场,因而能有效地减少线圈匝数,使点火线圈小型化。闭磁路式点火线圈体积小,可直接装在分电器上,故在无触点电子点火系统中广泛使用。

(2) 附加电阻

附加电阻减小低速时的初级电流,防止点火线圈过热,改善高速时点火特性。附加电阻一般用直径0.4 mm左右的低碳钢丝、镍铬丝或纯镍丝绕成螺旋管形,夹在两块磁板之间,用螺栓固定在点火线圈的安装保持架上。在常温20 ℃时,阻值一般为1.25～1.80 Ω。附加电阻是热敏电阻,当电阻上流过的电流变大,使温度升高时,其阻值随之变大;当电阻上流过的电流变小,使温度降低时,其阻值随之变小。

(3) 点火开关

点火开关控制点火系统低压电路的通断,控制发动机的启动和熄火。点火开关外形各异,但一般为圆柱形,一端有钥匙插孔,另一端是接线柱。点火开关一般分Ⅲ、0、Ⅰ、Ⅱ挡,0挡是断开位置,Ⅰ挡是发动机正常工作位置,Ⅱ挡是启动位置,Ⅲ挡是辅助电器位置。

(4) 分电器

分电器又称断电—配电器,壳体一般由铸铁制成,下部压有石墨青铜衬套,分电器轴由凸轮轴驱动。分电器轴在衬套内旋转,用油杯进行润滑。分电器由断电器、配电器、点火提前机构(包括离心火提前机构、真空提前机构、电容器)等构件组成,如图4-3所示。

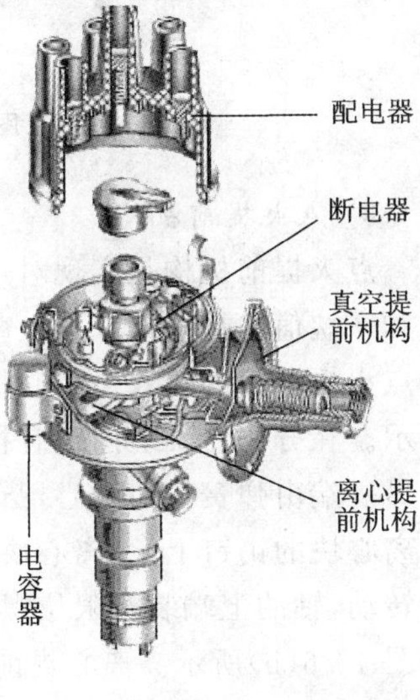

图4-3　分电器组成图解

1) 断电器

断电器在发动机凸轮轴驱动下,准时接通和切断点火线圈初级电流,使点火线圈及时产生高压电。断电器如图4-4所示,由断电器底板、固定触点及支架、活动触点及触点臂、压簧和凸轮轴等组成,安装在分电器壳体内部的上方。断电器触点俗称“白金”,由坚硬而耐高温的钨合金制成,其中固定触点固定在托板上,由偏心调整螺钉调整其位置,并用紧固螺钉固定在活动底板上。活动触点装在活动触点臂的一端,臂的另一端有孔,绝缘地套在销轴上,使活动触点与壳体绝缘,并经片状弹簧与绝缘接线柱相连通。在触点臂的中部固定着夹布胶木顶块,靠压簧压紧在断电凸轮上。两触点断开时的最大间隙称为触点间隙,一般为0.35～0.45 mm。凸轮为钢质整体,上部呈两正多边形,凸轮的边数等于发动机的汽缸数,下部呈长方形。长方形拨板上有两个对称长孔,套装在离心点火提前机构的两个离心重块的销头上,通过离心重块由分电器轴驱动。对四冲程发动机而言,发动机曲轴与分电器轴的转速比为2∶1,即曲轴转两圈,分电器轴转一圈,所有缸各点火一次。

2) 配电器

配电器是按点火顺序将高压电分送至各缸火花塞。配电器由分火头和分电器盖组成,如图4-5所示。分电器盖用胶木粉在钢膜中加热压制而成,具有良好的耐高压电和耐热性能。盖内周围有与发动机汽缸数相同的旁电极,它们和盖上的旁电极插孔相通,插孔用来安插分缸高压线。盖的中间有中央高压线插孔,在孔中有中心电极、弹簧和碳精柱。碳精柱弹性地压在分火头的导电片上,分电器盖用两个弹性夹固定在分电器壳体上。分火头由胶木制成,其顶部为一导电铜片,分火头装于断电器凸轮的顶端。当其旋转时,其上的导电片在距离电极0.25～0.8 mm的间隙处掠过。当断电器触点张开时,导电片对准盖内某一旁电极,高压电便由中心电极经带弹簧的碳精柱、导电片跳到旁电极,再经分缸高压线送到火花塞。由于高压从分火头导电片向旁电极跳火时,产生电火花,会对无线电产生干扰,因此,有的分火头内装置有几千欧姆的阻尼电阻或在分火头尖端熔着一种特殊陶瓷,以抑制对无线电的干扰。

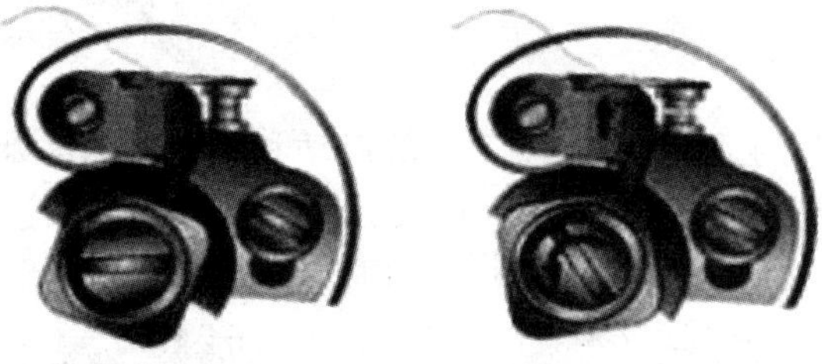

图4-4 断电器

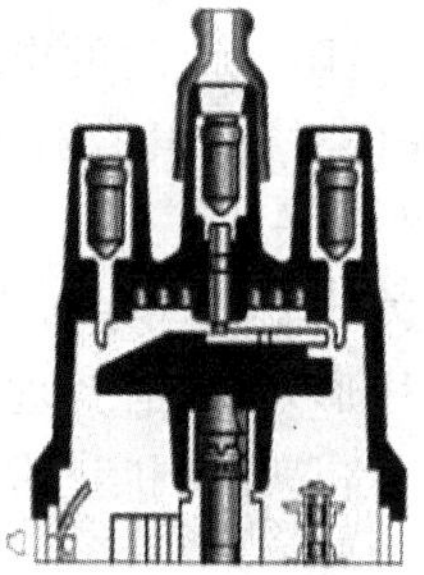

图4-5 配电器

3) 点火提前机构

点火提前机构是实现对点火时间的调整。点火提前机构包括离心提前机构、真空提前机构和辛烷值选择器3部分。离心提前机构是利用离心原理,根据发动机转速的变化而自动改变点火提前角的装置。离心提前机构通常装在断电器固定底板的下部,其结构如图4-6(a)所示。在分电器轴上固定有托板,两个离心块分别套在托板的柱销上,可绕柱销转动。离心块的另一端由弹簧拉向轴心,凸轮及拨板制成一体,凸轮活络地套在轴上,其拨板的长方形孔套在离心块的销钉上,受离心块驱动。当分电器轴转动时。离心块上的销钉即通过拨板带动凸轮转动,轴的上端装有限位螺钉,紧固后仍有一定的轴向间隙,以保证凸轮能和轴做相对转动,如图4-6(b)所示。离心提前机构的工作情况是:当发动机转速升高时,离心块的离心力逐渐增大,自某一转速开始,离心块的离心力克服弹簧弹力,离心块向外甩开,离心块上的销钉推动拨板带着凸轮轴沿原来旋转的方向相对轴转过一个角度,使凸轮提前顶开触点,点火提前一个角度,转速越高,离心力越大,点火提前角也就越大;反之,点火提前角越小。离心块上有两个直径一样的弹簧,其弹性不一样。低速时,只有细弹簧起作用,转速高时两个弹簧同时起作用。

离心提前机构一般在发动机转速为 400～500 r/min 时开始工作，当离心块甩到孔的极限位置时，点火提前角达到最大，如图 4-6(c)所示。

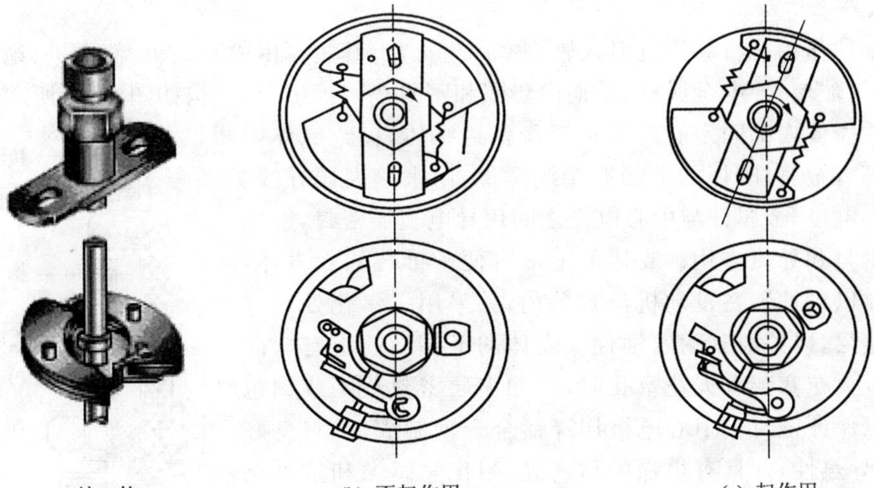

图 4-6　离心提前机构

真空提前机构是随发动机负荷的大小自动改变点火提前角的装置，它装在分电器外壳的外侧，主要由外壳、膜片、弹簧、拉杆和支架等部件组成。其内部结构如图 4-7 所示。

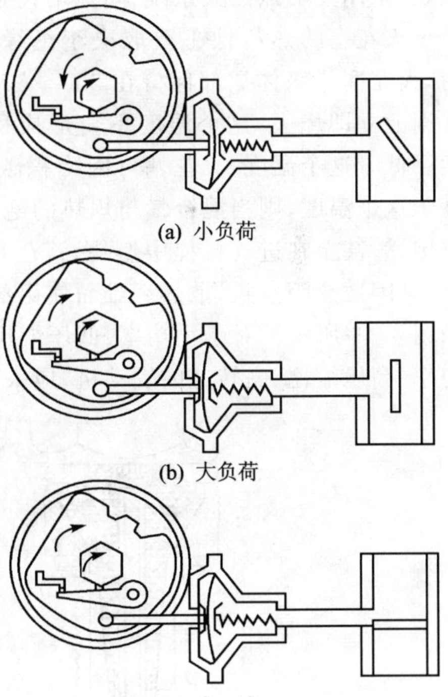

图 4-7　真空提前机构

真空提前机构内的膜片将其分成两个腔室，位于分电器壳体一侧的腔室与大气相通，另一个腔室用管子与化油器节气门的小孔连接，膜片中心固装着拉杆，拉杆的一端固装一销钉。断电器活动底板套装在拉杆的销钉上，因此拉杆运动可带动断电器活动底板转动，转动的最大角度由固定底板的长形槽孔限制。平时用膜片在弹簧的作用下拱向分电器壳体一侧，并通过拉杆带动断电器活动底板处于某一位置。真空提前机构的工作情况是：当发动机负荷小时，节气门下方的小孔处真空度较大，吸动膜片，膜片带动拉杆克服弹簧弹力向右拱曲。同时，拉杆拉动活动底板带着断电器触点逆分电器轴旋转方向转动一定角度，使触点提前张开，点火提前角增大。当发动机负荷增大时，小孔处真空度减小，吸力下降，在弹簧弹力作用下，膜片向左拱曲，拉杆带动活动底板并带着断电器触点顺着分电器轴旋转方向转动一定角度，使点火提前角减小。

4)电容器

电容器的作用是减小断电触点火花，提高点火线圈次级高压。电容器并联在断电器触点两端,装在分电器的壳体上,其容量一般在0.15～0.35 μF之间,耐交流电压500 V,且1 min内无击穿现象,并且具有不低于500 MΩ的绝缘电阻。

(5) 火花塞

火花塞的作用是将高压电引入燃烧室产生火花,其主要由中心电极、侧电极、绝缘瓷体、壳体、导电密封玻璃、导电金属杆、紫铜内垫圈和密封垫圈等组成,结构如图4-8所示。

在钢质壳体内部固定有高氧化铝陶瓷绝缘体,在绝缘体中心孔的上部有金属杆,杆的上端有接线螺母,用来接高压导线。下部有中心电极,金属杆与中心电极之间用导电玻璃密封,铜质内垫圈起密封和导热作用。壳体的上部有便于拆装的六方体,下部有螺纹以备拧装在发动机汽缸盖内,并采用了氧化处理或其他防锈镀层,以提高其耐腐蚀性。壳体的下端面固定有弯曲的侧电极。火花塞装入火花塞孔时,需加多层密封垫圈或铜包石棉垫圈以保证密封。中心电极用镍锰合金钢制成,具有良好的高导电、导热性,并具有很强的耐高温、耐化学腐蚀和抗氧化性能,有较长的使用寿命。火花塞的电极间隙一般为0.7～0.9 mm,近年来为适应发动机排气净化的要求,利用稀混合气燃烧,采用无触点点火系统,间隙增大到1.0～1.2 mm。

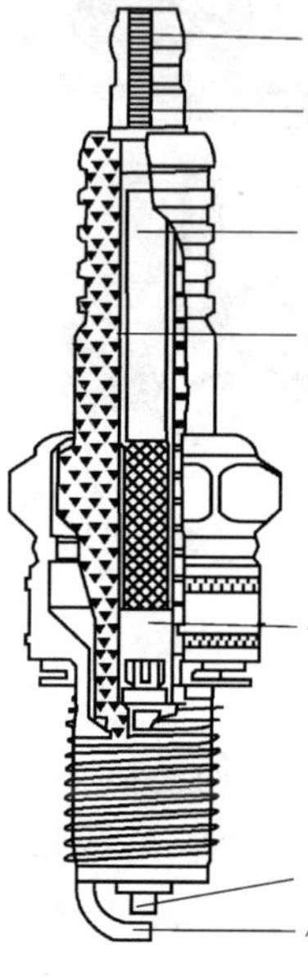

图4-8 火花塞的结构

火花塞的热特性主要取决于绝缘体裙部的长度。实践证明,火花塞绝缘体裙部保持在500～600 ℃时,落在绝缘体上的油滴能立即烧去,这个温度不会形成积碳,称为火花塞自净温度。低于这个温度,火花塞可因冷积碳引起漏电,导致不点火;高于这个温度,则当混合气与炽热的绝缘体接触时,可引起早燃或爆燃,甚至在进气行程中燃烧,产生回火现象。当裙部较长时,其受热面积大,吸收的热量多,且因散热距离长,散热困难而使裙部的温度高,此为"热型"火花塞,反之为"冷型"火花塞,如图4-9所示。对于小功率、低压缩比和低转速的发动机,应采用热型火花塞;相反,对于大功率、高压缩比、高转速的发动机,应采用冷型火花塞。

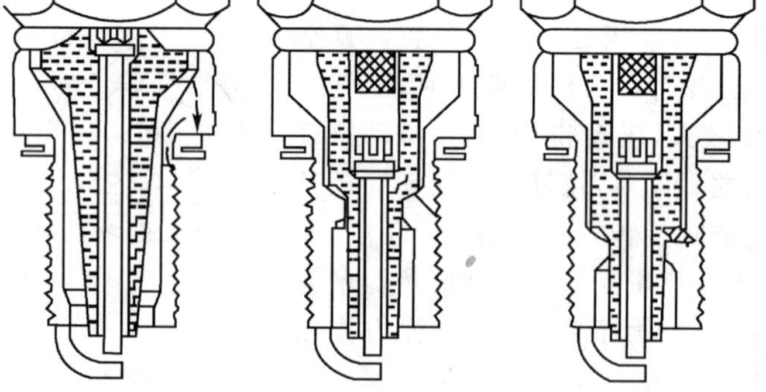

图4-9 火花塞热特性

我国是以火花塞绝缘体的裙部长度来标定火花塞的热值的。国产火花塞认知分别用1、

2、3、4、5、6、7、8、9、10、11 来表示。1、2、3 为低热值火花塞；4、5、6 为中热值火花塞；7、8、9 及以上为高热值火花塞。热值数越高，表示散热性越好。热值选择是否合适，甚判断方法为：若火花塞经常由于积碳而导致断火，表示它太冷，即热值过高；若经常发生炽热点火，则表明火花塞的热值选用过低。热值选择不合适时，原则上应选用比原标定值高一级或低一级的火花塞。

4.1.2　电感式电子点火系统

传统点火系统存在触点容易烧蚀，火花能量的提高受到限制，高速时次级电压降低，火花塞容易积碳等缺陷，所以发展出了电子点火系统。

电子点火系统是由半导体元件（三极管、可控硅和集成电路等）组成的电子开关电路，其主要作用是根据点火信号发生器产生的点火脉冲信号，接通和断开点火线圈初级电路，起着与传统点火系统中的断电器触点同样的作用。电子开关反应速度更快，可以提高高速时的次级电压。电感式电子点火系统按触发方式可分为磁感应式、霍尔式和光电式等，现在最常用的是磁感应式和霍尔式两种。

电子点火系统与传统点火系统相比，增加了一个点火信号发生器，由发生器控制点火控制器，其他结构和传统点火系统相同，如图 4－10 所示。

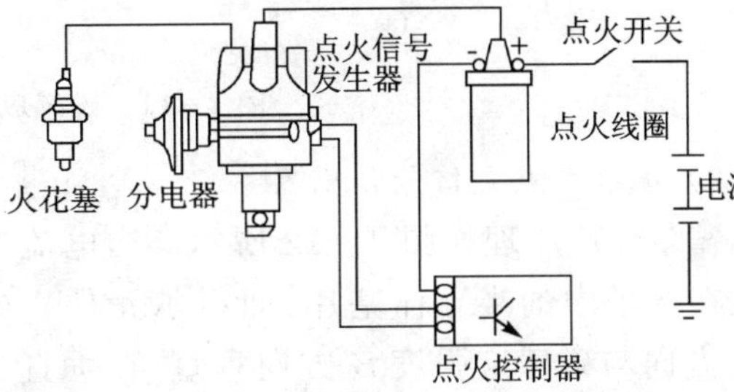

图 4－10　电子点火系统的组成

1. 电子点火系统的工作原理

发动机运转时，发动机曲轴带动分电器轴转动，分电器里的点火信号发生器产生点火信号，此信号输出给点火控制器，由于这个点火信号比较弱且不规则，所以必须经过点火控制器内部电路进行信号放大、脉冲信号整形，再输出给大功率三极管，此三极管的集电极和发射极接在点火线圈的初级电路上。当分电器里的信号传感器输出正极性信号给点火控制器时，使点火控制器内三极管导通，从而接通点火线圈初级电路，点火线圈储存磁场能。信号传感器输出负极性信号，此信号输送给点火控制器后，使三极管截止，从而切断点火线圈初级电流，点火线圈的突然消失使得次级线圈感应出 20 000～25 000 V 的电动势。配电器在转动过程中准时将产生的高电压按点火顺序分配给工作缸火花塞跳火。

2. 主要部件结构

（1）分电器总成

电子点火系统分电器主要由信号发生器（传感器）、配电器、真空点火提前机构和离心点火提前机构等组成。

1）磁感应式点火信号传感器

磁感应式点火信号传感器原理如图 4－11(a)所示，它主要由转子和定子两大部分组成，底板和感应线圈是固定在分电器壳体内的，定子、塑性永磁片和导磁片三者用铆钉铆合后套在底板的轴套上，受真空点火提前机构的膜片拉杆约束，塑性永磁片上面为 N 极，下面为 S 极。当凸轮轴带动转子转动时，空气间隙的周期变化使磁路的磁阻随之周期改变，使通过传感线圈的磁通量发生周期性变化，因而在传感线圈内感应出交变电动势，如图 4－11(b)所示。

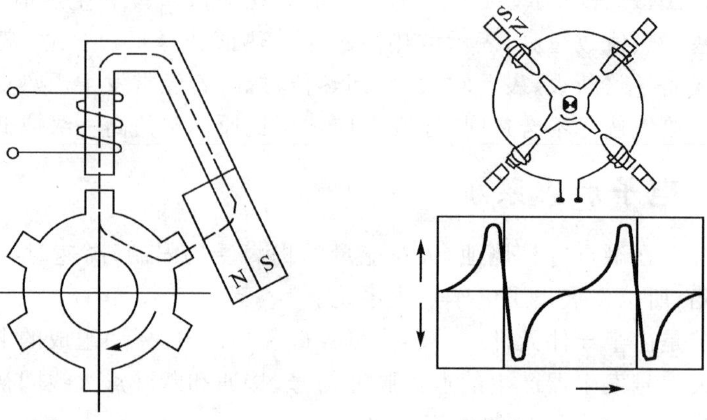

(a) 原　理　　　　(b) 工　作

图 4－11　磁感应式点火信号传感器

2) 霍尔式点火信号传感器

霍尔效应原理如图 4－12 所示。当电流通过放在磁场中的半导体基片(即霍尔元件),电流 I 方向与磁感应强度 B 方向垂直,在垂直于电流 I 与磁场感应强度 B 的半导体基片的横向侧面上产生一个与电流 I 和磁感应强度 B 成正比的电压,称霍尔电压,用 U_H 表示。

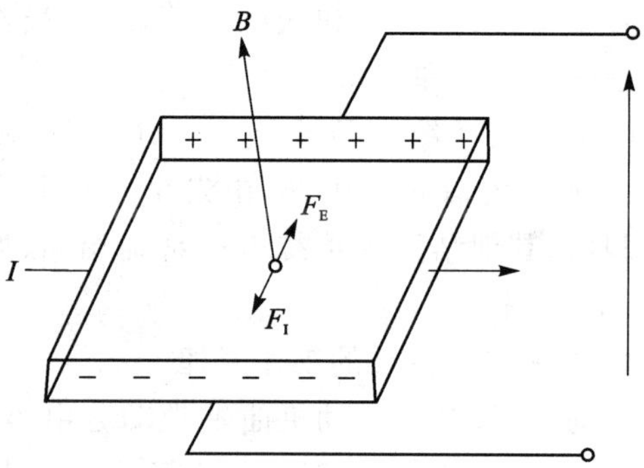

I—电流;B—磁感应强度;U_H—霍尔电压

图 4－12　霍尔效应原理

霍尔式点火信号传感器应用霍尔效应原理,其主要由转子和定子组成。转子即触发叶轮,由分电器轴带动,其叶片数与发动机汽缸数相等。定子由永久磁铁、霍尔元件和导磁板等组成。带导磁板的永久磁铁与霍尔元件对置安装于分电器底板上,其间留有一定气隙,触发叶片的叶轮可在气隙中转动。发动机运转时,触发叶轮随分电器轴转动,当叶片进入永久磁铁与霍尔元件之间的气隙时,磁场被叶片短路,而不能通过并作用于霍尔元件上,因此,霍尔元件此时几乎不产生霍尔电压;当触发叶轮的叶片转离永久磁铁与霍尔元件之间的气隙时,永久磁铁的磁通便通过导磁板穿过气隙作用于霍尔元件上,于是通电的霍尔元件产生霍尔电压,如图 4－13所示。四缸发动机每完成一个工作循环,曲轴转两周,分电器轴及触发叶轮转一周,霍尔元件被交替地隔磁 4 次,因而随之产生 4 次霍尔电压。由于霍尔元件产生的霍尔电压很小,因此霍尔式点火信号传感器输出的信号电压是把微弱的霍尔电压经放大、脉冲整形、变换后以矩形脉冲输出的电压,放大及转换信号由霍尔集成电路来完成。

3) 光电式点火信号传感器

光电式点火信号传感器是利用光敏元件的光电效应原理,制成光电式点火信号发生器给点火电子组件提供点火信号,来达到控制点火的目的。安装在分电器内的光电式点火信号发生器通常都由光源、光接收器和遮光盘 3 部分组成,其工作原理如图 4－14 所示。光源是一只砷化镓发光二极管,它发出红外线光束,用一只近似半球形的透镜聚焦。该发光二极管比白炽灯泡耐振,并能耐较高的温度,工作寿命很长。光接收器是一只硅光敏晶体管,它与光源相对,

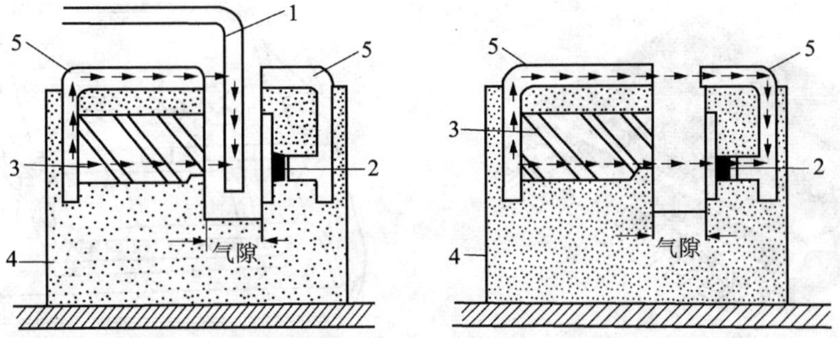

(a) 触发叶片进入气隙　　(b) 触发叶片离开气隙

1—触发叶轮的叶片；2—霍尔集成块；3—永久磁铁；4—霍尔传感器；5—导板

图 4 - 13　霍尔式点火信号传感器

并相距一定距离，以使红外线光束聚焦后照射到光敏晶体管上。遮光盘用金属或塑料制成，装在分电器轴上，位于分火头下面，盘的外缘伸入光源与光接收器之间，盘的外缘上开有缺口，缺口数与汽缸数相等。缺口处允许红外线光束通过，其余实体部分则能挡住光束。当遮光盘随分电器轴转动时，即按一定位置产生光电点火信号。

(2) 电子点火控制器

电子点火控制器是电子点火系统的核心部件，其基本功能是控制点火线圈初级电路的接通与切断，还具有其他功能，如限流控制、闭合角控制、停车断电保护和过电压保护等。CA1092 型汽车的磁感应式电子点火系统配用 6TS2107 型电子点火控制器，它主要由美国摩托罗拉公司生产的 89S01 型点火专用集成电路芯片和一些电子元件组成，辅助电子元件采用厚膜混合电路技术制成。内部电路为全密封结构，底板为一铝质散热板。点火控制器内有一个大功率三极管，它的集电极和发射极接在点火线圈的初级电路中，控制着点火线圈初级电路的通断，而它的基极受磁感应信号传感器输送过来的信号控制。6TS2107 型电子点火控制器还具有恒温控制、停车断电保护、低速推迟点火和过电压保护等功能。目前，摩托罗拉公司又推出了一种新型的 MC79076 自动点火控制器，如图 4 - 15 所示。它具有结构简单、点火控制精确可靠且成本相对低廉等特点。

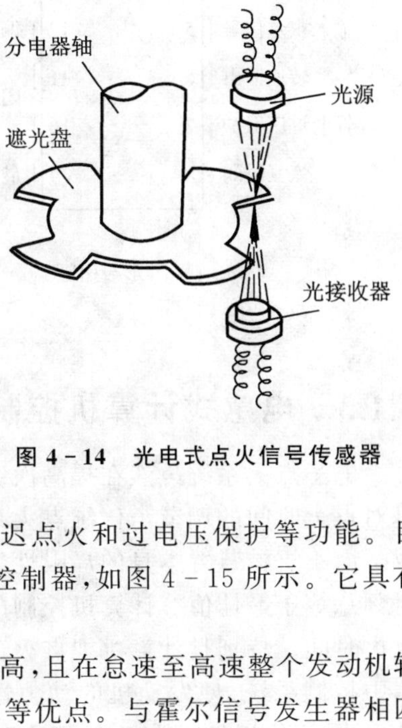

图 4 - 14　光电式点火信号传感器

桑塔纳轿车等用的霍尔电子点火控制器，具有点火能量高，且在怠速至高速整个发动机转速范围内基本保持恒定，高速不断火，低速耗能小，启动可靠等优点。与霍尔信号发生器相匹配的点火控制器，一般多是由专用的点火集成块和一些外围电路组成。点火器紧密地固定在一块铝板上，具有体积小、质量小、功能多、可靠性高的特点，桑塔纳轿车点火控制器的外形如图 4 - 16 所示。

点火控制器中的专用点火集成块是核心部件，目前多采用国外生产的 IC 部件，如 89S01、L482 和 L497 等。图 4 - 17 所示为 L497 点火集成块外形与引脚和内部电路框图。专用点火集成块与一些外围电路相配合，即可实现点火控制器的多种功能，完成对点火的精准控制工作。

图 4 - 15　MC79076 自动点火控制器

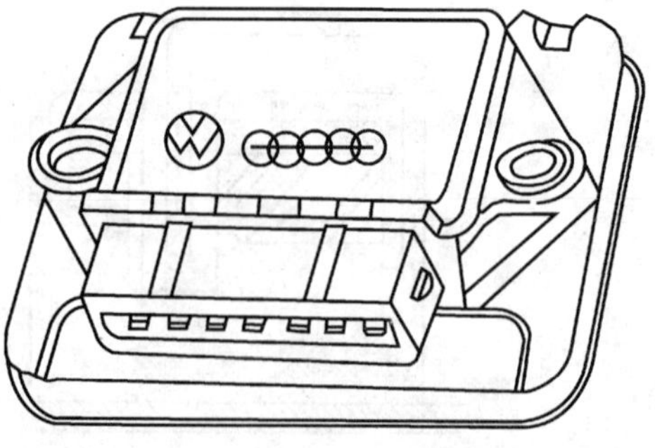

图 4 - 16　桑塔纳轿车点火控制器的外形

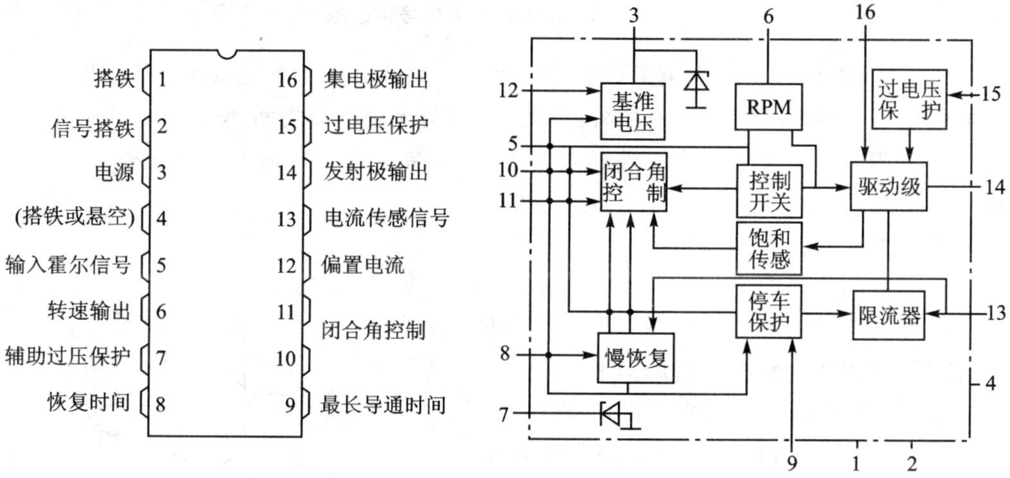

(a) 外形与引脚　　(b) 内部电路框图

图 4 - 17　L497 点火集成块

4.1.3　电感式计算机控制点火系统

电子点火系统虽然在提高次级电压和点火能量、延长系统使用寿命等方面都很有成效，但是对点火时间的调节与传统点火系统一样，仍靠离心式和真空式两套机械点火提前机构来完成。由于机械装置本身的局限性等因素的影响，机械式点火提前机构还不能保证发动机点火时刻总等于最佳值。计算机控制的电子点火系统，可以使发动机在任何工况下，均能保证最佳点火时间。特别是计算机把点火、燃油喷射、废气循环和怠速等功能结合在一起，成为发动机集中控制系统，使发动机的动力性、经济性和排气污染等各方面性能都得到很大的提高。另外，传统点火系统或电子点火系统的火花塞的点火是通过分电器旋转的分火头实现的，点火能量损失大，可靠性和耐久性低。为消除分电器的这一缺点，进一步提高点火性能，计算机控制点火系统又发展了无分电器点火系统。

1. 有分电器计算机控制点火系统

(1) 组成和工作原理

有分电器计算机控制点火系统由低压电源、点火开关、计算机控制单元(ECU)、点火控制器、点火线圈、分电器、火花塞、高压线和各种传感器等组成，如图 4 - 18 所示。

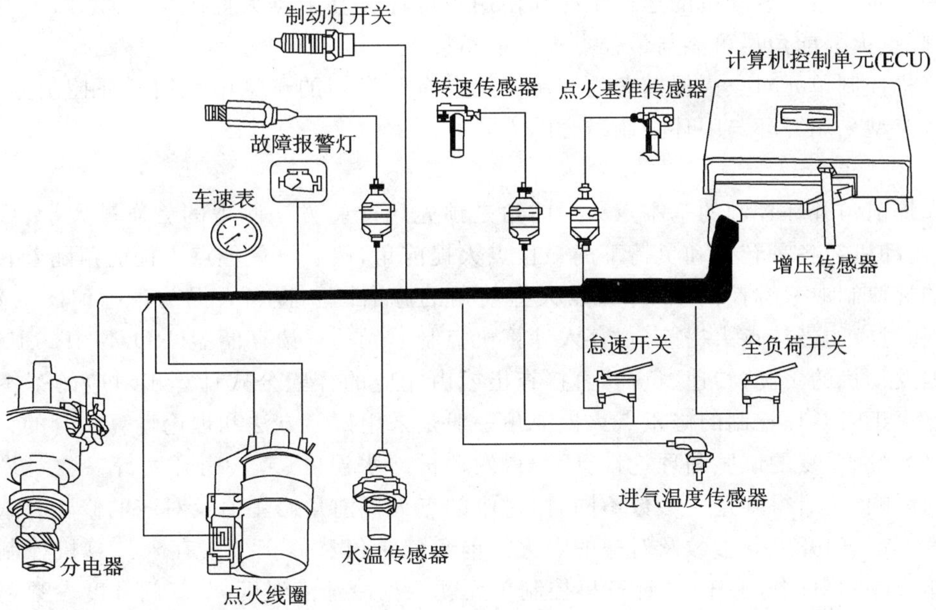

图4-18 有分电器计算机控制点火系统

计算机控制单元,俗称电脑,简称ECU。根据各传感器输入信号,计算确定最佳点火提前角和初级电路导通角,并将点火控制信号输送给点火控制器,通过点火控制器快速、准确地控制点火线圈的工作。传感器是将非电信号整理转变为电信号的装置,为计算机控制单元提供曲轴转速、曲轴位置、节气门开度、负荷、冷却水温度、进气温度和流量、启动开关状态、蓄电池电压及废气中氧的含量等有关发动机运行工况和使用条件的各种信息。点火控制器根据计算机控制单元输出的点火控制信号控制点火线圈初级电路的通断。除了分配高压电外,多数分电器还装有曲轴位置和转速传感器及判缸信号传感器。

接通点火开关,电源电压加到点火控制器上。启动发动机,各传感器开始将发动机的各种工况信息转换为电信号并传递给计算机控制单元,计算机控制单元将接收到的信号与只读存储的数据进行比较、计算后,输出点火信号至点火控制器,由点火控制器中的功率管接通和切断点火线圈的初级电路。当点火控制器中的大功率三极管导通时,初级电路接通,在点火线圈中形成磁场。当点火控制器大功率三极管截止时,初级电路被切断,初级电流迅速下降,次级绕组中感应出高压电进行点火。曲轴每转两圈,各缸火花塞按点火顺序轮流跳火一次,完成点火工作。

(2) 点火提前角的控制

计算机控制点火系统的点火提前角由3部分组成:初始点火提前角、基本点火提前角和修正点火提前角。初始点火提前角是指曲轴位置传感器在发动机上固定后,由曲轴位置传感器的信号转子和曲轴的相对位置决定的点火提前角。一旦曲轴位置传感器在发动机上固定,初始点火提前角就相应确定。基本点火提前角是指在初始点火提前角的基础上,计算机控制单元根据发动机转速和负荷(进气管压力或空气流量)大小使点火提前角进一步增大。修正点火提前角是指计算机控制单元根据发动机冷却水温度、节气门开度、爆震传感器信号及氧传感器信号等参数确定出的点火提前角修正量。由于初始点火提前角是固定的,因此计算机控制点火正时的实质是根据发动机的运行工况和使用条件计算基本点火提前角、确定修正点火提前角,使实际点火提前角尽可能与最佳点火提前角接近。

计算机控制单元对点火提前角的控制方式在有些早期的车型中采用开环控制方式,现在绝大多数车型采用开环与闭环控制结合的方式。

1)开环控制

点火提前角开环控制的基本点火提前角是预先用试验方法测得的。通过大量、反复的试验,测得发动机在各种转速和负荷下的最佳点火提前角,然后将最佳点火提前角随着转速和负荷变化的规律制成三维控制图,称为点火提前角的脉谱图。将点火提前角脉谱图的数据(转速、负荷和对应的最佳点火提前角)存入计算机控制单元的只读存储器(ROM)中。工作时,计算机根据发动机的工况(转速、负荷)直接查出或由相应的经验公式计算出对应的基本点火提前角。点火正时开环控制的修正点火提前角一般是采用试验方法和理论计算结合的方法获得的。通过大量、反复的试验和理论计算,测得发动机冷水温度、节气门开度等参数对最佳点火提前角的影响,然后得到这些参数不同时,对应的点火提前角修正值及对应的修正公式。将冷却水温度、节气门开度等参数及对应的点火提前角修正值和修正公式存入计算机控制单元的只读存储器(ROM)中,工作时,计算机控制单元就根据冷却液温度、节气门开度参数,查找(或计算出)点火提前角修正值。在得到基本点火提前角和修正点火提前角后,计算机控制单元由初始点火提前角、基本点火提前角和修正点火提前角得到适应当前工况的最佳点火提前角。将最佳点火提前角存入随机存储器(RAM)中,然后根据发动机转速信号和曲轴位置信号,确定最佳点火提前角对应的点火时刻,即初级电流的切断时刻。

2)闭环控制

点火提前角的闭环控制方式是根据发动机实际运行结果的反馈信息来控制点火提前角的,所以闭环控制又称为反馈控制。闭环控制所用的反馈信息可以是发动机的爆震信号、氧传感器输出信号、转速信号或汽缸的压力信号等,其中利用发动机爆震信号作为反馈信息应用最多。采用以爆震信号作为反馈信息的闭环控制方式在改善发动机动力性和经济性的同时,使发动机的排污性能有一定程度的下降,特别是氮氧化合物排放明显增多。同时试验表明,当发动机负荷低于一定值时,一般不出现爆震。此时,无法用爆震传感器信号对点火提前角进行闭环反馈控制。因此,最常见的是利用发动机的爆震信号作为反馈信号。用爆震信号来控制大负荷等工况下的点火正时,既有好的动力性,又避免爆震。在怠速工况下,则可以用发动机的转速信号作为反馈信息,维护怠速时稳定运转。但是一般情况下,应首先使有害气体的排放量最低,然后才考虑怠速稳定性和油耗。中等负荷等工况下,则一般采用开环控制方式,保证发动机有较好的综合性能,特别是保证经济性和排放水平最佳,但在此工况下一旦发生爆震,又会自动转入利用爆震信号作为反馈信息的闭环控制方式。

2. 无分电器计算机控制点火系统

无分电器计算机控制点火系统,又称为直接计算机控制点火系统,它在有分电器计算机控制点火系统的基础上,取消了分电器总成,其高压配电由原来的机械式改为电子式。

无分电器计算机控制点火系统由低压电源、点火开关、计算机控制单元(ECU)、点火控制器、点火线圈、火花塞、高压线和各种传感器等组成,如图4-19所示。有的无分电器计算机控制点火系统还将点火线圈直接安装在火花塞上方,取消了高压线。

无分电器计算机控制点火系统的工作原理和点火提前角的控制与有分电器计算机控制点

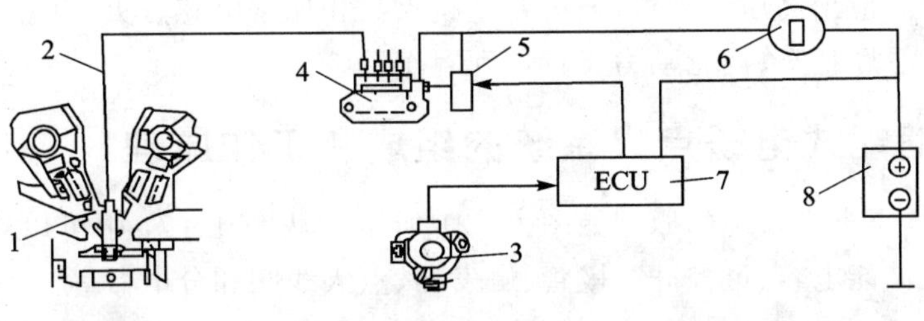

1—火花塞；2—高压线；3—传感器；4—点火线圈；5—点火控制器；6—点火开关；7—计算机控制单元(ECU)；8—蓄电池

图 4-19 无分电器计算机控制点火系统

火系统基本相同。下面重点介绍无分电器计算机控制点火系统的高压配电类型和工作过程。无分电器计算机控制点火系统的高压配电方式有同时点火和单独点火之分。

(1) 同时点火方式

同时点火方式是利用一个点火线圈对活塞接近压缩上止点和排气上止点的两个汽缸同时进行点火的高压配电方法。其中，活塞接近压缩上止点的汽缸点火后，混合气燃烧做功，该汽缸火花塞产生的电火花是有效火花；活塞接近排气上止点的汽缸，火花塞产生的电火花是无效火花。由于排气汽缸内的压力远低于压缩汽缸内的压力，排气汽缸中火花塞的击穿电压也远低于压缩汽缸中火花塞的击穿电压，因而绝大部分点火能量主要释放在压缩汽缸的火花塞上。同时点火方式中，由于点火线圈仍然远离火花塞，所以点火线圈与火花塞仍然需要高压线连接。同时点火方式又分为点火线圈配电方式和二极管配电方式两种。

(2) 单独点火方式

单独点火方式是一个缸的火花塞配用一个点火线圈，单独向各缸直接点火。各个单独的点火线圈直接安装在火花塞上，其外形就像火花塞高压线帽。这种结构的特点是去掉了高压线，同时也就消除了高压线带来的电磁干扰。各点火线圈的初级绕组分别由点火控制器中的一个大功率三极管控制，整个点火系统的工作也是由计算机控制单元控制。发动机工作时，计算机控制单元不断检测传感器输入信号，根据只读储存器(ROM)存储的数据，计算并输出点火信号给点火控制器，点火控制器判断点火汽缸后由大功率三极管控制初级电路的通断而点火。单独点火的点火控制器需要判断点火汽缸的数目比同时点火方式多一倍，所以电路较复杂。绝大部分单独点火方式的无分电器计算机控制点火系统均采用无高压线的直接点火方式，这也是目前点火系统发展的最新技术，如图4-20所示。

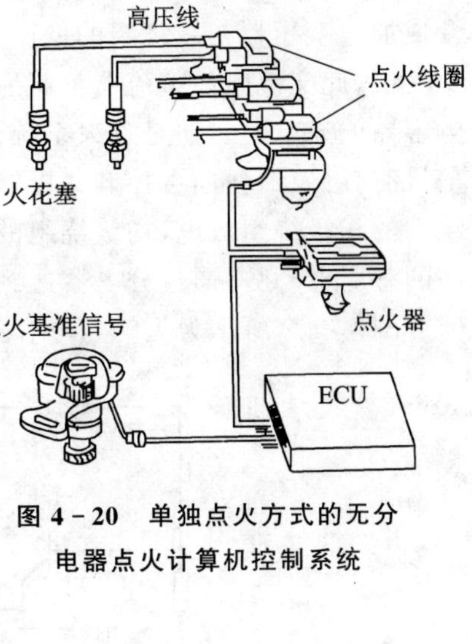

图 4-20 单独点火方式的无分电器点火计算机控制系统

任务 4.2 电容点火系统

电容储能式电子点火系统与电感储能式电子点火系统不同，它产生电火花的能量是以电场能的形式存储在专门用于储能的电器中，在需要点火时，储能电器向点火线圈的初级绕组放电,在次级绕组中感应出高压电动势,使火花塞跳火。相比于电感点火,电容点火速度更快,但放电时间短,适用于摩托车、涡轮动力飞行器和赛车等。

4.2.1 电容储能式电子点火系统的组成和工作原理

电容储能式电子点火系统的原理如图4-21所示。从图4-21中可以看出,其基本组成包括直流升压器、储能电容、可控硅二极管、触发器、点火线圈和分电器等。

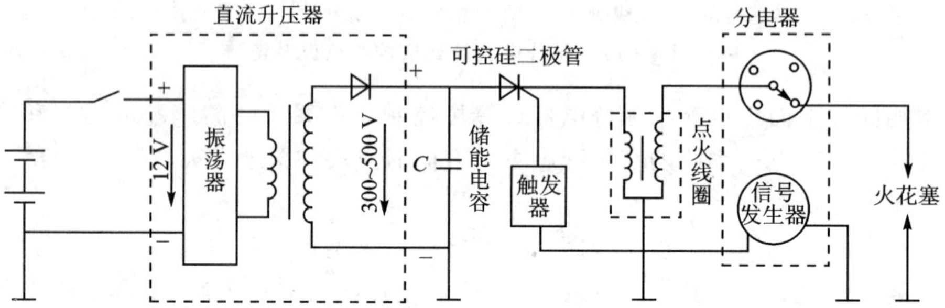

图4-21 电容储能式电子点火系统原

直流升压器的作用是将汽车蓄电池的低压直流电源变为400 V左右的直流电,并向储能电容充电。为实现这个功能,直流升压器内要有将直流电变为交流电的振荡器、提升电压的变压器和将交流电变为直流电的整流器。储能电容的作用是存储点火所需的能量,在需要点火时向点火线圈放电。可控硅和触发器的作用是根据点火信号传感器的点火信号触发可控硅导通,使储能电容向点火线圈的初级绕组放电。

电容储能式电子点火系统在点火开关接通时,振荡电路便开始工作,将电源的低压直流电变成通过变压器初级绕组的低压交流电。通过变压器变压后,次级线圈便输出300～500 V的交流电,此交流电经整流器整流后变为400 V左右的直流电,此直流电便可向储能电容充电。电容器的充电过程便是点火系统储存点火能量的过程。当点火信号传感器向触发器输出点火信号时,触发器便向可控硅二极管发出一个触发脉冲,使可控硅二极管导通,电容器便向点火线圈的初级绕组放电,初级绕组的电流迅速增长,与此同时,点火线圈的次级线圈便感应出很高的感应电动势,通过分电器达到火花塞,产生火花放电。

图4-22所示为无触点电容放电式电子点火系统电路,该点火装置由触发器、升压器、可

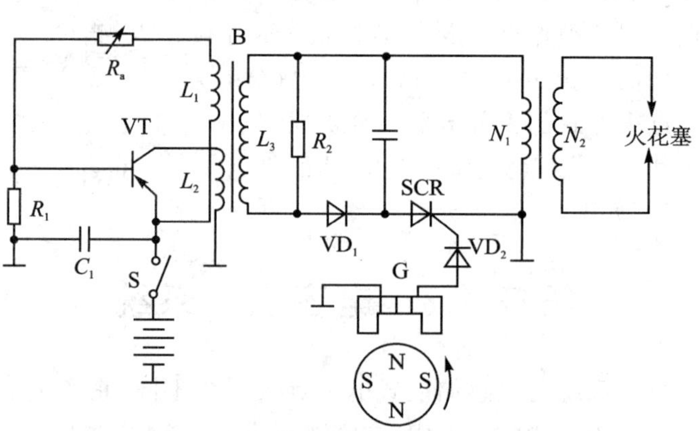

图4-22 无触点电容放电式电子点火系统的电路

控硅开关、储能电容、点火线圈和火花塞等组成。触发器为电磁感应式，转子为永久磁铁，其磁极与汽缸数相等。当感应线圈中产生正向脉冲时，信号电压经二极管 VD_2 加在可控硅 SCR 的控制极和负极上，使 SCR 导通。升压器由三极管 VT、变压器 B 和整流二极管 VD_1 等组成。其中，三极管 VT 和线圈 L_1 组成正反馈自激振荡电路。

4.2.2　电容储能式电子点火系统的特点

电容储能式电子点火系统与电感储能式电子点火系统相比，具有以下特点。

① 由于储能过程不受点火线圈电感的影响，充电时间很短，另外，可控硅导通的速度也很高，因此次级电压在极短的时间内便可达到最大值，几乎不受发动机转速的影响。

② 由于次级电压的上升速度快，所以这种点火系统受火花塞积炭的影响很小，如果火花塞积炭不是很严重，基本可以正常点火。

③ 由于点火系统充电的过程中点火线圈的初级绕组没有电流通过，所以点火线圈的平均电流小，因此其工作温度低，使用寿命长。这对蓄电池的使用是非常有利的。

④ 电容储能式电子点火系统由于增加了直流升压器等元件，所以其结构比较复杂，成本较高。

⑤ 火花持续的时间短，在发动机启动和低速工作时，点火不可靠。

虽然电容储能式电子点火系统有很多电感储能式点火系统不具备的优点，但由于其具有成本高、结构复杂以及火花持续时间短等缺点，限制了其在汽车上的使用，目前只有少数车辆采用。

任务4.3　点火系统的故障诊断

发动机在运行过程中出现的故障多半都是由供油系统和点火系统引起的。一般情况下，发动机在运转中突然熄火而发动机点不着，多为点火系统故障。其主要故障有无火、缺火、乱火、火弱及点火正时失准等，这些故障将会造成发动机不能启动或发动机工作失常。

理解点火系统故障诊断的思路，能够利用点火系统的基本工作原理分析故障可能发生的部位，并可通过更换零件验证自己的设想。诊断故障时，要本着先易后难的原则，逐步查找故障的部位，直至找到故障点。

4.3.1　传统点火系统的故障诊断

传统点火系统的故障主要有发动机不能启动、发动机启动困难及发动机运转不正常等。现就以发动机不能启动故障为例，用试灯说明该故障的诊断方法。

① 检查燃油、润滑油、冷却液是否缺少，蓄电池存电是否充足。

② 试灯一端接地，一端接点火线圈“－”接线柱，启动中观察试灯的变化情况，如果试灯常亮或不亮，则说明一次侧（低压）电路中有故障；如果试灯闪烁，则说明二次侧（高压）电路中有故障。

③ 也可取出分电器上中央高压线，使线端距离发动机缸体 6～8 mm，启动发动机或用一字旋具拨动断电器触点臂，使触点时开时闭，观察高压跳火情况。如果火花能跳过 6～8 mm，则表示一次侧电路正常，故障在二次侧电路；如果不能跳火，则故障在一次侧电路中。

④ 一次侧(低压)电路故障的诊断,可按下列步骤进行。

第一,试灯一端接地,一端接点火线圈"—"端。启动中观察到试灯常亮,则按图4-23所示的流程进行检测。

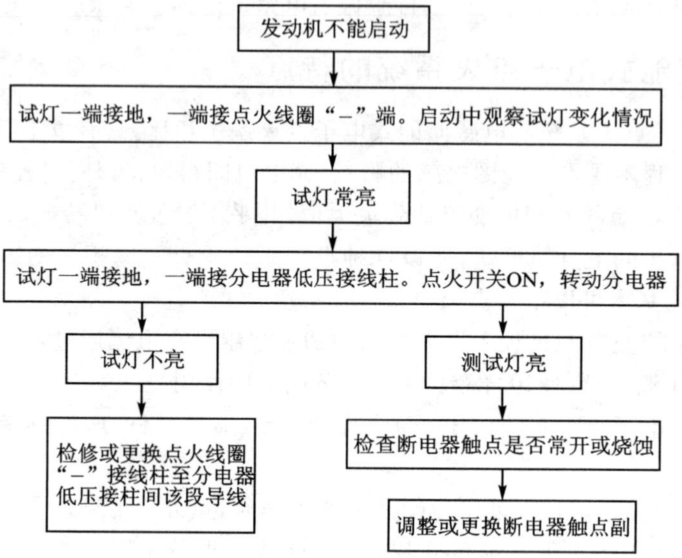

图4-23　一次侧电路故障诊断——试灯常亮

第二,试灯一端接地,一端接点火线圈"—"端。启动中观察到试灯不亮,则按图4-24所示的流程进行检测。

⑤ 二次侧(高压)电路故障的诊断,可按图4-25所示的流程进行:试灯一端接地,一端接点火线圈"—"端。启动中观察到试灯闪烁。

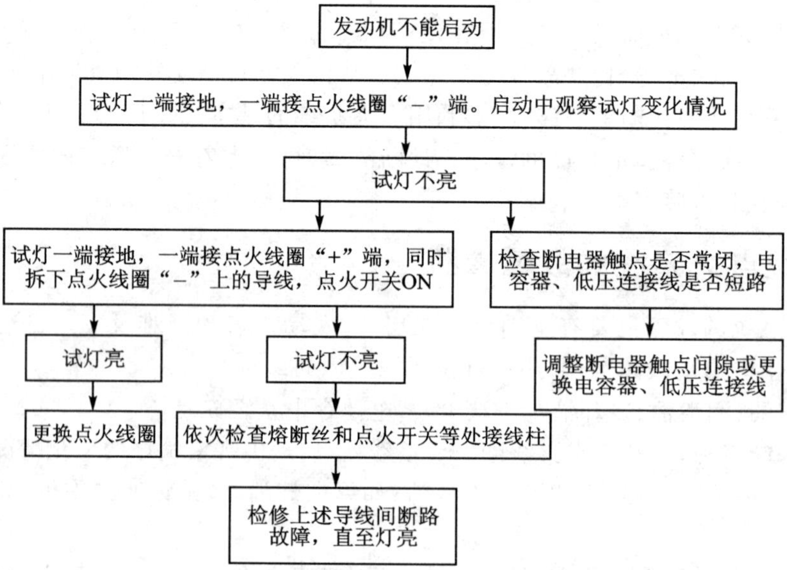

图4-24　一次侧电路故障诊断——试灯不亮

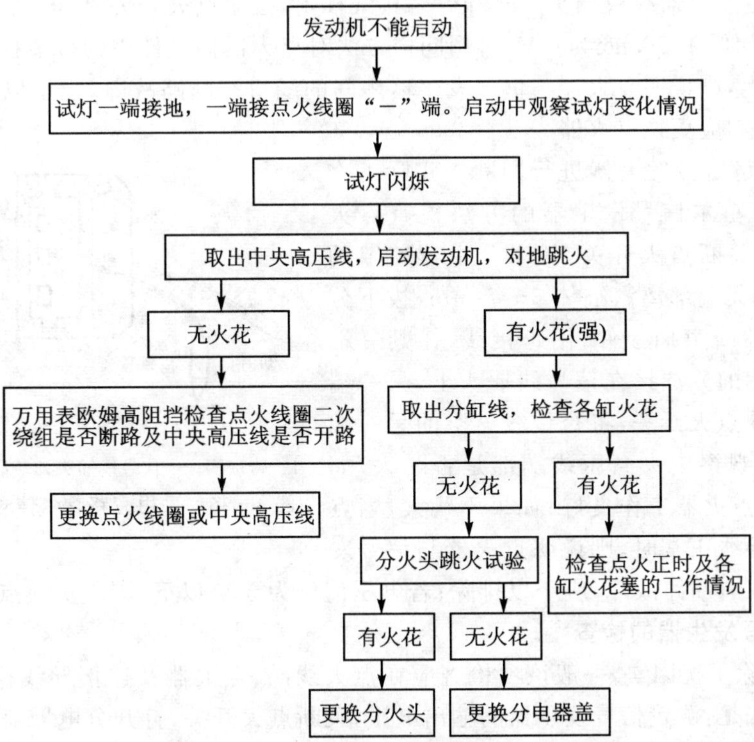

图 4－25　二次侧电路故障诊断——试灯闪烁

4.3.2　电子点火系统的故障诊断

电子点火系统在出现故障时判断故障的基本思路与传统点火系统并无很大区别，也是首先要区分故障发生在低压电路还是在高压电路。区分的方法与传统点火系统区分的方法相同，即拔下分电器盖上的总高压线进行试火，有强烈的火花，说明低压电路良好，故障发生在高压电路。判断高压电路故障的方法与传统点火系统完全相同，此处不再赘述。如果无火，则说明故障出在低压电路。由于电子点火系统的低压电路与传统点火系统的低压电路有所区别，所以诊断故障的方法也有所不同。从电子点火系统的组成看，电子点火系统与传统点火系统的主要区别是信号发生器和点火器，因此低压电路的诊断与传统点火系统故障诊断的主要区别是信号发生器和点火器的诊断，而线路通断的诊断与传统点火系统无本质区别，下面就介绍一下点火器和点火信号发生器的故障诊断方法。

1. 点火器的检查

① 确认点火器电源电路是否正常。关断点火开关，拔下点火器的插接件，将万用表(电压挡)触针接在线束插头的接线柱上，接通点火开关，电压表测得电压值应约为蓄电池电压，否则，应找出电源断路故障并予以排除。

② 确认点火器工作性能。关断点火开关，连接好点火器插接件，拔下分电器霍尔信号发生插接件，将电压表两触针接在点火线圈的“＋”和“－”接线柱上。当接通点火开关时，电压表的电压值应为 2～6 V，并在 1～2 s 后必须降为零，否则应更换点火器。

③ 确认点火器向霍尔信号发生器输出电压值是否正常。关断点火开关，将电压表的两触

针接在霍尔信号发生器线束插头“+”和“－”接线柱上,接通点火开关时,电压表测得的电压值应为5～11 V,如低于5 V或为0 V,再用同样方法对点火器插接件中的接线柱进行测试,若电压值为5 V以上,则说明点火器与信号发生器之间的线束有断路故障,应予以排除;若电压值仍为5 V以下,则应更换点火器。

④ 采用旁路信号发生器进行判断。实际工作中,常采用旁路霍尔信号发生器的方法检查点火器。其方法是:关断点火开关,拔下分电器盖上的中央高压线,使其端部离汽缸体5～7 mm,拔下分电器信号发生器线束插接件,用跨接线,让其一端如图4-26所示的方法接在信号线插头上,另一端暂时悬空。接通点火开关,将跨接线悬空的另一端反复搭铁,此时观察中央高压线端部是否跳火,如果跳火,则说明点火器工作良好;如果不跳火,当点火线圈及连接导线正常时,则说明点火器与信号发生器之间的线束有断路故障,应予以排除;若电压值仍为5 V以下,则应更换点火器。

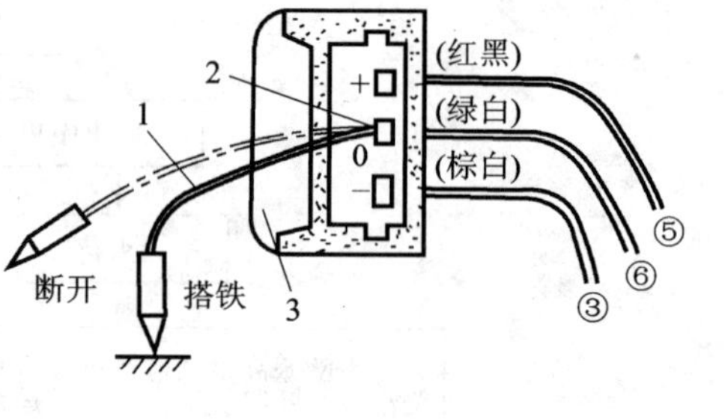

1—跨接线;2—信号线插头;3—信号发生器插接件

图4-26 采用旁路霍尔信号发生器的方法

2. 点火信号发生器的检查

① 为了排除干扰因素,一般该项检查应在点火线圈、点火器及连接导线检查正常的基础上进行。其方法是:测量信号发生器的输出电压,关断点火开关,打开分电器盖,拔出分电器盖上的中央高压线并搭铁,将电压表的两触针接在插接件信号输出线“0”和接地线“－”接线柱上,如图4-27所示。然后按发动机转动方向转动发动机,同时观察电压表上的读数,其值一般在0～9 V之间变化。当分电器触发叶轮的叶片在气隙中时,其电压值2～9 V;当触发叶轮的叶片不在气隙中时,其电压值为0.3～0.4 V,若电压不在0～9 V之间变化,则应更换霍尔信号发生器。

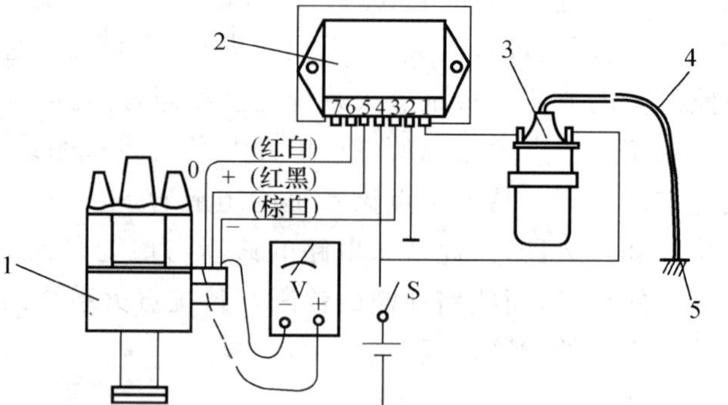

1—分电器;2—点火器;3—点火线圈;4—中央高压导线;5—发动机体

图4-27 检查霍尔信号发生器输出电压

上述电压表显示的数值,由于表生产年代不同,内部电路参数不同,其电压值有所不同,测试时应与同期生产的汽车进行对比判定。

② 模拟信号发生器动作。在实际工作中,常采用模拟信号发生器动作来判断其好坏,其

方法如图 4－28 所示。关断点火开关，打开分电器盖，转动曲轴，使分电器触发叶轮的叶片不在气隙中。拔出分电器盖上的中央高压线，使其端部离汽缸体 5～7 mm，然后接通点火开关，用小起子（或薄铁板）在信号发生器的气隙中轻轻地插入和拔出，模拟触发叶轮叶片在气隙中的动作，如果此时高压线端都跳火，则说明霍尔信号发生器、点火器、点火线圈及连接导线性能良好；如果不跳火，在点火线圈、点火器及连接导线正常的情况下，则说明信号发生器有问题，应予以更换。

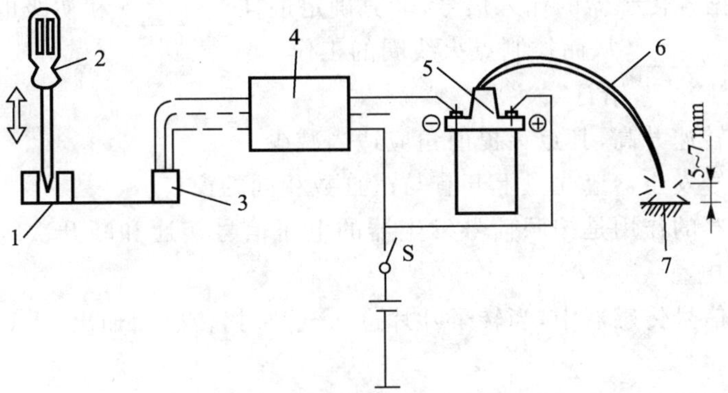

1—分电器霍尔触发开关；2—小起子（或薄铁板）；3—信号发生器插接件；4—点火器；
5—点火线圈；6—高压导线；7—发动机体

图 4－28 模拟信号发生器动作

3. 注意事项

为避免对人体或系统本身造成损害，在进行检修时，应注意以下几点。

① 如需拆、接点火系统的导线（包括拆、接测试仪器）时，应先关闭点火开关。

② 利用起动机带动发动机旋转，而又不想使发动机发动的情况下（如进行汽缸压检查时），应拔下分电器盖上的中央高压线，并将其搭铁。

③ 如果点火系统有故障或被怀疑有故障，而又必须拖动汽车时，应先拆开点火器的插接件。

④ 为防止对无线电干扰，应使用 1 kΩ 电阻的高压导线、1～5 kΩ 电阻的火花塞插头和 1 kΩ电阻的分火头。

⑤ 使用带快速充电设备的启动辅助装置启动时，电压不得超过 16.5 V，使用时间不得超过 1 min。

⑥ 在车上进行点焊式电焊作业时，应先拆去蓄电池的搭铁线。

⑦ 清洗发动机时，必须关断点火开关。

项目评定

1. 填空题

（1）点火系统按其组成和发展可以分为传统点火系统、________和计算机点火系统。

（2）火花塞电极间隙愈大，火花塞击穿电压________。

（3）在点火系统部件中，________将电源提供的 12 V 低压电转变成能击穿火花塞电极间隙的高压电。

(4) 点火系统的点火顺序应按发动机的________进行点火。

(5) 电子点火系统相比于传统点火系统增加了________和________。

(6) 电子点火系统的信号发生器包括磁感应式、________和________三种类型。

(7) 现在绝大多数汽车的计算机控制单元采用开环与________相结合的控制方式。

(8) 无分电器计算机控制点火的高压配电方式又可以分为同时点火和________。

(9) 电容点火经过变压器变压后,次级电压升高到________。

(10) ECU根据各传感器的输入信号,计算确定最佳________和初级电路导通角,并将点火控制信号送给________,从而控制点火线圈的工作。

2. 判断题(对打"√",错打"×")

(1) 当发动机转速升高,其点火提前角应适当减少。 ( )

(2) 光电式信号发生器遮光盘上开有与汽缸数相同的窗口。 ( )

(3) 点火控制器的作用是按照信号发生器的电压信号接通和断开次级电路,使点火线圈初级绕组产生高压电。 ( )

(4) 在霍尔式信号传感器中,当转子叶片进入气隙时,传感器输出11.1~11.4 V的电压。 ( )

(5) 电容器的作用是减小断电器触点火花,提高次级电压。 ( )

(6) 闭磁路点火线圈比开磁路点火线圈的能量转换率高。 ( )

(7) 无分电器的单独点火系统是两个缸的火花塞共用一个点火线圈。 ( )

(8) 同时点火系统中,所有的火花都是有效火花。 ( )

3. 选择题

(1) 火花塞电极间隙一般为( ),有的增大到1.0~1.2 mm。

A. 0.3~0.4

B. 0.5~0.6

C. 0.7~0.9

(2) 闭磁路式点火线圈的铁芯呈( )字形或"口"字形。

A. "大"

B. "人"

C. "曰"

(3) 通常六缸发动机的点火顺序为( )。

A. 1—2—3—4—5—6

B. 1—5—3—6—2—4

C. 6—5—4—3—2—1

(4) 为保证点火可靠,一般要求点火系统提供的高电压为( )V。

A. 150~250

B. 1 500~2 500

C. 15 000~20 000

(5) 大功率、高转速、高压缩比的发动机应选用( )型火花塞。

A. 热

B. 中

C. 冷

(6) 点火线圈由铁芯(　　)、次级绕组、胶木盖、瓷座、接线柱和外壳等组成。

A. 初级绕组

B. 中央电极

C. 侧电极

(7) 传统点火系统分电器中电容器的容量一般为(　　)。

A. 0.15～0.35 μF

B. 0.15～0.35 pF

C. 0.15～0.35 kF

(8) 点火过早会使发动机(　　)。

A. 功率下降

B. 功率提高

C. 省油

(9) 火花塞绝缘体裙部长的火花塞,通常是(　　)火花塞。

A. 冷型

B. 热型

C. 中型

(10) 在检查是否有高压电时,高压线对机体的跳火的间隙一般为(　　)mm。

A. 0.6～0.8

B. 6～8

C. 16～18

4. 简答题

(1) 简述点火系统的作用。

(2) 对点火系统有哪些基本要求?

(3) 简述传统点火系统的工作原理。

(4) 简述点火线圈附加电阻的作用。

(5) 影响点火线圈次级电压最大值的因素主要有哪些?

项目 5　汽车仪表和报警系统

【项目要求】

- 了解仪表与报警装置的作用和类型。
- 掌握仪表与报警装置的结构和工作原理。

【项目解析】

汽车仪表是驾驶员了解汽车行驶状况的依据，报警系统是提示驾驶员汽车某方面处于不良状况，对安全至关重要。

任务 5.1　汽车仪表

为使驾驶员能够随时了解和观察汽车各系统的工作状况，汽车仪表板上装有各种指示仪表，常用的有电流表(或电压表)、机油压力表、冷却液温度表、燃油表、转速里程表等。不同车型装用的个数及结构类型有所不同。

图 5－1 所示为桑塔纳 2000 的仪表板。

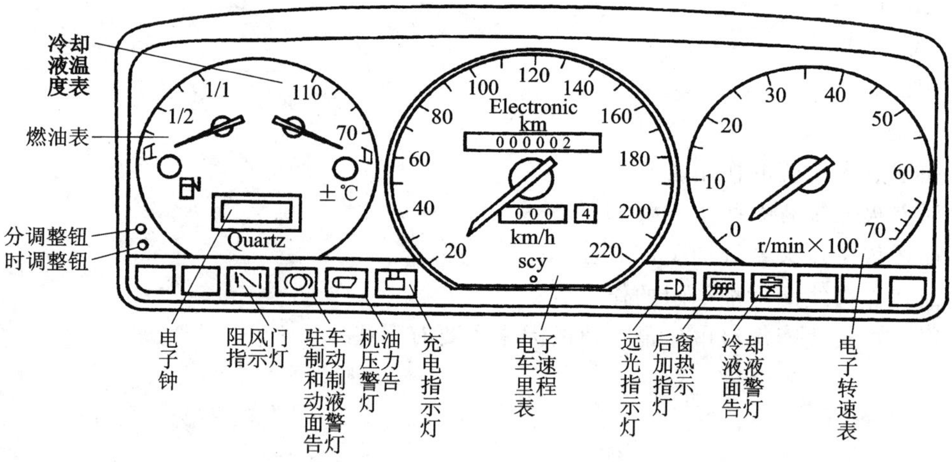

图 5－1　桑塔纳 2000 的仪表板

5.1.1　电流表及电压表

1. 电流表

电流表主要用来指示蓄电池充、放电电流值，同时监视电源系统的工作情况。表后盖有两个接线柱分别标有“＋”和“－”。在负极搭铁汽车上，电流表的“－”线柱接电池的“＋”极，电流表的“＋”线柱接发电机的“＋”极。当发电机向蓄电池充电时，示值为“＋”；蓄电池向用电设备放电时，示值为“－”。汽车上一般使用电磁式电流表，其结构和工作原理如图 5－2 所示。

(1) 结　构

黄铜板条固定在绝缘底板上，两端与接线柱相连，条形永久磁铁两端分别与黄铜板条固定连接，磁铁内侧的转轴上安有带指针的软钢转子，指针安装在软钢转子中间。

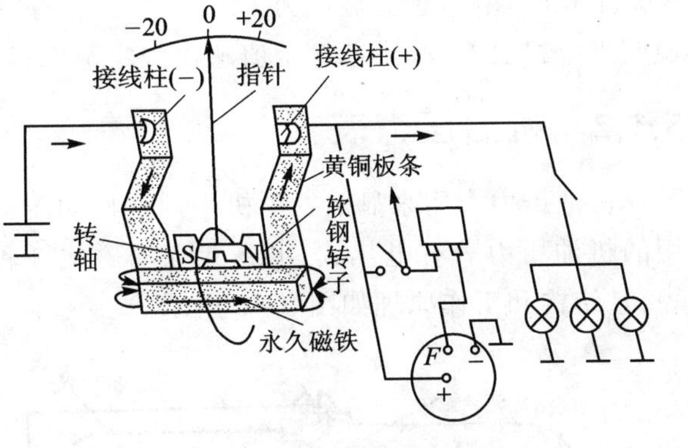

图5-2　电磁式电流表

(2) 工作原理

当电流表中无电流通过时，软钢转子被永久磁铁磁化，由于磁场方向相反，因而相互吸引，使指针停在中间"0"标度上。

蓄电池放电时，其电流通过黄铜片产生的磁场与永久磁铁形成逆时针偏转的合成磁场，使软钢转子逆时针偏转，示值为"－"。放电电流越大，合成磁场越强，偏转角度越大，指针指示读数越大。

发电机向蓄电池充电时，其电流通过黄铜片产生的磁场与永久磁铁形成顺时针偏转的合成磁场，使软钢转子顺时针偏转，示值为"＋"。

2. 电压表

电压表用来指示发电机和蓄电池的端电压。它不仅能监控发电机和调节器的工作状况，还能指示蓄电池的技术状况，比电流表更为直观与实用。常用的有电磁式电压表，其电路连接如图5-3所示，结构和工作原理如图5-4所示。

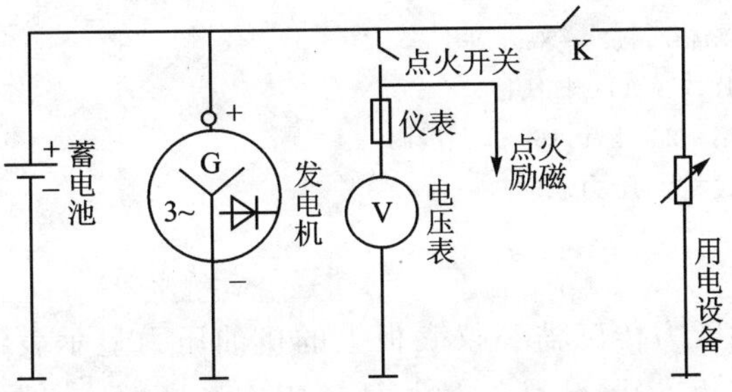

图5-3　电磁式电压表的电路连接

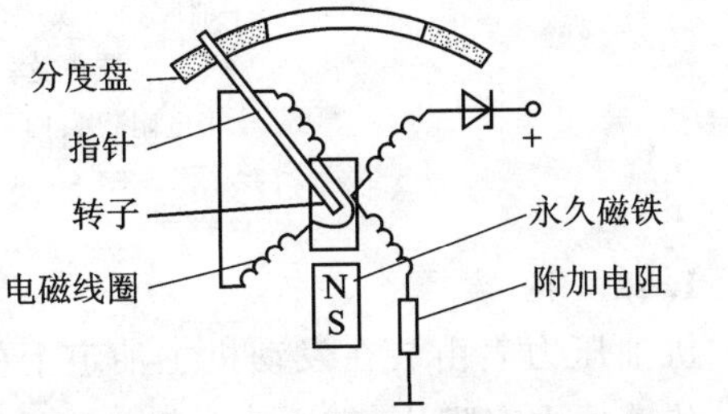

图5-4　电磁式电压表的结构和工作原理

(1) 结　构

电磁式电压表由两只十字交叉布置的电磁线圈、永久磁铁、转子、指针及分度盘等组成，两个线圈始端与稳压管和限流电阻串联。

(2) 工作原理

点火开关关闭时，永久磁铁将转子磁化，使指针在初始位置。

接通点火开关后，电源电压击穿稳压管，两线圈产生的磁场与永久磁铁产生的磁场相互作用，其合成磁场使转子带动指针偏转，显示电压值。电源电压越高，通过线圈中的电流就越大，其合成磁场越强，指针偏转角度就越大，指示电压值越高。

(3) 电压表对电源系统工况的显示

接通点火开关，电压表立即显示蓄电池的端电压。如：12 V电系一般为12.5～12.6 V，启动瞬间，电压为9～10 V。若启动时电压表显示值过低，则说明蓄电池亏电或有故障。发电机正常工作时,电压表应显示为13.5～14.5 V的规定范围内。若启动时,电压表读数无变化,则说明发电机没有发电;若显示值超出规定范围,则说明调节器调整不当或损坏。

5.1.2 机油压力表

机油压力表用来显示发动机主油道机油压力的大小,从而监视润滑系统的工作情况。常用的机油压力表有电热式、电磁式和动磁式3种。其中,应用最为广泛的是电热式机油压力表,其结构和工作原理如图5-5所示。

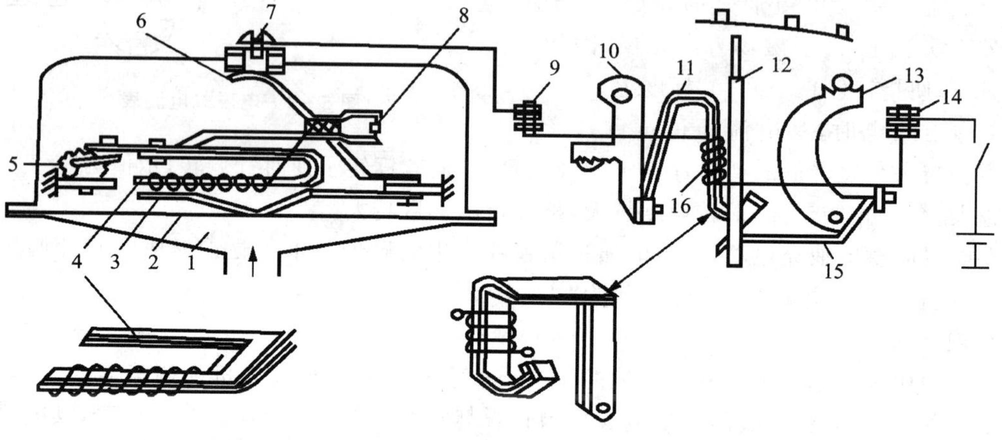

(a) 油压传感器　　(b) 油压指示表

1—油腔;2—膜片;3、15—弹簧片;4、11—双金属片;
5—调节齿轮;6—接触片;7、9、14—接线柱;
8—校正电阻;10、13—调节齿扇;12—指针;16—加热线圈

图5-5　电热式机油压力表

1. 结　构

机油压力表由装在发动机主油道上的机油压力传感器和仪表板上的机油压力显示表组成。传感器内有膜片,膜片的上部顶着弓形弹簧片,弹簧片的一端与外壳固定搭铁,另一端焊接的触点与双金属片触点接触,双金属片上绕有加热线圈,加热线圈通过接触片与外接线柱连接,电阻与加热线圈并联;膜片下方油腔与发动机主油道相通,机油压力可直接作用在膜片上。

机油压力显示表内有特殊形状的双金属片,双金属片上绕有加热线圈,两线端分别与声接线柱连接,它一端固定在调节齿扇上,另一端与指针相连。

2. 工作原理

接通点火开关时,电流由蓄电池正极＋点火开关＋接线柱＋表内双金属片上的加热线圈→接线柱→传感器内接触片→分两路(一路流经传感器内双金属片上的加热线圈,另一路流经电阻→双金属片)→传感器内双金属片的触点→弹簧片→搭铁→蓄电池负极构成回路。由于电流流过表内和传感器内双金属片上的加热线圈,使双金属片受热变形。

当机油压力很低时,膜片几乎没有变形,作用在传感器内触点上的压力很小。当电流流过而温度略有上升时,传感器内双金属片就受热弯曲,使触点分开,切断通电回路,一段时间后,双金属片冷却伸直,触点又闭合,电路又被接通。触点闭合时间短,打开时间长,流过表内加热线圈的平均电流值小，使表内双金属片弯曲变形程度小，指针偏转角度很小，显示为较低的油压。

当机油压力升高时，膜片向上拱曲使触点压力增大，传感器内双金属片需要在较高温度下才能使触点分开，即其上的加热线圈需要通过较大电流。触点分开后稍加冷却就很快闭合，故触点打开时间短。而闭合时间长，通过表内加热线圈的平均电流值大，指针偏转角度增大，显示出较高的油压。

3. 特　点

表内双金属片为“π”形，目的是使机油压力的显示值不受外界温度的影响。绕有加热线圈的一边称为工作臂，另一边称为补偿臂。当外界温度变化时，工作臂的附加变形被补偿臂的相应变形所补偿，使指示表的读数不变。因此在安装传感器时，必须使传感器壳体上的箭头向上，不应偏出垂直位置±30°，这样可保证工作臂位于补偿臂之上，工作臂产生的热气上升就不会影响补偿臂，使显示值更为准确。

5.1.3　冷却液温度表

冷却液温度表用来显示发动机冷却液的工作温度。常用的有电热式和电磁式两种，其中，电热式冷却液湿度表与电热式机油压力表的结构和工作原理相似。电磁式冷却液温度表的结构和原理如图5－6所示。

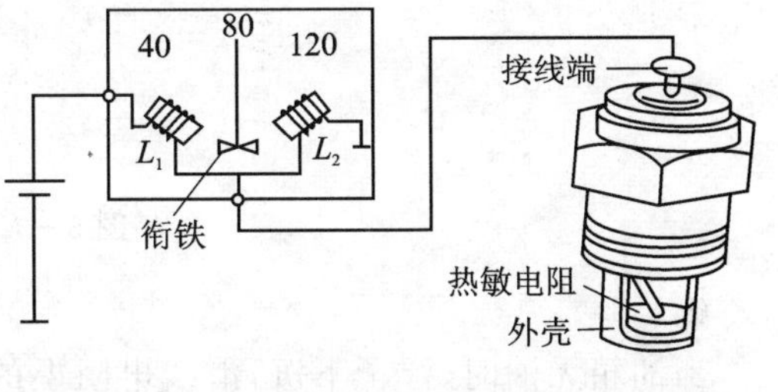

图5－6　电磁式冷却液温度表的结构和原理

1. 结　构

冷却液温度表由装在汽缸盖水套中的热敏电阻传感器和装在仪表板上的冷却液温度显示表两部分组成。传感器由外壳、接线端、负温度系数热敏电阻（有些车型采用正温度系数热敏电阻）组成，冷却液温度显示表由塑料支架、两个串联线圈L_1、L_2及带指针的衔铁等组成。

2. 工作原理

当电源开关接通时，电流由蓄电池正极→点火开关→线圈L_1→分两路（一路流经热敏电阻，另一路流经线圈L_2）→搭铁→蓄电池负极构成回路。

当冷却液温度低时，传感器中热敏电阻的阻值大，电流经L_1后，大部分流入L_2中，产生的合成磁场使带指针的衔铁会向左偏转，使表针指向低温刻度；当水温高时，传感器中热敏电阻的阻值减小，L_2中的电流相对减少，产生的合成磁场使带指针的衔铁会向右偏转，使表针指向高温刻度。

5.1.4　燃油表

燃油表用来显示燃油箱内燃油的多少。常用的有电热式、电磁式、电子式3种，其中电热式燃油表的结构和原理与电热式机油压力表的基本相同，下面主要介绍电磁式和电子式燃油表。

1. 电磁式燃油表

（1）结　构

电磁式燃油表由装在燃油箱内的浮筒传感器和装在仪表板上的燃油指示表组成，如图5－7所示。浮筒传感器由滑线电阻、滑杆、浮子组成。燃油指示表由两个绕在铁芯上的线圈、转子、指针、分流电阻等组成。

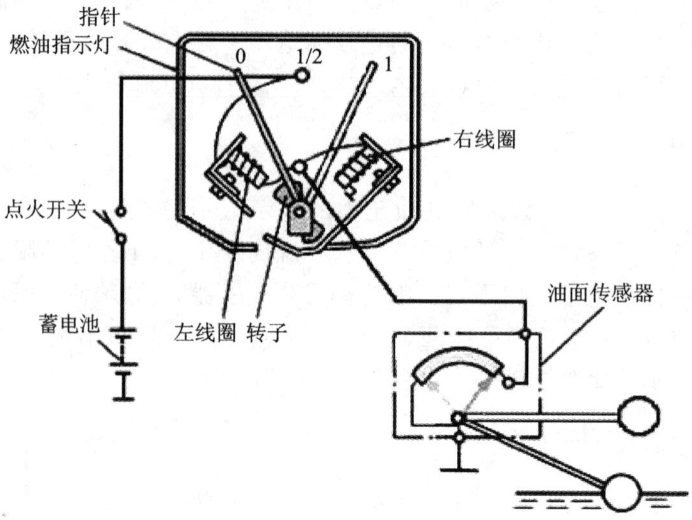

图 5-7　电磁式燃油表

(2) 工作原理

当油箱无油时,浮子下沉,滑线电阻上的滑片移至最右端,将右线圈短路,电流由蓄电池正极→点火开关→接线柱(上)→左线圈→接线柱(下)→浮子滑片→滑杆→搭铁→蓄电池负极。左线圈产生的磁场使转子带动指针左偏,使指针在"E"位上。

当油量增加时,浮子上升,滑线电阻部分接入,这一部分电阻与右线圈并联,同时又与左线圈串联,电流由蓄电池正极→点火开关→接线柱(上)→左线圈→接线柱(下)→两路(一路经滑线部分电阻,另一路经右线圈)→搭铁→蓄电池负极。左线圈由于串联了部分滑线电阻使左线圈中的电流相对减小,磁场减弱,而右线圈中有电流通过,电流相对增大,合成磁场带动指针右偏,指示出油箱中的油量。

当油箱中装满油时,浮子带着滑片移到滑线电阻的最左端,滑线电阻全部接入电路中。此时左线圈中电流更小,磁场更弱,而右线圈中电流增大,磁场加强,转子便带着指针向右移,使指针在"F"(满)位上。

2. 电子式燃油表

(1) 结　构

电子式燃油表电路如图 5-8 所示。

电子式燃油表电路由两块 IC 电压比较器及相关电路、发光二极管显示器、浮筒传感器三大部分组成。R_x 是传感器的可变电阻,电阻 R_{15} 和二极管 VD_8 组成稳压电路,给 IC_1、IC_2 两块电压比较器反向输入端提供基准电压信号。电容 C 和电阻 R_{16} 组成延时电路,接到电压比较器的同向输入端,R_x 产生的变化电压信号经延时后与基准电压信号进行比较放大。

(2) 工作原理

当油箱内燃油加满时,R_x 阻值最小,A 点电位最低,IC_1、IC_2 两块电压比较器输出为低电平,6 只绿色发光二极管(VD_2～VD_7)全部点亮,而红色发光二极管 VD_1 熄灭,表示油箱已满。

当油箱内燃油量逐渐减少时,R_x 阻值逐渐增大,A 点电位逐渐增高,绿色发光二极管

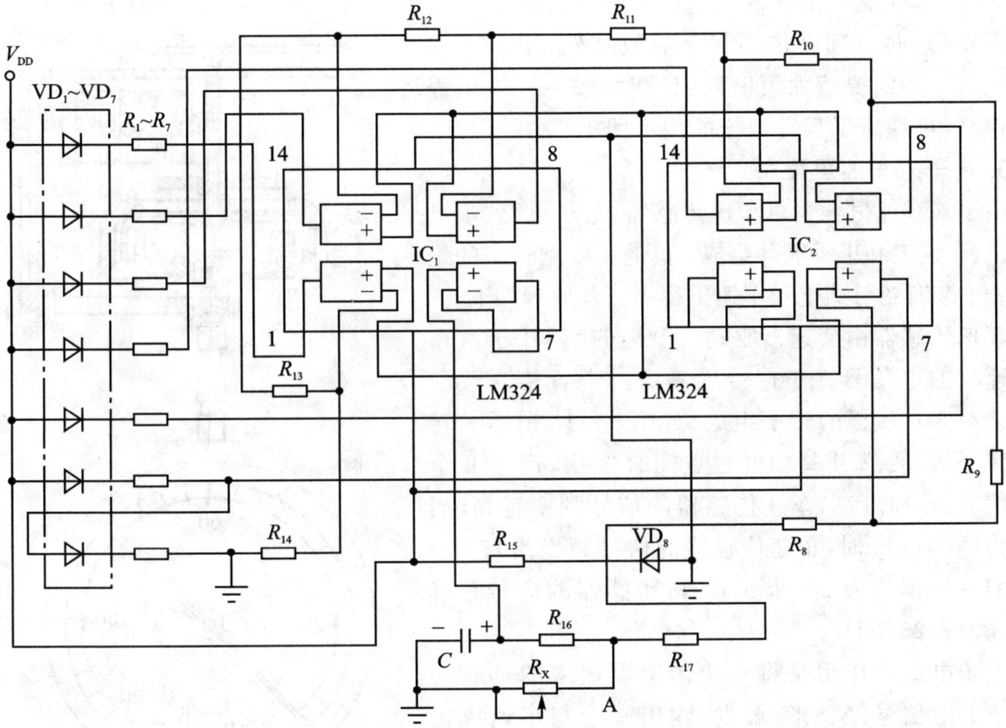

图 5-8　电子式燃油表电路

VD_7,VD_6,VD_5,…,VD_1 依次熄灭。燃油量越少,绿色发光二极管亮的个数越少。

当油箱内燃油用完时,R_x 的阻值最大,A 点电位最高,IC_1、IC_2 两块电压比较器输出为高电平,6 只绿色发光二极管全部熄灭,而红色发光二极管 VD_1 亮,表示油箱无油。

5.1.5　车速里程表

车速里程表用来显示汽车行驶速度和行驶里程。常用的有磁感应式和动圈式车速里程表两种,它们都由车速表和里程表两部分组成,其原理都是利用永久磁铁磁场和新产生的磁场相互作用来带动指针偏转显示车速。下面以磁感应式为例介绍车速里程表的结构及原理,如图5-9 所示。

1. 结　构

车速表由永久磁铁、带轴及指针的铝碗、罩壳、分度盘组成,里程表由 3 对蜗轮蜗杆、中间齿轮、里程计数器等组成。表的主动轴由变速器输出轴通过齿轮啮合及软轴驱动。

2. 工作原理

汽车静止时,在游丝的作用下,铝碗指针位于分度盘零位。汽车行驶时,主动轴带着永久磁铁旋转,磁力线磁化铝碗,使铝碗产生磁场,永久磁铁磁场与铝碗磁场相互作用产生力矩,克服游丝的弹力,指针被铝碗带着转动一个与主动轴转速大小成正比例的角度,即在分度盘上显示出相应的车速。

主动轴与蜗轮蜗杆机构具有一定的传动比,汽车行驶时,软轴带动主动轴,并经 3 对蜗轮蜗杆减速后驱动里程表右边第一数字轮,并从右向左逐级传到其余的数字轮,累计出行驶里程。同时,里程表上的齿轮通过中间齿轮,驱动短里程数字轮,并向左逐级传到其余的数字轮,记录短程行驶里程。当需要清除短里程记录时,按一下短里程表复位杆,可使短里程计数器的指示回零。

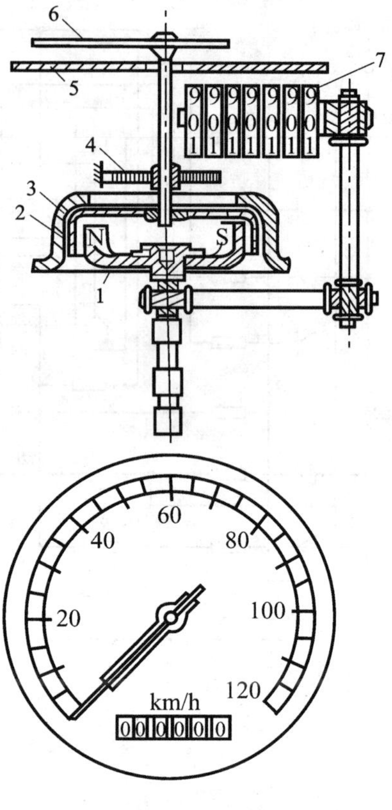

1—永久磁铁;2—铝碗;3—罩壳;4—游丝;5—分度盘;6—指针;7—十进制里程表

图5-9 磁感应式车速里程表

3. 电子式车速里程表

电子式车速里程表由车速传感器、电子电路、步进电动机、车速表和里程表等组成。奥迪100型轿车的组合仪表中装有指针式电子车速里程表。其原理如下。

车速传感器由变速器驱动,能够产生正比于汽车行驶速度的电信号。车速传感器由一个舌簧开关和一个含有8对磁极的转子组成,如图5-10所示。转子每转一周,舌簧开关中的触点闭合8次,产生8个脉冲信号,车速越高,车速传感器的信号频率越高,当车速为20 km/h时,车速传感器的信号频率为17.5～22.9 Hz;当车速为200 km/h时,传感器的信号频率为213.3～225.2 Hz。

电子电路的作用是将车速传感器送来的具有一定频率的电信号经整形、触发,输出一个与车速成正比的电流信号。该电子电路主要包括稳压电路、恒流电源驱动电路、64分频电路和功率放大电路,如图5-11所示。仪表精度由电阻 R_1 调整,仪表初始工作电流由电阻 R_2 调整,电阻 R_3 和电容器 C_3 用于电源滤波。

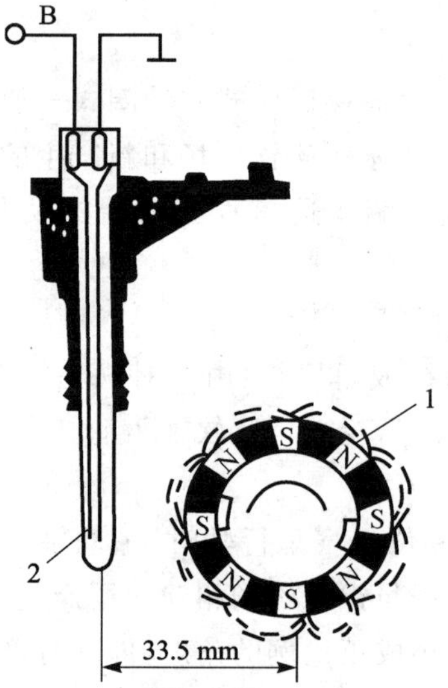

1—转子;2—舌簧开关

图5-10 电子车速传感器

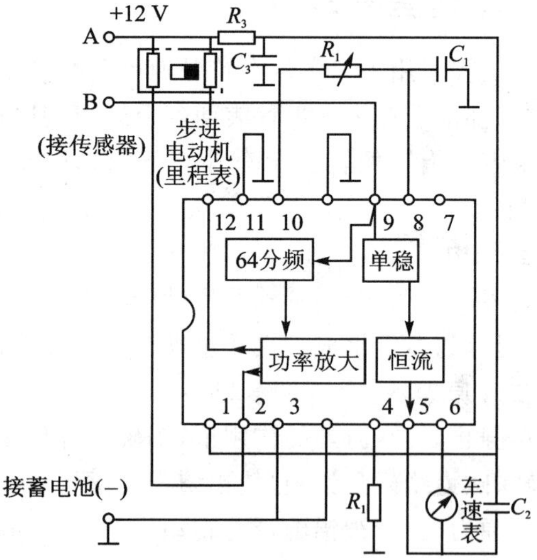

图5-11 电子式车速里程表的电子电路

车速表实际上是一个电磁式电流表，当汽车以不同车速行驶时，从电子电路端子6输出与车速成正比的电流信号驱动车速表的指针偏转，从而指示相应的车速。

里程表由一个步进电动机及6位数字的十进制齿轮计数器组成，步进电动机是一种利用电磁感应原理将脉冲信号转换为线位移或角位移的电动机。车速传感器输出的信号经64分频后，再经功率放大器放大到足够大的功率，驱动步进电动机，带动6位数字的十进制齿轮计数器工作，从而精确记录累计里程数。

4. 数字式车速表

数字式车速表系统构成如图5-12所示。车载微机随时接收车速传感器送出的电压脉冲信号，并计算在单位时间里车速传感器发出的脉冲信号次数，再根据计时器提供的时间参考值，经计算处理可得到汽车行驶速度，并通过微机指令让显示器显示出来。无论前进还是倒退，汽车的速度都能显示出来。速度单位通常可由驾驶员用按钮选择，即显示km/h(千米/小时)或MPH(英里/小时)。车速信号还可传送到制动防抱死系统(ABS)和巡航控制系统(CCS)的电子控制单元中，用于它们的控制(备用信号)。当车速超过某极限值时还可向驾驶员发出警报。

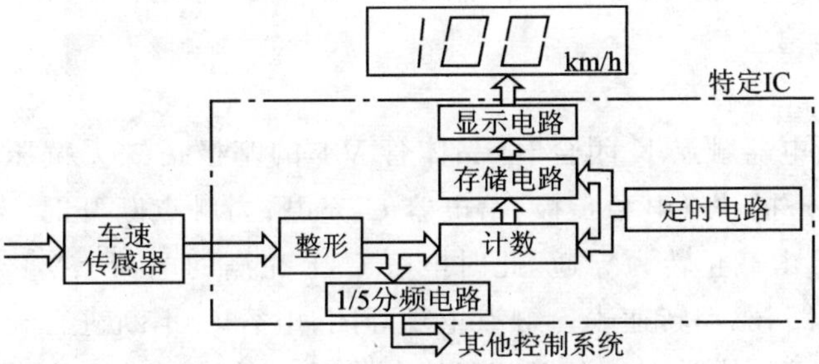

图5-12 数字式车速表

5. 数字式里程表

数字里程表显示的每次行驶里程是利用集成电路通过车速传感器所产生的脉冲信号，来计算并存储汽车所走过的里程。累加各次行驶过的里程数，便可得到总里程数。通常这种里程表显示7位数字，最小的一位数字是里程单位的1/10。里程范围由指定的一组数字存储空间限定，各国车辆安全规范都有其规定值，其中，美国《联邦机动车辆安全规范》要求英制单位范围是从000 000.0～500 000.0 mile，目前大多数里程表的英制范围为000 000.0～199 999.9 mile，容量范围大的英制单位范围为000 000.0～925 691.9 mile。对于米制单位，范围则从000 000.0～858 993.4 km，然后转到000 000.0，再继续增加到622 113.6 km(总里程数等于英制单位的925 691.9 mile)。一般采用EEPROM存储器，即使蓄电池断开，也不会使存储的数据丢失。

采用集成电路的里程表，如果集成电路坏了，有的制造厂能提供替换的芯片。不过，新的芯片要进行程序化处理，以显示里程表最后的读数。大多数替换的芯片会显示一个X、S或*，表示该里程表已经换过了。集成电路里程表回零是不可能的。通常集成电路里程表读数的校正只能在新车初驶的10 mile内进行。

5.1.6 发动机转速表

发动机转速表用来显示发动机运转速度。常用的是电子式转速表，如图5-13所示。

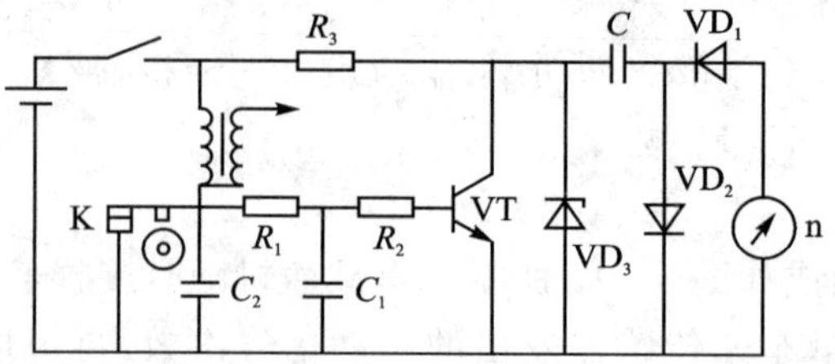

图5-13 电子式转速表

1. 结　构

电子式转速表由 R_1、R_2、C_1 组成的积分电路(作用是给开闭脉冲信号整形)、充放电电容 C、晶体管 VT、稳压管 VD_2(使电容 C 充电电压稳定，提高转速表的测量精度)及转速表 n 等组成；其转速信号取自于点火系统初级电路的脉冲信号；VD_3 起保护作用，防止 VT 集电极出现瞬间高电压被击穿。

2. 工作原理

发动机工作使断电器触点K闭合时，晶体管VT的基极搭铁无偏压处于截止状态，电源正极→R_3→C→VD_2→搭铁→电源负极，给电容 C 充电；当触点断开时，晶体管VT的基极电位接近电源电压，VT由截止转为导通，此时电容 C 上充满的电荷→VT→转速表n→二极管 VD_1→C 构成放电回路，驱动转速表。触点重复开闭，电容 C 不断进行充放电，使转速表n显示通过电流的平均值。断电器触点的开闭频率与发动机的转速成正比，通过转速表 n 的放电电流平均值也与发动机的转速成正比。

5.1.7 仪表稳压器

为了提高仪表的显示精度，避免电源电压变化时带来的不良影响，现代汽车在仪表电路中都串装仪表稳压器，常用的有电热式和电子式两类。

1. 电热式仪表稳压器

(1) 结　构

电热式仪表稳压器的结构如图5-14所示，其由双金属片、常闭触点、电热丝、座板和外壳等组成。双金属片上的电热丝一端搭铁，另一端焊在双金属片上。双金属片一端是动触点，另一端用铆钉固定在调节片上，调节片的一端也用铆钉固定并与电源接线相连。调节螺钉可调节两触点之间的压力。

(2) 工作原理

电热式仪表稳压器的工作原理如图5-15所示。当电源电压偏高时，电热丝中的电流增大，双金属片加热快，触点很快断开，断开的触点需要较长时间冷却才能闭合。这样触点闭合时间短，断开时间长，从而将偏高的电源电压降低为某一输出电压平均值。若电源电压偏低时，电热丝中的电流较小，产生热量少，于是触点断开时间短而闭合时间长，从而将偏低的电源电压提高到同一输出电压平均痘。其工作时电压波形如图5-16所示。

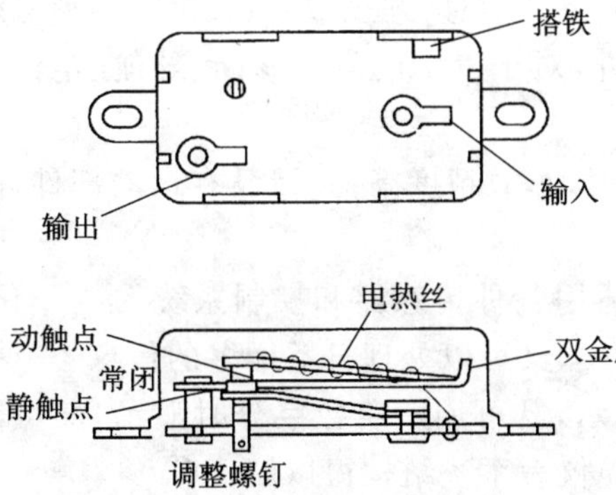

图 5-14　电热式仪表稳压器的结构

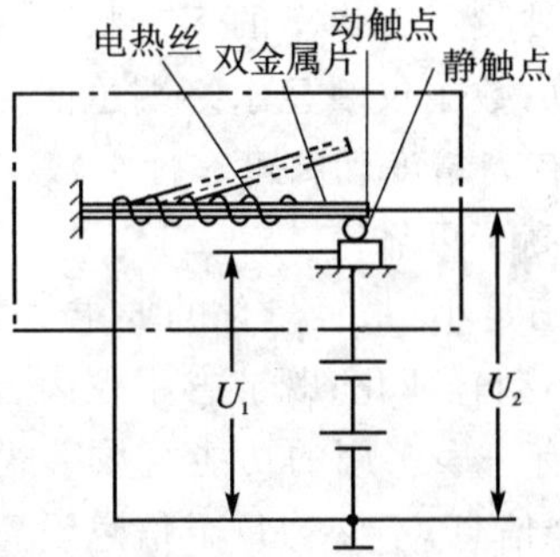

图 5-15　电热式仪表稳压器的工作原理

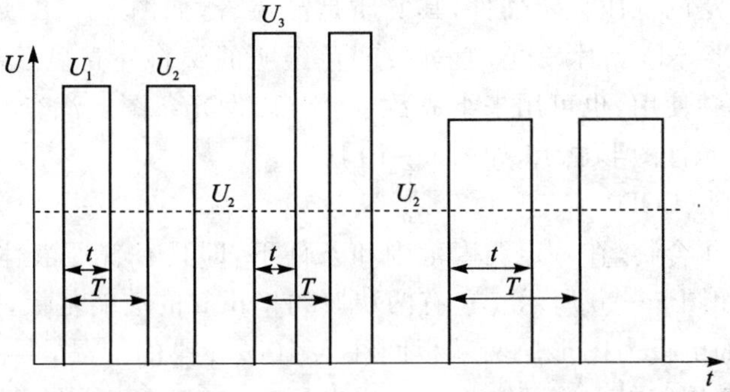

图 5-16　电热式仪表稳压器工作时电压波形

(3) 使用中应注意的问题

① 安装仪表稳压器时,两接线柱的接线不得接错。

② 凡使用仪表稳压器的燃油表及冷却液温度表,不允许直接与电源相接,否则会烧坏仪表。

2. 电子式仪表稳压器

电子式仪表稳压器主要是采用汽车专用的三端集成稳压块,它具有结构简单、成本低、稳压效果好、使用寿命长等优点,故被广泛应用。图 5-17 所示为桑塔纳、奥迪轿车仪表板专用的三端式电子稳压器。1 为输出脚,脚为搭铁,2 为电源输入端。该稳压器输出电压为 9.5～10.5 V。

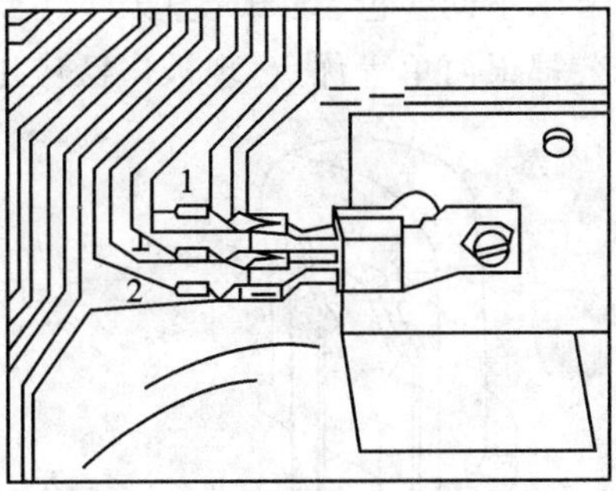

图 5-17　电子式仪表稳压器的结构

5.1.8　数字式仪表

1. 数字式仪表的优点

随着现代汽车工业和电子技术的发展,汽车的环保性、安全性、经济性、智能化要求不断提高,驾驶员需要更多、更快地了解汽车运行的各种信息,常规指针式仪表已远远不能满足现代汽车技术发展的要求。因此,汽车数字式仪表的使用比例正在逐年增加。其优点有如下 4 点。

① 能提供大量、复杂的信息,显示直观。为满足汽车排气净化、节能、安全性和舒适性的

要求，汽车电子控制装置必须能迅速、准确地处理各种复杂的信息，并以数字、文字或图形显示出来，供驾驶员了解汽车的运行状况，并及时处理。另外，对于汽车的故障诊断、导航、定位等大量的信息，数子仪表显示终端也能处理。

② 具有高精度和高可靠性。数字式仪表显示为即时值，故精度高；又因没有运动部件，故障率低，提高了可靠性。

③ 可满足小型、轻量化的要求。数字式仪表既可适用各种传感器和控制系统的电子化，又可实现小型轻薄化；既节省了仪表台附近的空间利用率，又可以处理日益增多的信息。

④ 具有一表多用的功能。数字式仪表采用数字显示，既可用一组数字分时显示，又可同时显示几个信息，不必为每个信息设置一个指示表，故使仪表系统结构得以简化。

2. 常用显示器件

(1) 发光二极管(LED)

它是应用最为广泛的低压显示器件，其实质是晶体管，如图 5-18 所示。正、负极加上合适正向电压后，其内半导体晶片发光，通过带颜色透明的塑料外壳显示出来。发光的颜色有红、绿、黄、橙等，可单独使用，也可用来组成数字、字母、发光条图。汽车一般用指示灯、数字符号段或点数不太多的光杆图形显示，如图 5-19 所示。

(2) 液晶显示器件(LCD)

液晶是一种有机化合物，在一定温度范围和条件下，即具有普通液体的流动性，也具有晶体的某些光学特性，如图 5-20 所示。它有两块厚约 1 mm 的玻璃基板，基板上涂有透明的导电材料作为电极，一面电极为图形。两基板间注入 10 μm 厚的液晶，再在两玻璃基板的外表面分别贴有偏光板，四周密封。当两电极通一定电压时，位于通电电极范围内(要显示的数字、图形等)的液晶分子重新排列，这样，通电部分电极就形成了在发亮背景下的字符或图形。由于 LCD 为非发光型显示器件，所以夜间显示必须采用照明光源，汽车上通常用白炽灯作为背景光源。液晶显示器件具有工作电压低(3 V 左右)、显示面积大、耗能少、显示清晰、通过滤光镜可显示不同颜色、在阳光直射下不受影响、电极图形设计自由度极高、设计成任何显示图形的工艺都很简单等优点，现被广泛应用在中、高档轿车上。

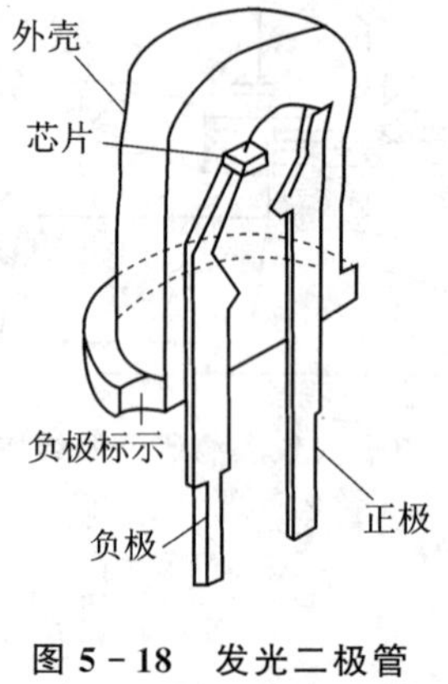

图 5-18 发光二极管

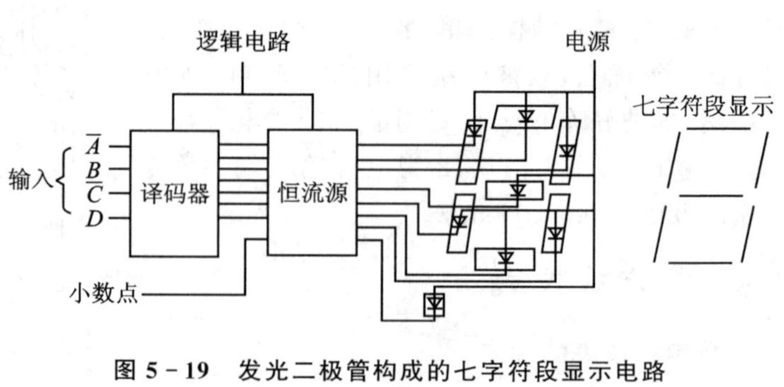

图 5-19 发光二极管构成的七字符段显示电路

(3) 真空荧光管(VFD)

真空荧光管实际上是一种真空低压管，它由钨丝、栅极、涂有磷光物质玻璃组成。其发光原理与电视机中的显像管相似，如图 5-21 所示。当屏幕接电源正极，灯丝接电源负极时，便获得正向电压，电流通过灯丝并加热，在电场力的作用下发射电子，由栅极控制电子流加速，射向屏幕，当电子高速碰撞数字板荧光材料时，数字板发光，通过前面平板玻璃的滤色镜显示出数字。真空荧光管为发光型显示器件，具有色彩鲜艳、可见度高、立体感强等优点。但由于真空管需要一定厚度玻璃外壳制成，故障复杂的图形用 VFD 制作成本较高、体积大，因此汽车上它常用作数字显示器。

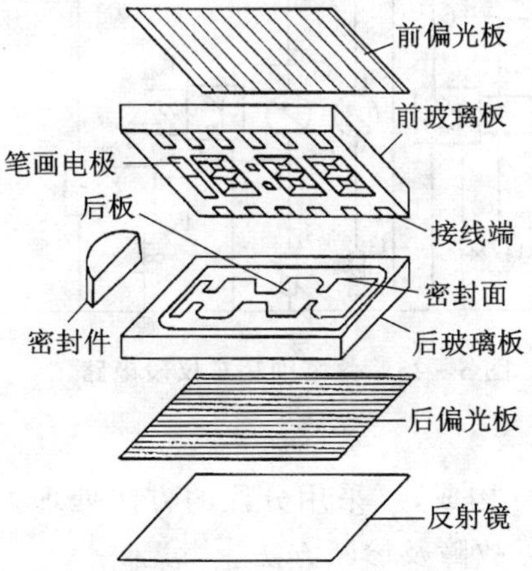

图 5-20 液晶显示器件结构

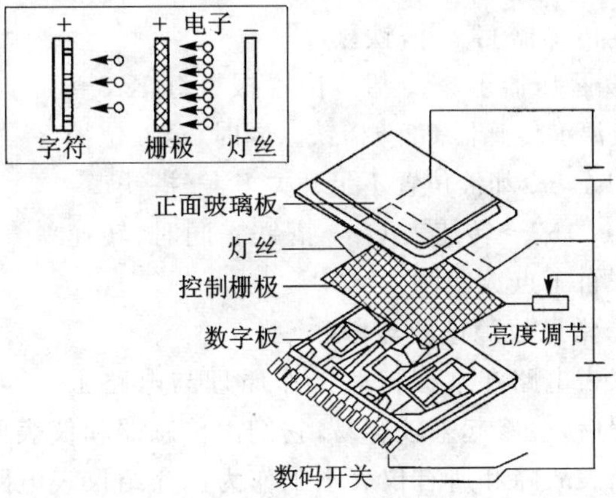

图 5-21 真空荧光管结构原理

3. 数字式组合仪表

数字式组合仪表由各种传感器、微电脑、显示器三大部分组成，一般都具有自诊断功能。若仪表发生故障，则其故障代码会存放在组合仪表的 RAM 里，用专用仪器调码后可以读出故障内容。图 5-22 所示为杆图式数字仪表，仪表有车速里程表、发动机转速表、机油压力表、电压表、冷却液温度表、燃油表等。组合仪表不可分解，只有普通灯泡的指示灯可以单独更换，在保修期内应该整体更换组合仪表。

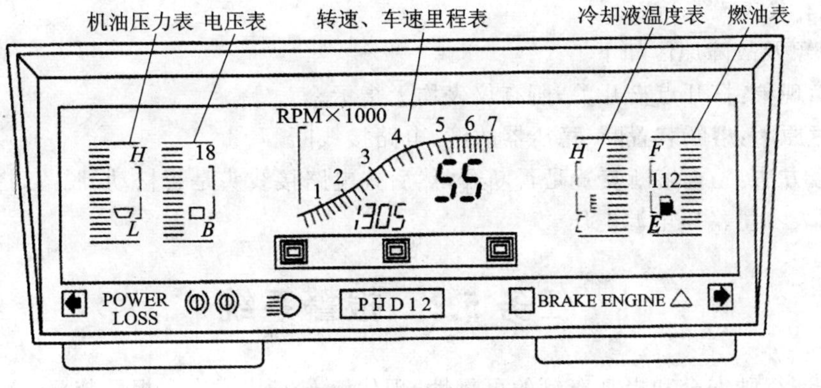

图 5-22 杆图式数字仪表

5.1.9 仪表电路举例

桑塔纳轿车仪表电路如图 5-23 所示。所有仪表由点火开关控制，点火开关接通后，仪表及传感器进入正常工作状态。

1. 工作过程

点火开关置于1挡时,电流由蓄电池正极→点火开关→编号为"15"线→如下电路。

① 稳压器J_6→燃油表G_1→浮筒燃油传感器G→搭铁。

② 稳压器J_6→冷却液温度表G_3→冷却液温度传感器G_2→搭铁。

③ 稳压器J_6→冷却液位置报警灯K28→冷却液温度传感器G2→搭铁。同时,至液位控制器$J1_{20}$→冷却液位置不足开关F_{66}→搭铁。

④ "15"→转速表G_5→搭铁。同时,转速信号来自于点火线圈。

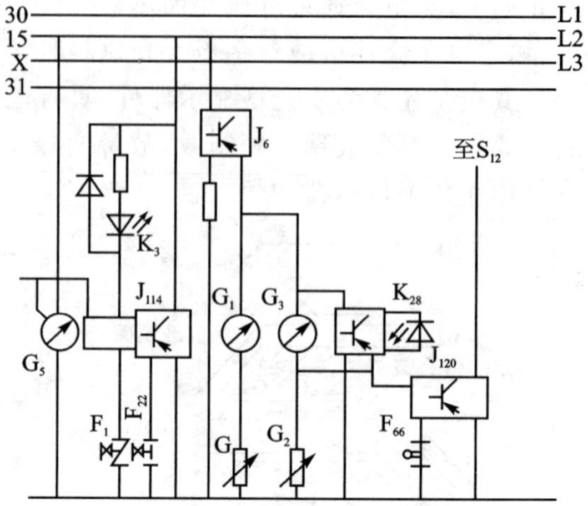

图5-23 桑塔纳轿车仪表电路

2. 常见故障诊断与排除

仪表电路在掌握仪表工作原理与电路工作过程后,检修起来较容易,它们由传感器和仪表两部分构成,可采用分段的方法处理。下面以燃油表故障和所有仪表不工作为例介绍仪表电路常见故障及诊断方法。

(1) 燃油表无指示

故障现象及故障原因如下。

① 故障现象:油箱内无论多少燃油,指针总显示无油。

② 故障原因:表本身故障、电路有断路处、表传感器故障、稳压器工作异常等。

③ 检修方法:拔下燃油表传感器接线插头并搭铁。打开点火开关,观察燃油表。若指针向满油分度方向移动,则说明故障在燃油传感器:若无反应,则说明故障在仪表本身或稳压器或线路已断路。接好燃油表传感器接线插头,打开点火开关,用万用表测量仪表上的电源进线电压,若有电压,则表内部已坏;若无电压,则说明稳压器已坏或电路线已断。

(2) 所有仪表无指示

故障现象及故障原因如下。

① 故障现象:打开点火开关,所有仪表均无指示。

② 故障原因:熔断装置断、稳压器故障、电路接线断等。

③ 检修方法:先查熔断装置是否断开,然后查电路接线头是否松动、脱落,搭铁是否良好,最后用万用表测量稳压电源电压。

任务5.2 报警系统

为了保证行驶安全和提高车辆的可靠性,现代汽车安装了许多报警装置,这些装置一般由报警开关(传感器)、报警灯(或蜂鸣器)等组成。

5.2.1 机油压力报警装置

机油压力报警装置有膜片式和弹簧管式两种,图5-24所示为最常见的弹簧管式机油压力报警装置。它由装在发动机主油道的弹簧管式传感器和装在仪表板上的报警灯两部分组成。传感器内的管形弹簧一端与发动机主油道连接，另一端与动触点连接，静触点经导电片与接线柱连接。当润滑系统机油压力低于允许值时，如EQ1090汽车为50～90 kPa，管形弹簧几乎无变形，动、静触点闭合，报警灯中有电流通过，灯亮，提醒驾驶员注意。当润滑系统机油压力达到允许值时，管形弹簧变形程度增大，使动、静触点分开，报警灯中无电流通过，灯灭。

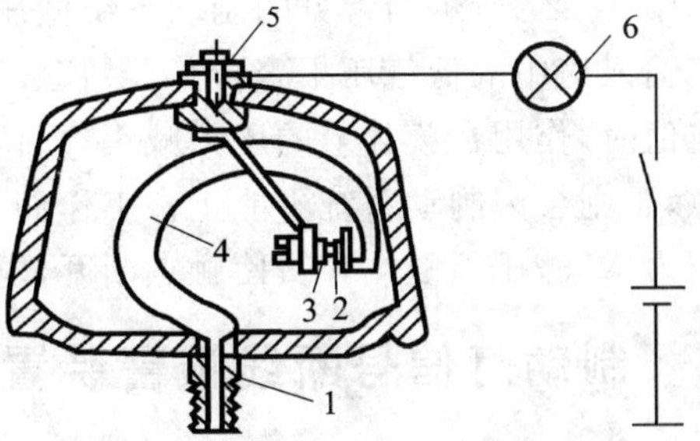

1—管接头；2—动触点；3—静触点；
4—管形弹簧；5—接线柱；6—指示灯

图5-24 弹簧管式机油压力报警装置控制电路

5.2.2 冷却液温度报警装置

图5-25所示为常见的冷却液温度报警装置。它由双金属片式温度传感器、仪表板上的冷却液温度报警灯两部分组成。当发动机冷却液的温度达到或超过极限温度时，传感器内双金属片受热温度高，变形程度大，使其内动、静触点闭合，报警灯中有电流通过，灯亮，提醒驾驶员及时停车检查和冷却。当发动机冷却液转温室正常时，传感器内双金属片受热温度较低，变形程度小，其内动、静触点断开，报警灯中无电流通过，灯灭。

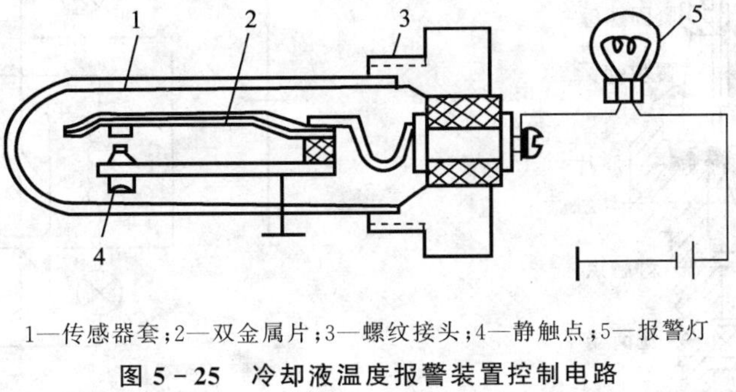

1—传感器套；2—双金属片；3—螺纹接头；4—静触点；5—报警灯

图5-25 冷却液温度报警装置控制电路

5.2.3 燃油量报警装置

图5-26所示为常见的热敏电阻式燃油量报警装置。它由负温度系数热敏电阻传感器、仪表板上的燃油量报警灯两部分组成。当油箱燃油量较多时，热敏电阻完全浸泡在燃油中，由于其散热快、温度低、阻值大，报警灯电路中相当于串联了一个很大的电阻，流过报警灯的电流很小，灯灭。当燃油减少到热敏电阻露出油面时（规定值以下），温度升高，散热慢，电阻值减小，流过报警灯的电流增大，灯亮。

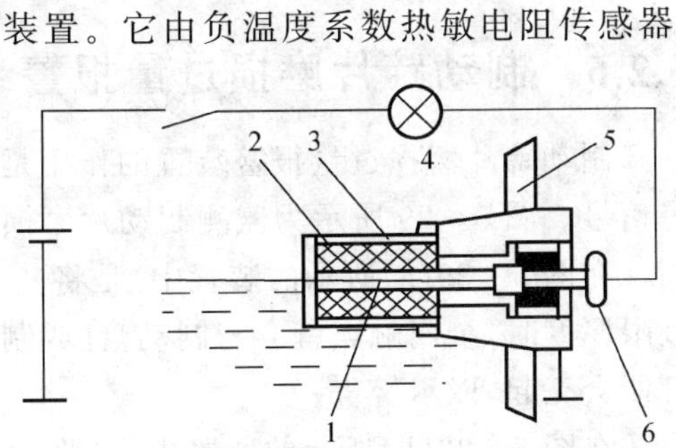

1—热敏电阻；2—防爆金属网；3—外壳；
4—燃油不足报警灯；5—油箱外壳；6—接线柱

图5-26 热敏电阻式燃油量报警装置

5.2.4 制动系统低压报警装置

空气制动的汽车必需装备制动系统低压报警

装置。图5-27所示为常见的制动系统低压报警装置。它由装在制动系统储气筒或制动阀压缩空气输入道中的低气压报警传感器、仪表板上的红色报警灯两部分组成。当制动气压下降到规定值时,作用在膜片上的压力减小,复位弹簧使触点闭合,电路接通,报警灯亮,提醒驾驶员注意,否则会因制动系统不能正常工作而造成交通事故。当气压达到规定值后,作用在膜片上的压力增大,压缩复位弹簧使触点断开,电路切断,报警灯熄灭。

5.2.5 制动灯信号断线报警装置

图5-28所示为制动灯信号断线报警装置。它由电磁线圈与舌簧开关构成的控制器、仪表板上的报警灯两部分组成。汽车制动时,制动灯开关闭合,电流分别经点火开关、制动灯开关、控制器两并联线圈、左右制动信号灯、搭铁,使制动信号灯亮。同时两线圈所产生的磁场相互抵消,舌簧开关维持常开状态,报警灯不亮。当某一侧制动信号灯线路出现故障时,控制器线圈中只有一个有电流通过,通电的线圈产生电磁吸力使舌簧开关闭合,报警灯亮。

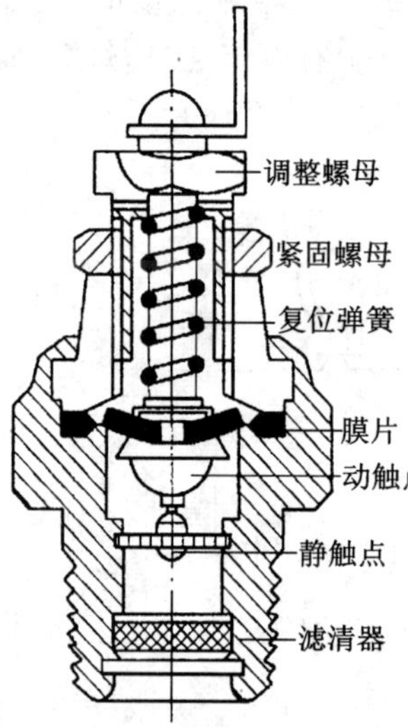

图5-27 制动系统低压报警装置

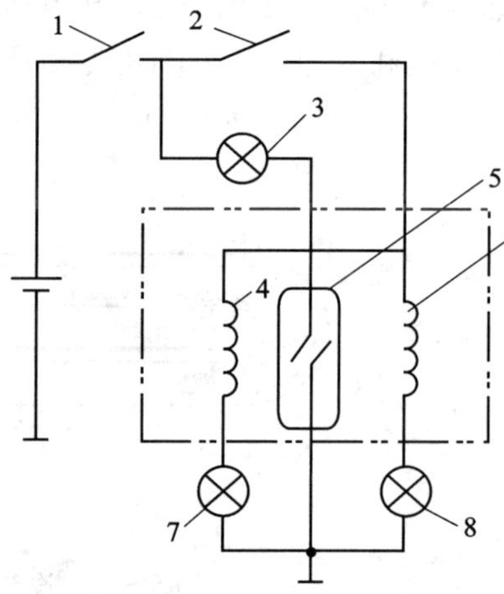

1—点火开关;2—制动灯开关;3—报警灯;
4、6—电磁线圈;5—舌簧开关;7、8—制动信号灯

图5-28 制动灯信号断线报警装置

5.2.6 制动蹄片磨损过量报警装置

制动蹄片磨损过量报警装置的作用是当制动摩擦片磨损到使用极限厚度时点亮,发出报警信号。图5-29所示为监测制动片磨损过量报警装置两种结构形式的原理图。

在图5-29(a)所示的装置中,是将一个金属触点埋在摩擦片内部。当摩擦片磨损至使用极限厚度时,金属触点就会与制动盘(或制动鼓)接触而使警告灯与搭铁接通,仪表板上的报警灯便会亮起,以示警告。

在图5-29(b)所示的装置中,是将一段导线埋设在摩擦片内部,该导线与电子控制装置相连。当接通点火开关后,电子控制装置便向摩擦片内埋设的导线通电数秒钟进行检查,如果摩擦片已磨损到使用极限厚度,并且埋设的导线已被磨断,电子控制装置则使报警灯亮起,以示制动摩擦片需要更换。

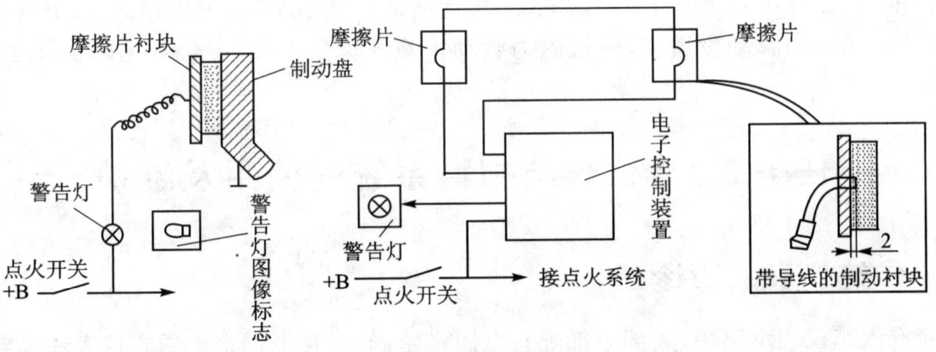

图5-29　两种结构形式的制动蹄片磨损过量报警装置

5.2.7　制动液面报警装置

图5-30所示为制动液面过低报警装置。它由安装在制动液储液罐内的浮子式传感器和报警灯两部分组成。制动液充足时，浮子式传感器随制动液上浮，处于较高位置，其内永久磁铁与舌簧开关的位置较远，对舌簧开关的吸引力较弱，故舌簧开关仍处于常开状态，报警灯电路无法接通，报警灯不亮。制动液充不足时，浮子式传感器随制动液下浮，当下浮到规定值以下时，永久磁铁与舌簧开关的位置较近，磁力吸动舌簧开关闭合，报警灯电路被接通，报警灯亮，以提醒驾驶员注意，防止制动效能下降而出现安全事故。

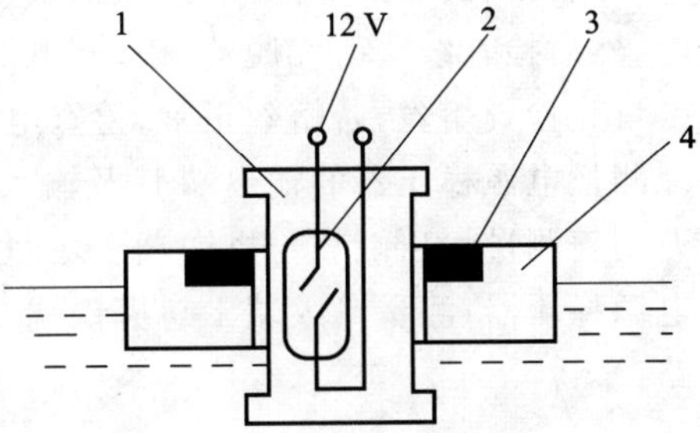

1—外壳；2—舌簧管；3—永久磁铁；4—浮子

图5-30　制动液面过低报警装置

5.2.8　空气滤清器堵塞报警装置

图5-31所示为常见的空气滤清器堵塞报警装置，由与空气滤清器滤芯内外侧相连通的气压式开关传感器和警告灯两部分组成。气压式开关传感器是利用其上、下气室产生的压力差，推动膜片移动，从而使与膜片相连的磁铁跟随移动。磁铁的磁力使舌簧开关开或闭，控制警告灯电路接通或断开。若空气滤清器滤芯未堵塞，则传感器上、下气室间压差小，膜片及磁

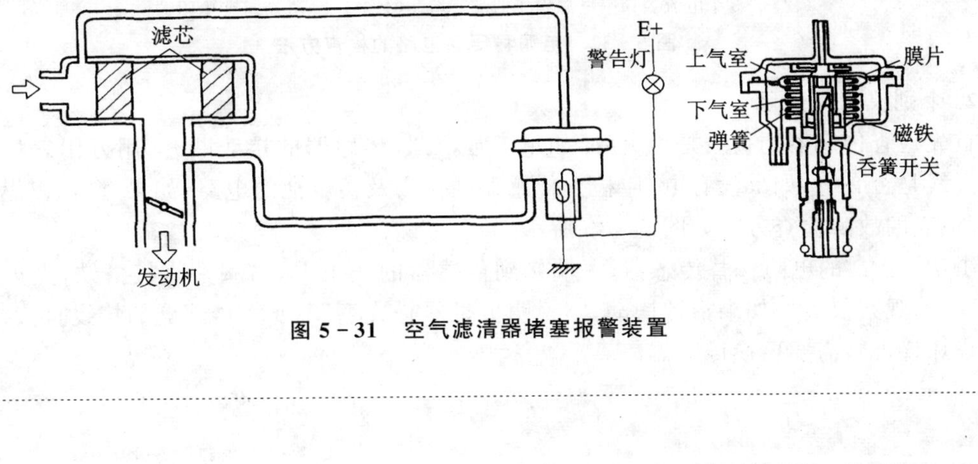

图5-31　空气滤清器堵塞报警装置

铁的移动量小,舌簧开关处于常开状态;若空气滤清器滤芯被堵塞,则传感器上、下气室间压差增大,膜片及磁铁的移动量增大,磁铁磁力吸动舌簧开关而闭合,警告灯电路被接通,警告灯点亮。

任务5.3 仪表与报警系统的使用及维护

5.3.1 传统仪表故障诊断

在所有汽车仪表电路中,大部分都配有电源稳压器,而且不论是电磁式仪表还是电热式仪表,都配有传感器。这样,在仪表故障中,若两个或两个以上仪表同时不工作时,应先检查仪表熔丝和电源稳压器是否有故障;若单个仪表不工作时,应首先确定故障是在传感器还是在仪表。

1. 所有仪表无显示

当汽车点火开关接通后,仪表及其传感器就进入正常工作状态。若所有仪表无显示,往往是由熔断器断开、稳压电源故障或仪表电源线路搭铁、线路断路引起的,可以先检查熔丝是否烧断,然后检查线头有无脱落、松动,电源线搭铁线路是否正常,最后检修稳压电源。

首先检查熔丝,若熔丝正常,检查电源稳压器。电源稳压器电路的检查方法如图5-32所示。测量电源稳压器的输出端B及输入端A的电压是否符合技术标准。以奥迪轿车为例,利用万用表测量输出端3与搭铁端2之间的电压,电压表读数应在9.75~10.25 V之间,否则更换电源稳压器;测量输入端1与搭铁端2之间的电压,电压表的读数应为电源电压,否则检修电路。

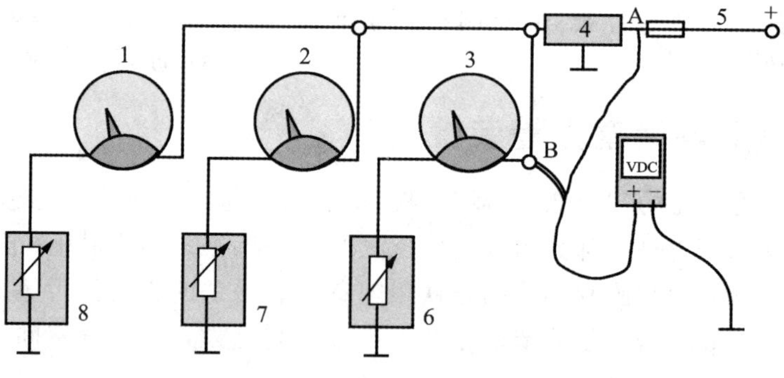

1、2、3—3个电流表;4—电源稳压器;5—熔断器;6、7、8—3个可变电阻器

图5-32 电源稳压器电路的检查方法

2. 个别仪表无显示

首先检查传感器的接线是否完好,如果正常,可将传感器的接线断开,用万用表检测传感器的接线是否有电,如果没有电,应检查传感器到仪表及蓄电池的电路;如果有电,以燃油表为例,燃油表的故障检查方法如图5-33所示。

① 用10 Ω的电阻代替传感器,一端接到传感器的线束上,另一端直接搭铁,点火开关打到ON挡,观察仪表。如果指针摆动,则说明传感器有故障(不要将传感器的接线直接搭铁,否则易烧坏仪表),需要更换传感器。

② 仪表工作是否准确的判断可参照维修手册。如以奥迪轿车燃油表为例，用变阻器代替传感器对其进行检查。当阻值为 40 Ω 时，指针指示为 1；当阻值为 78 Ω 时，指针指示为 1/2；当阻值为 283 Ω 时，指针指示为 0。如果检查结果与上述相符，则传感器有故障，应更换；否则，仪表有故障，应更换。

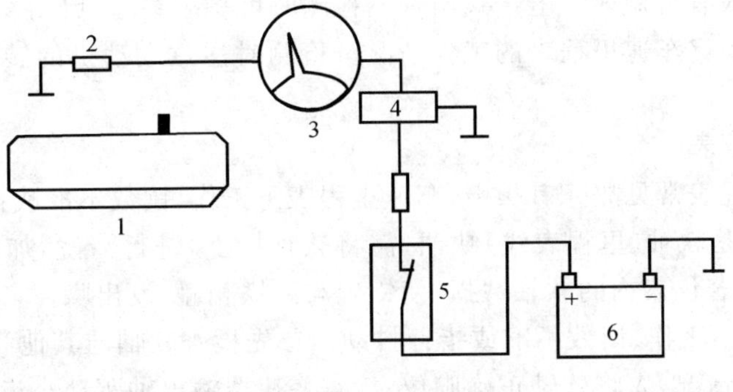

1—燃油箱；2—10Ω 电阻；3—燃油表；4—电源稳压器；5—点火开关；6—蓄电池

图 5-33　燃油表的故障检查方法

3. 常见故障及诊断

(1) 冷却液温度表无显示

① 拆下冷却液温度传感器接线柱上的导线，串接一个试灯(2～5 W)后搭铁，将点火开关置 ON 挡，观察冷却液温度表指针摆动情况，若指针摆动，则故障在传感器；若冷却液温度表指针不动，进行下一步诊断。

② 将试灯一端搭铁，另一端接冷却液温度表上“电源”接线柱，点火开关置 ON 挡，观察试灯是否亮，若不亮，则为稳压器到蓄电池间导线断路或仪表熔断器烧毁；若试灯亮，进行下一步诊断。

③ 将试灯一端搭铁，另一端接冷却液温度表上“传感器”接线柱，点火开关置 ON 挡，观察冷却液温度表指针摆动情况，若冷却液温度表不动，则说明冷却液温度表损坏；若冷却液温度表动，则说明温度表到传感器导线断。

(2) 燃油表总显示无油

① 将点火开关置 ON 挡，将试灯一端搭铁，另一端接燃油表上“电源”接线柱，观察试灯是否亮，若不亮，则为稳压器到蓄电池间导线断路或仪表熔断器烧毁；若试灯亮，进行下一步诊断。

② 将传感器与燃油表连线断开，点火开关置 ON 挡，观察燃油表指针摆动情况，若摆动到满油位置，则说明故障在传感器内部搭铁或浮子损坏；若指针无反应，则说明故障在燃油表到传感器的导线搭铁。

(3) 发动机未启动，机油压力表就动

① 拆下机油压力传感器接线柱上的导线，点火开关置 ON 挡，观察机油压力表指针摆动情况，若指针不再移动，则说明故障在传感器内部搭铁或短路；若指针仍移动，进行下一步诊断。

② 从机油压力表上断开至机油压力传感器的线，若指针不再移动，则说明故障在机油压力表至机油压力传感器的导线搭铁：若指针仍移动，则说明故障在机油压力表内部搭铁。

(4) 其他仪表故障

其他仪表故障可依照上述方法分析进行。

5.3.2 车速里程表

车速里程表一般有机械式和电子式两种。检测时可将车举起,启动发动机,将变速器挂上挡,使驱动轮运转,观察车速里程表的工作情况。检测时注意发动机的转速不要过高,以免损坏差速器。

机械式车速里程表

机械式车速里程表常见故障有噪声,车速里程表不工作、读数不准或指针抖动。

① 噪声。一般是软轴(里程表线)缺油,需将软轴拆下,进行清洗,加润滑油,但最好是更换软轴。特殊情况,若仪表内的软轴磨损,使铝碗与磁铁相碰,发出噪声,需更换仪表。

② 车速里程表不工作、读数不准或指针抖动。首先检查软轴与其他线束是否有交错挤压的现象,如果有上述情况,先将软轴正确归位;检查变速器输出轴驱动小齿轮的磨损情况,软轴与驱动小齿轮的啮合间隙,如果不符,应更换;检查表头内蜗轮与蜗杆的间隙,过大可调整。

5.3.3 发动机转速表

以桑塔纳轿车为例,发动机转速表的常见故障是不工作,原因是线路或仪表本身有故障。检查方法如下。

① 检查点火线圈"-"接线柱是否接触良好。

② 检查发动机转速表后面的黑色三孔插座是否接触良好。

③ 用万用表检查三孔插座的工作状况。若a插孔搭铁不良,检查仪表线束插接器白色14孔插座中的棕色导线是否接地;若b插孔在点火开关打到ON挡时无电压,应检查仪表线束插接器黑色14孔插座中的黑色导线是否有电压;若c插孔在点火开关打到ON挡时无电压,检查仪表线束插接器黑色14孔插座中的红/黑导线是否与点火线圈"-"接线柱接触良好。如果发动机转速表后面的黑色三孔插座线束经检查全部正常,则故障在发动机转速表本身,应更换发动机转速表。

项目评定

1. 判断题(对打"√",错打"×")

(1) 冷却液温度表的热敏电阻是负温度系数的热敏电阻。 ( )

(2) 电子式燃油表当油箱内的燃油即将用完时,6只绿色发光二极管全部点亮。 ( )

(3) 现代汽车因为系统电压为12 V,所以仪表系统可以直接接入电路。 ( )

(4) 汽油车的发动机转速信号来源于曲轴位置传感器。 ( )

(5) 燃油低油面报警装置采用了热敏电阻与报警灯串联的方法来控制报警灯电路的接通和切断。这里的热敏电阻,当燃油面低于热敏电阻时,其电阻值将升高而不是降低。 ( )

(6) 制动蹄片磨损报警装置的传感器是埋在摩擦片内部的。 ( )

(7) 数字式车速里程表的车速信号取自点火线圈。 ( )

2. 选择题

(1) 机油压力报警装置常见的类型是(　　)。

A. 膜片式　　B. 电热式　　C. 电磁式　　D. 以上3种均有

(2) 下列不属于冷却液温度表类型的是(　　)。

A. 电热式　　B. 电磁式　　C. 蒸气压力式　　D. 分流式

(3) 电子式转速表的转速信号取自点火系统的(　　)。

A. 点火线圈　　B. 分电器　　C. 点火开关　　D. 点火提前机构

(4) 数字式仪表常用的显示器件不包括(　　)。

A. LCD　　B. LED　　C. VFD　　D. PHD

(5) 当点火线路接通后,仪表系统无显示,常见的原因不包括(　　)。

A. 熔断器断开　　B. 稳压电源故障

C. 电源线路、搭铁线路故障　　D. 起动机故障

3. 简答题

(1) 汽车上常用的仪表有哪些?

(2) 试述电磁式冷却液温度表的工作原理。

项目 6　汽车照明与信号系统

【项目要求】

- 了解照明与信号系统的基本组成、要求和分类。
- 掌握照明与信号系统的结构与工作原理。
- 掌握照明与信号系统故障诊断与排除方法。

【项目解析】

为了保证汽车夜间行驶的安全，在汽车上装有多种照明设备，其中有人们熟悉的前照灯、尾灯，也有不注意的牌照灯、行李箱灯，现代汽车有 15～25 个外部照明灯和约 40 个内部照明灯。为使其他车辆和行人注意本车的行驶状况，保证车辆和行人的安全，汽车上还装备了灯光信号系统和音响信号系统。具体包括以下几个方面。

① 照明装置：前照灯、雾灯等，保证汽车在光线不好的条件下的行驶安全，减少交通事故的发生。

② 灯光信号系统：制动灯、倒车灯、转向信号灯等，对其他车辆、行人给出明确的信号。

③ 音响信号系统：电扬声器、语音报警装置等，引起其他车辆和行人的注意，保证行车安全。

任务 6.1　照明系统

为了保证汽车行驶的安全性，减少交通事故和机械事故的发生，汽车上都装有多种照明设备和灯光信号装置，俗称灯系，它已成为汽车上不可缺少的一部分。本任务使学生能够掌握常见的灯系及灯系电路。

识别各种灯的位置和结构，基本读懂汽车灯光的电路图。

6.1.1　照明系统的组成与功用

汽车照明系统可分为照明和信号系统两部分。按安装位置可分为外部灯具和内部灯具。外部灯具安装位置如图 6－1 所示，主要包括以下几部分。

外部灯具光色一般采用白色、橙黄色和红色；执行特殊任务的车辆，如消防车、警车、救护车、工程抢修车，则采用具有优先通过权的红色、黄色或蓝色闪光警示灯。

① 前照灯。前照灯俗称大灯或头灯，装在汽车头部两侧，用来照明车前道路，有两灯制、四灯制之分。四灯制前照灯并排安装时，装于外侧的一对应为近、远光双光束灯；装于内侧的一对应为远光单光束灯。远光灯功率一般为 40～60 W，近光灯功率一般为 35～55 W。

② 雾灯。安装在汽车头部或尾部。在雾天、下雪、暴雨或尘埃弥漫等情况下，用来改善车前道路的照明情况。前雾灯功率为 45～55 W，光色为橙黄色。后雾灯功率为 21 W 或 6 W，光色为红色，以警示尾随车辆保持安全间距。

③ 牌照灯。装于汽车尾部牌照上方或左右两侧，用来照明后牌照，功率一般为 5～10 W，

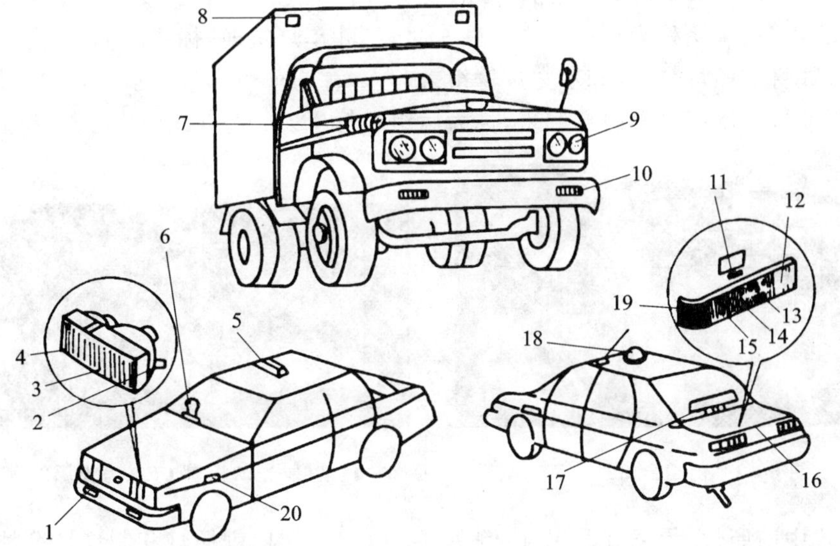

1—前转向灯；2—前示位灯；3—前照灯；4—前雾灯；5—出租车标志灯；6—出租车空车灯；7—转向示位组合灯；8—示廓灯；9—前照灯；10—前雾灯；11—行李厢灯；12—倒车灯；13—后雾灯；14—后示位灯；15—制动灯；16—牌照灯；17—高位制动灯；18—警示灯；19—后转向灯；20—侧示位灯

图 6－1　汽车外部灯具位置图

确保行人在车后 20 m 处看清牌照上的文字及数字。

④ 倒车灯。安装在汽车尾部，当变速器挂倒挡时，自动发亮，照明车后侧，同时警示后方车辆、行人注意安全。功率一般为 20～25 W，光色为白色。

⑤ 制动灯。俗称刹车灯，安装在汽车尾部。在踩下制动踏板时，发出较强红光，通知后面车辆本车正在制动，以避免后面车辆与其后部碰撞。功率为 20～25 W，光色为红色，灯罩显示面积较后示位灯大。轿车后窗内可加装由发光二极管成排显示的高位制动灯。

⑥ 转向灯。主转向灯一般安装在汽车头、尾部的左右两侧，向前、后、左、右车辆表明驾驶员正在转弯或改换车道。一般在汽车车侧中间还装有侧转向灯。近年来，在小型车上，把侧转向灯安装到左、右后视镜上（见图 6－2）渐成趋势。

图 6－2　安装在后视镜上的侧转向灯

⑦ 示位灯。又称示宽灯、位置灯，安装在汽车前面、后面和侧面，夜间行驶接通前照灯时，示位灯、仪表照明灯和牌照灯同时发亮，以标志车辆的形位等。功率一般为 5～20 W。前示位灯俗称小灯，光色为白色或黄色；后位灯俗称尾灯，光色为红色；侧位灯光色为琥珀色。

⑧ 驻车灯。装于车头和车尾两侧,要求从车前和车尾 150 m 远处能确认灯光信号,要求车前处光色为白色,车尾处为红色。夜间驻车时,将驻车灯接通,标志车辆形位。

目前,多数将前照灯、雾灯和示宽灯等组合起来,称为前组合灯(见图 6-3);将尾灯、后转向信号灯、制动灯和倒车灯等组合起来,称为后组合灯(见图 6-4)。

图 6-3　前组合灯

图 6-4　以发光二极管 LED 为光源的汽车后组合灯

以上装置中前照灯、示宽灯及尾灯、倒车灯、转向信号灯、牌照灯和制动灯等都是强制安装使用的,其他灯光设备是在一定条件下强制安装或选装。

常见内部灯具有顶灯、阅读灯、行李厢灯、门灯、踏步灯、仪表照明灯、报警指示灯、工作灯等,如图 6-5 所示。

① 顶灯,用于车内照明,但必须不致使驾驶员炫目。通常客车顶灯都位于驾驶室中部,使车内灯光分布均匀。

② 仪表照明灯,用于夜间照亮仪表盘,使驾驶员能容易地看清各仪表工作情况。尾灯亮时,仪表灯也同时亮。有些车辆还加装了灯光控制变阻器,使驾驶员能调整仪表灯的亮度。

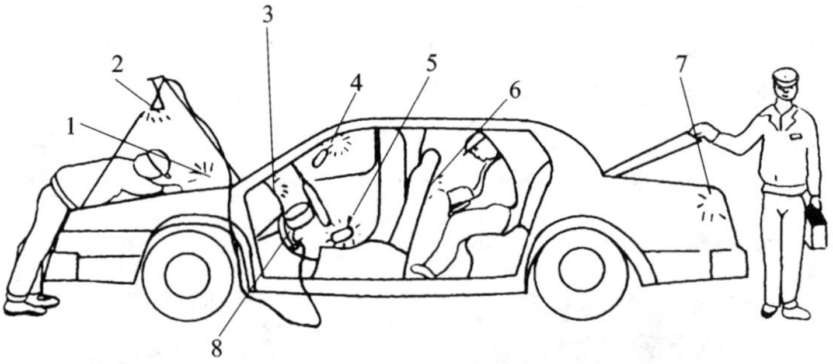

1—发动机罩下灯;2—工作灯;3—仪表照明灯、报警指示灯;4—顶灯;5—门灯;6—阅读灯;7—行李厢灯;8—开关照明灯

图 6-5　常见汽车内部灯具

6.1.2　前照灯

1. 前照灯的照明要求

世界各国交通管理部门一般都以法律形式规定了汽车前照灯的照明标准,以确保夜间行车的安全,基本要求如下。

① 汽车的前照灯应有远、近光变换装置。应保证车前有明亮而均匀的照明,夜间远光灯亮时,应能至少照清前方 100 m 远的道路;近光灯亮时,应能照清前方 40 m 远的道路。随着高速公路的建成,汽车行驶速度的提高,要求汽车前照灯的照明距离也相应地增长,现代有些

汽车的前照灯照明距离已达到 200～250 m。

② 应具有防止炫目的装置，确保夜间两车迎面相遇时，不使对方驾驶员因产生炫目而造成事故。

为了满足第一个要求，根据光路的可逆性原理，在前照灯的设计和制造上安装了反射镜、配光镜和灯泡组成的光学系统。

为了满足第二个要求，对前照灯的使用作了必要的规章制约，同时还对灯泡结构作了合理的设计。

2. 前照灯的结构

前照灯由反射镜、配光镜和灯泡 3 部分组成，如图 6-6、图 6-7 所示。

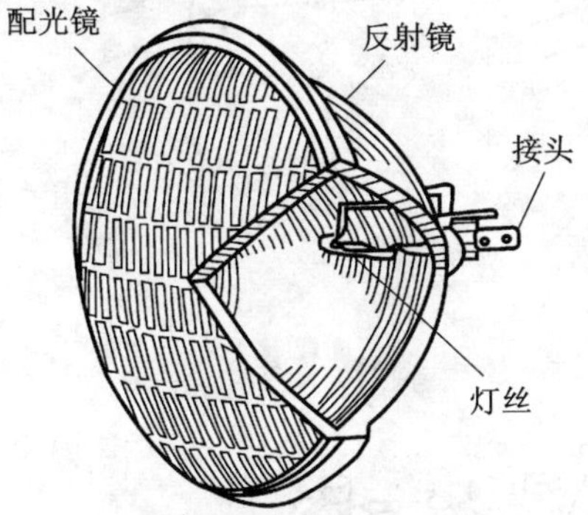

图 6-6　前照灯

图 6-7　桑塔纳前照灯

(1) 反射镜

反射镜的作用就是将灯泡的光线聚合并导向前方。由于前照灯灯泡灯丝发出的光度有限，功率仅为 45～60 W，所以如无反射镜，就只能照清汽车灯前 6 m 左右的路面。而有了反射镜之后，前照灯照距可达到 150 m 或更远。如图 6-8 所示，灯丝位于焦点 F 上，灯丝的绝大部分光线向后射在立体角范围内，经反射镜反射后将平行于主光轴的光束射向远方，使光度增强几百倍，甚至上千倍，从而使车前 150 m，甚至 400 m 内的路面照得足够清楚。

反射镜一般用 0.6～0.8 mm 的薄钢板冲压而成，表面形状呈旋转抛物面，如图 6-9 所示。其内表面镀银、铝或铬，然后抛光。由于镀铬的反射系数可以达到 94%以上，机械强度也较好，所以现在一般采用真空镀铬。

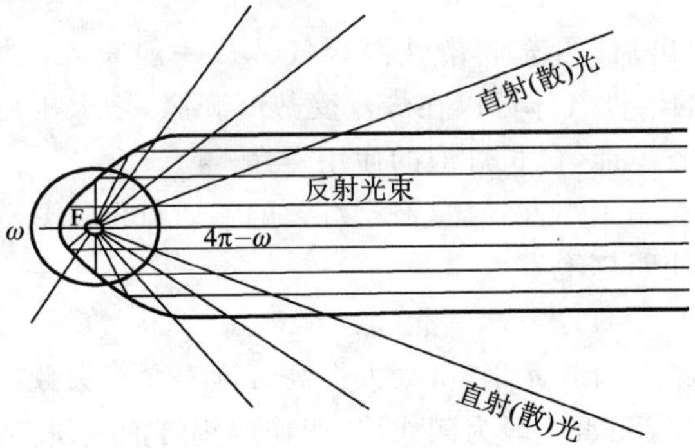

图 6-8　反射镜聚光示意图

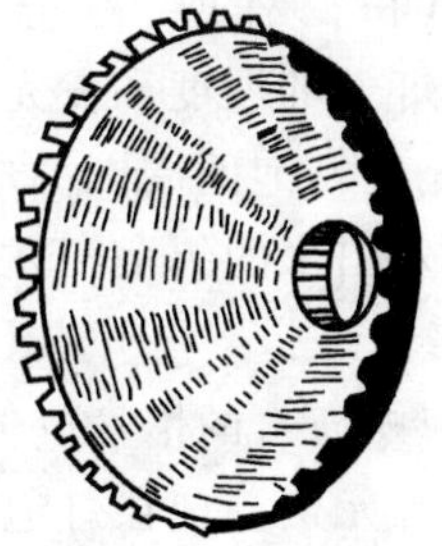

图 6-9　反射镜

(2) 配光镜

配光镜又称散光玻璃,配光镜的作用是将反射镜反射出的平行光束进行折射,使车前路面和路线都有良好而均匀的照明。它是用透光玻璃压制而成的,是很多块特殊的棱镜和透镜的组合。其几何形状比较复杂,外形一般为圆形或矩形,如图6-10所示。

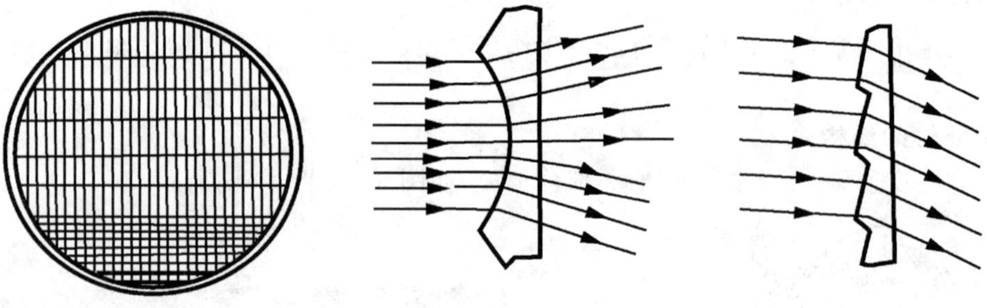

(a) 配光镜　　(b) 散　射　　(c) 折　射

图6-10　配光镜

(3) 灯　泡

汽车前照灯灯泡内的结构如图6-11所示。

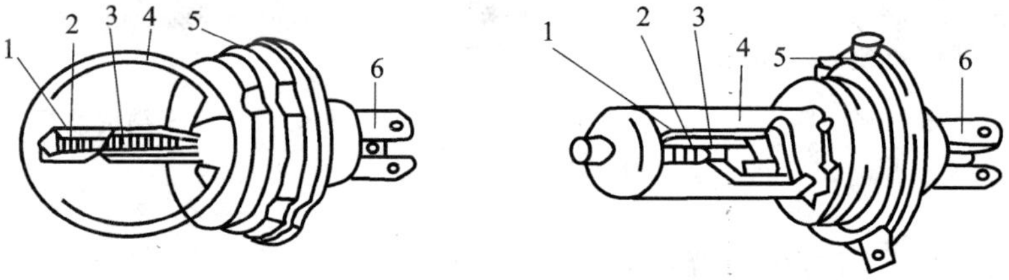

(a) 白炽灯　　(b) 卤素灯

1—配光屏;2—近光灯丝;3—远光灯丝;4—灯玻璃;5—灯头;6—插片

图6-11　前照灯的灯泡

灯泡的作用是产生光源。汽车前照灯所用灯泡的额定电压有6 V、12 V和24 V 3种。灯泡的灯丝由功率大的远光灯丝和功率较小的近光灯丝组成,由钨丝制作成螺旋状,以缩小灯丝的尺寸,有利于光束的聚合。

1) 充气灯泡

充气灯泡是把玻璃泡内的空气抽出后,再充满惰性混合气体。一般充入的惰性气体为96%的氩气和4%的氮气。充入灯泡的惰性气体可以在灯丝受热时膨胀,增大压力,减少钨的蒸发,提高灯丝的温度和发光效率,节省电能,延长灯泡的使用寿命。

虽然充气灯泡的周围抽成真空并充满了惰性气体,但是灯丝的钨质点仍然要蒸发,使灯丝损耗,而蒸发出来的钨沉积在灯泡上,使明灯泡发黑。

2) 卤钨灯泡

在灯泡内充入的惰性气体中渗入某种卤族元素,可大大提高灯泡寿命。卤族元素是指碘、溴、氯和氟等元素。现在灯泡使用的卤族元素一般为碘或溴,叫作碘钨灯泡或溴钨灯泡。我国目前生产的是溴钨灯泡。卤钨灯泡是利用卤钨再生循环反应的原理制成的。卤钨再生循环的基本作用过程是:从灯丝蒸发出来的气态钨与卤族反应生成了一种挥发性的卤化钨,它扩散到灯丝附近的高温区又受热分解，使钨重新回到灯丝上，被释放出来的卤素继续扩散参与下一次循环反应，如此周而复始地循环下去，防止钨的蒸发和灯泡的发黑现象。

卤钨灯泡尺寸小，灯泡壳用耐高温、机械强度较高的石英玻璃制成，所以充入惰性气体的压力较高。因工作温度高，灯内的工作气压将比其他灯泡高得多，故钨的蒸发也得到了更有效的抑制，其结构如图 6－12 所示。

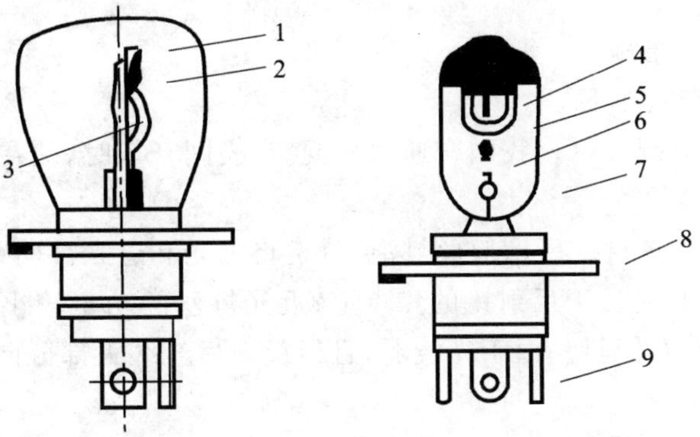

(a) 普通灯泡　　(b) 卤钨灯泡

1、7—配光屏；2、4—近光灯丝；3、5—远光灯丝；6—定焦盘；8—泡壳；9—插片

图 6－12　灯　泡

3）氙气灯泡

氙气灯泡有小型石英灯、变压器和电子单元组成，其结构见图 6－13。氙气灯泡的玻璃采用坚硬的耐温、耐压的石英玻璃制成，灯内充入高压氙气。接通电源后，通过变压器，在几微秒内升压到 20 000 V 以上的高压脉冲电加在石英灯泡内的金属电极之间，激励灯泡内的物质（氙气、少量的水银蒸气、金属卤化物）在电弧中电离产生光亮。由于高温导致的原子碰撞激发，随着压力升高，线光谱变宽形成带光谱。在灯开关接通的一瞬间，氙气灯泡即产生于 55 W 卤素灯一样的亮度，约 3 s 达到全部光通量。

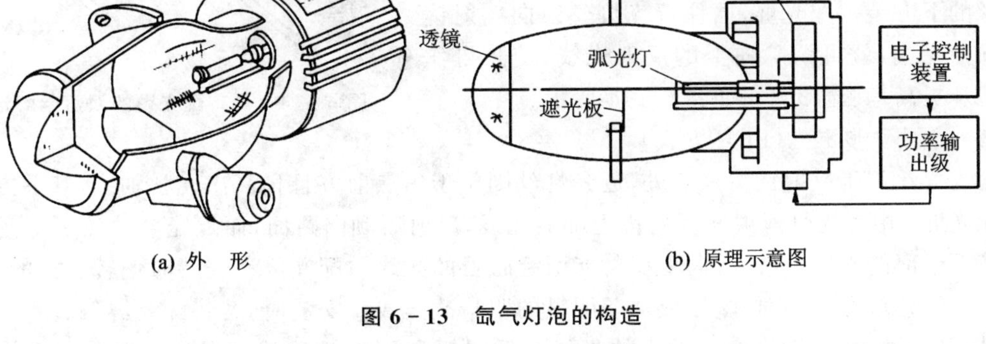

(a) 外　形　　(b) 原理示意图

图 6－13　氙气灯泡的构造

一个 35 W 的氙灯可产生 55 W 卤素灯 2 倍的光通量，使用寿命与汽车全寿命差不多。因此，安全氙灯不但可以减少电能消耗，还相应提高了车辆的性能。

6.1.3 前照灯的防眩目措施

1. 眩　目

所谓眩目,是指人的眼睛突然被强光照射时,由于视神经受刺激失去对眼睛的控制,本能地闭合眼睛,或只能看清亮处而看不见暗处物体。眩目会造成严重的交通事故,必须采取有效的措施。

2. 前照灯的防眩目措施

前照灯的防眩目措施如下。

① 利用交通法规强制约束。我国交通法规规定,夜间开车时,须在距离对面来车150 m以外互闭远光灯,改用近光灯。

② 采用双丝灯泡防炫目。所谓双丝灯泡,就是将远光和近光灯丝并装在一个灯泡内。远光灯丝的功率较大,安装时位于反射镜的焦点上;近光灯丝的功率较小,安装时位于反射镜的焦点上方或前方并稍向右倾斜。由于光线弱,且经反射后光线大部分向下倾斜,从而减少了迎面来车驾驶员的炫目作用。

③ 采用带配光屏的灯泡防眩目。这种灯泡是在双丝灯泡的近光灯丝下方安装有配光屏,使近光灯丝射向反射镜上部的光线反射后倾向路面,从而遮住了射向反射镜下半部的光线,因此大大减少了反射后射向道路上方可能引起眩目的光线。由于带配光屏的灯泡防眩目效果好,使用非常可靠,故在现代汽车中应用十分广泛。

3. 前照灯的配光

国内外生产的双丝灯泡的前照灯,按近光的配光不同,分为对称形和非对称形两种不同的配光形式。

(1) 对称形配光(SAE 方式)

远光灯丝功率较大(45～60 W),位于反射镜的焦点位置,射出的光线远而亮;近光灯丝功率较小(22 W～55 W),位于反射镜焦点的上方并稍向右偏斜,由于其光线弱,且经反射镜反射后光线大部分向下倾斜,从而减少了对迎面来车驾驶员的眩目作用。若在近光灯丝的下方装一配光屏,挡住近光灯丝射向反射镜下半部的光线,就可消除向上的反射光线,使眩目作用进一步提高,其光形分布如图 6－14 所示。

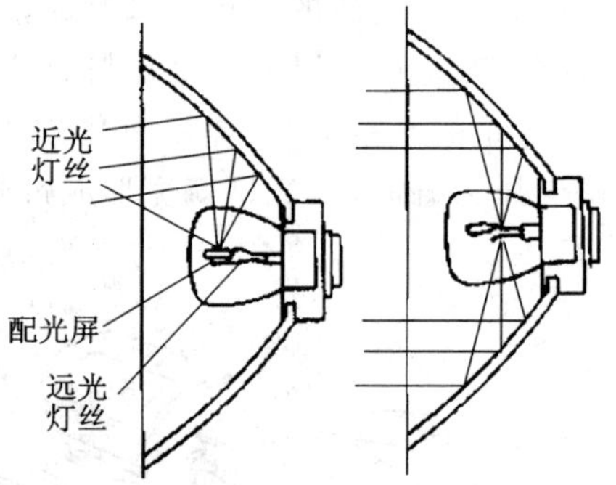

图 6－14　具有配光镜的双灯丝灯泡

(2) 非对称形配光(ECE 方式)

远光灯丝位于反射镜的焦点处,近光灯丝则位于焦点前方且稍高出光学轴线,其下方装有金属配光屏。由近光灯丝射向反射镜上部的光线,反射后倾向路面,而配光屏挡住了灯丝射向反射镜下半部的光线,故没有向上反射能引起眩目的光线。配光屏在安装时偏转一定的角度,使其近光的光形分布不对称,形成一条明显的明暗截止线。安装时,若将配光屏偏转一定角度(配光屏单边倾 15°),近光灯丝发出的光线经反射镜和配光镜后就可得到非对称光形。这种配光特性符合联合国欧洲经济委员制定的 ECE 标准,所以又称 ECE 方式,是比较理想的配光,已被世界所公认,我国现已采用。

(3) Z 形配光

国外又发展了一种更为优良的光形,根据其光形分布特点,又称为 Z 形配光。它不仅可以避免迎面汽车驾驶员眩目,还可以防止车辆右边的行人和非机动车辆驾驶人员产生眩目。三种配光的光型如图 6-15 所示。

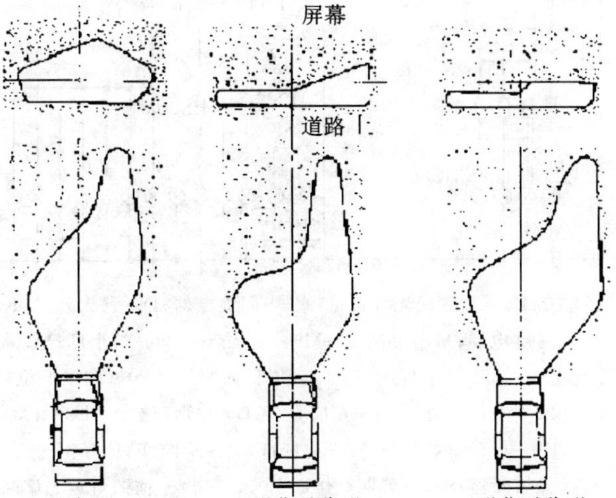

图 6-15 近光灯光型

6.1.4 照明系统控制电路

1. 汽车照明系统

汽车照明系统包括:前照灯、雾灯、仪表灯、顶灯、牌照灯、工作灯和照明电源等,一般都采用单线制,每条电路都有各自的熔断丝,应按要求装用合适的熔断丝。对于用电较大的前照灯等,还增设了灯光继电器以保护开关不被烧坏。

2. 桑塔纳轿车照明系统电路原理

桑塔纳轿车照明系统电路原理如图 6-16 所示。

(1) 前照灯

灯光总开关 E1 处于Ⅲ挡位时,当变光开关位于近光挡时,近光灯电路和远光灯电路如下。

近光灯电路为:蓄电池(+)→点火开关 D 第二掷→灯光总开关 E1 的 56 接线柱→大灯变光开关 E4 的 56 接线柱→56b 接线柱→前照灯近光熔断器 S21、S22→近光灯→搭铁→蓄电池(—)。

远光灯电路为:蓄电池(+)→点火开关 D 第二掷→灯光总开关 E1 的 56 接线柱→大灯变光开关 E4 的 56 接线柱→56a 接线柱→前照灯远光熔断器 S9、S10→远光灯→搭铁→蓄电池(—),同时接通远光灯。

(2) 小 灯

灯光总开关 E1 处于Ⅱ挡位时,电路为:蓄电池(+)→点火开关 D 第二掷→灯光总开关 E1 的 56 接线柱→58L 接线柱→58R 接线柱→小灯、尾灯熔断器 S7、S8→前小灯→搭铁→蓄电池(—)。

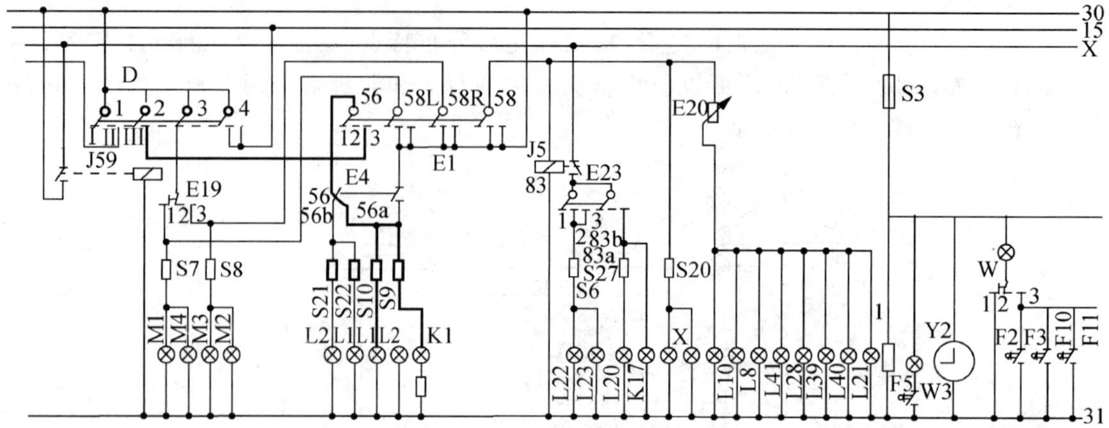

E1—灯光总开关;E19—停车灯开关;E4—大灯变光开关;J59—中间继电器;D—点火开关;K1—远光指示灯;K17—雾灯指示灯;X—左右牌照灯;J5—雾灯继电器;M1—左小灯;M2—右尾灯; M3—右小灯;M4—左尾灯;L1—左前照灯近光(远光);L2—右前照灯近光(远光);L10—仪表照明灯; L8—时钟照明灯;E20—调压电位器;E23—雾灯开关;L20—后雾灯;L40—雾灯开关照明灯; L22—右前雾灯;L23—左前雾灯;L41—烟灰缸照明灯;L28—点烟器照明灯;L39—除霜器开关照明灯;W3—行李舱灯;F5—行李舱灯开关;W—顶灯;F2、F3、F10、F11—门开关;S6—前雾灯熔断器;S27—后雾灯熔断器;S9、S10—前照灯远光熔断器;S20—牌照灯熔断器;S21、S22—前照灯近光熔断器;S7、S8—小灯、尾灯熔断器;S3—点烟器、内部照明灯熔断器

图6-16 桑塔纳轿车照明系统电路原理

(3) 雾 灯

灯光总开关E1处于Ⅱ挡位或Ⅲ挡位时,电路为:30电源线→灯光总开关E1的58接线柱→接通雾灯继电器J5线圈,雾灯继电器触点闭合;X路电源接通雾灯开关E23的83接线柱。当雾灯开关位于Ⅱ挡位时,经雾灯开关83a接线柱→前雾灯熔断器S6接通两前雾灯。当雾灯开关位于Ⅲ挡位时,经雾灯开关83a接线柱和83b接线柱,接通两前雾灯,同时经熔断器S27→后雾灯。

(4) 仪表灯

灯光总开关处于Ⅱ挡位或Ⅲ挡位时,电路为:30电源线→灯光总开关E1的58接线柱→调压电位器E20→仪表照明灯、时钟照明灯或雾灯开关照明灯等。调节调压电位器可改变照明灯的亮度。

(5) 顶 灯

当顶灯总开关位于Ⅰ挡位时,顶灯经点烟器、内部照明灯熔断器S3与电源接通,顶灯被点亮;顶灯总开关位于Ⅱ挡位时,顶灯熄灭;顶灯总开关位于Ⅲ挡位时,顶灯兼有门控灯的作用,即顶灯的明灭受控于4个车门的接触开关F2、F3、F10、F11,任何一个车门打开时,其开关将电路接通,顶灯被点亮。所有车门均关闭后,电路被切断,顶灯熄灭。

任务6.2 信号系统

转向、停车、倒车时,为了给其他驾驶员和行人提醒,在车上安装了个各种信号系统,通过灯光、声音发出信号。本任务使学生能够掌握各种信号装置和信号电路。

了解各种信号装置的结构,基本读懂汽车信号系统的电路图。

6.2.1　转向灯和闪光器

当汽车要驶离原方向时，需要接通左侧或右侧转向信号灯，以提醒其他车辆的驾驶员。转向信号系统主要包括开关、信号灯和闪光器，其中闪光器是主要器件。当遇到特别情况时，所有转向信号灯应同时闪烁，此时它作为危险警告信号。

转向信号闪光器是使转向信号灯按一定时间间隔闪烁的器件，转向信号闪光器可根据不同的原理运作。闪光器有电热式、电容式和电子式 3 种。由于电子式闪光器具有性能稳定、可靠性高、寿命长的特点，现已得到广泛应用。本节以电子式闪光器为例进行讲解。

电子式闪光器可分为有触点式（带继电器）和无触点式（不带继电器）两种。

1. 有触点电子式闪光器

图 6－17 所示是一种较为简单的有触点电子式闪光器，其工作原理如下。

接通转向灯开关 3 时，电流由蓄电池正极→点火开关→R_1→闪光器常闭触点→转向灯开关 3→转向信号灯 2 及转向指示灯→搭铁→蓄电池负极。由于 R_1 的电阻较小，电路电流较大，故转向信号灯 2 亮。同时因 R_1 上的压降使晶体管 VT 的发射极由于正向偏置而导通，继电器线圈有电流通过，使继电器的触点张开，转向信号灯 2 迅速变暗。

触点打开后，电容器 C 被充电，充电电流从蓄电池正极→点火开关→R_1→R_2→C→R_3→转向灯开关 3→转向信号灯 2 及转向指示灯→搭铁→蓄电池负极。由于充电电流很小，故转向信号灯 2 仍暗。随着 C 充电的进行，VT 的基极电位逐渐提高，当 VT 发射极两端电压小于 VT 导通所需的正向偏置电压时，VT 截止，通过继电器线圈的电流截止，触点闭合，转向信号灯 2 又重新变亮。

触点闭合后，C 通过 R_2、R_3 及触点放电，随着 C 放电的进行，VT 的基极电位不断下降，当达到 VT 导通所需要的正向偏置电压时，VT 导通，继电器线圈又有电流通过，触点打开，转向信号灯 2 再次变暗。随着 C 的充电、放电，VT 不断的导通、截止，周而复始，使转向信号灯 2 闪烁。

2. 无触点电子式闪光器

图 6－18 所示为简单的无触点电子式闪光器，其工作原理如下。

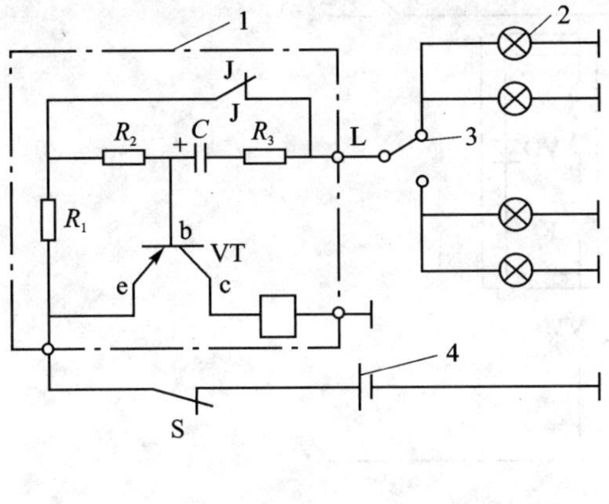

图 6－17　有触点电子式闪光器工作原理

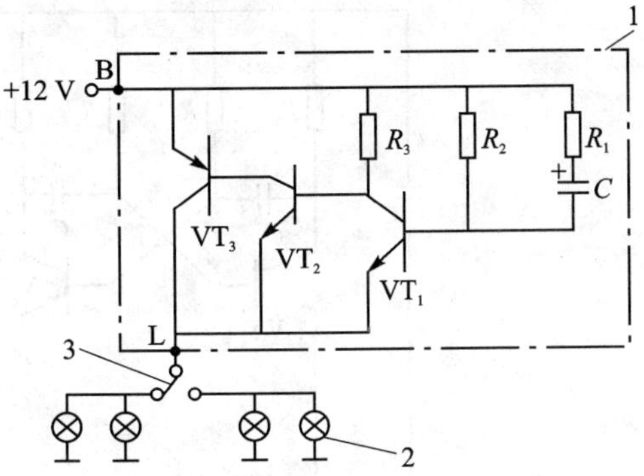

1—电子式闪光器；2—转向信号灯；
3—转向灯开关；4—蓄电池

图 6－18　无触点电子式闪光器工作原理

接通转向灯开关3,VT_1 通过 R_2 得到正向偏置电压而导通饱和,VT_2、VT_3 则截止。由于 VT_1 的发射极电流很小,故转向信号灯2较暗。同时,电源通过 R_1 对 C 充电,使 VT_1 的基极电位下降,当低于其导通所需的正向偏置电压时,VT_1 截止。VT_1 截止后,VT_2 通过 R_3 得到正向偏置电压而导通,VT_3 也随之导通饱和,转向信号灯变亮。此时,C 经 R_1、R_2 放电,使 VT_1 仍保持截止,转向信号灯2继续发亮。随着 C 放电电流减小,VT_1 基极电位又逐渐升高,当高于其正向导通电压时,VT_1 又导通,VT_2、VT_3 又截止,转向信号灯2又变暗。随着 C 的充电、放电,VT_3 不断导通、截止,如此往复,使转向信号灯2闪烁。

6.2.2 倒车信号装置

汽车倒车时,为了警告车后的行人和车辆驾驶员,在汽车的后部常装有倒车灯、倒车蜂鸣器或语音倒车报警器,它们均由装在变速器盖上的倒车开关自动控制。

倒车开关的结构如图6-19所示。当把变速杆拨到倒车挡时,由于倒车开关中的钢球1被松开,在弹簧5的作用下,触点4闭合。于是倒车灯、倒车蜂鸣器或语音倒车报警器便与电源接通,使倒车灯发出闪烁信号,蜂鸣器发出断续的鸣叫声,语音倒车报警器发出“请注意,倒车!”的声音。

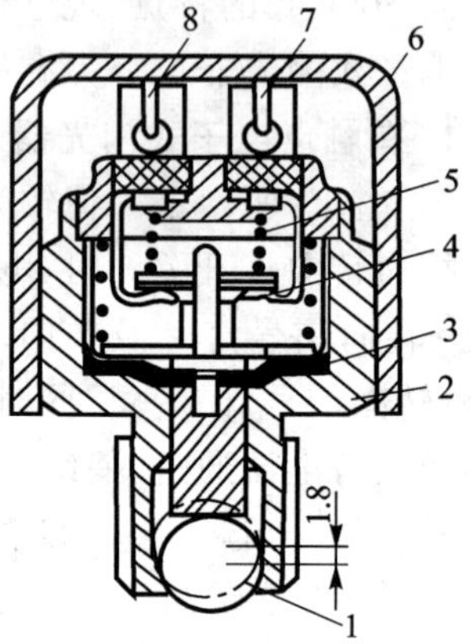

1—钢球;2—壳体;3—膜片;4—触点;5—弹簧;6—保护罩;7、8—导线

图6-19 倒车开关的结构

1. 倒车蜂鸣器

倒车蜂鸣器是一种间歇发声的音响装置,图6-20所示为CA1090型汽车装用的倒车蜂鸣器的电路。其发音部分是一只功率较小的电扬声器,控制电路是一个由无稳态电路和反相器组成的开关电路。晶体管 VT_1、VT_2 组成一个无稳态电路(也叫多谐振荡器)。由于 VT_1 和 VT_2 之间采用电容器耦合,所以 VT_1 与 VT_2 只有两个暂时的稳定状态,或 VT_1 导通、VT_2 截止,或 VT_1 截止、VT_2 导通,这两个状态周期地自动翻转。VT_3 在电路中起开关作用,它与 VT_2 直接耦合,VT_2 的发射极电流就是 VT_3 的基极电流。当 VT_2 导通时,VT_3 基极有足够大的基极电流也导通。电流便从电源“+”极,经 VT_3、蜂鸣器的常闭触点K、线圈流回

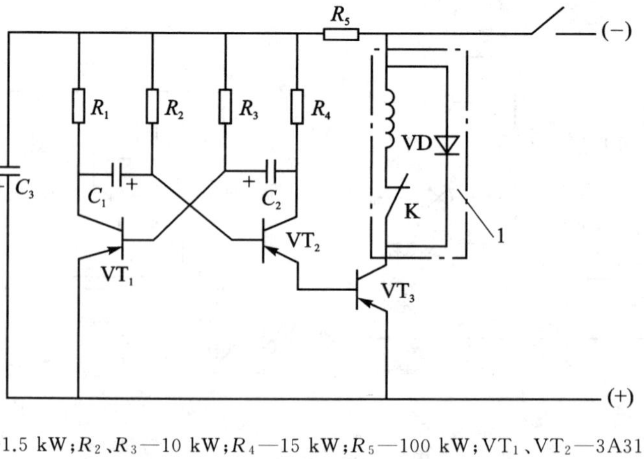

R_1—1.5 kW;R_2、R_3—10 kW;R_4—15 kW;R_5—100 kW;VT_1、VT_2—3A31A;VT_3—3AX31B;VD—2CP13;C_1、C_2、C_3—33μF;1—小扬声器

图6-20 CA1090型汽车装用的倒车蜂鸣器电路

电源“—”极。线圈通电后，使线圈中的铁芯磁化，吸动衔铁，带动膜片变形，产生声音。当 VT_2 截止时，VT_3 无基极电流也截止，于是线圈断电，铁芯退磁，衔铁与膜片回位。如此周而复始，VT_3 按照无稳态电路的翻转频率不断地导通、截止，从而使得倒车蜂鸣器发出间歇性的鸣叫。

解放 CA1092 型汽车装用的倒车蜂鸣器电路如图 6－21 所示，倒车蜂鸣器如图 6－22 所示。

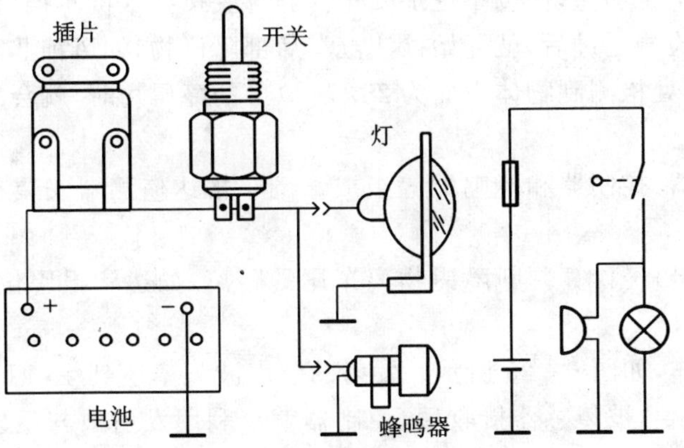

图 6－21　解放 CA1092 型汽车装用的倒车蜂鸣器电路

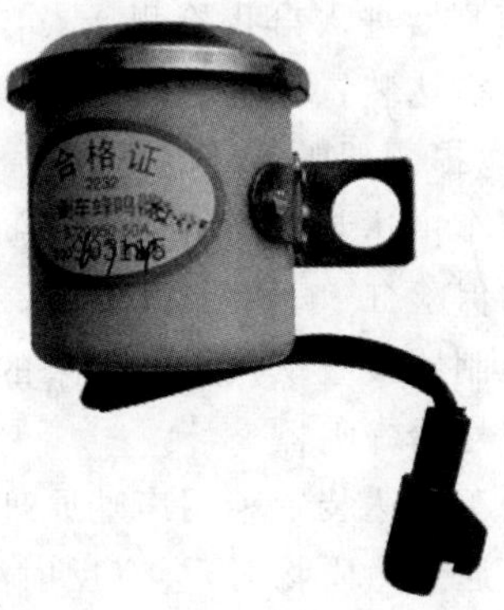

图 6－22　倒车蜂鸣器

2. 语音倒车报警器

随着集成电路技术的发展，将语音信号压缩储存于集成电路中已成为可能，从而出现了使用专用集成电路的会说话的倒车报警器，即语音倒车报警器，当汽车倒车时，能重复发出“请注意，倒车！”的声音，以此提醒过往行人避开车辆而确保车辆安全倒车。

语音倒车报警器的电路如图 6－23 所示。HFC5209 是存储语音信号的集成电路，LM368N 是功放集成电路，稳压管 VS 用于稳定 HFC5209 的工作电压。为防止电源电压接反，在电源的输入端使用了由 4 个二极管组成的桥式整流电路，这样无论怎样接入 12 V 电源，均可保证正常工作。

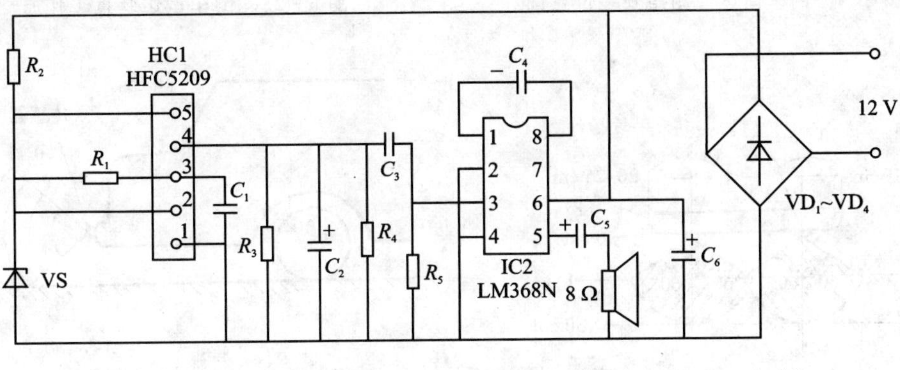

HC1—HFC5209；IC2—LM386N；R_1、R_2—330 kΩ；R_3—200 Ω；R_4、R_5—10 kΩ；
C_1—50 pF；C_2—4.7 μF；C_3—0.22 μF；C_4—10 μF；C_5、C_6—100 μF；VS—2DW52；
VD_1～VD_4—IN4001；IC2—LM368N 集成块

图 6－23　语音倒车报警器电路

当汽车挂入倒车挡时,倒车开关接通电源,电流便由4个二极管(VD_1~VD_4)组成的桥式整流电路输入,存储语音信号的集成电路HC1(HFC5209)的输出端便输出一定幅度的语音信号电压,此语音信号电压经C_2、C_3、R_3、R_4、R_5组成的阻容电路消除杂音,改善音质,并耦合到集成放大电路LM368N的输入端,经LM368N功率放大后,通过扬声器输出,即可发出清晰的"请注意,倒车!"的声音。

3. 倒车雷达装置

倒车雷达装置在倒车时起辅助报警功能,使倒车更加安全。当驾驶员挂入倒车挡后,倒车雷达侦测器进入自我检测。当自我检测通过后,就开始检测汽车后部障碍物,如风神Ⅱ号轿车的倒车雷达装置,在汽车后部50 cm处检测到物体表面为25 cm以上的障碍物时,就会发出报警声,以提醒驾驶员注意。

倒车雷达装置由倒车雷达侦测器、控制器和蜂鸣器等组成。倒车雷达侦测器安装在车辆后部的保险杠上,如图6-24所示。

控制器接收从侦测器传来的信号,经计算判断障碍物离车尾的距离,如达到报警位置,就传送信号给蜂鸣器。

倒车雷达装置利用声呐原理工作,如图6-25所示。发射的超声波频率达到40 kHz。当超声波遇到障碍物时,会有反射波产生,被传感器接收后,控制器就会利用发射波与反射波计算出障碍物与雷达发射器之间的距离,并据此采取相应的报警提示。倒车雷达装置的有效侦测范围如图6-26和图6-27所示。

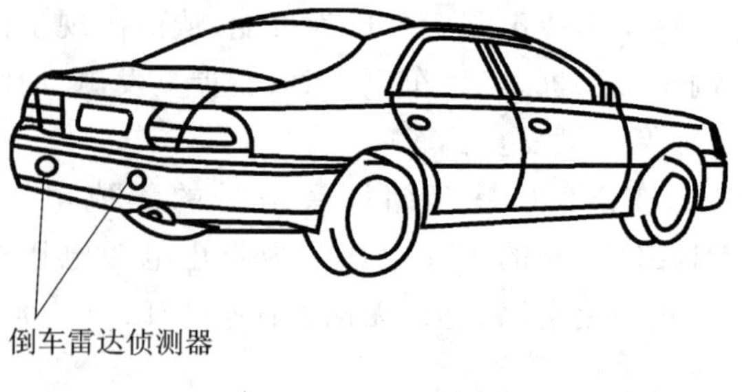

图6-24 倒车雷达侦测器安装位置图

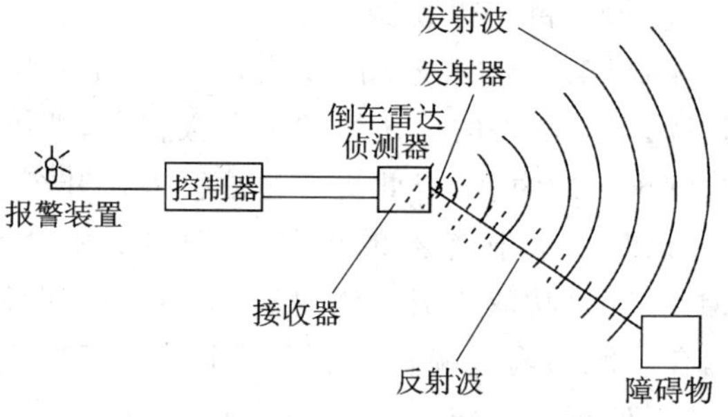

图6-25 倒车雷达装置工作原理

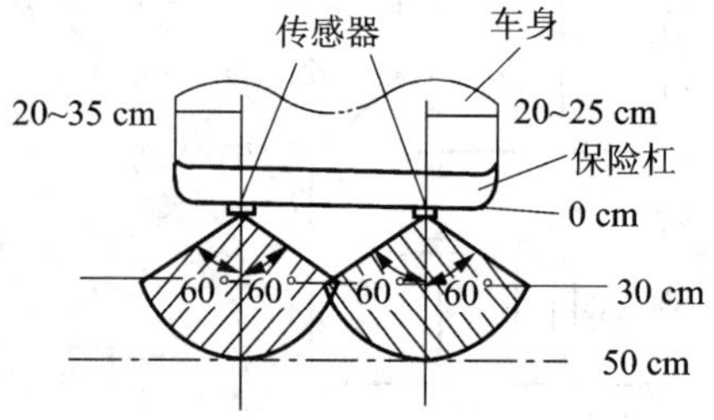

图6-26 倒车雷达左、右有效侦测范围

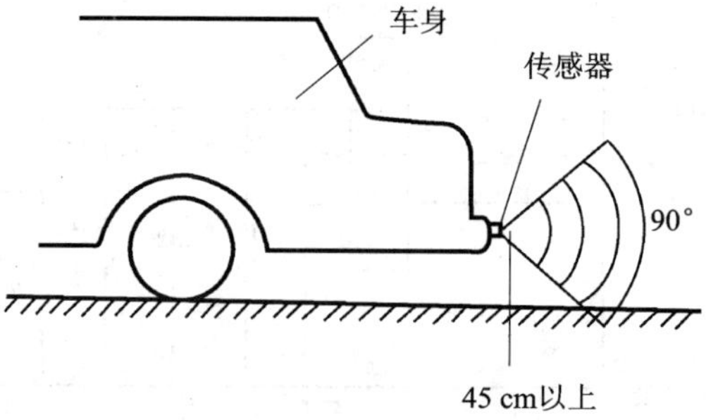

图6-27 倒车雷达上、下有效侦测范围

6.2.3　扬声器

1. 扬声器的作用

扬声器是汽车的音响信号装置。在汽车的行驶过程中，驾驶员根据需要和规定发出必需的音响信号，警告行人和引起其他车辆注意，保证交通安全，同时还用于催行与传递信号。

2. 扬声器的分类

扬声器按其发音动力可分为气扬声器和电扬声器；按外形可分为螺旋形、筒形和盆形扬声器；按声频可分为高音和低音扬声器；按音质可分为单音扬声器、双音扬声器和三音扬声器；按接线方式可分为单线制和双线制扬声器；按有无触点可分为有触点式（普通式）和无触点式（电子式）电扬声器。

气扬声器主要用于具有空气制动装置的重型载重车上，电扬声器具有结构简单、体积小、质量轻、声音悦耳且维修方便的特点，因而在中、小型车辆中得到了广泛应用。在中、小型汽车上，多采用盆形和螺旋形电扬声器。下面将详细介绍这两种类型的电扬声器。

（1）盆形电扬声器

1）盆形电扬声器的结构

典型的盆形电扬声器结构如图6－28所示，它主要由触点、线圈、振动膜片、音量调整螺钉、衔铁、共鸣板和铁芯等组成。触点与线圈串联，其中一个触点依附于衔铁。上、下铁芯间的气隙在线圈中间，所以能产生较大的吸力。

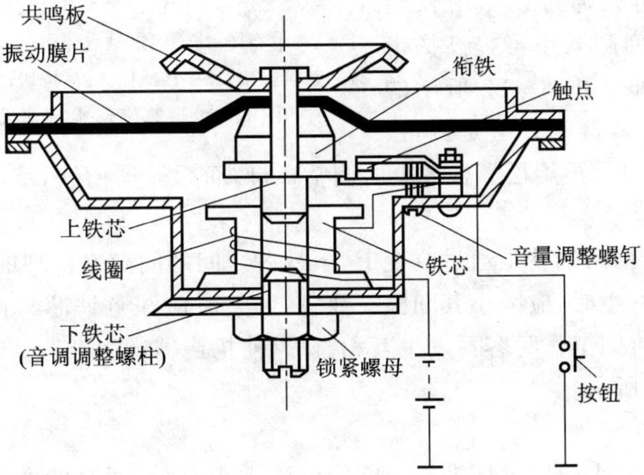

图6－28　盆形电扬声器结构

2）盆形电扬声器的工作过程

当按下汽车转向盘上的扬声器按钮时，就形成了如下电流通路：蓄电池正极→线圈→活动触点臂→触点→固定触点臂→按钮→搭铁→蓄电池负极。线圈通电产生吸力，上铁芯被吸下与下铁芯撞击，产生较低的基本频率，并激励振动膜片及与振动膜片连成一体的共鸣板产生共鸣，从而发出比基本频率强得多且分布比较集中的谐音。同时压下动触点臂，使触点分开以切断电路，电磁力消失。当铁芯磁力消失后，衔铁又回到原位，触点重新闭合，电路再次接通。这样，线圈中将流过时通时断的电流，因此振动膜片时吸时放，产生高频振动而发出音响。

电扬声器工作时,其触点高速振动,当触点打开、电流消失时,由于线圈的自感作用,在触点间会产生强烈的火花,会使触点烧蚀。在两触点之间并联一只电容器或一只灭弧电阻以后,当触点打开时,线圈中产生的自感电势可对电容器充电或经灭弧电阻放掉,就可使触点间的火花大大减小,从而起到了保护触点的作用。

(2) 螺旋形电扬声器

螺旋形电扬声器的构造如图6-29所示。其振动膜片通过中心杆与衔铁8、调整螺母11、锁紧螺母12连成一体,其工作原理与盆形电扬声器相同。普通的有触点式电扬声器,触点易烧蚀氧化,而无触点式电扬声器可克服上述缺点。无触点式电扬声器主要由多谐振荡器和功率放大器组成。

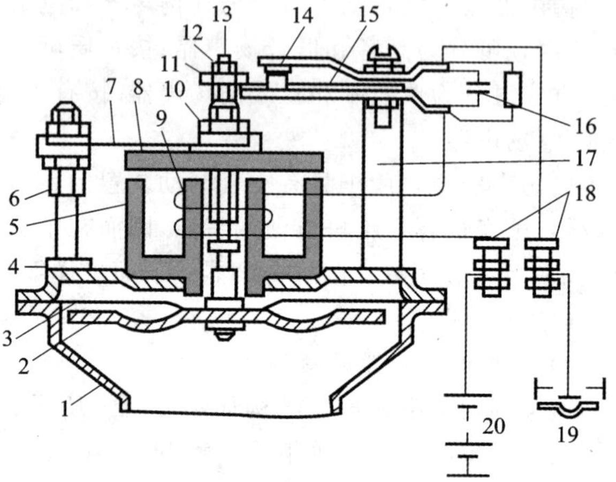

1—扬声筒;2—共鸣板;3—膜片;4—底板;5—山形铁芯;6—螺柱;7—弹簧片;8—衔铁;9—线圈;10、12—锁紧螺母;11—调整螺母;13—中心杆;14—固定触点臂;15—活动触点臂;16—电容器;17—触点支架;18—接线柱;19—按钮;20—蓄电池

图6-29 螺旋形电扬声器的结构示意图

3. 扬声器的调整

(1) 音调的调整

大多数汽车都装备两个扬声器,两个扬声器互相并联接线,然后与扬声器开关串联。两个扬声器中一个的音调应比另一个的高。扬声器发出的音调与振动膜片每秒振动次数有关,振动越快,音调越高。其音调的改变可以通过调整衔铁与铁芯的间隙来实现,间隙减小可提高扬声器的音调,反之则降低。图6-29所示的螺旋形电扬声器的音调调整方法是:旋松螺柱6上的锁紧螺母10,再旋松螺柱6上的调整螺母,而后转动衔铁,就可以改变衔铁与铁芯之间的间隙。

盆形电扬声器音调的调整是通过改变上、下铁芯之间的间隙来实现的。当音调发尖时,应增大其间隙;当音调低哑时,应减小其间隙。注意:调整时应注意铁芯与衔铁四周的间隙要均匀、平正,不能歪斜,否则工作时容易发生互相碰撞,使扬声器产生杂音。盆形电扬声器音调调起的方法如图6-30所示。

(2) 音量的调整

电扬声器音量的大小与通过扬声器线圈的电流大小有关,通过的电流越大,音量就越大,反之音量就越小,调整触点压力可以改变音量。调整螺旋形电扬声器时,应先松开锁紧螺母12,然后拧转调整螺母11,即可改变触点接触压力。当压力增加时,触点闭合的时间增长,线圈电流增大,音量也就增大;反之音量减小,如图6-31所示,对于盆形电扬声器,可以先松开锁紧螺母,用螺丝刀转动音量调整螺钉调整。

4. 扬声器的维护

① 经常保持扬声器外表清洁,各接线要牢固。

② 经常检查、紧固扬声器和支架的固定螺钉,保证其搭铁可靠。

③ 扬声器的固定方法对其发音影响较大。为了使扬声器的声音正常,扬声器不能做刚性安装,而应固定在缓冲支架上,即在扬声器与固定支架之间要装有片状弹簧或橡皮垫。

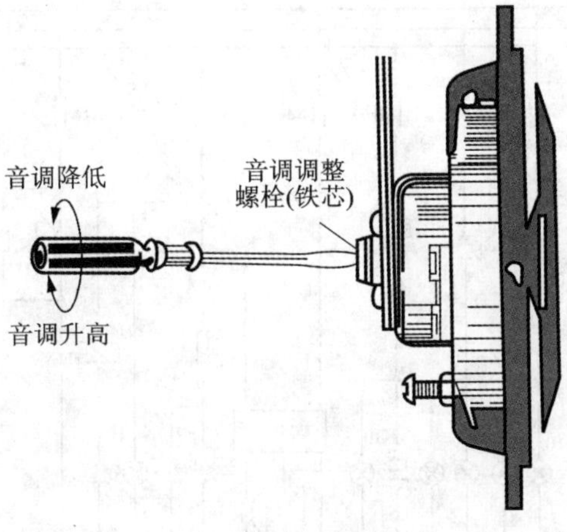

图 6-30　盆形电扬声器音调的调整

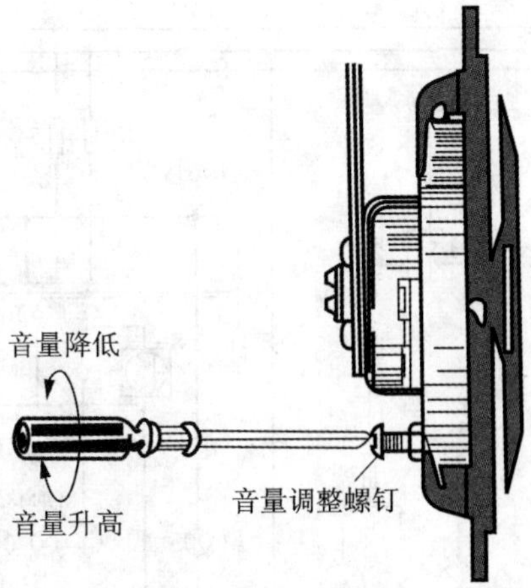

图 6-31　盆形电扬声器音量的调整

④ 经常检查发电机输出电压。电压过高会烧坏扬声器触点，电压过低(低于扬声器的额定电压)时扬声器将发出异常声音。

⑤ 洗车时，不能用水直接冲洗扬声器筒，以免水进入扬声器筒而使扬声器不响。

⑥ 在检修扬声器时，应注意各金属垫和绝缘垫的位置，不可装错。

⑦ 扬声器连续发音不得超过 10 s，以免损坏扬声器。

6.2.4　信号系统电路

桑塔纳轿车信号系统电路原理如图 6-32 所示。

1. 转向信号灯

灯光总开关 E1 处于Ⅱ或Ⅲ挡位时，当汽车右转弯时，转向灯开关 E2 位于 I 挡位，右转向灯和右后转向信号指示灯电路接通，电路为：电源线 30→点火开关 D 第四掷(II 挡位或 III 挡位)→电源线 15→转向灯熔断器 S19→危急报警装置开关 E3 第一掷(I 挡位)→闪光器继电器 J2→转向灯开关 E2I 挡位→右转向灯 M7 及右后信号指示转向灯 M8→搭铁→蓄电池(－)。

当汽车左转弯时，转向灯开关 E2 位于 III 挡位时，左转向灯 M5 和左后转向信号指示灯 M6 电路接通，电路为：蓄电池(＋)→电源线 30→点火开关 D 第四掷(Ⅱ挡位或Ⅲ挡位)→电源线 15→转向灯熔断器 S19→危急报警装置开关 E3 第一掷(I 挡位)→闪光器继电器 J2→转向灯开关 E2Ⅲ挡位→左转向灯 M5 及左后信号指示转向灯 M6→搭铁→蓄电池(－)。

当右或左转向信号灯工作时，驾驶室仪表盘上的信号发光二极管 K5 闪烁，显示信号装置工作。

2. 扬声器电路

按下扬声器按钮，扬声器继电器 J4 线圈通电，电路为：电源线 15→点火开关 D15 接线柱→扬声器继电器及驻车制动灯熔断器 S18→扬声器继电器 J4 线圈→扬声器按钮→蓄电池(－)。线圈通电使继电器触点闭合，扬声器线圈电路接通，电路为：电源线 15→点火开关 D15 接线柱→扬声器熔断器 S16→扬声器触点→扬声器线圈→扬声器继电器 J4 触点→蓄电池(－)。

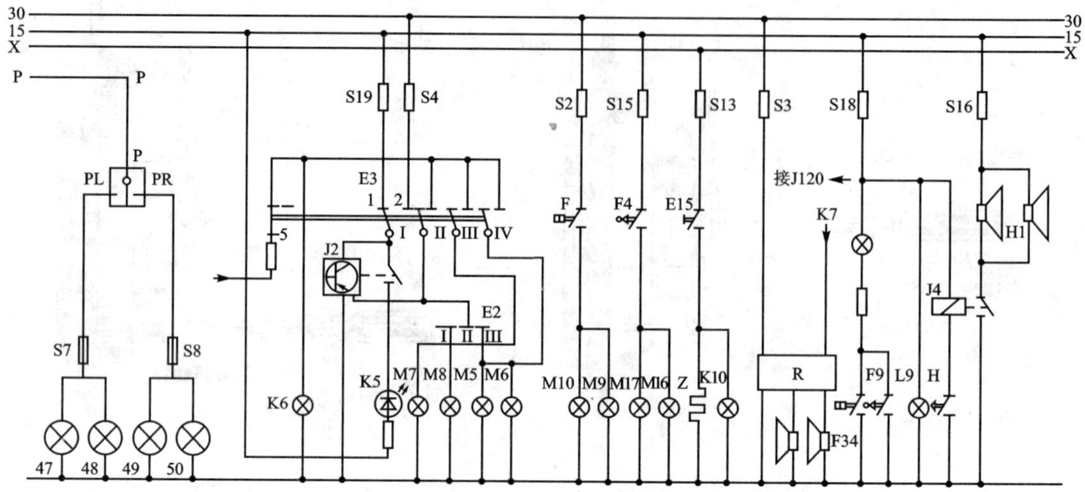

K5—信号发光二极管;K6—报警(闪光)指示灯;K7—制动液面、驻车指示灯;K10—除霜器指示灯;M5—左转向灯;M6—左后信号指示转向灯;M7—右转向灯;M8—右后信号指示转向灯;M9—左制动灯;M10—右制动灯;M16—左倒车灯;M17—右倒车灯;J4—扬声器继电器;E3—危急报警装置开关;F—制动灯开关;F4—倒车灯开关;F9—驻车制动灯开关;E2—转向灯开关;J2—闪光器继电器;H—扬声器按钮;H1—扬声器;S4—危急报警装置熔断器;S2—制动灯熔断器;S7、S8—小灯、尾灯灯熔断器;S19—转向灯熔断器;S15—倒车灯熔断器;S18—扬声器继电器及驻车制动灯熔断器;S16—扬声器熔断器;F34—制动液报警开关;PL、PR—停车开关;47—左侧小灯;48—左侧尾灯;49—右侧小灯;50—右侧尾灯

图 6-32 桑塔纳轿车信号系统电路原理

当汽车左转弯时,转向灯开关 E2 位于 III 挡位时,左转向灯 M5 和左后转向信号指示灯 M6 电路接通,电路为:蓄电池(+)→电源线 30→点火开关 D 第四掷(Ⅱ挡位或Ⅲ挡位)→电源线 15→转向灯熔断器 S19→危急报警装置开关 E3 第一掷(I 挡位)→闪光器继电器 J2→转向灯开关 E2Ⅲ挡位→左转向灯 M5 及左后信号指示转向灯 M6→搭铁→蓄电池(-)。

当右或左转向信号灯工作时,驾驶室仪表盘上的信号发光二极管 K5 闪烁,显示信号装置工作。

3. 制动灯

踏下制动踏板,制动开关闭合,接通制动灯电路,制动灯发出制动信号。电路为:蓄电池(+)→电源线 30→制动灯熔断器 S2→制动灯开关 F→制动灯 M9、M10→搭铁→蓄电池(-)。

4. 倒车灯

当驾驶员将变速杆拨向倒车挡时,倒车灯开关 F4 闭合,倒车灯 M16、M17 点亮,向尾随车辆的驾驶员或行人发出倒车信号。电路为:蓄电池(+)→电源线 15→点火开关 D 第四掷(Ⅱ挡位或Ⅲ挡位)→倒车灯熔断器 S15→倒车灯开关 F4→倒车灯 M16、M17→搭铁→蓄电池(-)。

5. 停车信号灯

如图 6-32 所示,停车后需要警告时,可向前拨动停车灯开关手柄(转向灯开关)。电源经点火开关 P 接线柱及停车开关 PL,经熔断器 S7,点亮左侧的小灯和尾灯。向后拨动停车灯开关手柄(转向灯开关)时,电源经点火开关 P 接线柱及停车开关 PR,经熔断器 S8,点亮右侧的小灯和尾灯。

任务6.3　照明与信号系统的使用与维护

汽车灯系种类繁多，作用各不相同，但从形式上，它们之间又有一定的联系。由于供电线路交织在一起，电气设备配线都采用电线束，所以发生故障时，较难判断出故障部位。本任务通过介绍常见的各种故障，分析故障原因，给出判断思路。

本任务目的是：熟悉各种故障的现象和诊断方法。

汽车灯系的故障不外乎两类：一类是器件本身的故障；另一类是线路存在的故障。检修时应先检查器件本身的故障，如没有，应按各系统的线路逐级检查，认真查明出现故障的原因及可能存在的隐患，正确地加以排除。在处理故障时，一般应重点检查以下两项内容：一是是否有短路，检查接线柱接触不良处（断路）；二是熔断丝是否熔断。在车上均可采用试灯法和万用表进行检查。

6.3.1　照明系统常见故障的诊断与排除

汽车照明系统的常见故障一般有灯不亮、灯光亮度下降、灯泡频繁烧坏和开关损坏等。

1. 灯不亮

引起灯不亮的原因主要有灯泡损坏、熔断器熔断、灯光开关或继电器损坏及线路短路或断路故障等。在进行故障诊断时，应根据电路图对电路进行检查，判断出故障的部位。

（1）灯泡或熔断器损坏

如果一只灯不亮，一般为灯丝熔断，将灯泡拆下后检查。若灯泡损坏，则更换新灯泡。如果几只灯都不亮，按扬声器，扬声器不响，则可能是总熔断器熔断；若同属一个熔断器的灯泡都不亮，则可能是熔断器被熔断。处理这两类故障时，在将总熔断器复位或更换新的熔断器之前，应查找超负荷的原因，其方法是：将熔断丝所接各灯的接线从灯座拔掉，用万用表电阻挡测量灯端与搭铁之间的电阻，若电阻较小或为0，则可断定线路中有搭铁故障。排除故障后，再把熔断器复位或更换新的熔断器。

（2）灯光开关、继电器及线路的检查

① 继电器的检查。将继电器线圈直接供电，检查继电器是否能正常工作，如不能正常工作，应更换继电器。

② 灯光开关的检查。可用万用表检查开关各挡位的通断情况，若与要求不符，应更换灯光开关。

③ 线路的检查。在检查时，可用万用表或试灯逐段检查线路，找出短路或断路故障的部位。

2. 灯光亮度下降

若灯光亮度不够，多为蓄电池电量不足或发电机及调节器故障所引起。另外，导线接头松动或接触不良、导线过细或搭铁不良、散光镜损坏或反射镜有尘垢、灯泡玻璃表面发黑或功率过低及灯丝没有位于反射镜焦点上，均可导致灯光暗淡。检查时，首先检查蓄电池和发电机的工作状态；若不符合要求，应先恢复电源系统的正常工作电压。在电源正常的状态下，检查线路的连接情况及灯具是否良好。

3. 灯泡频繁烧坏

灯泡频繁烧坏一般是电压调节器不当或失调,使发电机输出电压过高造成的,应重新将工作电压调整到正常工作范围。此外,灯具的接触不良也有可能造成灯泡的频繁烧坏。检查时,也应注意这方面的情况。

6.3.2 信号系统常见故障的诊断与排除

汽车上的灯光信号大体上有两种:一是闪烁信号;二是持续信号。常见故障是信号灯不亮和信号灯不能正常工作。信号灯不亮可按前面所述故障排除办法检修。灯光信号其他故障与排除方法如表6-1所列。

表6-1 信号灯工作不正常的原因及排除方法

故障现象	原　因	排除方法
转向灯常亮不闪	接线错误; 闪光器故障	检查电路及闪光器
转向灯闪烁频率不正常	两侧灯泡的功率不等; 电压过高或过低	检查灯泡、调整电压调节器
转向灯同时点亮	转向开关损坏	检查转向开关
转向灯不亮或灯光暗淡	灯泡损坏; 线路断路; 搭铁不良	检查灯泡、检查线路

项目评定

1. 填空题

(1) 前照灯由反射镜、________和灯泡组成。灯丝有远光灯丝和________。

(2) 常见的灯泡有充气灯泡、________和________三种类型。

(3) 汽车转向灯的闪烁是通过________来实现的。其主要有________、________和________3种类型。

(4) 制动信号灯是与汽车制动系统________工作的,它通常由制动信号灯开关控制。

(5) 电扬声器的调整包括________和________的调整。

(6) 音调的高低取决于振动膜片的________。减小扬声器上、下铁芯的间隙则________音调;增大间隙则音调________。

(7) 音量的强弱取决于通过扬声器线圈的________大小,________大则音量强。

2. 选择题

(1) 前照灯的常见配光不包括(　　)。

A. 对称形配光　　B. 非对称形配光　C. Z形配光　　　D. W形配光

（2）下列照明灯当车门打开时可以自动打开的是（　　）。

A. 雾灯　　B. 尾灯　　C. 室内顶灯　　D. 牌照灯

3. 简答题

（1）对前照灯有哪些基本要求？

（2）前照灯的防眩目措施有哪些？

（3）试述无触点电子式闪光器的工作原理。

项目7　汽车辅助电器系统

【项目要求】

- 掌握汽车雨刮器的构造和类型。
- 了解汽车其他辅助电器的工作原理。
- 掌握辅助电器系统故障诊断与排除方法。

【项目解析】

在汽车行驶中，除了点火、启动等常见部件，还有很多辅助部件帮助我们正常运行，认识它们，了解它们，可以让我们理解汽车是如何使人们的生活更加方便。随着现代化技术在汽车上的应用，装在汽车上的辅助电器系统越来越多。

任务7.1　电动雨刮器、洗涤和除霜装置

为了保证汽车在各种使用条件下挡风玻璃表面干净、清洁，汽车挡风玻璃前都安装了刮水器，有的汽车还安装了风窗清洗装置和除霜装置。

7.1.1　电动雨刮器

1. 作　用

驾驶员在行车时，遇有雨天、雪天、雾天或扬沙天气时，会造成视线不良，给驾驶安全带来隐患。为了保证在上述不良天气时驾驶员仍具有良好的视线，汽车上都安装有电动雨刮器，有的车上还安装有后风窗雨刮器。电动雨刮器一般具有1～3个橡皮刷，由驱动装置带着来回摆动，以除去挡风玻璃上的水、雪及沙尘等。

2. 结构原理

电动雨刮器主要由直流电动机、减速机构、自动停位器、雨刮器开关和杠杆联动机构及刮片等组成。它一般采用连杆机构并设有多个球头活节，转动和换向灵活自如。电动雨刮器的组成如图7-1所示，永磁式电动机11固装在支架12上，连杆3、7、8和摆杆2、4、6组成杠杆联动机构，摆杆2、6上连接有刮片架，刮片架1、5的上端连接橡胶刮片。电动机的旋转运动由轴端的蜗杆10传给蜗轮9并转换为往复运动，蜗轮上的偏心销与连杆8铰接。蜗轮转动时，通过连杆8、7、3带动摆杆4、6、2摆动，挡风玻璃上的刮水片便在刮片架1和5的带动下摆动刮水。

雨刮器电动机按磁场结构不同可分成绕线式和永磁式两种。由于永磁式电动机具有体积小、质量轻和结构简单等特点，故在轿车上得到了广泛的应用。永磁式电动机总成如图7-2所示，它主要由一个永磁式直流电动机，一个蜗轮、蜗杆减速器和一个自动停位器组成。

永磁式电动机由电枢和电刷等组成，其磁极由铁氧体永久磁铁构成，磁场的强弱不能改变。为了改变电动机转速，采用三刷式电动机，利用3个电刷来改变正、负电刷之间串联的电枢线圈的个数，从而改变电动机的转速。因为直流电动机旋转时，在电枢绕组内同时还产生反

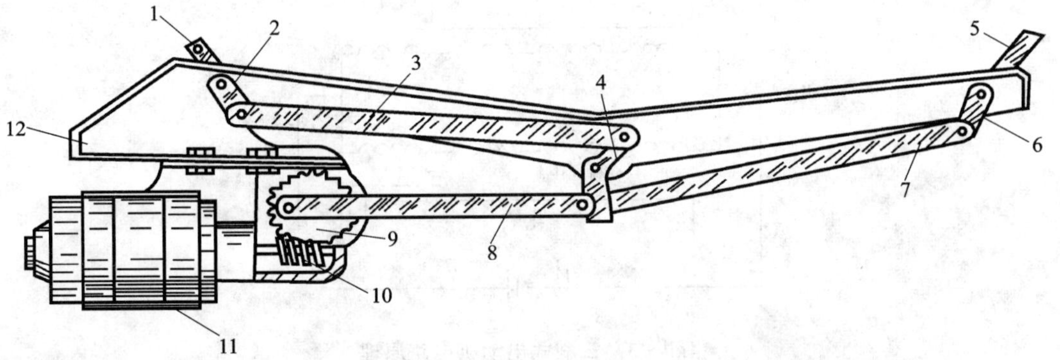

1、5—刮片架；2、4、6—摆杆；3、7、8—连杆；9—蜗轮；10—蜗杆；11—永磁式电动机；12—支架

图 7-1　电动雨刮器的组成

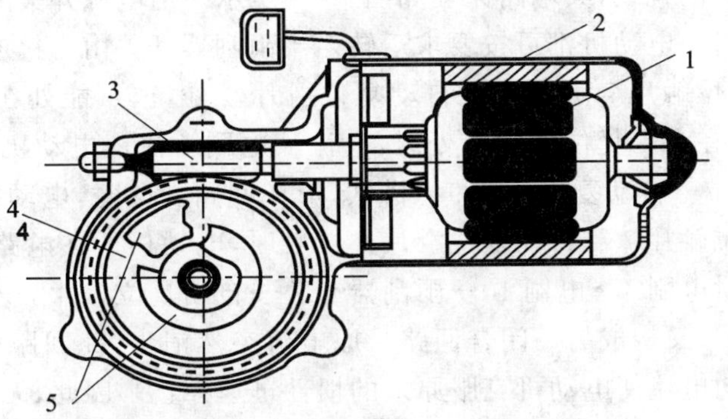

1—电枢；2—永久磁铁磁极；3—蜗杆；4—蜗轮；5—自动停位器

图 7-2　永磁式电动机总成

电动势，其方向与电枢电流的方向相反。当电枢通电后转速逐渐上升时，其绕组内同时产生一个反电动势，方向与电枢电流的方向相反。当电枢转速上升时，反电动势也相应上升，当电枢电流产生的电磁力矩与运转阻力矩平衡时，电枢的转速不再上升而趋于稳定。由于运转阻力矩一定时，电枢稳定运转所需要的电枢电流一定，对应的电枢绕组反向电动势的高低就一定。而电枢绕组反向电动势与转速和正、负电刷之间串联的电枢线圈个数的乘积成正比，电枢绕组反向电动势的高低一定时，转速和正、负电刷之间串联的电枢线圈个数成反比。正、负电刷之间串联的电枢线圈个数越多，转速越低；反之，正、负电刷之间串联的电枢线圈个数越少，转速越高。所以，利用 3 个电刷改变正、负电刷之间串联的电枢线圈个数可以实现变速，其变速原理如图 7-3 所示。

电动机拆开后，可以看到 3 个电刷，即正电刷、负电刷和偏置电刷。当电源和正、负电刷接通时，其内部形成两条对称的并联支路，一条支路由线圈 1、2、3、4 串联组成，另一条支路由线圈 5、6、7、8 串联组成。由于各线圈反向电动势方向相同，互相叠加，相当于 4 对线圈串联，电动机以较低转速运转。当电源和负电刷及偏置电刷接通时，其内部形成两条不对称的并联支路，一条支路由线圈 1、2、3、4、8 串联组成，另一条支路由线圈 5、6、7 串联组成，其中线圈 8 和线圈 1、2、3、4 的反电动势方向相反，互相抵消后，相当于只有 3 对线圈串联，因而只有转速升

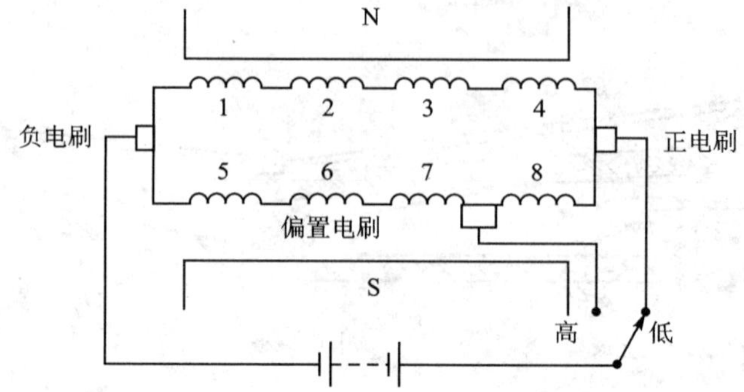

图7-3 三刷式电动机电路原理

高才能使反电动势达到与运转阻力矩相对应的值,形成新的平衡,故此时转速较高。

当自动停位器能保证雨刮器开关在任何时刻断开时,雨刷臂都能自动停在挡风玻璃的底部,使之不影响驾驶员的视线,其电路原理如图7-4所示。当电源开关闭合后,雨刮器开关不论是处在Ⅰ挡还是Ⅱ挡,电动机都可按要求运转。当雨刮器开关由Ⅰ挡或Ⅱ挡变成0挡时,自动停位器中的自动复位触片7可能处在自动复位滑片9处,也可能处在自动复位滑片8处。当自动复位触片7处在自动复位滑片9处时,电流从电刷4流入电动机,经电刷10→雨刮器开关→自动复位触片7→自动复位滑片9→搭铁,形成回路。此时,电动机继续转动。随着电动机转动,当自动复位触片7和自动复位滑片8接触时,电动机所在电路中无搭铁点,不能和电源构成通路,且此时电刷4→电刷10→雨刮器开关→自动复位触片7→自动复位滑片8→自动复位触片6→电刷4,又构成另一闭合回路。原电流突然消失,此回路中便产生一个反向电流(楞次定律),该反向电流使电动机克服原来的惯性迅速停止。因此,无论雨刮器开关在何时关闭,只有自动停位器中的自动复位触片7和自动复位滑片8接触时电动机才能停止运转,而此时必然是雨刷臂处在挡风玻璃的底部。

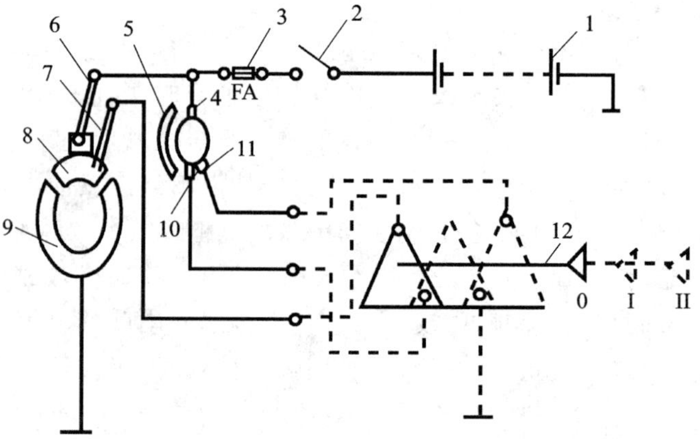

1—蓄电池;2—电源开关;3—熔丝;4、10、11—电刷;5—永久磁铁;
6、7—自动复位触片;8、9—自动复位滑片;12—雨刮器开关

图7-4 永磁式双速雨刮器控制电路

当汽车在濛濛细雨或浓雾天气行驶时,因挡风玻璃上形成的是哈气或细小的雨滴,这时适合雨刷器间歇动作。因此,很多汽车的雨刷器电路中设置了间歇继电器,在遇到上述天气时驾驶员便可将雨刷器开关打到间歇挡,雨刷器在间歇继电器控制下每5~8 s动作一次。

间歇继电器可分成机械式和电子式两大类。机械式间歇继电器主要由时间继电器、一对常开触点和一对常闭触点组成。时间继电器线圈通电后常开触点闭合，常闭触点断开，用这两对触点接通和断开不同的电路。而时间继电器的线圈通电后很快又自动断开，常开触点此时断开，常闭触点此时闭合，电路状态发生变化，再配合自动停位器，最终使雨刷器每隔几秒钟以低速摆动一次，实现间歇动作。

同步间歇雨刮器控制电路如图7－5所示，电路中电阻R、电容C、二极管VD组成间歇时间控制电路，调整其参数可改变间歇时间的长短。当开关置"0"挡，且间歇开关闭合时，电流由蓄电池"＋"→点火开关→熔丝→复位开关"上"触点（常闭）→电阻R→电容C→搭铁→蓄电池"－"形成充电回路；使电容C两端电压上升，达到一定值时，VT_1导通，VT_2随之导通。继电器J中有电流通过，回路为：蓄电池"＋"→点火开关→熔丝→R_4→VT_2→继电器J→间歇开关→搭铁→蓄电池"－"；继电器磁化线圈通电使其常闭触点断开（实线位置），常开触点闭合（虚线位置）刮水电动机电路被接通，回路为：蓄电池"＋"→点火开关→熔丝→公共电刷B_3→电枢→低速电刷B_1→刮水开关"0"位→继电器常开触点→搭铁→蓄电池"－"形成供电回路；使刮水电动机低速工作。当复位开关常闭触点被复位装置顶开至常开"下"触点时，电容C→电阻R→复位开关"下"触点→搭铁；快速放电，一段时间后，VT_1截止，VT_2截止，继电器断电，其触点复位，但这时电动机仍运转，回路为：蓄电池"＋"→点火开关→熔丝→公共电刷B_3→电枢→低速电刷B_1→刮水器开关"0"位→继电器常闭触点→复位开关常开触点→搭铁→蓄电池"－"，只有当复位开关常开触点被复位装置顶回至常闭"上"位置时电动机才停止。电容C再次充电，重复周期开始。

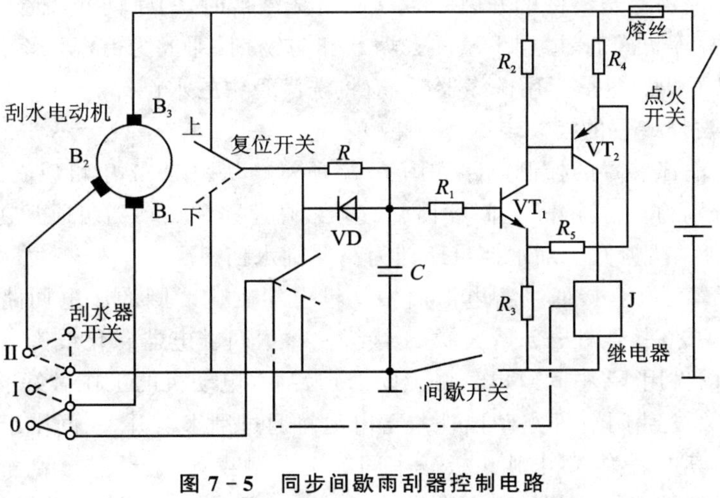

图7－5　同步间歇雨刮器控制电路

7.1.2　洗涤装置

1. 作　用

汽车在风沙或尘土较多的环境中行驶时，会由于灰尘落在挡风玻璃上而影响驾驶员的视线。因此很多汽车的刮水系统中安装了洗涤装置，必要时向挡风玻璃喷水或专用清洗液（北方地区冬季不宜用水，以免冻裂储液罐或输液管），在雨刮器的配合下，保持挡风玻璃洁净。

2. 结构原理

风窗洗涤装置的组成如图7-6所示,主要由储液罐、清洗泵、输液管、三通、喷嘴及清洗开关等组成。

储液罐一般由塑料制成,内盛清洗液或水。有些储液罐上装有液面位置传感器,用以监视储液罐中清洗液的液位。清洗泵就是喷水电动机,实际上是由一个小型直流电动机和一个小型离心式水泵共同构成的。它工作时可以将洗液加压至70~88 kPa,通过输液管及三通送到喷嘴,然后喷洒到挡风玻璃表面。喷嘴安装在挡风玻璃下面(发动机盖上后方),其喷射方向可以调整,使洗液喷射到合适位置。

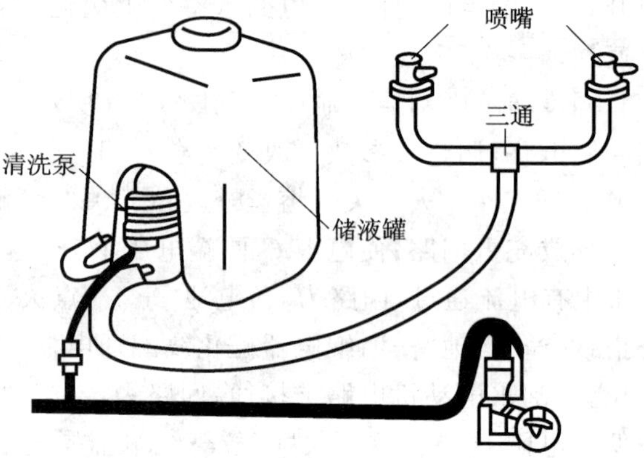

图7-6 风窗洗涤装置

清洗泵连续工作的时间一般不超过1 min。使用时应先打开清洗泵再打开雨刮器,以避免雨刮器在挡风玻璃上“干刮”。在喷水停止后,雨刮器应继续刮3~5次,这样配合使用才能达到良好的使用效果。所以,清洗装置的电路一般与雨刮器开关联合动作。

常用的洗涤液是清水,为了能刮掉风窗玻璃上的油、蜡等物,可在水中添加少量的去垢剂和防锈剂。强效洗涤液的去垢效果好,但会使风窗密封条和刮片胶条变质,还会引起车身喷漆变色以及储液罐、喷嘴等塑料件的开裂。冬季使用洗涤器时,为了防止洗涤液的冻结,应添加甲醇、异丙醇、甘醇等防冻剂,再加少量的去垢剂和防锈剂,即成为低温洗涤液,可使结冰温度下降到−20 ℃以下。如冬季不用洗涤器时,应将洗涤管中的水倒掉。

3. 风窗玻璃洗涤装置的控制电路

桑塔纳2000洗涤装置的控制电路如图7-7所示。从图7-7中可以看出,刮水器控制开关有5个挡位,分别为复位停止挡、间歇挡、低速挡、高速挡和点动挡。通常在刮水器操纵手柄上f挡为点动挡,L_O挡为低速刮水挡,HI挡为高速刮水挡。

将点火开关置于ON,接通了蓄电池向中间继电器磁化线圈的放电回路,其电流为:蓄电池正极→点火开关30接线柱→点火开关X接线柱→中间继电器磁化线圈→搭铁→蓄电池负极。在电磁吸力的作用下,中间继电器触点闭合,为刮水电动机的工作做好准备。

将刮水器开关拨到f挡(即点动挡)时,蓄电池将通过刮水器开关、间歇继电器常闭触点向刮水电动机放电,其电流为:蓄电池正极→中间继电器触点→熔丝S_{11}→刮水器开关53a接线柱→刮水器开关53接线柱→间歇继电器常闭触点→电刷B_1→电刷B_3→搭铁→蓄电池负极,此时电动机以低速运转。当驾驶员的手离开刮水器开关时,开关将自动回到“0”位,如果此时刮水片处在影响驾驶员视线的位置上,自动复位装置的常闭触点打开,常开触点闭合,刮水电动机电枢内继续有电流通过,其电流为:蓄电池正极→中间继电器触点→熔丝S_{11}→复位装置的常开触点→刮水器开关53e接线柱→刮水器开关53接线柱→间歇继电器常闭触点→电刷B_1→电刷B_3→搭铁→蓄电池负极,故电动机仍以低速运转,只有当自动复位装置处在指定位置时,刮水电动机方可停止运转。

当将刮水器开关拨到1挡(低速挡)时,蓄电池仍然是通过中间继电器、刮水器开关、间歇

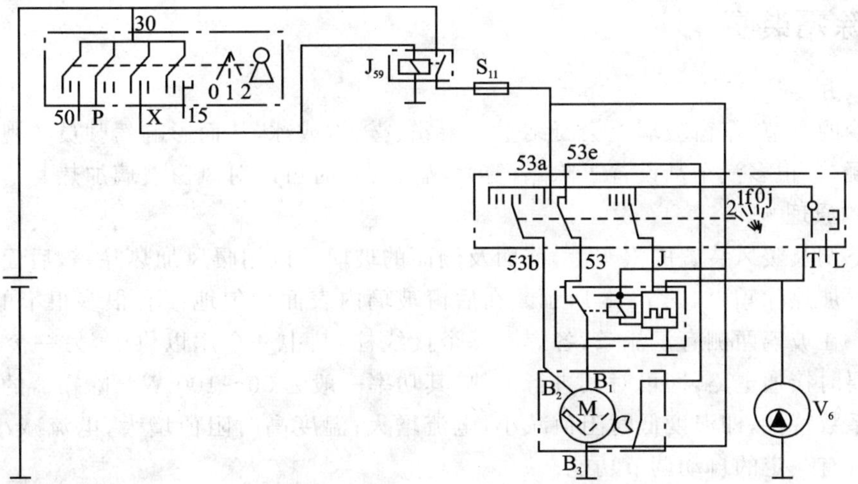

图 7－7 桑塔纳 2000 洗涤装置的控制电路

继电器、电刷 B_1 和 B_3 向刮水电动机放电(放电回路与点动时相同)，电动机以 42～52 r/min 的转速低速运转。

当将刮水器开关拨到 2 挡(高速挡)时，蓄电池向电动机的放电回路为：蓄电池正极→中间继电器触点→熔丝 S_{11}→刮水器开关 53a 接线柱→刮水器开关 53b 接线柱→电刷 B_2→电刷 B_3→搭铁→蓄电池负极，此时刮水电动机以 62～80 r/min 的转速高速运转。

当自动复位装置切断电动机电路，由于旋转惯性使电动机不能立即停下来时，电动机将以发电机运行而发电，由楞茨定律可知，电枢绕组中所产生的感应电动势的方向与外加电压的方向相反，通过刮水器开关、自动复位常闭触点构成回路，其电流为：电刷 B_1→间歇继电器常闭触点→刮水器开关 53 接线柱→刮水器开关 53e 接线柱→自动复位装置的常闭触点→电刷 B_3，电枢绕组中即会产生反电磁力矩(制动力矩)，刮水电动机迅速停止运转，使刮水片复位到风窗玻璃的下部。

当将刮水器开关拨到 J(间歇)位置时，电子式间歇继电器投入工作，使其触点不断地开闭。当间歇继电器的常闭触点打开，常开触点闭合时，蓄电池向电动机的放电回路为：蓄电池正极→中间继电器触点→熔丝 S_{11}→间歇继电器的常开触点→电刷 B_1→电刷 B_3→搭铁→蓄电池负极，电动机低速运转。当间歇继电器断电，其触点复位(常闭触点闭合，常开触点打开)时，电动机将停止运转。在此过程中，自动复位装置的工作与制动力矩的产生与上述相同。在间歇继电器的作用下，刮水电动机每 6 s 使曲柄旋转一周。

当将洗涤开关接通时(将刮水器开关向上扳动)，洗涤泵控制电路接通，其电流为：蓄电池正极→中间继电器触点→熔丝 S_{11}→洗涤开关→洗涤泵 V_5→搭铁→蓄电池负极。位于发动机盖上的两个喷嘴同时向风窗玻璃喷射洗涤液。与此同时，也接通了刮水器间歇继电器的控制电路，其电流为：蓄电池正极→中间继电器触点→熔丝 S_{11}→洗涤开关→刮水器间歇继电器→搭铁→蓄电池负极，于是刮水电动机工作，驱动刮水片刮掉已经湿润的尘土和污物。当驾驶员松开控制手柄时，开关将自动复位，切断洗涤泵的控制电路。喷嘴停止喷射洗涤液，刮水电动机在自动复位开关起作用后，将刮水片停靠在风窗玻璃的下方。

7.1.3 除霜装置

1. 作　用

在较冷的季节,车窗玻璃上会凝结上一层霜、雾、雪或冰,从而影响驾驶员的视线。为了避免水蒸气凝结,很多汽车都设置了除霜(雾)装置,需要时可以对风窗玻璃加热。

2. 结构原理

在有空调及暖风装置的汽车上,前面及侧面的玻璃可以用暖风加热除霜,后面的玻璃一般采用电热丝加热除霜,如图7-8所示。在后窗玻璃内表面均匀地镀有很多很窄的导电膜,形成电热丝。在玻璃两侧有汇流条,各焊有一个接线柱,其中一个用以供电,另一个是搭铁线接线柱。需要时接通电路,即可对其进行加热,其功率一般为50～100 W。除霜器的电阻一般具有正温度系数特性,即温度低时阻值减小,电流增大;温度高时阻值增大,电流减小。因此,除霜器自身具有一定的自动调节功能。

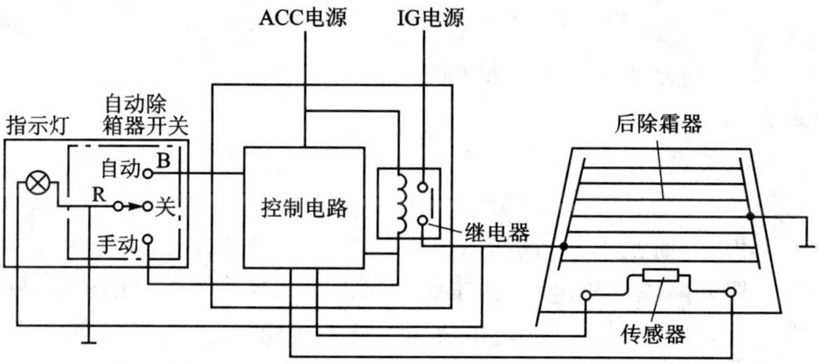

图7-8　自动后除霜器控制盒

除霜装置的工作过程如下。

① 除霜开关置于“关”位置。控制电路及指示灯电路断开,除霜装置及除霜指示灯均不工作。

② 除霜开关置于“手动”位置。继电器线圈可经手动开关直接搭铁,继电器触点闭合,使除霜电路及指示灯接通,除霜装置及指示灯均工作。

③ 除霜开关置于“自动”位置。如果霜层凝结到一定厚度时,传感器电阻值减小到某一设定值以下。控制器即可使继电器线圈的电流经控制电路而搭铁,继电器闭合,于是,由点火开关“IG”挡来的电源电压经继电器到除霜电热丝构成回路,另外经分路到仪表上的电流使指示灯点亮,表示除霜装置正在工作。当玻璃上结霜减少到某一程度后,传感器电阻值增大,控制电路切断继电器线圈回路,触点断开,电热丝断电,除霜装置停止工作,同时指示灯熄灭。

任务7.2　电动车窗

7.2.1 作　用

电动车窗也叫电动门窗或自动车窗,它可以使驾驶员更加集中精力驾车,方便驾驶员及乘员的操作，许多轿车选装了这种装置。驾驶员操作时，可以使 4 个车窗中的任意一个上升或下降，乘员只能使所在的车窗上升或下降。

7.2.2　组　成

电动车窗主要由车窗升降器、电动机、继电器和开关等组成，在车上的布置如图 7-9 所示。

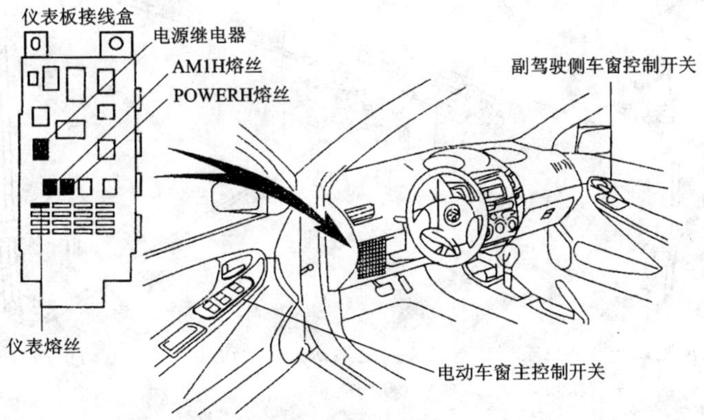

(a) 控制部位的布置

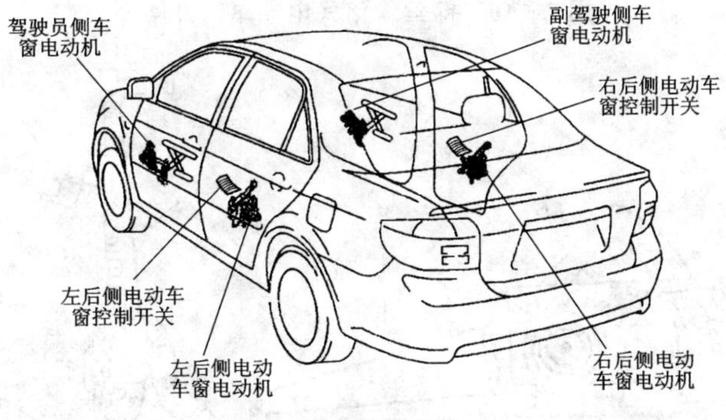

(b) 电动机的布置

图 7-9　电动车窗部件在车上的布置

车窗上的电动机是双向的，有永磁和双绕组式两种。每个车窗上都装有一个电动机，通过开关控制它的电流方向，使车窗玻璃上升或下降。控制开关一般有两套，一套为总开关，安装在仪表板或驾驶员侧的车门上，因此，驾驶员可以控制每个车窗的升降。另一套为分开关，安装在每个车门扶手上，可由乘客控制玻璃升降。主控开关上还装有控制分开关的总开关，如果它断开，分开关就不起作用。有些车型装有带延迟开关的电动车窗系统，可在点火开关断后约 10 min 内，或车门打开以前，仍提供电源，使驾驶员和乘客有时间关闭车窗。

电动车窗升降器主要有钢丝滚筒式、齿扇式及齿条式等，如图 7-10～图 7-12 所示。

钢丝滚筒式电动车窗升降器的减速器上装有一个滚筒，滚筒上绕有钢丝，玻璃安装卡座固定在钢丝上并可在滑动支架上做上下移动。当电动机转动时，钢丝便带着卡座沿滑动支架上下移动，使车窗玻璃上升或下降。齿扇式电动车窗升降器的齿扇上装有螺旋弹簧，当车窗上升时，弹簧伸展，放出能量，以减轻电动机负荷；当车窗下降时，弹簧被压缩，吸收能量，从而使车窗无论是上升还是下降,电动机的负荷基本相同。齿条式电动车窗升降器使用了一个小齿轮和一根柔性齿条,车窗玻璃就固定在齿条的一端,电动机带动小齿轮转动,小齿轮带动齿条移动,最终使车窗玻璃上升或下降。

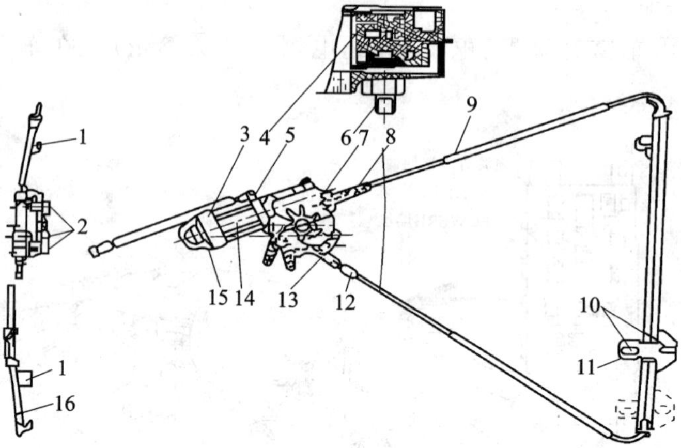

1—支架安装位置;2—电动机安装位置;3—固定架;4—联轴缓冲器;5—电动机;6—卷丝筒;7—盖板;8—调整弹簧;9—绳索结构;10—玻璃安装位置;11—滑动支架;12—弹簧套筒;13—安装缓冲器;14—铭牌位置;15—均压孔;16—支架结构

图 7-10 钢丝滚筒式电动车窗升降器

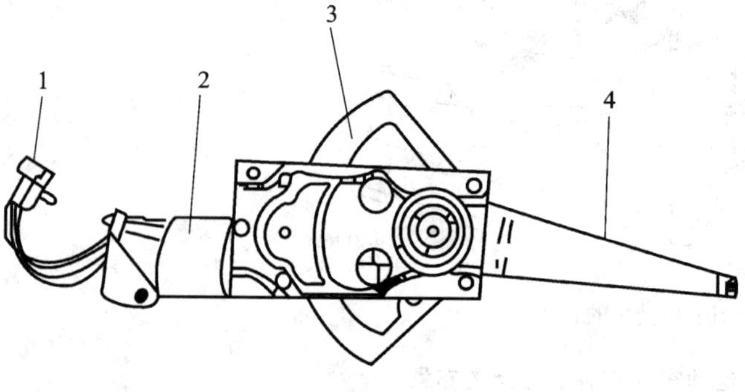

1—电缆接头;2—电动机;3—齿扇;4—推力杆

图 7-11 齿扇式电动车窗升降器

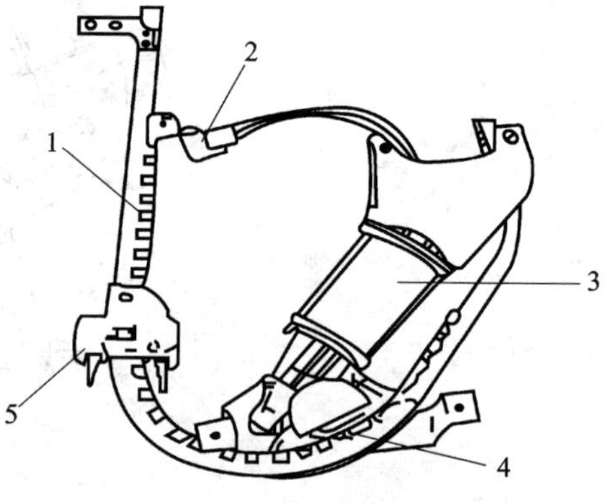

1—齿条;2—电缆接头;3—电动机;4—小齿轮;5—定位架

图 7-12 齿条式电动车窗升降器

7.2.3 电动车窗的电路原理

不同车型所采用的电动车窗的电动机及其控制电路各不相同。图 7-13 所示为四车门电动车窗的主控制按钮,图 7-14 所示为该电动车窗的控制电路。该控制电路可以实现手动控制和自动控制,所谓的手动控制是指按着相应的手动按钮,车窗可以上升或下降,若中途松开按钮,上升或下降的动作即停止;而自动控制是指按下自动按钮,松开手后车窗会一直上升至最高或下降至最低。

下面分别分析手动控制和自动控制。

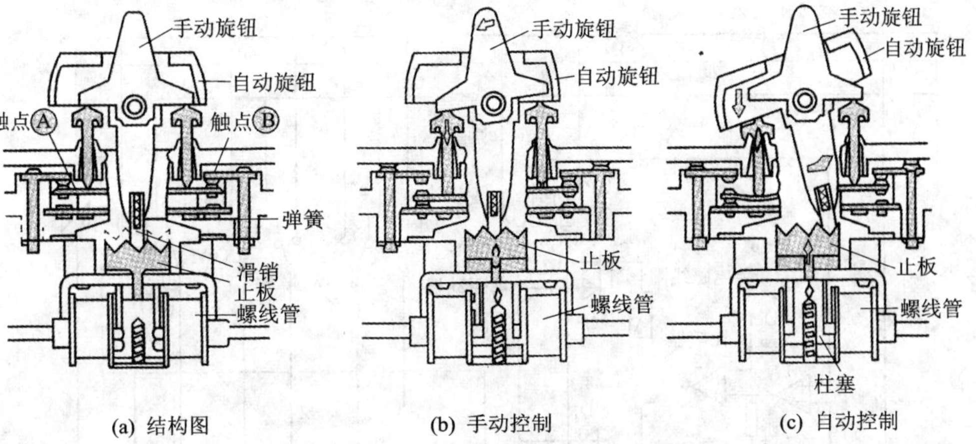

图 7 - 13　电动车窗的主控制按钮

(1) 手动控制玻璃升降

以驾驶员侧的玻璃升降为例。如图 7 - 13(b)所示，向前按下自动旋钮后，触点 A 与开关的 UP 触点相连(见图 7 - 14)，当把手动旋扭推向车辆方向，车窗玻璃即上升。此时，触点 A 与 UP(向上)触点相连，触点 B 处于原来状态，电动机按 UP 箭头方向通过电流，车窗玻璃上升至关闭；当把手离开旋钮时，利用开关自身的回复力，开关即回到中立位置。若把手动旋钮推向车辆后方，触点 A 保持原位不动，而触点 B 则与 DOWN(向下)接点侧相连，电动机按 DOWN 箭头所示的方向通过电流，电动机反转，以实现车窗玻璃向下移动，直至下降到底。

(2) 自动控制玻璃升降

当把自动按钮向前方按下时，如图 7 - 14 所示，触点 A 与 UP 侧相连，电动机按 UP 箭头方向通过电流，车窗玻璃上升；与此同时，检测电阻 R 上的电压降低，此电压加于比较器 1 的一端，它与参考电压 Ref.1 进行比较。Ref.1 的电压值设定为相当于电动机锁止时的电压。所以，通常情况下，比较器 1 的输出为负位。比较器 2 的基准电压 Ref.2 设定为小于比较器 1 的输出电位，所以比较器 2 的输出电压为正电压，晶体管接通，电磁线圈通过较大的电流，其路径为：蓄电池“+”→点火开关→UP→触点 A→二极管 VD_1→电磁线圈→晶体管→二极管 VD_4→触点 B→电阻 R→搭铁(蓄电池“-”)。此电流产生较大的电磁吸力，吸引驱动器开关的柱塞，于是把止板向上顶压，越过止板凸缘的滑销于原来位置被锁定，这时即使把手离开自动旋钮，开关仍会保持原来的状态。

当玻璃上升至终点位置时，在电动机上有锁止电流流过，检测电阻 R 上的电压降增大，当此电压超过参考电压 Ref.1 时，比较器 1 输出电位，此时，电容 C 开始充电，当电容 C 两端电压上升至超过比较器 2 的参考电压 Ref.2 时，比较器 2 则输出低电位，三极管立即截止，电磁线圈中的电流被切断，止板被弹簧通过滑销压下，自动旋钮自动回复到中立位置，触点 A 搭铁，电动机停转。

在自动上升过程中，若想中途停止，则向反方向扳动旋钮，然后立刻放松。这样触点 B 将短暂脱离搭铁，使电动机因回路被切断而自动停转。同时，通过电磁线圈的电流已被切断，止板弹簧通过滑销压下，自动旋钮自动回复到中立位置，触点 A、B 均搭铁，电动机停转。

车窗玻璃自动下降的工作过程与上述情况相反。

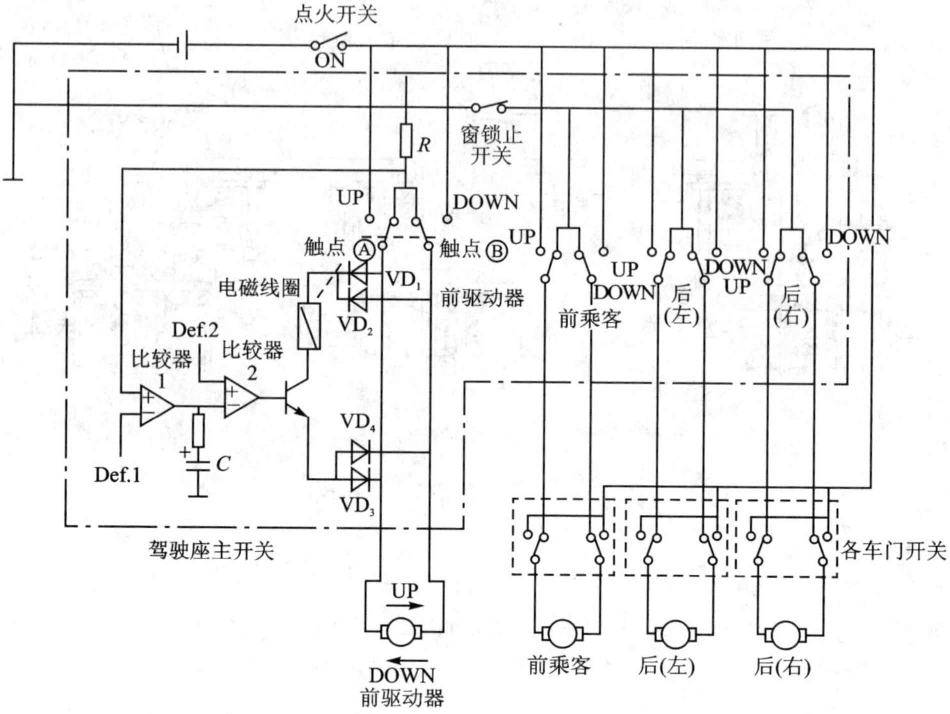

图 7 - 14　电动车窗控制电路

任务 7.3　中央控制门锁与防盗装置

现代轿车多数都选装了中央控制门锁,它可使驾驶员更加方便、安全地使用汽车。当驾驶员用锁扣或钥匙锁定驾驶员侧门时,其他 3 个车门及行李舱门也同时被锁好,打开时可单独开驾驶员侧车门,也可同时打开所有车门及行李舱门。

7.3.1　中央控制门锁的组成

中央控制门锁主要由门锁控制开关、门锁总成、钥匙操纵开关、行李箱门开户器开关、行李箱门开启器组成。图 7 - 15 所示为典型的中控门锁控制系统各部件的安装位置。

1. 门锁控制开关

一般安装在驾驶员侧前门内的扶手上,通过此开关可以同时锁上和打开所有车门,如图 7 - 16 所示。

2. 门锁总成

门锁总成主要由门锁传动机构、门锁位置开关、外壳等组成,如图 7 - 17 所示。

门锁传动机构主要由门锁电动机、齿轮和位置开关等组成,如图 7 - 18 所示。门锁电动机是门锁的执行器,当门锁电动机转动时,蜗杆带动蜗轮转动,蜗轮推动锁杆,车门被锁上或打开,然后蜗轮在回位弹簧的作用下返回原位置,防止操纵门锁钮时电动机工作。

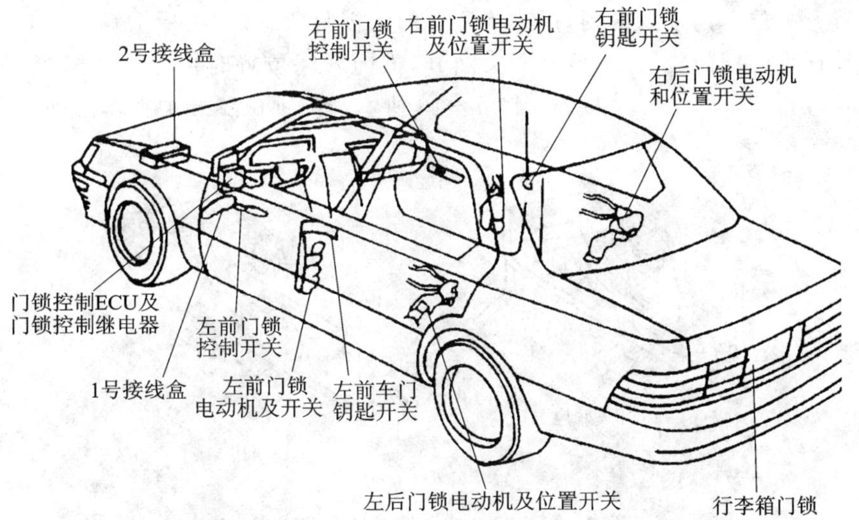

图 7－15　中控门锁控制系统各部件的安装位置

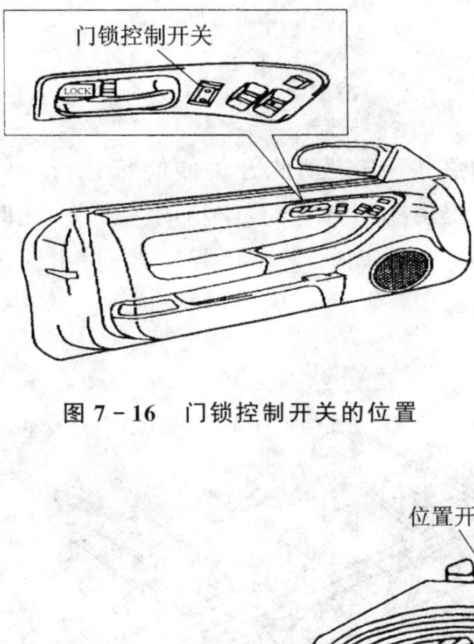

图 7－16　门锁控制开关的位置

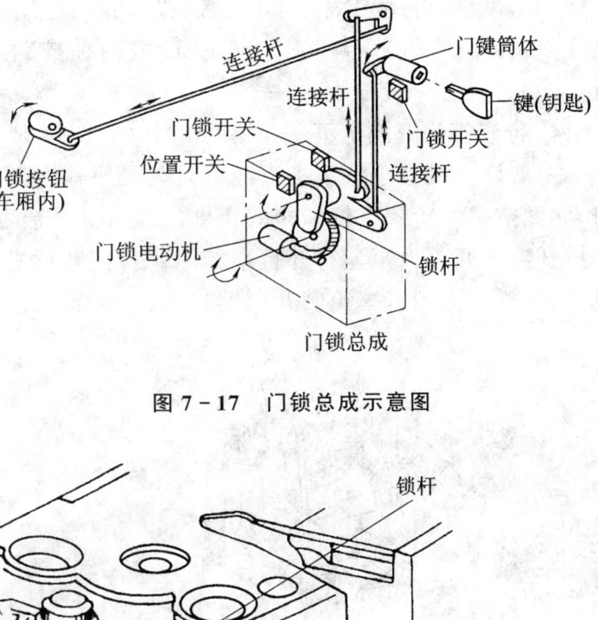

图 7－17　门锁总成示意图

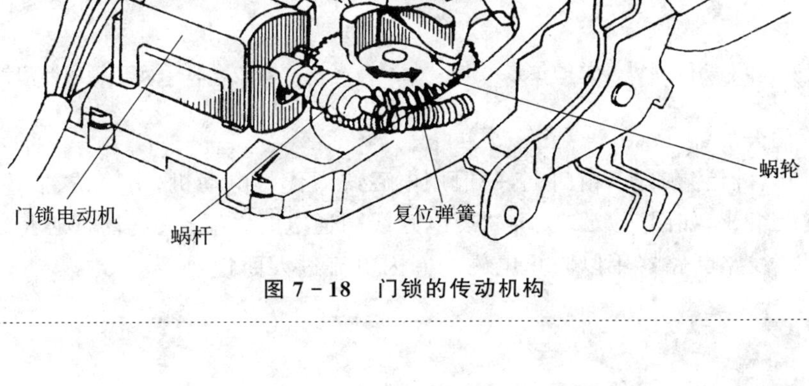

图 7－18　门锁的传动机构

门锁位置开关位于门锁总成内,用来检测车门的锁紧状态,它由一个触点片和一个开关底座组成。当锁杆推向锁门位置时,位置开关断开,推向开门位置时接通。即当车门关闭时,此开关断开,当车门打开时,此开关接通。图 7-19 所示为门锁位置开关在车门锁紧和打开时的状态。

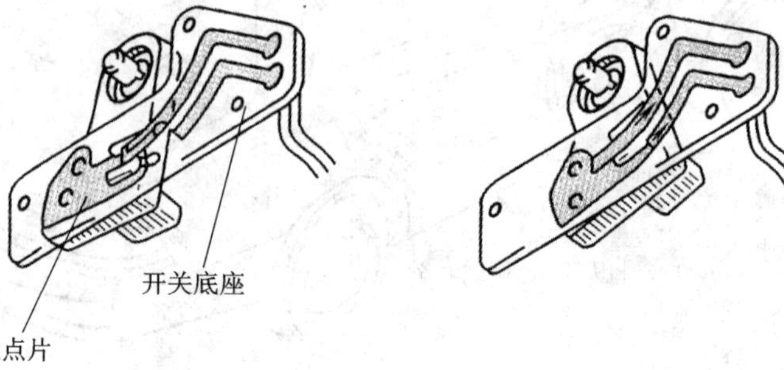

图 7-19 门锁位置开关的工作情况

3. 钥匙操纵开关

钥匙操纵开关装在每个车门的钥匙门上,当从外面用钥匙开门或关门时,钥匙控制开关便发出开门或锁门的信号给门锁控制 ECU 或门锁控制继电器。钥匙操纵开关的位置如图 7-20 所示。

4. 行李箱门开启器开关

一般该开关位于仪表板下面或驾驶员座椅左侧车厢底板上,拉动此开关便能打开行李箱门,如图 7-21 所示。行李箱的钥匙门靠近其开启器,推压钥匙门,断开行李箱内主开关,此时再拉开启器开关也不能打开行李箱门。将钥匙插进钥匙门内顺时针旋转打开钥匙门,主开关接通,这样便可用行李箱门开启器打开行李箱。

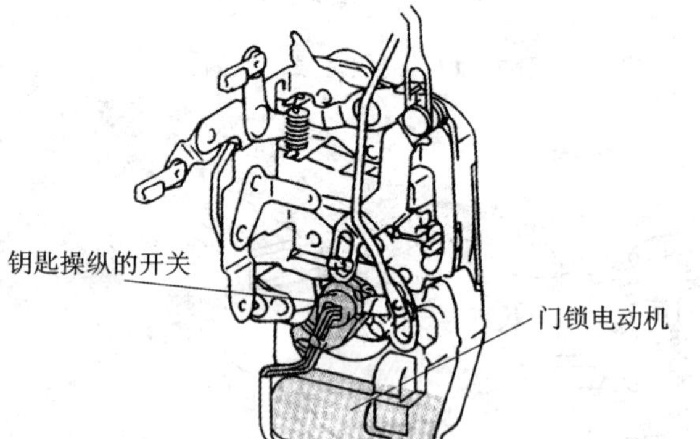

图 7-20 钥匙操纵开关的位置

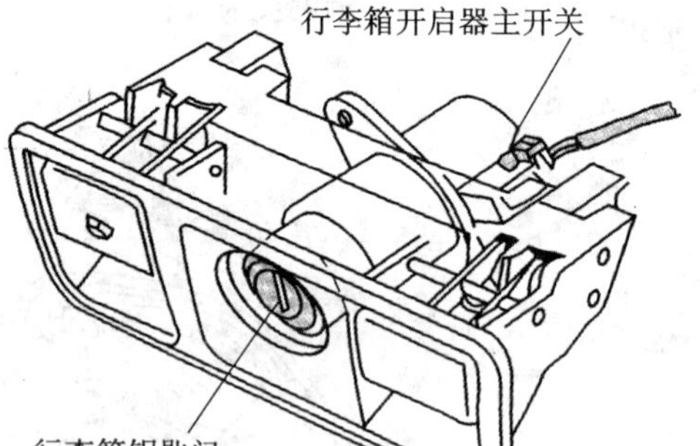

图 7-21 行李箱门开启器开关

5. 行李箱门开启器

行李箱门开启器装在行李箱门上,一般用电磁线圈代替电动机,由轭铁、插棒式可动铁芯、电磁线圈和支架组成,如图 7-22 所示。当电磁线圈通电时,插棒式可动铁芯将锁芯轴拉入并打开行李箱门。线路断路器用以防止电磁线圈因电流过大而过热。

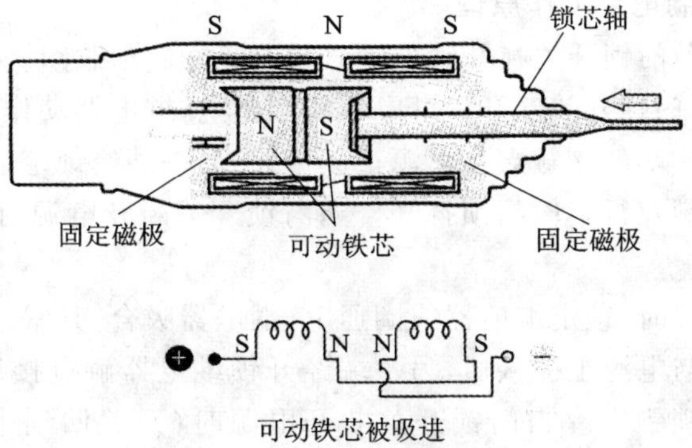

图 7 - 22　行李箱门开启器

7.3.2　中央控制门锁的电路原理

1. 基本工作原理

不同汽车所安装的中央控制门锁的功能和控制电路不同。有的门锁开关由门锁按钮操作，有的具有一套独立的开关系统。有的汽车具有多个集中控制的门锁开关，驾驶员和乘员都可以操作开关，把所有的车门锁住或打开；有的汽车则只有一个集中控制的门锁开关和几个单独控制的门锁开关，驾驶员操作集中控制的门锁开关，把所有的车门锁住或打开，乘员只能操作单独的门锁开关，把对应的车门锁住或打开。集中控制的门锁开关一般安装在驾驶室车门或前乘员车门上；单独控制的门锁开关一般安装在对应的车门上。

图 7 - 23 所示是一种最基本的电动门锁控制电路。它主要由两个门锁开关 S_1、S_2，门锁继电器 K，5 个双向直流电动机(4 个车门及 1 个行李舱门)及导线和熔丝等组成。门锁继电器实际上是由开锁和锁定两个继电器组成，其线圈不通电时，动触点与搭铁触点接通；通电时，动触点与搭铁触点断开，与另一触点接通。通过触点位置的改变来改变电路及电动机中的电流方向，从而改变电动机的旋转方向，完成对车门的锁定和开锁动作。

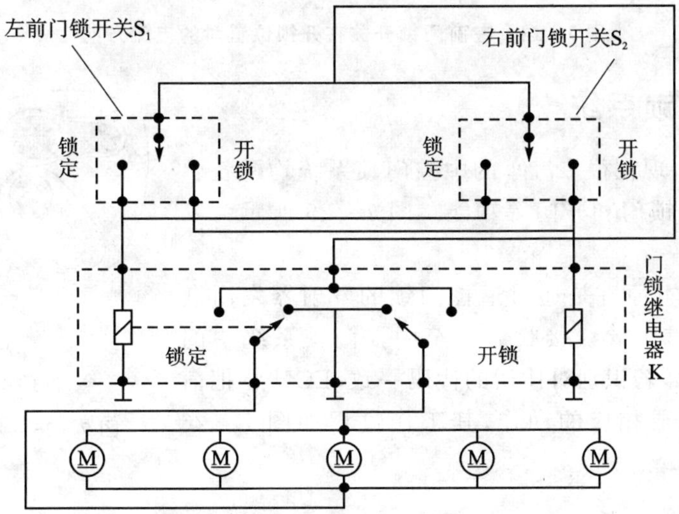

图 7 - 23　电动门锁控制电路

2. 典型电动门锁控制电路工作原理

图 7－24 所示是左前门锁开关在开锁位置时的电流方向示意图。将左前门锁开关掷于开锁位置时,电源通过左前门锁开关给开锁继电器线圈供电,继电器动作,使其常闭触点打开,常开触点闭合。电动机的一端经该触点与电源正极接通,另一端经锁定继电器的常闭触点接地,电动机转动将 4 个车门锁及行李舱门锁打开。当门锁开关断开电源时(开关回到中间位置),开锁继电器释放。

将开关掷于锁定位置时,锁定继电器线圈通电,继电器吸合,其常闭触点打开,常开触点闭合。电动机一端经触点与电源正极接通,另一端经开锁继电器触点接地,电动机反向转动,将 4 个车门锁及行李舱门锁锁定。当门锁开关断开电源时(开关回到中间位置),锁定继电器释放。

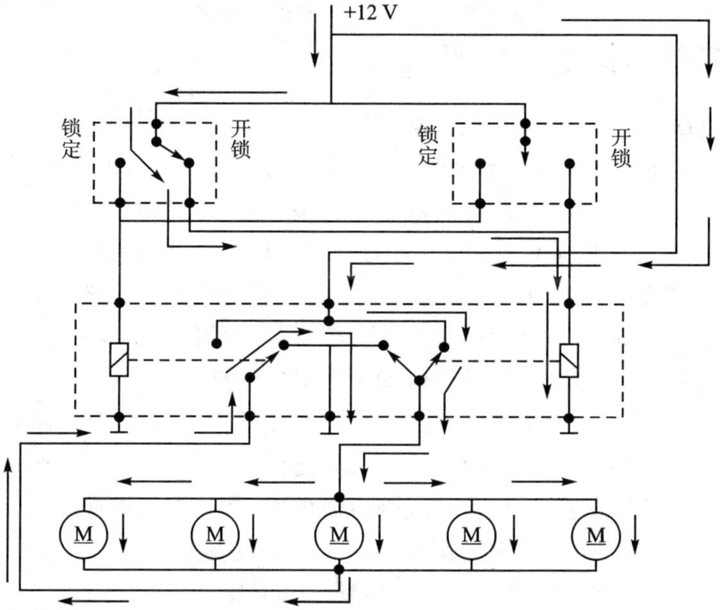

图 7－24　左前门锁开关在开锁位置时的电流方向

7.3.3　遥控门锁系统

为了便于操作,现在很多汽车的中控门锁系统均配备了遥控发射器来实现锁门和开门等功能。图 7－25 所示为发射钥匙的外形。

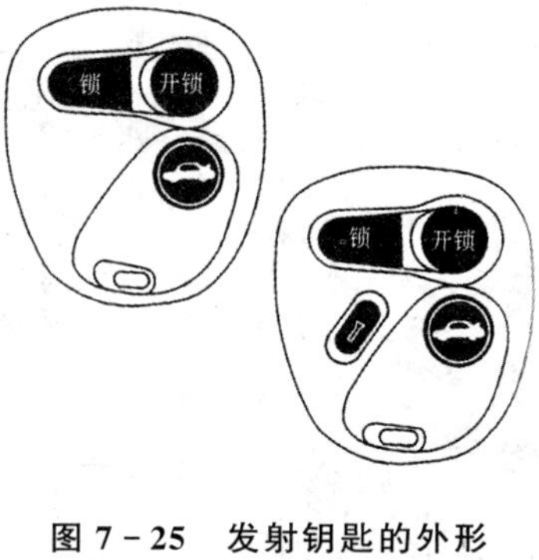

图 7－25　发射钥匙的外形

遥控门锁的基本原理是通过遥控门锁的发射器发出微弱电波,此电波由汽车天线接收后送至中控门锁系统中的 ECU 进行识别对比,若识别对比后的代码一致,ECU 将把信号送至执行器来完成相应的动作,其工作过程如图 7－26 所示。

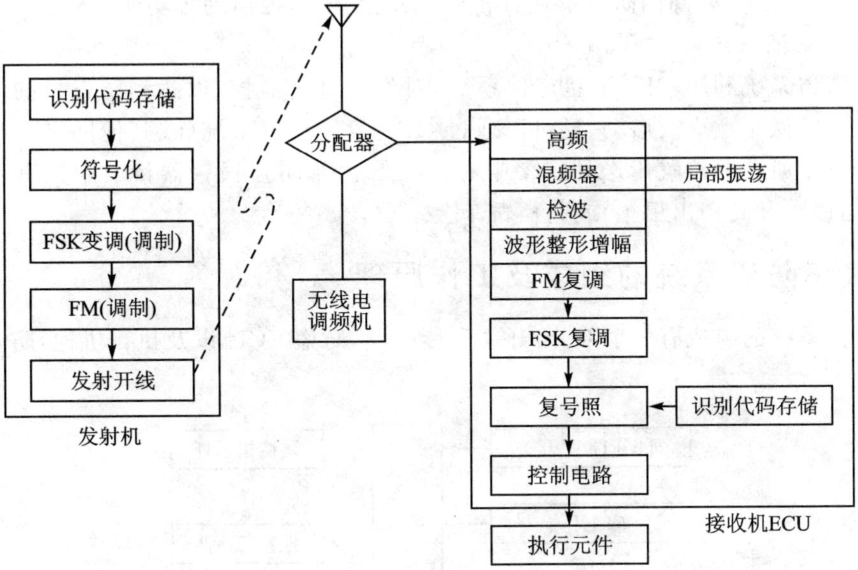

图 7－26　遥控门锁工作示意图

任务 7.4　汽车防盗系统

7.4.1　汽车防盗系统的功用和种类

汽车防盗系统的功能是防止盗窃者非法进入或非法移动车辆。常见的汽车防盗系统有机械式、电子式和网络式。

1. 机械式防盗系统

它利用机械的方法对油路、变速杆、转向盘、制动器等进行控制。例如，变速杆锁是锁住变速杆使其不能移动，转向盘锁也叫拐杖锁，挂在转向盘和离合器踏板之间等。这些方法虽然费用低，但使用不便、安全性差，已经逐渐被淘汰。

2. 电子式防盗系统

当前汽车广泛采用的是电子式防盗系统。当电子防盗系统启动后，如果非法移动车辆、划破玻璃、破坏点火开关锁芯、拆卸轮胎和音响、打开车门、打开燃油箱加注盖、打开行李箱门等，防盗器会立刻报警。

电子式防盗器按功能又可分为以下 3 类：

① 防止非法进入车辆的防盗系统。防盗系统启用后，通过监视是否有移动物体进入车内达到防盗目的。

② 防止破坏或非法搬运车辆的防盗系统。系统启用后，通过超声波传感器、振动传感器或倾斜传感器监测是否有人破坏或搬动车辆。

③ 防止车辆被非法开走的防盗系统。此类防盗系统多采用带密码锁的遥控系统，通过校验密码，确定是否容许接通起动机、点火电路等，防止车辆被非法开走。

现代防盗系统采用电子应答的方法来判断使用的钥匙是否合法，并以此确定是否容许发动机 ECU 工作。水平较高的防盗器还具备遥控器报警、遥控启动等功能。

3. 网络式防盗系统

网络式防盗系统利用 GPS 卫星定位系统,对汽车进行监控,以达到防盗目的。该防盗系统不但可以锁定汽车点火或启动,还可以通过 GPS 卫星定位系统(或其他网络系统),将报警信息和报警汽车所在的位置传送到报警中心。GPS 汽车防盗报警器目前用在有特殊需要的车辆上(如运钞车和高档出租车)或高档轿车上。

7.4.2 汽车防盗系统的组成及工作原理

电子防盗系统的组成有3个部分:开关和传感器、防盗 ECU 以及执行机构,防盗系统的组成如图 7-27 所示。

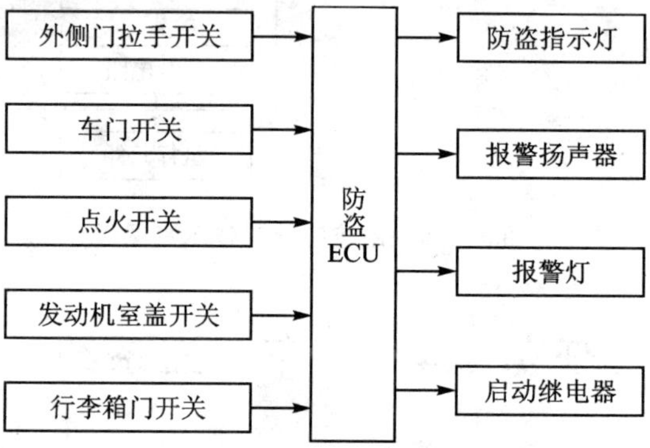

图 7-27 防盗系统的组成

点火开关、车门开关(开门和锁门)、发动机室盖开关以及行李箱门开关向防盗 ECU 输入各开关的状态信号。防盗 ECU 的作用是根据各开关输入的信号判断车门是正常打开还是非法打开,从而向防盗执行器(防盗指示灯、报警扬声器、报警灯以及启动继电器等)发出控制指令。防盗指示灯用于指示防盗系统的工作状态。报警扬声器的作用是当汽车被盗时发出报警声响。报警灯的作用是当汽车被盗时开始闪烁。启动继电器的作用是当汽车被盗时切断起动机的工作电路,使发动机不能启动。

防盗系统 ECU 通常由报警状态设置、防盗检测、定时报警和解除报警状态等几个控制模块组成。当锁好所有车门时,该系统进行约 30 s 定时检测,随后指示器开始断续闪光,表明系统处于预警状态。当防盗与门锁控制 ECU 根据各开关(点火开关、行李箱门开关等)信号判断车门正常开启时,报警状态解除;判断为非法开启车门时,便控制各执行器动作,使防盗扬声器和汽车扬声器响起来,前灯、尾灯和防盗指示灯闪烁,同时切断发动机启动线路,使起动机不能工作,发动机不能发动。

7.4.3 汽车防盗系统的电路及实例

下面以桑塔纳 2000GSi 时代超人轿车电子防盗装置为例,介绍防盗系统的组成和工作原理,其结构如图 7-28 所示。

1. 电子防盗系统的组成

电子防盗系统主要由防盗控制单元(装在转向柱左支架上)、防盗器识读线圈(点火锁上)、防盗器警告灯(仪表板上)以及带转发器的汽车钥匙等组成。防盗控制单元经过与发动机控制单元匹配后,介入到发动机管理系统中。

2. 防盗系统的工作原理

桑塔纳 2000GSi 轿车的电子防盗控制系统框图如图 7－29 所示,系统电路如图 7－30 所示,它利用钥匙中转发器与收发线圈之间的电磁感应,并通过无线电波识别技术来阻止非法盗用汽车。在经过上海大众公司的出厂匹配工序后,每辆桑塔纳 2000GSi 的防盗控制单元中就存储了本车发动机控制单元识别码以及钥匙中转发器的识别码,同时每个转发器中也储存了相应的防盗控制单元的有关信息。

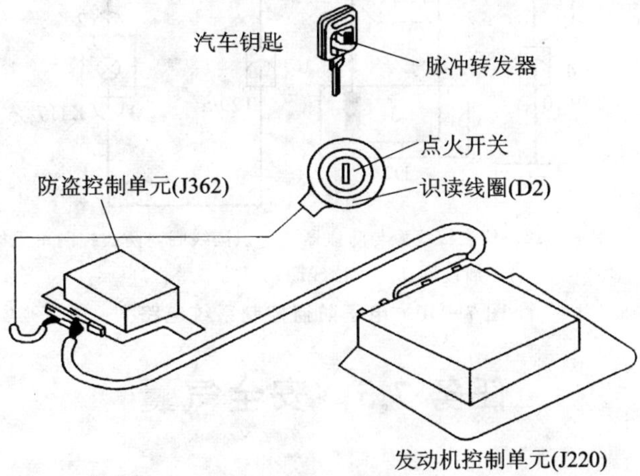

图 7－28　桑塔纳 2000GSi 时代超人轿车电子防盗系统

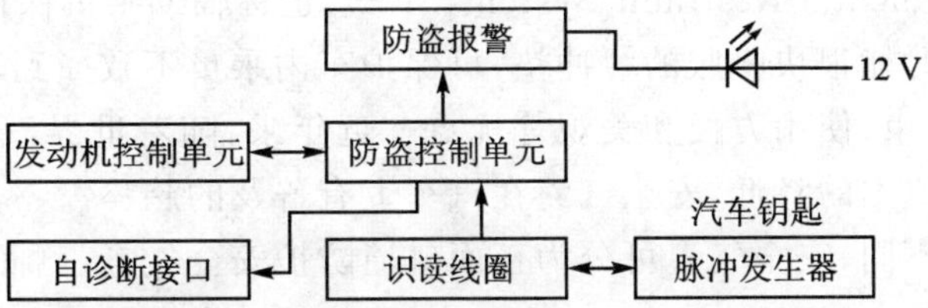

图 7－29　电子防盗控制系统框图

当用户把钥匙插入锁孔并打开点火开关时,防盗控制单元首先通过锁孔上的收发线圈将一随机数传递给钥匙中的转发器,经过一番特定的运算后,转发器将结果反馈回防盗控制单元;控制单元将之与自己经过相同特定运算的结果相比较,如果结果吻合,系统即认定该钥匙。防盗控制单元对发动机控制单元也要通过特定的运算过程。只有钥匙(转发器)、发动机控制单元吻合对,防盗控制单元才允许发动机控制单元工作。

防盗控制单元通过一根串行通信线(W-LINE)将经过编码的工作指令传到发动机控制单元,发动机控制单元根据防盗控制单元的数据决定是否启动。同时,V.A.G 诊断仪可以通过串行通信接口(K-LINE)对系统进行故障诊断、编码等操作。鉴别密码过程(大约 2 s)中,仪表板上的警告灯会保持点亮状态。如果有任何错误发生,发动机控制单元将停止工作,同时警告灯也会以一定频率闪烁。

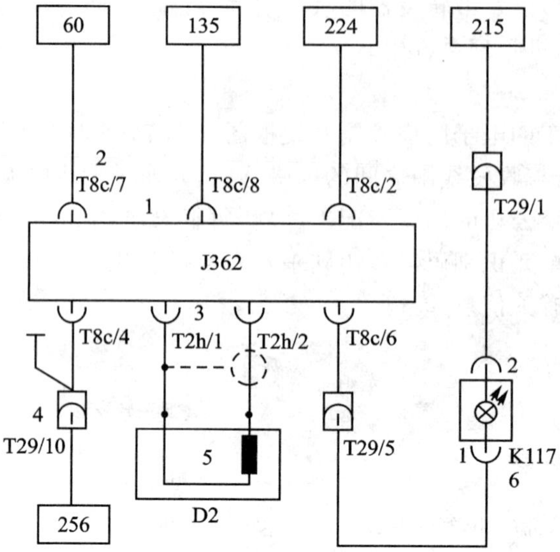

1—防盗控制单元;2—仪表板线束与防盗器;3—识读线圈与防盗控制单元插接器;
4—插接器;5—识读线圈;6—防盗警告灯

图7-30 电子防盗控制系统电路

任务7.5 安全气囊

7.5.1 作 用

安全气囊(Supplemental Restraint System,SRS),也称辅助乘员保护系统,是一种当汽车遭到碰撞而急剧减速时能很快膨胀的缓冲垫,可保护车内乘员不致撞到车厢内部,是一种被动安全装置,具有不受约束、使用方便和美观等优点。近年来,随着世界汽车市场的竞争愈演愈烈以及安全气囊制造成本的降低,安全气囊在汽车上有普及的趋势。

根据碰撞类型的不同,安全气囊可分为正面碰撞防护安全气囊、侧面碰撞防护安全气囊和顶部碰撞防护安全气囊。

7.5.2 安全气囊的结构与工作原理

常规安全气囊主要由传感器、安全气囊组件、SRS指示灯(警告灯)和ECU等组成,其工作部件位置如图7-31所示,工作过程如图7-32所示。

1. 传感器

传感器用于检测车辆发生事故后的撞击信号,输送给ECU,以便及时启动常规安全气囊。传感器按其功能可分为前碰撞传感器、中央碰撞传感器和保险传感器。前碰撞传感器负责检测碰撞的激烈程度;保险传感器也称触发传感器,其闭合所需的减速度要稍小一些,起保险作用,防止因前碰撞传感器短路而造成常规安全气囊误膨开。

(1) 前碰撞传感器

前碰撞传感器安装在前翼子板内,主要由偏心转子、偏心重块、固定触点和旋转触点等组成,如图7-33所示。不发生碰撞时,偏心转子在螺旋弹簧负荷作用下如图7-33(a)所示位

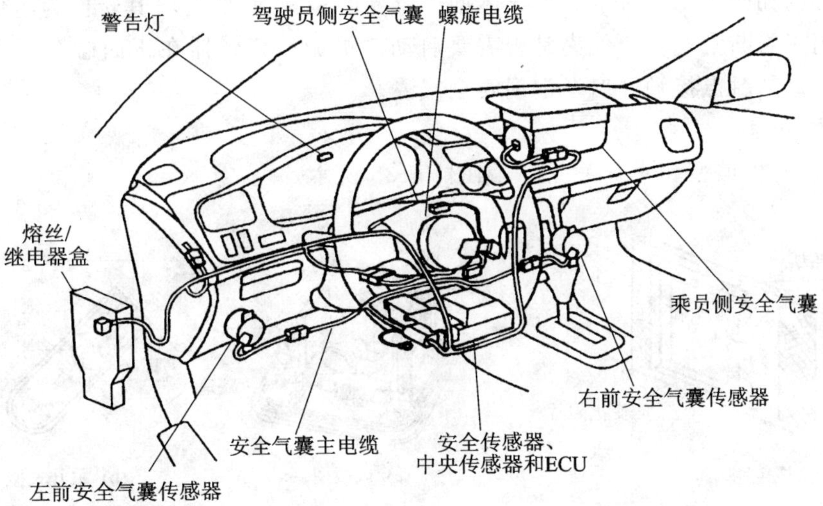

图 7－31　安全气囊部件位置

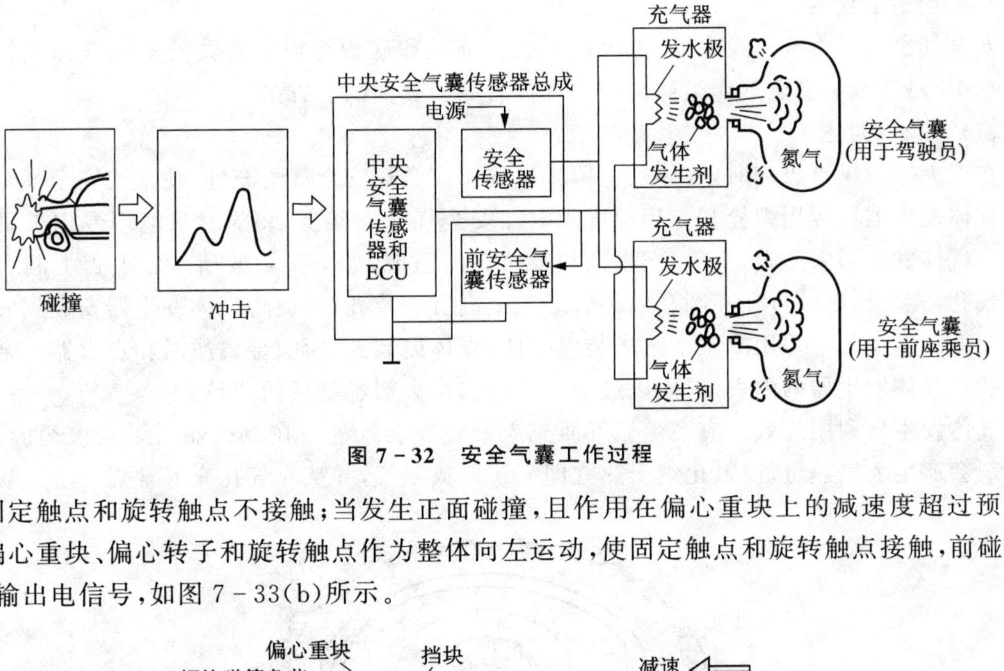

图 7－32　安全气囊工作过程

置，固定触点和旋转触点不接触；当发生正面碰撞，且作用在偏心重块上的减速度超过预定值时，偏心重块、偏心转子和旋转触点作为整体向左运动，使固定触点和旋转触点接触，前碰撞传感器输出电信号，如图 7－33(b)所示。

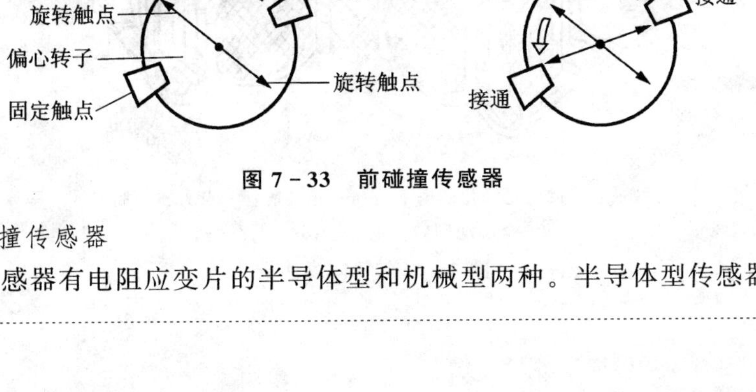

图 7－33　前碰撞传感器

(2) 中央碰撞传感器

中央碰撞传感器有电阻应变片的半导体型和机械型两种。半导体型传感器由电阻应变片和集成电路组成,如图7-34所示。半导体型传感器测量减速度,并将其转换为电信号送至点火控制电路,用于判断常规安全气囊是否需要启动。机械型传感器在正面碰撞中受到超出预定值的减速力时,其触点接触并启动常规安全气囊。

(3) 保险传感器

保险传感器有机械型和汞开关型等,如图7-35所示。

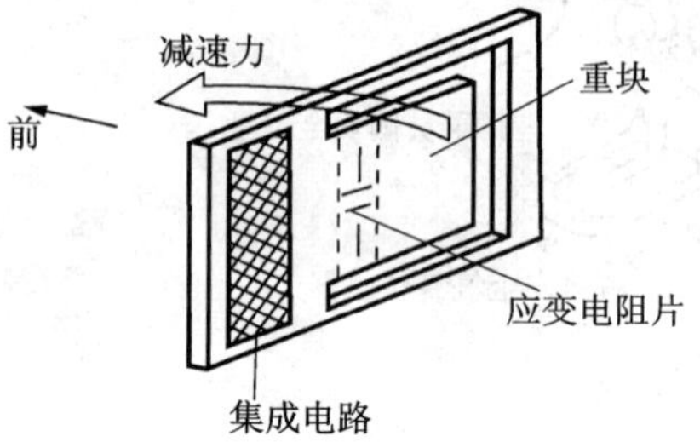

图7-34 半导体型传感器

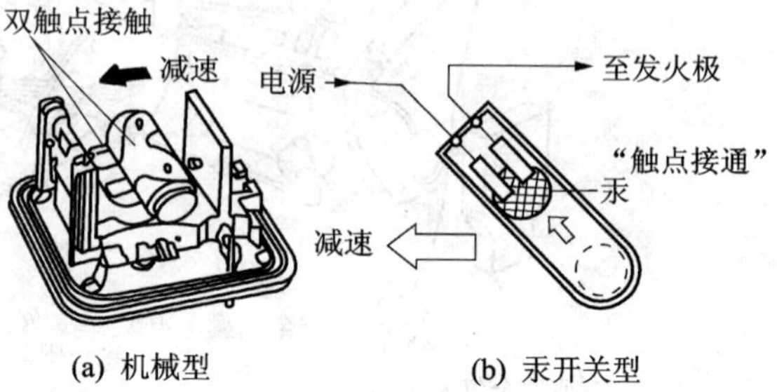

图7-35 保险传感器

2. 安全气囊组件

安全气囊主要由气体发生器、点火器、气囊、饰盖和底板组成。驾驶员安全气囊组件位于转向盘中心处,乘员安全气囊组件位于仪表板右侧手套盒的上方。

(1) 气体发生器

在点火器引爆点火剂时,气体发生器产生气体向常规安全气囊充气,使常规安全气囊膨胀开。气体发生器用专用螺栓和专用螺母固定在安全气囊支架上,装配时只能用专用工具进行装配。气体发生器由上盖、下盖、充气剂和金属滤网组成,如图7-36所示。上盖上制有若干个充气孔,充气孔有长方孔和圆孔两种。下盖上制有安装孔,以便将气体发生器安装到安全气囊支架上。上盖与下盖用冷压工艺压装成一体,壳体内装充气剂、金属滤网和点火器。金属滤网安装在气体发生器的内表面,用以过滤充气剂和点火剂燃烧后的渣粒。

气体发生器利用热效反应产生氮气而充入常规安全气囊。在点火器引爆点火剂的瞬间,点火剂会产生大量热量,使氮化纳受热立即分解释放氮气,并从充气孔充入常规安全气囊。

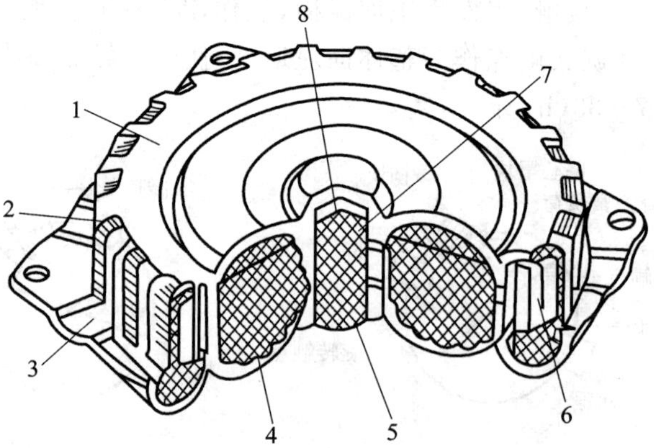

1—上盖;2—充气孔;3—下盖;4—充气剂;5—点火器药筒;
6—金属滤网;7—电热丝;8—引爆炸药

图7-36 气体发生器

(2) 点火器

外包铝箔安装在气体发生器内部中央位置，其结构如图 7－37 所示。点火剂包括引爆炸药和引药，引出导线与安全气囊连接器连接，连接器中设有短路片（铜质弹簧片）。当连接器拔下或连接器未完全结合时，短路片将两根引线短接，防止静电或导电将电热丝电路接通而造成常规安全气囊误膨开。

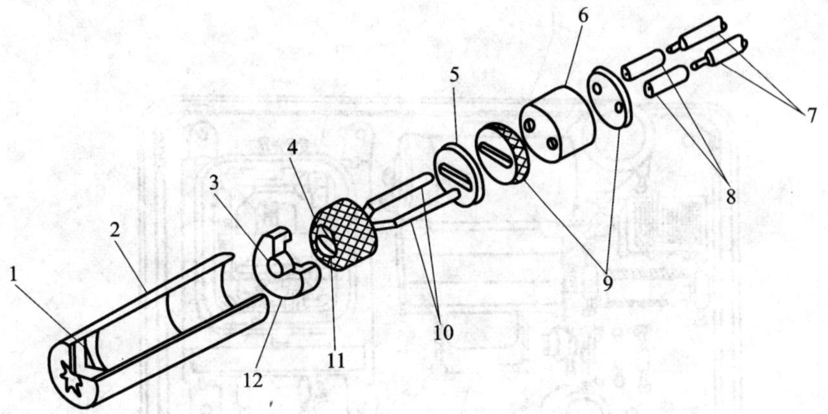

1—引爆炸药；2—药筒；3—引药；4—电热丝；5—陶瓷片；6—永久磁铁；7—引出导线；
8—绝缘套管；9—绝缘垫片；10—电极；11—电热头；12—药托

图 7－37　点火器结构

当 SRS ECU 发出点火指令时，电热丝电路接通，电热丝迅速红热引爆引药，引爆炸药瞬间爆炸产生热量，药筒内温度和压力急剧升高并冲破药筒，使充气剂受热分解释放氮气充入常规安全气囊。

(3) 气　囊

气囊按布置位置可分为驾驶员侧气囊、乘员侧气囊、后排气囊、侧面气囊和顶部气囊等；按大小可分为保护整个上身的大型气囊和主要保护面部的小型护面气囊。护面气囊成本较低，但一定要和座椅安全带配合使用才有保护作用。欧洲汽车多采用小型气囊。目前汽车上配置的常规安全气囊数量有增多的趋势。

驾驶员侧气囊多采用尼龙布涂氯丁橡胶或有机硅制成。橡胶涂层起密封和引燃作用，气囊背面有两个泄气孔。乘员侧气囊没有涂层，靠尼龙布本身的孔隙泄气。

(4) 饰　盖

饰盖是安全气囊组件的盖板，饰盖上面模制有撕缝，以便气囊能冲破饰盖膨开。

(5) 底　板

气囊和气体发生器装在底板上，底板装在转向盘或车身上，气囊膨开时，底板承受气囊的反作用力。

3. SRS 指示灯

位于仪表板上，接通点火开关时，诊断单元对系统进行自检，SRS 指示灯点亮 6 s 后熄灭表示系统正常；否则，表示常规安全气囊出现故障，应进行检修。

若 ECU 出现异常，不能控制 SRS 指示灯，SRS 指示灯便在其他电路的直接控制下做出异常显示，如 ECU 无点火电压，指示灯正常发亮；ECU 无内部工作电压，指示灯正常发亮；ECU 不工作，指示灯在看门狗电路的控制下以 3 次/秒的频率闪烁；ECU 未接通，指示灯经线束连接器的短接条接通。

4. ECU

ECU主要由SRS逻辑模块、信号处理电路、备用电源电路、保护电路和稳压电路等组成,保险传感器一般与SRS ECU一起制作在SRS控制组件中。SRS控制组件的内部结构如图7-38所示。

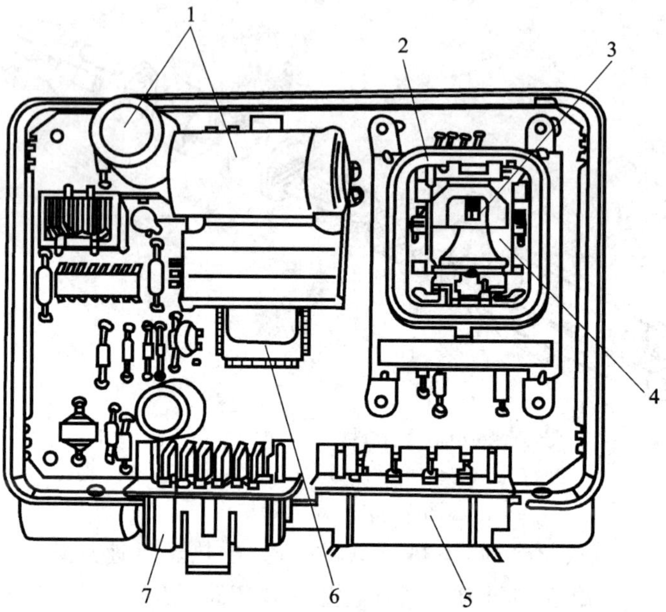

1—能量储存装置(电容器);2—保险传感器总成;3—传感器触点;
4—传感器平衡块;5—四端子连接器;6—逻辑模块;7—SRS ECU连接器

图7-38 SRS控制组件的内部结构

(1) SRS逻辑模块

SRS逻辑模块主要用于监测汽车纵向减速度或惯性力是否达到设定值,控制安全气囊组件中的点火器引爆点火剂。在汽车行驶过程中,SRS ECU不断接收前碰撞传感器和保险传感器传来的车速变化信号,经过数学计算和逻辑判断后,确定是否发生碰撞。当判断结果为发生碰撞时,立即运行控制点火的软件程序,并向点火电路发出点火指令引爆点火剂,点火剂引爆时产生大量热量,使充气剂受热分解释放气体对SRS充气。

此外,SRS ECU还要对控制组件中关键部件的电路不断进行诊断测试,并通过SRS指示灯和存储在存储器中的故障码采显示测试结果。仪表板上的SRS指示灯可直接向驾驶员提供常规安全气囊的状态信息。逻辑存储器中的状态信息和故障码可用专用仪器或通过特定方式从串行通信接口调出,以供装配检查与设计参考。

(2) 信号处理电路

信息处理电路主要由放大器和滤波器组成,用于对传感器检测的信号进行整形、放大和滤波,以便SRS ECU能够接收、识别和处理。

(3) 备用电源电路

常规安全气囊有两个电源:一个是汽车电源;另一个是备用电源。备用电源电路由电源控制电路和两个电容器组成。在单安全气囊的控制组件中,设有一个逻辑备用电源和一个点火备用电源。在双安全气囊的控制组件中,设有一个逻辑备用电源和两个点火备用电源,即两条点火电路各设一个点火备用电源。点火开关接通 10 s 后,如果汽车电源电压高于 SRS ECU 的最低工作电压,则启用逻辑备用电源和点火备用电源完成点火任务。

备用电源用于当汽车电源与 SRS 逻辑之间的电路切断后,在一定时间内维持常规安全气囊供电,保持常规安全气囊的正常功能。当汽车遭受碰撞而导致蓄电池和交流发电机与 SRS ECU 之间的电路切断时,逻辑备用电源能在 6 s 内向 ECU 供给电能,保持 ECU 测出碰撞、发出点火指令等正常功能;点火备用电源能在 6 s 内向点火器供给足够的点火能量引爆点火剂,使充气剂受热分解对常规安全气囊充气。时间超过 6 s 后,备用电源供电能力降低,ECU 备用电源不能保证 ECU 测出碰撞和发出点火指令;若点火备用电源不能提供最小点火能量,则 SRS 不能充气膨开。

(4) 保护电路和稳压电路

在汽车电器系统中,许多电器部件均具有电感线圈、电器开关多、电器负载变化频繁等特点。当线圈电流接通或切断、开关接通或断开、负载电流突然变化时,都会产生瞬时脉冲电压,即过电压,若过电压加到常规安全气囊电路上,系统中的电子元件就可能因电压过高而导致损坏。为了防止安全气囊元件受损,SRS ECU 中必须设置保护电路。同时,为了保证汽车电源电压变化时,常规安全气囊能够正常工作,还必须设置稳压电路。

7.5.3 安全气囊线束与保险机构

为了便于区别电器系统线束连接器,常规安全气囊的连接器与汽车其他电器系统的连接器有所不同。常规安全气囊的连接器采用导电性能和耐久性能良好的镀金端子,并设有防止 SRS 误膨开机构、电路连接诊断机构、连接器双重锁定机构和端子双重锁定机构等,用以保证常规安全气囊可靠工作。常规安全气囊采用的各种特殊连接器如图 7-39 所示。

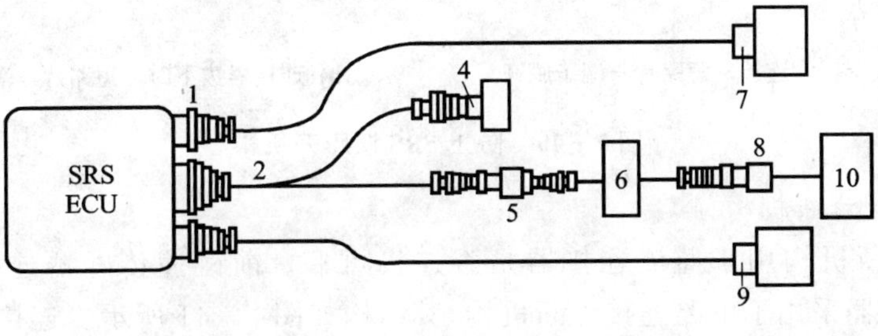

1、2、3—ECU 连接器;4—SRS 电源连接器;5—中间线束连接器;6—螺旋线束;7—右碰撞传感器连接器;8—安全气囊组件连接器;9—左碰撞传感器连接器;10—点火器

图 7-39 安全气囊采用的各种特殊连接器

(1) 防止 SRS 误膨开机构

SRS ECU 至 SRS 点火器之间的连接器 2、5、8 均采用了防止常规安全气囊误爆的短路片机构,拔下连接器时,短路片自动靠近 SRS 点火器一侧连接器或连接器两个引线端子短接,防止静电或误通电将电热丝电路接通而造成常规安全气囊误膨开,如图 7-40 所示。

当连接器正常连接时,连接器的绝缘壳体将短路片向上顶起,如图 7-40(a)所示,短路片与连接器端子脱开。当连接器脱开时,短路片自动将安全气囊点火器一侧连接器的引线端子短接,使点火器的电热丝与短路片构成回路,如图 7-40(b)所示。此时即使将电源加到安全气囊点火器一侧连接器上,由于电源被短路片短路,因此点火器不会引爆,从而防止 SRS 误膨开。

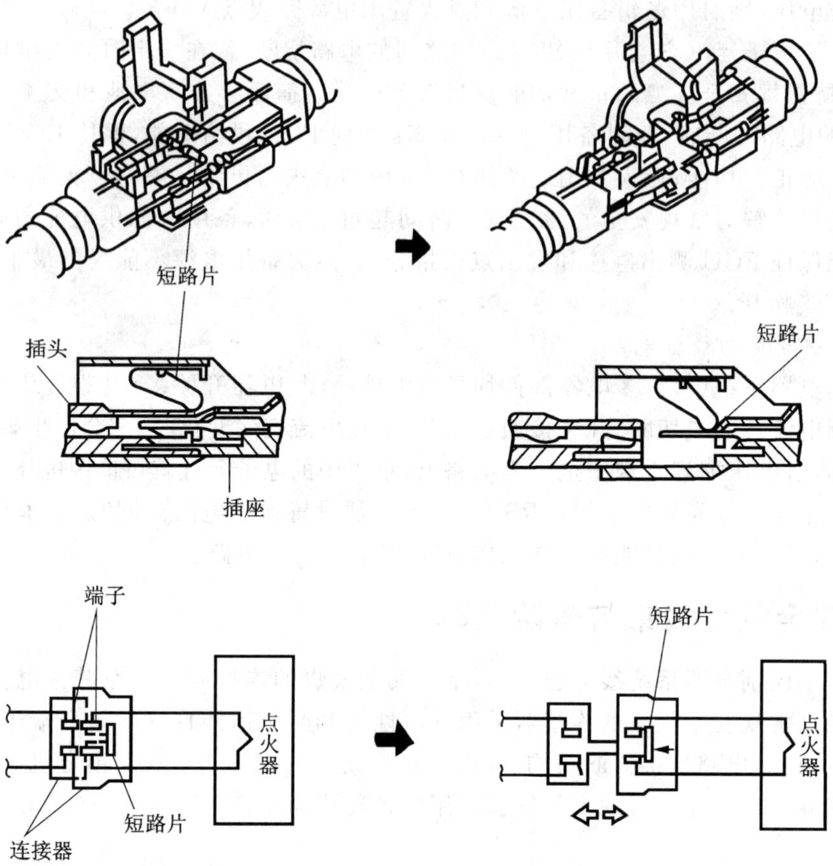

(a) 连接器正常连接,短路片与端子脱开　　(b) 连接器拔下时,短路片与端子短接

图 7-40　防止 SRS 误膨开机构

(2) 电路连接诊断机构

电路连接诊断机构用于监测连接器是否连接可靠。前碰撞传感器连接器及其与 SRS ECU 连接的连接器采用了电路连接诊断机构,其结构如图 7-41 所示。连接器上有一个诊断销和两个诊断端子,前碰撞传感器触点为常开触点。

当传感器连接器处于半连接(未可靠连接)状态时,诊断端子与诊断销尚未接触,如图 7-41(a)所示,此时电阻尚未与传感器触点构成并联电路,连接器引线"+"与"−"之间的电阻值为无穷大。当 ECU 监测到前碰撞传感器的电阻值为无穷大时,自诊断电路便控制 SRS 指示灯闪亮报警,同时将故障编成代码储存在存储器中。当传感器连接器可靠连接时,诊断端子与诊断销可靠接触,如图 7-41(b)所示,此时电阻与前碰撞传感器触点并联。当 SRS ECU 检测到的阻值为该并联电阻的阻值时,即诊断为连接器连接可靠。

(3) 连接器双重锁定机构

常规安全气囊在线束的重要连接部位,其连接器采用了双重锁定机构,用于锁定连接器,防止连接器脱开,其结构如图 7-42 所示。连接器上有主锁和两个凸台,还有锁柄能够转动的

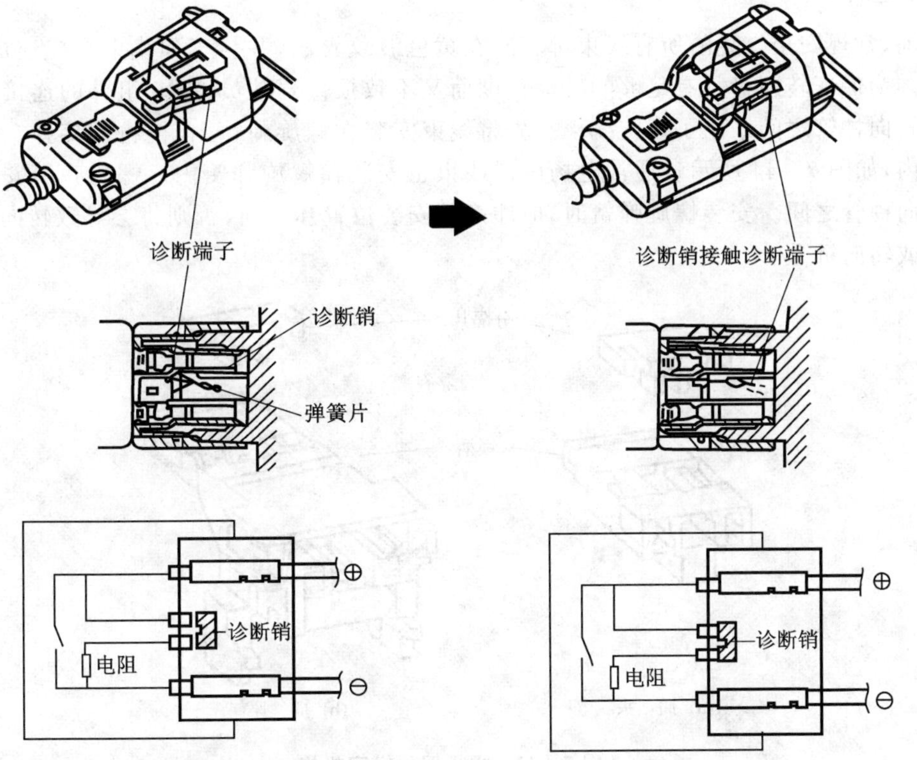

(a) 半连接　　(b) 可靠连接

图 7－41　电路连接诊断机构

副锁。

当主锁未锁定时，连接器上的两个凸台阻止副锁锁定，如图 7－42(a)所示；当主锁完全锁定时，副锁锁柄方能转动并锁定，如图 7－42(b)所示；当主锁与副锁双重锁定后，连接器连接状态如图 7－42(c)所示，可防止连接器脱开。

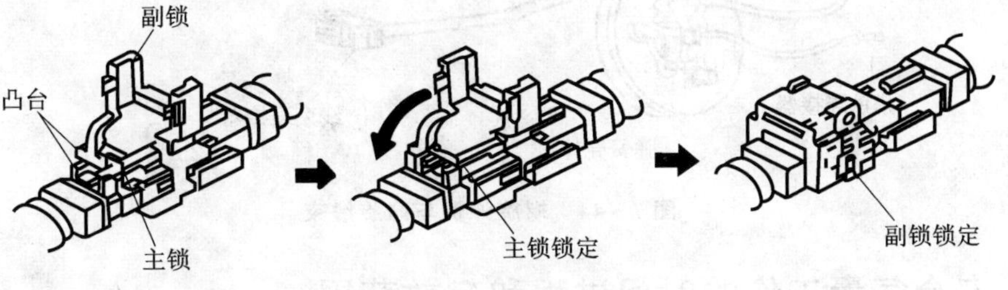

(a) 主锁打开，副锁被挡住　(b) 主锁锁定，副锁可以锁定　(c) 双重锁定

图 7－42　连接器双重锁定机构

(4) 端子双重锁定机构

常规安全气囊的每个连接器都设有端子双重锁定机构，用于防止引线端子滑动，主要由连接器壳体上的锁柄与分隔片组成，如图 7－43 所示。锁柄为一次锁定机构，可防止端子沿引线轴线方向滑动；分隔片为二次锁定机构，可防止端子沿引线径向移动。

(5) 安全气囊线束

目前,常规安全气囊的所有线束都套装在黄色波纹管内,并与车颈线束总成连成一体,以示区别。为保证转向盘具有足够的转动角度而又不致损伤驾驶员,SRS组件的连接线束在转向盘与转向柱管之间采用了螺旋线束。先将线束安装在螺旋弹簧内,再将螺旋弹簧安放到弹簧壳体内,如图7-44所示。通常电扬声器线束也安装在螺旋弹簧内。螺旋弹簧安装在转向盘与转向柱管之间。安装螺旋弹簧时,应注意其安装位置和方向,否则将会导致转向盘转动角度不足或转向沉重。

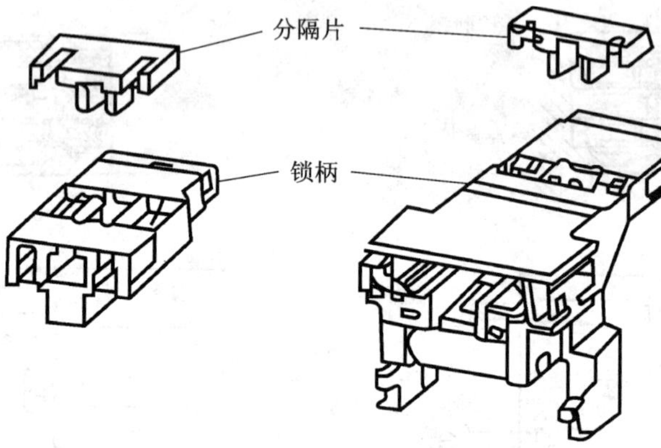

(a) 插 头　　(b) 插 座

图7-43　端子双重锁定机构

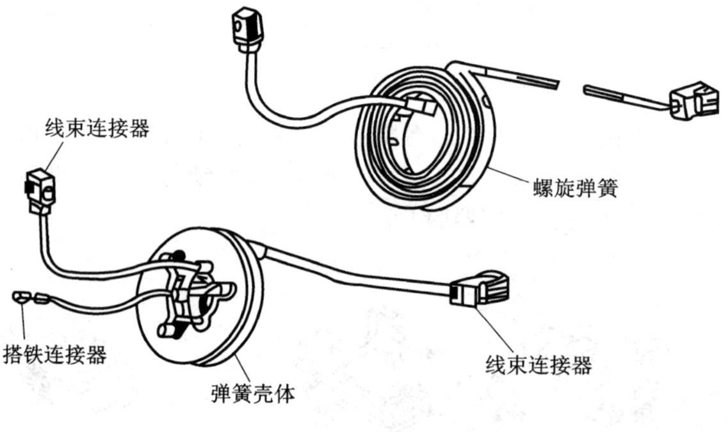

图7-44　螺旋弹簧与螺旋线束

7.5.4 安全气囊工作的时间过程和有效范围

① 汽车碰撞0～30 ms,电子控制装置(ECU)接收到传感器电信号并进行判断,若此信号达到或超过引爆的最低数值时,则电子控制装置发出使驱动电路引爆传爆管指令,点燃火药,产生高温和大量气体,此时乘员因惯性和汽车还没产生相对位移。

② 汽车碰撞后30～40 ms,大量气体经冷却过滤后迅速使气囊膨胀,乘员逐渐向前移动,安全带被拉长起一定的缓冲作用,乘员已紧贴安全气囊,安全气囊吸收了乘员的惯性冲击能量。

③ 汽车碰撞后 60～110 ms，乘员压向安全气囊并使气囊压紧变形，气囊则进一步吸收惯性冲击能量。由于安全气囊上的排气孔排气，使气囊变软，乘员进一步沉向气囊中，使缓冲作用更加良好。汽车碰撞后 100 ms，乘员惯性冲击能量已减弱，危险期已过。

④ 汽车碰撞后 110 ms，乘员惯性冲击能量消失，在安全带作用下将其拉回座椅上，气囊中气体也排出大部分，整个过程基本结束。

从汽车碰撞到乘员因惯性与车身产生相对位移后而碰撞受伤的时间间隔大约为 50 ms。而安全气囊也正好抢在这 50 ms 之前，大约只为 30 ms 的时间，在乘员与车身之间形成一道柔软的弹性保护气囊，减少受伤程度。

安全气囊系统并非在所有碰撞情况下都能起作用。正面防撞安全气囊系统在汽车正前方或斜前方 ±30°角（见图 7－45）范围内发生碰撞且其纵向减速度达到某一值时，系统才能工作。在下列条件之一的情况下，安全气囊系统不会动作。

① 汽车遭受侧面碰撞超过斜前方±30°角时。

② 汽车遭受横向碰撞时。

③ 汽车遭受后方碰撞时。

④ 汽车发生绕纵向轴线侧翻时。

⑤ 纵向减速值未达到设定阈值。

⑥ 所有前碰撞传感器未接通或 SRS ECU 内部的安全传感器未接通时。

⑦ 汽车正常行驶、正常制动和在路面不平的道路上行驶时。

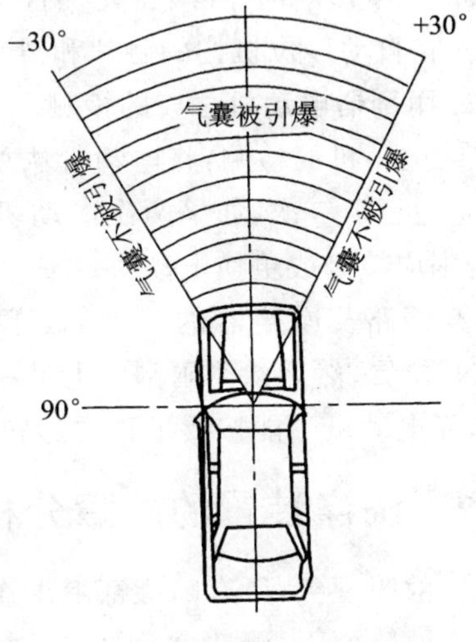

图 7－45　正面碰撞时安全气囊的有效范围

任务 7.6　汽车辅助电器系统的检修

7.6.1　电动雨刮器的故障分析

雨刮器由于长期使用或使用不当，造成许多常见的故障，有的故障通过调节能恢复使用性能，有的则应查找原因进行故障分析、诊断与维修才能恢复使用性能。

1. 雨刮器故障分析

雨刮器常见故障包括各挡都不工作、个别挡位不工作和雨刷不能停在正确位置等。

(1) 雨刮器各挡都不工作

① 故障现象：接通点火开关后，雨刮器开关无论置于哪一挡位，雨刮器均不工作。

② 故障原因：熔断器烧断；刮水电动机或雨刮器开关有故障；机械传动部分故障；线路断路或插接件松脱。

③ 故障诊断与排除：首先检查熔断器是否熔断，插接件是否松脱，线路有无断路；然后检查开关是否正常；最后检查电动机及机械传动部分。

(2) 个别挡位不工作

① 故障现象：接通点火开关后，雨刮器个别挡位（低速、高速或间歇挡）不工作，其余正常。

② 故障原因:刮水电动机或开关有故障;间歇继电器有故障;线路断路或插接件松脱。

③ 故障诊断与排除:如果是高速或低速挡不工作,可先检查该挡位对应的线路是否正常;开关是否正常;最后检查电动机电刷。如果是间歇挡不工作,应检查雨刮器开关的间歇挡所在线路及间歇继电器是否正常。

(3) 雨刷不能停在正确位置

① 故障现象:开关断开或间歇工作时,雨刷不能停在风窗底部。

② 故障原因:自动停位装置损坏;雨刮器开关损坏;刮水臂调整不当;线路连接错误。

③ 故障诊断与排除:首先检查刮水臂的安装是否正确;然后检查开关线路连接是否正确;最后检查自动停位机构的触片和滑片接触是否良好。

2. 雨刮器电动机总成的检测

① 电动机的检测:将电动机从总成上拆下,把负电刷接蓄电池负极,正电刷和偏置电刷各接蓄电池正极一次,如果两次电动机都平稳转动且接偏置电刷时转速较高,则说明电动机正常,否则应检修或更换电动机。

② 线路及连接器的检测:拔下雨刮器电动机的连接器(五芯插头),将点火开关转至"RUN"位置,然后检测雨刮器电动机的线路及其连接器。如果电动机正常,线路及连接器也正常,而电动机不能按要求正常运转,则应更换雨刮器电动机盖(雨刮器线路板)。

7.6.2 洗涤装置的故障分析

① 故障现象:所有喷嘴都不工作和个别喷嘴不工作。

② 故障原因:清洗电动机或开关损坏;线路断路或插接件松脱;清洗液液面过低或连接管脱落;喷嘴堵塞。

③ 故障诊断与排除:如果所有喷嘴都不工作,先检查清洗液液面和连接管是否正常;然后检查清洗电动机电路及插接件是否有断路及松脱处;最后检查开关和电动机是否正常。

如果是个别喷嘴不工作,则是喷嘴堵塞或输液支管出现问题。

7.6.3 除霜装置的故障分析

① 故障现象:除霜器不除霜;除霜器有时工作有时不工作。

② 故障原因:熔断器或控制线路断路;加热丝或开关损坏;控制线路不良。

③ 故障诊断与排除。

第一,检查熔断丝是否熔断,如果熔断,则更换相同规格的熔断丝;如果未熔断,进行下一步。

第二,检查除霜器开关。将除霜器开关周围装饰板拆下,打开点火开关,用一小段短路线将开关的"B"和"R"端子短接(见图7-8),观察除霜器工作情况。如果除霜器工作正常,则开关损坏,应修理或更换;如果除霜器仍不工作,进行下一步。

第三,检查所在线路及插接件是否断路或松脱。将后窗除霜器(电热丝)两侧的两个插头拔下,打开点火开关,用万用表测两个插头间的电压应为12 V左右。如果无电压,应进一步检查搭铁线及火线是否有断路或接触不良的地方(用万用表测电阻即可);如果有12 V左右电压,进行下一步。

第四,检查除霜器加热丝。一个人在后窗外用手电筒逐行缓慢照射加热丝,另一个人在车内仔细观察加热丝。如果发现加热丝的某处发亮，则该处为断路处，应用专用加热丝修理工具修理。

7.6.4 电动车窗的故障分析

1. 玻璃升降器不工作

① 故障现象：按下电动车窗开关，各玻璃升降器不动作，也无电动机声音。

② 故障原因：熔断器断路；连接导线断路或相关插接件松脱；有关继电器开关损坏；电动机损坏；搭铁线锈蚀、松动。

③ 故障诊断与排除：首先检查熔断器是否断路，然后检查各插接件连接是否紧固可靠；检查电源线是否有电，电压是否正常；检查搭铁线搭铁是否良好可靠；最后检查开关、继电器及电动机是否损坏，如果确属零部件损坏，则应更换新件。

2. 某车窗不能升降或只能一个方向运动

① 故障现象：按下电动车窗开关，某个玻璃升降器不动作，或只能一个方向运动。

② 故障原因：该车窗开关或电动机损坏；该处导线断路或插接件松脱；安全开关故障。

③ 故障诊断与排除：首先检查安全开关是否正常，该窗的开关是否正常。再通电检查该窗电动机是否正常，如果有故障，应检修或更换新件；如果正常，应检修连接导线是否有断路处。如果车窗只能朝一个方向运动，一般是开关故障或相关导线断路，可先检查线路，再检查开关。

3. 升降器工作时有异响

① 故障现象：按下电动车窗开关，玻璃升降器动作，但某个升降器有异常响声。

② 故障原因：安装时未调整好；卷丝滚筒内的钢丝绳未落槽；滑动支架内传动钢丝夹转动；电动机盖板或固定架与玻璃碰擦等机械故障。

③ 故障诊断与排除：这类机械故障一般是安装位置或精度偏差所致，只需对所在位置的螺钉进行重新调整或紧固、校正即可。

7.6.5 中央控制门锁与防盗装置的故障分析

1. 遥控门锁系统的检查

遥控门锁系统的检查操作方法见有关手册。

2. 遥控门锁系统的更换与设定

(1) 遥控门锁接收器的更换

① 遥控门锁接收器(RCDLR)的拆卸。拆下仪表板，通过松开易扣接头拆下 RCDLR，脱开 RCDLR 的导线插接器，从仪表板上拆下 RCDLR。

② 遥控门锁接收器(RCDLR)的安装。将遥控门锁接收器(RCDLR)装在仪表底板上，插好 RCDLR 的导线插接件，通过连接易扣接头安装 RCDLR，安装仪表板。

(2) 遥控门锁开锁控制设定方法(不用专用工具)

遥控门锁控制设定有 4 种模式：模式 1，设定遥控门锁不起作用；模式 2，设定仅扬声器响；模式 3，设定仅大灯闪亮；模式 4，设定扬声器响与大灯闪亮。

① 坐在驾驶座位上，关上所有车门。

② 将点火开关转至“RUN”位置。

③ 按下并保持门锁开关在“UNLOCK”位置。

④ 按下遥控器“UNLOCK”键,报警器将发出1～4次的响声,响的次数等于当前模式号,说明车辆处于该模式。

⑤ 欲设定的模式号被警报器指示出时,将门锁开关从“UNLOCK”位置释放。

⑥ 将点火开关转至“OFF”位置,设置完成。

注意:在上述方法中,如果点火开关被移至“OFF”位置或任一车门被打开,遥控开锁校验设定将被终止,且系统将保持在最新模式。

(3) 遥控门锁上锁控制设定方法

遥控上锁的控制设定方法与遥控开锁的控制设定方法基本相同,只是门锁开关位置和按下遥控器上的键改为“LOCK”键。

(4) 遥控器的校准

当出现下列情况时应对遥控器进行校准:遥控器使用超过256次;更换遥控器电池后,马上使用超过16次。

遥控器的校准方法是:同时按下并保持住遥控器的“UNLOCK”和“LOCK”键至少7s或直到扬声器响3次为止。

3. 门锁电动机的检查

首先关闭点火开关,拆下车门内侧板,接近门锁电动机,拆下电动机的二芯插头;然后将蓄电池的正、负极分别与电动机插座的两个插芯相通,电动机应转动;再将蓄电池的正、负极对调接在两个插芯上,电动机应反转。如果电动机不转或转动不平稳,则应修理或更换电动机。4个车门及后箱电动机检查方法相同。

项目评价

1. 选择题

(1) 电动车窗的电动机一般为(　　)。

A. 单向直流电动机　　B. 双向直流电动机

C. 永磁双向直流电动机　　D. 永磁单向直流电动机

(2) 检查电动车窗的电动机时,用蓄电池的正、负极分别接电动机连接端子后,电动机转动,互换正、负极和端子的连接后,电动机反转,说明(　　)。

A. 电动机状况良好　　B. 不能判断电动机的好坏

C. 电动机损坏　　D. 电动机的线圈短路

(3) 以下不能直接用于风窗洗涤液的是(　　)。

A. 清水　　B. 清水+去垢+防锈

C. 清水+甲醇+去垢+防锈　　D. 浓缩式风窗洗涤液

(4) 中控门锁系统中的门锁控制开关用于控制所有车门锁的开关,安装在(　　)。

A. 乘员侧车门上　　B. 驾驶员侧门的内侧扶手上

C. 每个车门上　　D. 门锁总成中

2. 判断题(对打“√”,错打“×”)

(1) 电动车窗一般装有两套开关,分别为总开关和分开关,这两个开关之间的电路互相

独立。（ ）

(2) 永磁式刮水电动机是通过改变正、负电刷之间串联线圈的个数来实现变速的。（ ）

(3) 检查电动刮水器的自动复位功能时，可以让电动机停在停止时的位置，然后进行相关的检查。（ ）

(4) 电动车窗主控开关上的总开关控制分开关的搭铁线。（ ）

(5) 打开点火开关，防盗警告灯闪亮后熄灭，说明防盗装置有故障。（ ）

(6) 只要碰撞传感器检测到汽车发生碰撞而触发，安全气囊就一定会引爆。（ ）

(7) 遥控钥匙可以控制玻璃的升降功能，该功能驾驶员无法关闭。（ ）

(8) 当驾驶员和乘客对同一车窗进行相反操作时（驾驶员上升，乘客下降），车窗按驾驶员指令动作。（ ）

3. 简答题

(1) 简述两速永磁式刮水电动机的工作原理。

(2) 电动车窗主要由哪些部件组成？其中升降机构有哪几种？

(3) 何谓电动车窗手动升降？何谓自动升降？

(4) 汽车中央门锁的功能有哪些？

(5) 目前常见汽车防盗装置有几类？各有何特点？

(6) 简述安全气囊工作原理和工作过程？

项目 8　车载影音系统

【项目要求】

- 了解车载影音系统的构成。
- 熟悉各种车载影音装置的功用。
- 熟悉各种车载影音装置常见的故障与维修方法。

【项目解析】

车载影音的组成和家用影音的结构比较类似。对于家用影音用户可以买回一套整机，回家插上 220 V 电源就能工作，但汽车音响很多只能是配件，需要改装后才能使用。两者主要区别在于以下 3 点。

① 工作环境不同。汽车音响所处的环境比较恶劣，例如灰尘、暴晒、温差等。

② 听音环境不同。家用音响可以在一个随意的空间里，对空间要求不大，但汽车音响是在一个固定的封闭空间(车厢)里。

③ 供电方式不同。汽车音响供电一般为 12 V 负极接地的直流电源，而家用音响供电为市电 220 V。

从广义的车载影音系统来看，主要分为 7 个部分，分别如下所述。

① 主机音源部分：如收音、CD、DVD 等带功放的，一般功率都会在 50W 以下。

② 效果处理部分：均衡器、效果器、分音器等；

③ 功放部分：单声道、双声道、四声道、五声道、六声道等的功率一般在 50 W 以上。

④ 扬声器：分离式、同轴式、全音域以及超低单元等形式。

⑤ 低音炮：密封式、平面式、嵌入式、旋转式、带通式、倒相孔式、反相式等。

⑥ 碟盒：6 碟、8 碟、10 碟、12 碟。

⑦ 其他配件：遥控器、数字电视盒、胎压监测器、轨迹倒车系统等。

这里介绍的影音系统主要是指主机音源部分，其外形、体积受到限制，除特殊车型外，尺寸一般都比较统一，都以德国 DIN(Deutch Industrial Norm)为标准。DIN 指汽车中控台预留给汽车电器用品的标准安装空间，1DIN 指一个标准空间(宽、高固定而深度不限)，2DIN 则是 1DIN 的两倍空间。这里的位置一般用于音响主机的安装。

欧洲车型按 1DIN 标准规定长 183 mm、高 50 mm、深 153 mm，日本车型多用 2DIN 标准规定长 180 mm、高 100 mm、深 153 mm。

小提示：

判断一台主机是单 DIN 还是双 DIN，只需要看主机部分的高度，高度为 50 mm 的为单定(见图 8－1)，高度为 100 mm 的为双定(见图 8－2)。

汽车音响器材的特点如下。

① 汽车音响的电源都是用低电压电瓶供电，除部分大巴车等大型载重车外(使用 24 V 电源)，一般以 12 V 负极接地的直流电源为主。

② 使用环境差，抗干扰性能强。汽车的发动机点火器等电路全部都是使用同一个汽车电

图 8 - 1　先锋 DEH - 2750MP

图 8 - 2　D106 平台的凯美瑞专用机

瓶，对汽车音响的内部电路，特别是 AM/FM 收音产生严重的干扰，收音部分的接收灵敏度要求比较高，必须采用抗干扰强的电路和元件，外壳用全屏蔽的金属机壳接地隔离；在不同的路面上行驶，汽车音响受到的振动和冲击，且温度高达 60℃以上，所以对元件耐热性等质量和焊接都要求比较高。

③ 使用低阻抗的扬声器。由于汽车音响使用的电源比较低，要得到大的功率，除了采用 BTL 电路外，扬声器一般都会用到 1～4 Ω 的低阻抗扬声器提高输出功率。我们接触的汽车音响一般都为 4 Ω 扬声器，直接可以采用主机的内置功放驱动扬声器而发出声音。

任务 8.1　车载收音机、CD 及 MP3

8.1.1　车载收音机

现代汽车几乎都安装了车载收音机，为驾驶员提供了最新的资讯和娱乐节目，还包括道路、气象等信息，便于驾驶员开车。车载收音机和家用收音机相比，其具有功率大、抗震能力强的特点。家用收音机的功率在 50 mW～1 W，车载收音机一般都在 5 W 以上。

传统的模拟信号汽车收音机使用的是 AM/FM 调谐器。随着电子技术的发展，数字信号处理器（DSP）用得越来越多，它通过对模拟信号进行数字转换、解调和过滤，消除电噪声，提高声音质量。

RDS（Radio Data System）即无线电数据系统，1988 年在欧美出现。RDS 系统是在发送调频广播节目的同时，利用副载波 57 kHz 频率附近的空隙，以数字信号的形式把电台名称、节目类型、节目内容以及其他各种与正在广播的节目有关、无关的信息一起发送出去。具有

RDS功能的接收机收到这些信息后,可以将其变成字符显示在收音机的液晶显示屏上,就像电视机的台标和字幕一样。装备RDS系统的汽车音响会给驾驶员带来极大地方便。RDS系统具有如下优越功能。

1. 显示台位名称

在收到节目的同时,显示器上显示的是所收听台位的名称,而不是该台的发射频率。若正在播放音乐,也可以知道曲名、演唱者等相关信息。当然这个功能需要电台支持,电台会播送信号,目前只有欧洲的电台支持此项功能。

2. 自动跟踪调谐

一般电台的发射频率都有一个最佳收听范围,在这个范围之内,收音机将会保持最佳的接收状态。在一个城市内,由于受地理环境、磁场等因素的影响,每个点的最佳接收频率是有一定变化的。假设A点的最佳接收频率为95.5 MHz,而B点的最佳接收频率为96.6 MHz,如果开车从A点到B点时,收音机会自动从95.5 MHz跳到96.6 MHz,从而使收音机保持在最佳接收状态工作。

3. 提供交通信息

RDS系统中还有一个最基本的开关编码,用来指示有无交通信息正在发布。当有紧急交通信息发布时,此开关编码迅速响应,不管驾驶者当时在收听广播、CD、磁带或文艺台的什么节目,都会自动切换到交通信息发布台上,并有专门的指示灯告警。

4. 提供新闻广播

无论驾驶者正在收听收音机、磁带、CD,还是静音状态,如果事先按下"NEWS"键,一旦有新闻广播时,收音机会自动跳到新闻广播,从而不会错过重要的新闻广播。

5. 相关收音台信息

EON(Enhanced Other Networks,加强其他网络)是RDS的另一项重要服务。假如调谐到某个电台,此台通过EON同其他台联系在一起,此时就可以从被调谐的台和其他相关台中收到交通信息和新闻广播。

6. 按节目类型选台

使用FIY功能,收音机能自动识别和选择正在广播的节目。例如,驾驶者想收听新闻、体育节目、古典音乐、摇滚音乐或轻音乐时,收音机会很快找到驾驶者所喜爱和需要的节目。

此外,RBDS(Radio Broadcast Data System,无线电广播数据系统)内部有逻辑系统,从而使数据系统的使用范围更广、功能更强。逻辑系统能存储上万个电台的名称、频率、呼叫信号和节目表等信息资料。只要告诉系统想收什么节目,RDS系统就会把所有当时正在放这类节目的电台一一显示给收听者,由收听者选定其中一个。如果选定了收听中央第一套节目,那么系统就会自动切换到当时这套节目信号最强的一个频率上。这种功能对驾驶员来说特别有意义,这样随着汽车的行驶,收听可始终保持在最佳的状态上。

8.1.2 车载CD

激光唱机又称CD(Compact Disc)机,具有自动选曲、程序重放、遥控操作等功能:多片激光唱机在CD唱片仓盒中可同时安放多张唱片,又称换片式CD唱机。

1. 激光唱机的组成

激光唱机主要由激光拾音器、伺服系统、数、模转换系统、控制系统和显示器等组成,如

图8－3 所示。

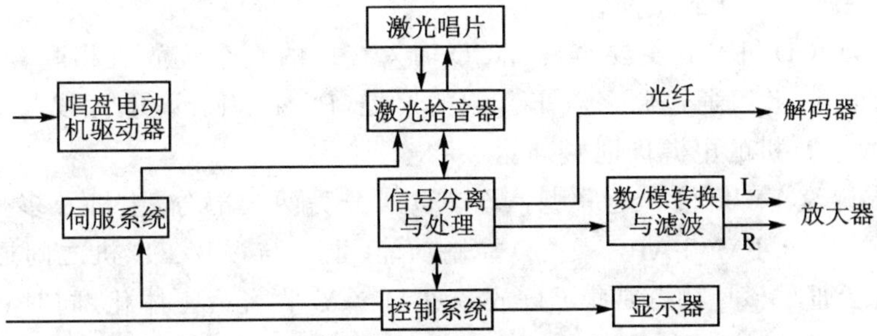

图 8－3　激光唱机的组成

① 激光拾音器又称光学头，是激光唱机的信号传感器，由激光源、聚光镜、反射镜等组成，如图 8－4 所示。激光源产生一束激光，通过 45°棱镜和聚光镜射在 CD 唱片的信号凹点上，信号凹点，如图 8－5 所示。一个激光唱片最多可录 25 亿个凹点，信号凹点的长度及彼此间隔随音乐信号的变化而不同。在凹点处，由于反射光干涉，返回聚光镜的光量少；在没有凹点处，反射光全部返回聚光镜。光敏接收器根据聚光镜返回光量的多少判断出凹点的有无，并以数字 0 或 1 输出电平信号。在扫描过程中，激光拾者器随唱片的转动由内向外拾取信号。

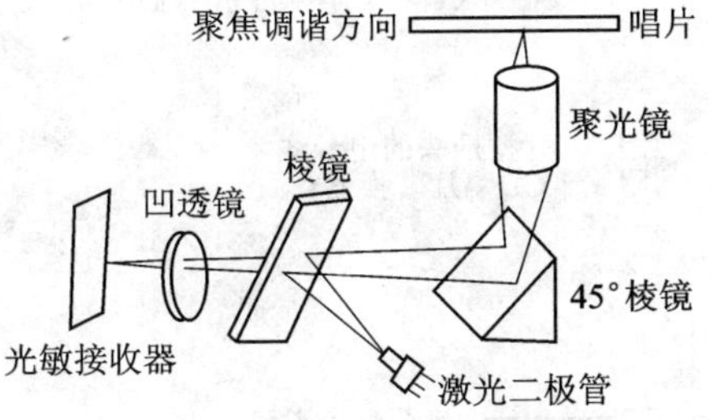

图 8－4　激光拾音器的组成

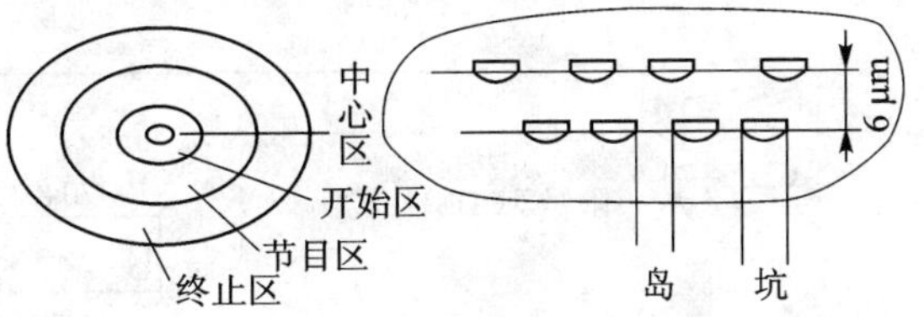

图 8－5　激光唱机的结构

② 信号分离与处理电路。激光拾音器输出的电信号送入信号分离与处理电路。该电路中的数据分离器能正确识别左、右声道信号及各种信号代码，分离后的信号送至信号处理器。信号处理器将含有音频信号的数字信号进行解码，使其变成标准的脉冲编码，送至数/模转换电路，同时信号处理器还将同步信号、纠错信号及电动机测速信号检出，将有关的控制信号送至控制系统。激光唱机中的信号分离与处理均采用大规模集成电路实现。

③ 伺服系统。伺服系统采用聚焦伺服电路和循迹伺服电路处理 CD 唱片转动中的误差及唱片误差。聚集伺服可保证 CD 唱片的信息区正好位于聚光镜的聚焦平面上，循迹伺服用来克服唱片加工精度不好所引起的误差。自动稳速伺服电路，通过测速传感器给出的校正误差信号来控制电动机，使之转动稳定。

④ 数/模转换电路。数/模转换电路又称 D/A 转换器，在激光唱机中也称 DAC，用于将激光拾音器送来的数字信号转换成音频模拟信号。D/A 转换电路输出的信号经滤波后，可直接送往放大器。

⑤ 控制系统和显示器。控制系统对激光拾音器等传送的数字信号进行分析，获得各种控制依据，并对电动机、伺服系统和显示器实施控制。

2. 激光唱机的分类

汽车CD机一般分为以下几种。

① 单片型汽车CD机。其主要与具有CD输入接口的汽车收放机相配合,特点是不改变原来汽车音响的形式,并可通过原来汽车音响的遥控(RemoteLine)电源线与CD机电源线接通,开启主机电源,CD机的电源同时接通。

② 通联型多碟汽车CD机。通联型汽车CD机分为两大部分:主机及多片CD机。通联型汽车CD机具有AM/FM/TAPE及CD控制功能,主机与多片CD机之间通过数据控制线和音频信号线相互通联。其特点是集CD放音、FM/AM收音为一体化,同时具备了磁带放音的功能,操作显示一目了然。CD机一般是6~12片连放,可放置在汽车上任意部位。

③ 射频输出(RF)型汽车多片唱机。RF型CD机通过FM射频信号将音频信号送到收放机上,故其可放置在汽车的任意位置,而且不改变原有仪表板的布局,不受音频信号线的限制。

RF型CD机FM波段频率一般设置有88.3 MHz和88.7 MHz两挡。在RF型CD机的转换盒中,采用晶振作为主振源,故频率稳定性极佳,而频率信号的幅度可用"SEL"键改变低、中、高档,以适应原来汽车收放机FM接收灵敏度较低者。

3. 激光唱机的安装

图8-6所示为索尼激光唱机的安装图。主机XR-7040安装在仪表板上,取代原来的收放机;CDX-70 CD换盘器有10张光盘可自动换片,一般安装在汽车行李箱内,也可安装在汽车其他空余地方。

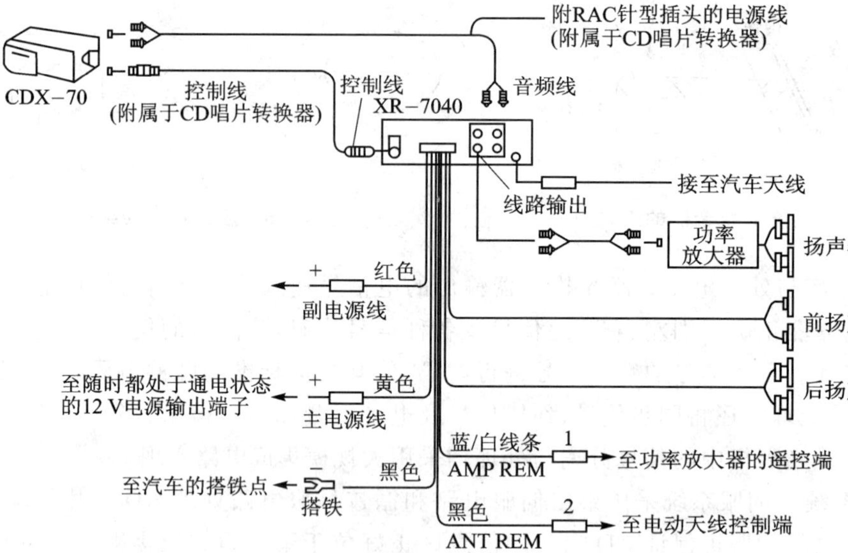

图8-6 索尼激光唱机的安装图

8.1.3 车载MP3

车载MP3,把MP3设备输出的音频信号,以无线发射方式发射到车载调频立体声收音设备中,车主只需将汽车收音机的频率设定为车载MP3的频率,或让收音机搜索到该频率即可进行播放。

1. MP3 的分类

目前，市面上销售的车载 MP3 一般有两种分类方法，具体如下。

① 从供电方式上分：有点烟器式车载 MP3 和带电池式车载 MP3（7 号电池或纽扣电池）。

② 从音源来源分：有独立音频接口式车载 MP3、U 盘式车载 MP3 和车载集成 MP3 播放器。

2. 车载 MP3 的优点

① 个性化：想听什么就听什么，内容完全由自己选择。

② 容量大：一个 128 MB 的 MP3 的存储量相当于 4 张 CD 的歌曲数量，而且车载 MP3 使用 128 Kbit/s 的压缩技术，从而保证了音质的效果。

③ 抗振性好：不需要对原车进行任何改装，也不必担心驾驶在崎岖不平的道路上时对汽车音响的损伤。

3. 车载 MP3 播放器举例

纽曼（Newsmy）C16 4 GB 车载 MP3 的外形如图 8-7 所示。

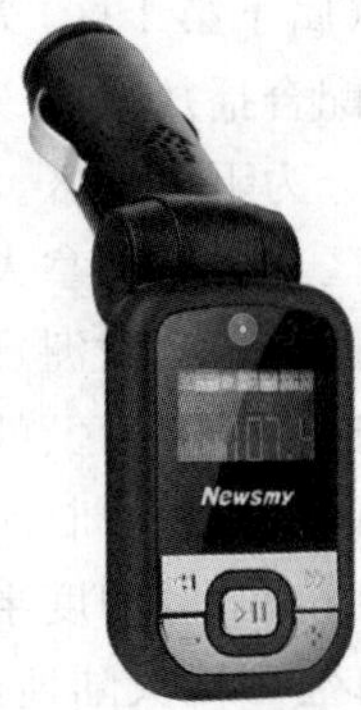

图 8-7　纽曼 C16 4 GB 车载 MP3

① 播放格式：MP3，WMA。

② 内置 FM 立体声无线音频发射，发射频率范围为 87.5～108.0 MHz。支持屏幕显示，可显示发射频率、歌曲序号、音量大小、音效模式。多种音效可选。具有断电记忆播放功能，方便快捷。红外线全遥控操作，可实现数字选曲、频率选择、音量大小调节、音效模式调节。前端可旋转，适合不同车内环境。

任务 8.2　车载 DVD 导航装置

8.2.1　车载 DVD 导航功能介绍

车载 DVD（Digital Video Disc，数字视频光盘）导航是一种具有 DVD 播放、以导航功能为主的车载主机，一般用来取代原车的 CD 主机。如果是专车专用设计，它的电源插头、音响线将与原车完全对插，不改变原车任何线路，并且外观、尺寸与原车风格统一，如图 8-8 所示。

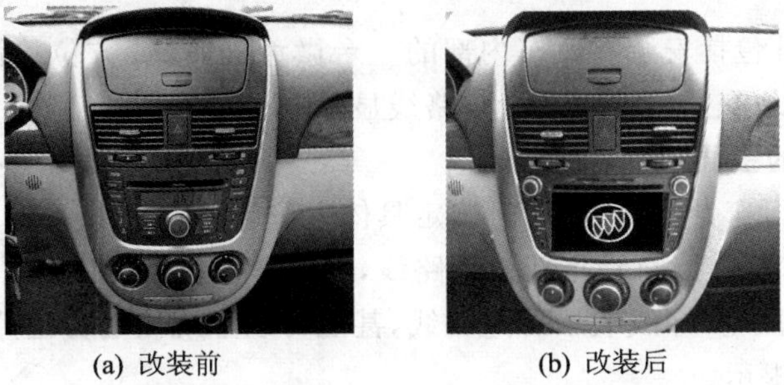

(a) 改装前　　(b) 改装后

图 8-8　别克凯越改装 DVD 导航对比图

车载DVD导航具有以下功能。

1. 影音播放

车载DVD导航既能够播放电影,也能随时聆听美妙的音乐。其具有的DVD功能类似于家用DVD,可以支持读取CD、HDCD、VCD、DVD、CD－R、WMA、MP3、JPEG、MPEG4等格式的碟片。一般DVD碟片的直径为12 cm。

DVD联盟将全世界依地理区域分为6个区,而每一部DVD及每一片DVD都会被锁定只能在某一区中播放(依产品贩卖的地区锁上相对应的区域码)。例如:台湾是属于第3区,因此在美国(属于第1区)买的DVD影片便无法利用在台湾买的播放机播放,也就是说,影片的锁码必须配合播放机的锁码(第1区的影片配合第1区的播放机),才能顺利地观赏影片!目前全球共分为下列6区。

第1区:美国、加拿大、东太平洋岛屿区。

第2区:日本、欧洲、西亚、阿拉伯半岛、埃及、南非、格陵兰。

第3区:台湾地区、韩国、东亚地区。

第4区:中南美洲、澳大利亚、新西兰、南太平洋岛屿。

第5区:非洲、印度半岛、中亚、蒙古、苏联地区。

第6区:中国大陆地区。

但是很多DVD导航仪具有全区解码功能,即可以读取以上6区的碟片。

2. 蓝牙免提功能

Bluetooh免提系统是直接通过多媒体系统拨号,而其蓝牙手机可放置在车内任何位置,因而得以保持双手紧握方向盘、双眼密切留意路况,即可享受免提通话的便捷。

3. 支持外接音源,如MP3接入

目前,已有多个品牌支持MP3接入。接入使车载DVD导航能同步MP3的音乐,能更好地享受音乐带给我们的美妙感。

4. 收音功能

随时随地听收广播,随时知道最新资讯。

5. 倒车后视功能

倒车雷达系统使用声呐传感器或者摄像装置,其作用是在倒车时,帮助司机"看见"后视镜里看不见的东西,或者提醒司机后面存在的物体。

8.2.2 汽车导航系统

汽车导航系统通常包括安装在汽车内部的一台微型计算机、方位检测器和显示器。该系统可将车辆位置、目的地交通情况以及行车路线显示在显示器上。

1. 汽车导航系统的主要功能

① 按照要求制定行车计划,并能随时确定具体方位。

② 遇到交通异常情况,能自动重新设计路线,并在彩色显示屏的地图上显示各种交通、状况,如果红线表示交通阻塞,绿线表示可选路线,甚至可以呈现出前方道路的实际图像。

③ 多语种的语言提示。

④ 提供相关服务信息(包括没人协助的意外事故)。

要实现以上的功能,关键技术在于全球定位系统(GPS)和汽车的轮速传感器。

2. GPS导航

目前,在汽车中应用最多的就是无线电导航系统——GPS导航系统。GPS(Global Positioning System,全球定位系统)是用来定位的,具体来说是通过在2万千米高空的美国的24颗卫星所发射的免费信号,通过接收设备确定用户的具体位置的系统。而是通过接收卫星信号,配合电子地图数据,适时掌握自己的方位与目的地方位。自主导航的模式不收取任何费用,用户可以根据自己的需要有选择地购买地图数据。

3. 常见导航地图

常见导航地图有3种,具体如下。

① 凯立德:占有大部分市场的品牌,为众最为熟悉的"3D魔方菜单"和"全景3D建筑",界面色彩吸引用户眼球。但是,在导航地图数据上没有道道通精准。

② 城际通:一键通的人工增值服务成为其主打亮点,其在导航地图市场上独具一格,盗版者寥寥无几,虽然表面上避免了被盗版的厄运,但是相应的在市场品牌推广上不如凯立德有名气。

③ 道道通:地图数据做得很精细,打着"正版"地图数据的旗号,理论上制图精度最高可达到3米之内。如果谈到路径规划方面,比城际通稍为逊色一点。

任务8.3　倒车雷达与行车记录仪

8.3.1　倒车雷达

倒车雷达,又称泊车辅助系统,或称倒车电脑警示系统,是汽车泊车或者倒车时的安全辅助装置,由超声波传感器(俗称探头)、控制器和显示器(或蜂鸣器)等部分组成,如图8-9所示。它能以声音或者更为直观地显示告知驾驶员周围障碍物的情况,解除了驾驶员泊车、倒车和启动车辆时前、后、左、右探视所引起的困扰,并帮助驾驶员扫除了视野死角和视线模糊的缺陷,提高驾驶的安全性。

现在市面上的倒车雷达大多采用超声波测距原理,驾驶者在倒车时,将汽车的挡位推到R挡,启动倒车雷达,在控制器的控制下,由装置于车尾保险杠上的探头发送超声波(见图8-10),

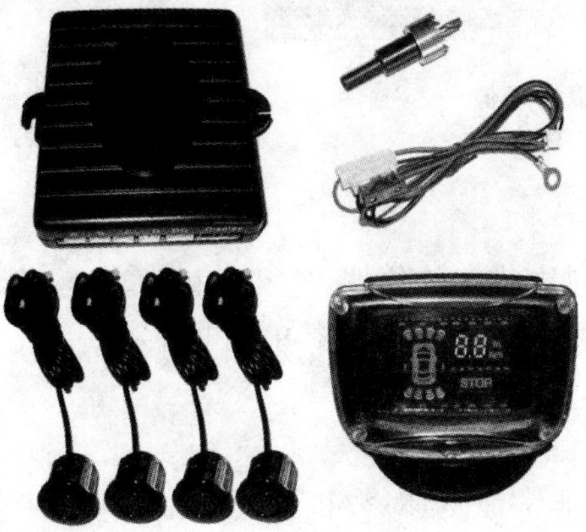

图8-9　倒车雷达

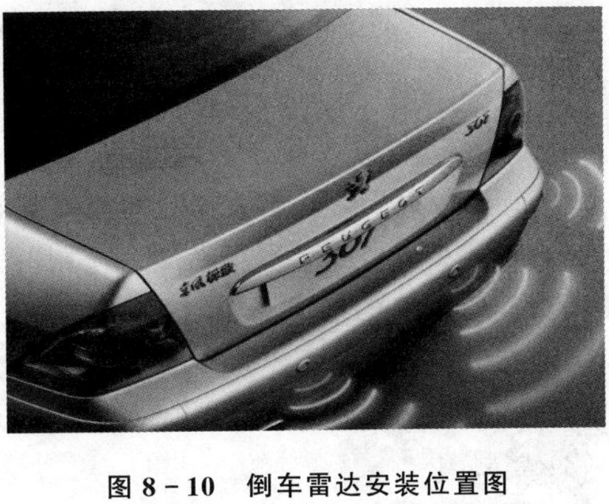

图8-10　倒车雷达安装位置图

遇到障碍物,产生回波信号。传感器接收到回波信号后经控制器进行数据处理,从而计算出车体与障碍物之间的距离,判断出障碍物的位置,再由显示器显示距离并发出警示信号,从而使驾驶者倒车时不至于撞上障碍物。整个过程,驾驶者无须回头便可知车后的情况,使停车和倒车更容易、更安全。

有些车辆安装了倒车后视镜,镜头可以将汽车后的图景传送到主机界面,在车内的显示屏上可以直接看到后方的物体和距离,方便驾驶者准确倒车,比倒车雷达更为先进。后视镜头如图 8-11 所示。福特嘉年华装在汽车后牌照灯位置如图 8-12 所示。安装后视镜的倒车影像如图 8-13 所示。

图 8-11　后视镜头

图 8-12　倒车后视镜安装位置

图 8-13　倒车后视镜的影像

8.3.2　行车记录仪

行车记录仪,顾名思义,就是记录行车过程中的周边状态的仪器,这和飞机的黑匣子类似。行车记录仪其实就是一个固定在车上使用的、一直工作的摄像机,如图 8-14 所示。

1. 行车记录仪的用途

(1) 事故举证

有了实时的录像回放,事故过程和责任的判定就非常清楚,对方再无法抵赖。

(2) 学习驾驶

新手开车过程中常会有对各种事件处理不当的现象。因为是在行车途中,陪驾教练无法详细分析解说，以免影响后续驾驶。有了录像，就可以事后反复回放，细致分析，举一反三，将一个问题讲透，对提高驾驶技术有很大的帮助。

(3) 记录风景

自驾旅游，沿途美景很多，却都转瞬即逝。有了录像，就可慢慢回味，长久保存。

2. 行车记录仪的功能要求与参数

行车记录仪具有基本的摄像录像功能，同时要满足固定在车上长期使用并能自动工作的要求。

3. 功能参数

① 行车记录仪常见的是 90°～140°的对角线视角。角度大的广角镜头能拍摄到更宽的范围，能将车头两侧都拍进画面，更为全面，如图 8－15 所示。

图 8－14　PAPAGO P0 行车记录仪

图 8－15　行车记录仪所见图像

② 录像帧频一般达到 30 即可满足要求。

③ 视频数据编码有很多种，低端产品常采用 M-jpeg 编码，数据量大而画质较差。采用 H.264 编码可以在保持较高画质的同时有较大的数据压缩率，同样时长的录像文件更小，效果更好。

④ 行车记录仪必须能支持循环记录。当存储卡录满时，自动删除早期文件，保留最后的影像。

⑤ 行车记录仪总是分段保存录像文件的。时间段之间可能会有数秒的间隔不被记录，这将有可能丢失关键内容。用优质高速存储卡可缩短漏秒时长，而新型的双核记录则可以实现无漏秒。

⑥ 行车记录仪必须能随汽车点火自动开机，自动录像。汽车熄火则在数秒后自动停止录像，并保存文件，不丢失数据。

⑦ 为了减少不必要的数据记录，行车记录仪一般都能支持移动侦测。镜头前画面有变化时自动录像，静止无变化时自动停止。

⑧ 带有显示屏的行车记录仪可以不借助别的设备随时回放录像，对于现场应急很有帮助。显示屏还能方便功能设置，随时调整机内时间。有些无屏但带有 AV 输出的，可借助 GPS 等设备通过 AV 连接回放录像。

⑨ 其他方面，必须能用车载电源边充电边录像工作，要有画面时间戳叠加功能，支持的存储卡容量要尽量大，等等。

任务8.4　汽车音响

8.4.1　音响效果的四大要素

声音的组成含有多种成分，其中音调、音色、音量及音品是决定音响效果的四大要素。音调由声波的频率所决定，音色由声波的频谱所决定，音量由声波的振幅所决定、而音品是由声波的波形所决定。

1. 音　调

声音频率的高低主要与音源每秒振动的次数有关，是人耳对音调高低的主观评价尺度。音调低表示振动频率低，声音显得低沉；音调高，表示振动频率高，声音就尖刺。

2. 音　色

音色是声音的色彩和特点，不同的人和不同的乐器会发出各具特色的声音，可以说它与声源振动的频谱有关，如果说音调是单一频率的象征，那么音色则是由多种频率所组成的复合频率的表现。

3. 音　量

声音的强度或响度，标志声音的强弱程度。它主要与声源振动幅度的大小有关，太弱了听不见，太强了会令人受不了。从电气性能考虑，声音开得太大还会引起失真。

4. 音　品

音乐中使用的声音，其谐波组成和波形的包络，包括起始和结束的瞬态，确定了乐音的特征，称为音品，也有人把音品与音色统称为音色。任何声音都有一个成长和衰变的过程，这个过程决定声音的音品。实际上，音品不同时对其声谱也有差异，主要表现在谱线的强弱分布不同。所以，可以认为音品和音色都是由声谱结构确定的，也有的把两者结合起来称为音品。

8.4.2　音质的五要五不要

音质是选择音响最重要的一个因素，它包含音区、音高、音色三方面。一般情况下，越高档的机型音质就越好。各个牌子之间的差别一般体现在音色方面，如有的清晰、温暖、甜阔，有的则是冷静型，所以应该选择自己所喜欢的类型机种。

提高音质是整体工程。在建立音响系统时，各个器材的搭配应当保持风格基本一致，否则可能造成外观、功能、使用、指标等方面的不协调。

1. 要CD、MD，不要FM、MP3

如果只用来播放声音，主机还是选择CD、DVD。因为FM的音质较差，最好不用；MP3属于压缩格式，虽然增加了音质处理电路，但音质仍不如CD；DVD的音质接近CD，但整体比较仍不如CD。

2. 要"原汁原味"，不要均衡器(如影院模式、耳机模式等)

主机应选用对信号无任何修饰的机型，即所说的"原汁原味"。信号经过修饰后，其波形产生畸变，所以播放出来的音乐不理想。"原汁原味"的主机最好没有图示均衡器、场效(如剧场、广场、播音室等)，对场效进行修饰后，原有的信号会产生变化，失去了原来的音质。

3. 要 24 bit，不要 1 bit

选择机型要看频响指标，不带任何附加修饰音质的功能。音响店销售的 CD 唱片标签上注明 20 bit 和 24 bit。20 bit 和 24 bit 高解析力才能使音乐得到充分展现。普通音响多为 1 bit，发烧级音响多采用高 bit，只有在这样的机器上播放，才会表现出音乐的细腻程度。

4. 要大功率，不要失真

如果用主机直接推动扬声器，要选择输出功率高的。现在主机输出功率一般在 4×50 W（可直接驱动 4 个 50 W 扬声器），主要是降低失真。如果用主机的前置输出，要选择输出电平高的，目的是为了提高信噪比，输出电平一般在 2 V，最好选择 4 V 输出。顺便说一下，CD 唱片要选用正品，用盘面上印有“DDD”的最好，这种 CD 唱片制作出来的音质好。

5. 要考虑升级方便，不要图便宜

不要刻意追求过多的功能，只要器材的功能满足基本要求就可以了，但也不要图便宜，漏掉自己所需要的基本功能。器材的输入、输出端口要事先考虑好，随身听、游戏机、手持 DVD、电脑、免提电话等都可以通过预设的端口输入；输出端口也要考虑左、右、前、后，低音，以免日后升级使用不方便。

8.4.3　音响的改装升级

汽车音响分为原装音响和改装音响两大类。原装音响是汽车生产厂配套制定的产品，安装稳固，功能简单，价格低廉。有些汽车用户为了欣赏到更优质的音乐，增加音响功能，往往对原车音响进行改装升级。改装音响成本相对较高，大多采用品牌产品，产品样式多，能够体现车主的个性，但是会受到汽车预留尺寸的影响。

音响的改装升级大体上分以下步骤。

① 最经济的升级办法就是将现有的原厂扬声器更换为更高素质的扬声器，制造汽车音响扬声器的厂家非常多，日本的阿尔派、先锋、索尼、中道、松下，荷兰的飞利浦和美国的 JBL 都是不错的品牌。

② 如果更换了扬声器后感到重播效果不佳，或者需要更强劲的低音，那么就要增加功放。增加功放再配以超低音系统，将对低频重播有立竿见影的效果。在功放的选择上，并不是功率越大越好，价格越贵越好，对功放的选择是不能离开扬声器而想当然的。总的来说，功放瓦数的选择要较扬声器所能承受的高一些，这样才能保证重放时后劲十足。

③ 如果在更换了扬声器和功放之后，仍旧觉得效果不能达到最佳，那么只有从主机、功放到扬声器全部彻底升级。

1. 音响选购注意事项

在音响选购时要注意以下几点。

① 价格平衡。例如一部价格为二三十万元的轿车通常车内噪声较小，车体较厚，隔音效果不错，这时搭配一套价格在 2 万元左右的高档机丝毫不足为过。

② 搭配平衡。搭配汽车音响时一定要考虑整套音响各个组成部分的平衡，即主机、功放、扬声器和线材等都要进行恰当的选择，不可偏废。

③ 大功率输出。在一套音响系统中，主机或功放的输出功率一定要大，因为它们的输出功率越大，表明它们能够控制的音频线性范围越大，这也就意味着其驱动扬声器的能力越强。

另外，在选择主机时，也应考虑到将来系统的升级。

安装汽车音响的确不是一件简单的事情。“三分器材七分装”,即要求技师对汽车电路和音响电路要非常熟悉,不能因为安装音响而影响车的性能,也不能留下安全隐患。

2. 音响安装注意事项

安装汽车音响应注意以下几点。

① 器材搭配的风格要统一。汽车音响大致可分为两大流派:音质型,即以古典音乐、交响乐为主;劲量型,以流行音乐、摇滚乐为主。主机、功放和扬声器都应按同一风格配置。例如,法国劲浪(Focal)扬声器和意大利欧迪臣(Audison)功放相匹配。

② 选择线材要注意屏障。线材分为信号线、电源线和扬声器线。最好是选用高导电率和外支包有PVC、PE、PP等材料的线材。

③ 使用镀金保险座可防止短路。

④ 定位调试,使其发挥潜能。一些音响在改装后的收音效果不好、声场错位、相位错误等问题都要在试音过程中校正。

3. 音响的布线安装

由于汽车音响系统的听音环境对听音效果产生很多不利影响,因此对汽车音响系统的安装布线提出了更高的要求。

(1) 汽车音响配线的选择

① 汽车音响线材的电阻越小,在线材上消耗的功率越少,则系统的效率越高。即使线材很粗,由于扬声器本身的原因也会损失一定的功率,而不会使整个系统的效率达到100%。

② 线材的电阻越小,阻尼系数越大;阻尼系数越大,扬声器的赘余振动越大。

③ 线材的横截面面积越大(越粗),电阻越小,该线的容限电流值越大,允许输出的功率越大。

④ 电源保险的选择。主电源线的保险盒越靠近汽车蓄电池越好,保险值大小为

保险值=(系统各功放的总额定功率之和×2)/汽车电源电压平均值

(2) 音频信号线的布线

① 用绝缘胶带将音频信号线接头处缠紧,以保证绝缘。当接头处和车体相接触时,可产生噪声。

② 保持音频信号线尽可能短。音频信号线越长,越容易受到噪声信号的干扰。注意:如果不能缩短音频信号线的长度,超长的部分要折叠起来,而不是卷起。

③ 音频信号线的布线要离开行车电脑单元和功放的电源线至少20 cm。如果布线太近,音频信号线会拾取到感应噪声。最好将音频信号线和电源线分开布在驾驶座和副驾驶座两侧。注意:当靠近电源线、微型计算机单元布线时,音频信号线必须离开它们20 cm以上;如果音频信号线和电源线需要互相交叉时,建议最好以90°相交。

(3) 电源线的布线

① 所选用电源线的电流容量值应等于或大于和功放相接的保险管的值。如果采用低于标准的线材作为电源线,会产生交流噪声,并且严重破坏音质。

② 当用一根电源线分开给多个功放供电时,从分开点到各个功放布线的长度和结构应该相同。当电源线桥接时,各个功放之间将出现电位差,这个电位差将导致交流噪声,从而严重破坏音质。当主机直接从电源供电时,会减少噪声,提高音质。

③ 将电源(蓄电池)接头的脏物彻底清除,并将接头拧紧。如果电源接头很脏或没有拧

紧，接头处就会有接触电阻，而接触电阻的存在会导致交流噪声，从而严重破坏音质。

④ 当在汽车动力系统内布线时，应避免在发电机和点火装置附近走线，发电机噪声和点火噪声能够辐射入电源线。当将原厂安装的火花塞和火花塞线缆更换成高性能的类型时，点火火花更强，这时将更易产生点火噪声。

⑤ 在车体内布电源线和布音频线所遵循的原则一致。

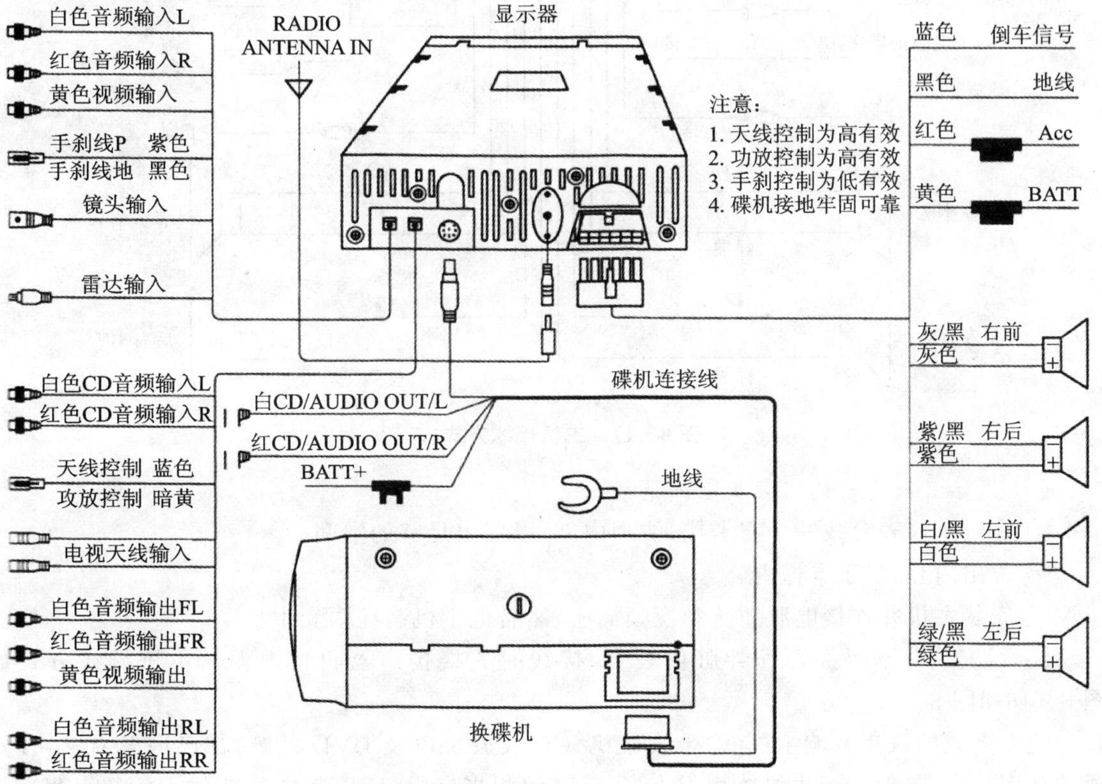

图 8－16　主机接线方式（一）

（4）接地的方法

① 用砂纸将车体接地点处的油漆去除干净，将接地线固定紧。如果车体和接地端之间残留车漆，就会使接地点产生接触电阻。和上面所述脏污的电源接头类似，接触电阻会导致交流噪声的产生，从而严重破坏音质。

② 将音响系统中各个模块的接地集中于一处。如果不将它们集中于一处接地，音响各组件之间存在的电位差会导致噪声的产生。注意：主机和功放应该分别接地。

③ 当系统消耗电流很大时，蓄电池接地端一定要牢固。提高电源接地性能的方法是，在电源和接地间用粗直径的线材布线，如绞股线，这样做能够加强连接，有效地抑制噪声并提高声音质量。

④ 不要靠近行车电脑布线。请记住，主机接地点靠近行车电脑的接地点或固定点时，会产生行车电脑噪声。

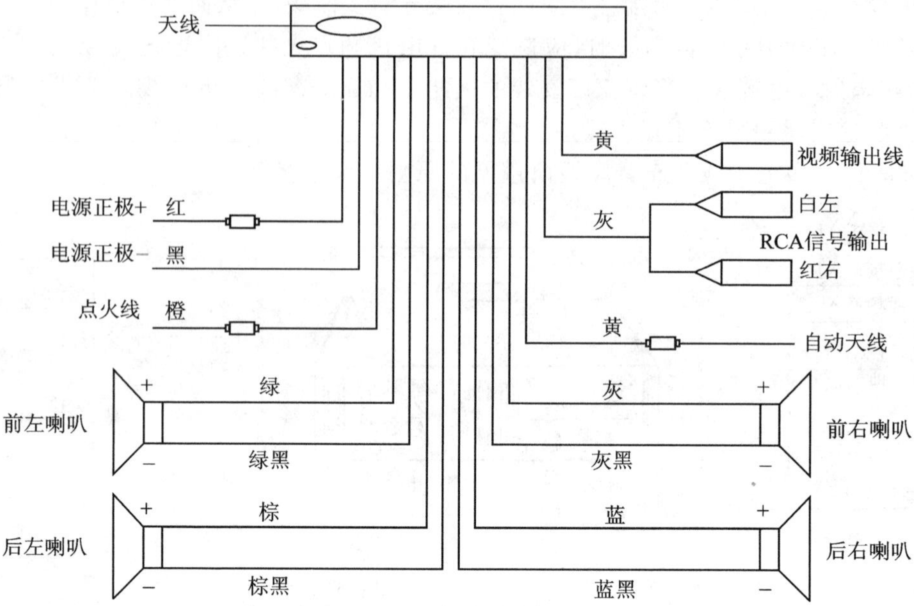

图 8-17　主机接线方式(二)

(5) 汽车音响主机的安装步骤如下

① 在汽车仪表台找一个空卡槽,清理内部,以留出足够的空间。

② 取出内套,装于卡槽内。

③ 安装主机并连接电源插座和视频插座,然后把主机装在内套中。

注意:安装时不可损坏和弄脏仪表台,接线时先接扬声器再接电源。主机接线方式如图 8-16和图 8-17 所示。

绝大多数的汽车音响主机(磁带收放机、CD 收放机以及 DVD 机等)都已内置有 2～4 声道的功率放大器,但由于主机体积很小,内部空间相当有限,所以其内置功放一般都以集成电路构成。

一般汽车都配置有立体声音响系统,而多数低档汽车音响是不带扬声器保护功能的,每次开关机时扬声器都有较大的冲击噪声,造成的后果是大大缩短扬声器音圈的使用寿命。为汽车音响加装扬声器保护电路可以对其进行有效的保护。

扬声器保护电路的工作原理如图 8-18 所示,主要由重点电位检测电路、延时电路及继电器等组成。其工作过程如下。

① 接通音响电源的瞬间,因电容 C_3 两端电压不能突变,可视为短路,则此时基电路 5G7555 的 2、6 脚电位高于 $2/3V_{cc}$,故 5G7555 处于复位状态,3 脚输出低电平,晶体管 VT_8 截止,继电器 JK 常开触点不动作。同时+12 V 电压通过电阻 R_4 向电容 C_3 充电,延时约 5s 后 5G7555 的 2、6 脚电位降低至 $1/3V_{cc}$,5G7555 被触发,3 脚由低电平变为高电平,晶体管 VT_8 导通,继电器 JK 得电,常开触点闭合,从而实现了延迟一段时间将扬声器接入功放,彻底消除了开机时大电流对扬声器的冲击。

② 关闭音响电源时,+12 V 电压很快消失,但功放输出信号并没有立即消失,同样避免了关机过程产生的冲击噪声。

③ 当功放工作异常或者意外损坏而导致中点电位过高(高于 1.8 V)时,经 R_1/R_2、C_1、C_2 滤波及 VD_1～VD_4 整流,1～2 s。晶体管 VT_7 导通,5G7555 被直接复位,3 脚输出低电平,晶体管 VT_8 截止,继电器 JK 失电,常开触点跳开,将扬声器与功放断开,有效地保护了扬声器不受损坏。

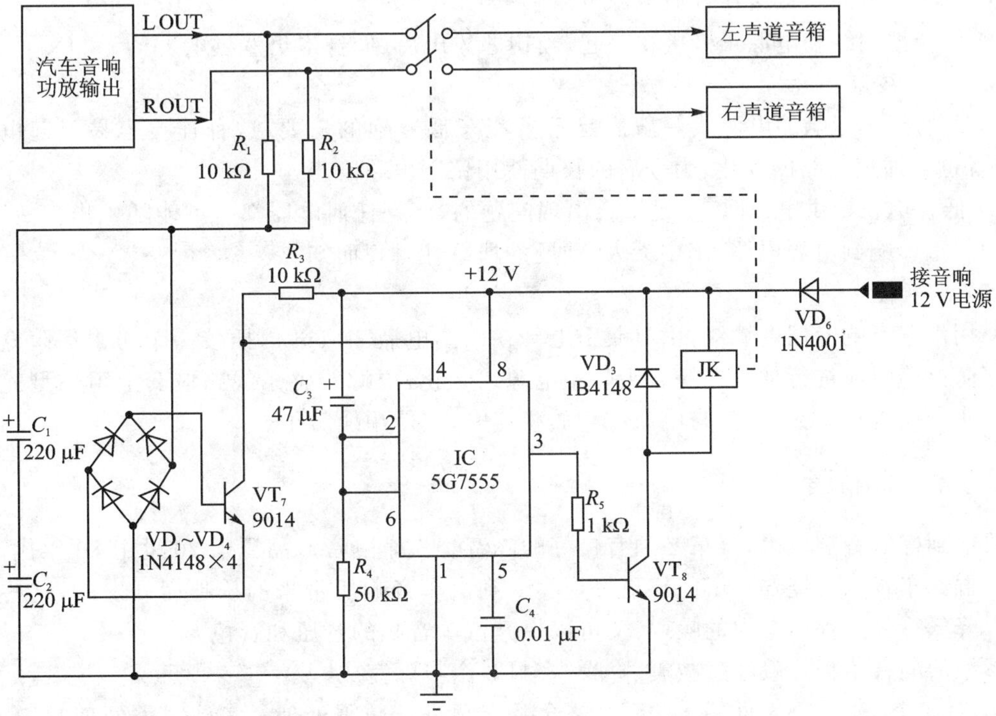

图 8-18　扬声器保护电路

8.4.4　音响改装实例

下面以两个汽车音响改装实例来介绍改装配置以及改装问题的纠正。

【实例 8.1】捷达汽车音响改装配置实例。

捷达原车音响是收音与 CD 二合一的系统,前车门采用 4 寸同轴扬声器,后背采用 5 寸同轴扬声器,由机头推动。听起来声音发散、发闷,低音不够清脆,高音伴随着“咝咝”的噪声且含糊不清,感觉硬且刺耳,音量开大时发浑。

如果车主喜欢听流行音乐和交响乐,可考虑如下配置。

① CD 后级采用美国品味的 RODEK“乐迪”。

② 捷达车前车门扬声器位置在下方,尽可能采用 6 寸的扬声器,它对中、低频的还原效果更厚、更实。

③ 在前车门上方装上高音扬声器做声场定位。

④ 后声场扬声器仍安装在原来的位置,口径改为 6 寸扬声器,使声场分布平衡。

⑤ 前声场声压略大于后声场声压,使声音感觉是从前挡风玻璃出来的。

⑥ 为了满足低音真实重放的要求,在后备箱内装上重低音音箱。

以上配置投入不到 7 000 元。试听打碎玻璃的感觉时,声音干净利落,清晰逼真;试听歌曲时,中频明亮清新,浑厚流畅,丰满悦耳;演绎交响乐时有荡气回肠、扑面而来的冲击感。能让车主有焕然一新的感觉。

【实例8.2】北京现代索纳塔音响加装低音炮的问题与纠正。

(1) 易出现的错误

① 低音炮电源直接接在普通电源电路中。

② 低音控制线和电源正极接在一起,当钥匙拔出后,低音炮仍然供电。

(2) 上述安装的危害

① 普通汽车音响的电源线一般满足不了汽车低音炮的需要,这种连接容易引起电路短路,轻者也会加速电路的老化,为今后的长期使用留下电路隐患。

② 低音炮长期供电,理论上是不会出现问题的,但是任何电器都有可能随机出现故障,一旦问题严重影响到电源电路,车中无人,问题的严重性可想而知。

(3) 正确接法

使用汽车音响专用电源线,由电瓶引电。在距离电瓶30 cm内插接一个防水保险盒。电源线穿防火墙时应进行加强绝缘。为防止电源线老化,电源线整条线路应套上阻燃型蛇皮套管。接头处应进行刷锡处理,与电瓶或功放相连时,应使用线鼻子。

8.4.5 汽车隔音

要达到好的音响效果,汽车必须有良好的隔音。汽车隔音产品源于20世纪80年代末,由美国一群汽车音响发烧友为了能够更好地享受到汽车音响所带来的乐趣而开发的,这些产品既可以降低行驶过程中车内的噪声,又可以提升汽车音响的音压和音色。

系统的隔音工程一般经过减震、降噪、密封3个步骤完成。

① 对4个车门、后备厢、车地板、引擎仓及车顶进行减震处理。实施减震处理时,有主次之分:首先是车门和后备厢,因为绝大部分噪声是通过汽车的悬挂系统、后备厢、底盘、车门等部位传入车内的;其次是车地板和引擎仓;最后是车顶。

② 对全车进行吸音、降噪处理。

③ 对车内进行密封处理。

对车内进行密封处理时,不要过度密封,因为车体密封工程是解决由外向内传播噪声的基础工程,应做到车体良好密封,使车内气压保持平衡,否则,过度密封能造成车内缺氧,给驾驶员的身体带来危险。

由于车内噪声不易集中治理,因此,对施工产品的质量和施工技术有较高的要求。一般情况下,专业的声学产品属较好的隔音产品,这包括隔音垫和吸音棉两种材料,隔音垫粘贴在车体产生振动的部位,而吸音棉能吸收减震胶对付不了的杂振产生的噪音。通常情况下,实施汽车隔音工程时,需要贴一层隔音垫和一层吸音棉。图8-19所示为全车进行隔音。

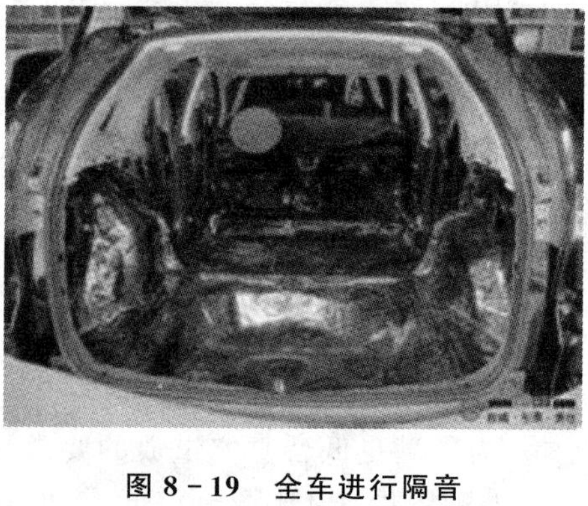

图8-19 全车进行隔音

一般的隔音工程施工后,能使噪声降低2~3 dB,好的材料能使车内噪声降低5~8 dB,最好的情况下，能降低 13 dB，如果施工人员告诉您能降低 20 dB，甚至更多，那就该注意是不是被忽悠了。另外，只做挡火墙是达不到较好的隔音目的的。

任务 8.5　车载影音系统的故障及维修

1. 在用 GPS 的时候，经常会出现搜索信号很久，或者信号不稳定，或者信号经常中断的情况，这是什么原因？

答：天线的安装位置是影响定位的关键，尤其是车辆已经装了防爆膜。GPS 只要搜到 3 颗以上就可以定位，GPS 的搜星与很多因素有关，大气的对流层、电离层及地面高大的建筑物都会影响 GPS 对信号的接收。如果你在峡谷中或者两边高楼林立的街道上，或者在茂密的丛林里，你可能不能接收到卫星信号，从而无法搜星定位。

2. 放入 DVD 碟片后，为什么不能播放？

答：DVD 碟片放反、被刮伤、变形、太脏都可能导致碟片无法播放。首先判断更正碟片方向，光源面朝下插入碟仓，清洗光碟并用软布擦干净，然后试验能否读出。如果不能读出，请更换另外一张碟片（最好是 CD 碟片）试验一下能否读出，如果可以读出，使用另一张 DVD 碟片试验一下能否读出，判定是否与碟片有关。如果 CD 碟片可以正常读出，DVD 任何碟片都不能读出，即可初步可以判断机芯故障。

3. 只读 VCD、CD，或者 DVD 类碟片。

答：出现这种故障，多为激光头损坏，通常更换激光头即可排除故障。

4. 放碟片时，噪音很大，多次更换碟片不能解决。

答：首先排除碟片变形的可能。机芯内是否有异物，若有，取出异物即可；然后查看；最后，机身的变形也会引起读碟有噪音。

5. 机子在读碟的时候晃动得很厉害。

答：一般是碟片的质量有问题，变形、厚薄不一致等，换一张好的碟片即可。

6. 播放 DVD 时出现死机现象。

答：一般是碟片数据丢失，导致机芯无法读取数据，运行画面停止，把钥匙关掉，过一段时间后再打开钥匙，取出碟片即可。

7. CD 播放过程中有大量杂音，播放过程中突然停止。

答：请检查光盘是否有划痕或翘曲，或污垢严重，或沾有雾气、水滴。

项目评定

1. 选择题

决定音响性能的重要因素有（　　）。

A. 扬声器口径　　　　B. 扬声器安装方法

C. 扬声器安装位置　　D. 前面 3 种都是

2. 判断题（对打“√”，错打“×”）

（1）调频信号的抗干扰性比调幅信号好。（　　）

（2）车载主机中能读 DVD 的主机比只能读 CD 的主机声音解析效果好。（　　）

(3) 车载MP3必须通过音频线才能将声音传输到汽车音响。 ( )

(4) 倒车雷达只能大概判断距离障碍物的距离,只有依靠倒车后视镜才能准确判断。 ( )

(5) 行车记录仪需要使用大内存卡并定期清理内存卡中的记录,不然录满以后系统停止记录。 ( )

(6) 使用汽车音响听歌时,要根据不同的歌曲类型选择不同的均衡器效果。 ( )

(7) 音响布线时,对于线材的要求不高,普通的家用电线即可满足要求。 ( )

(8) 音响线材的横截面积越大,电阻越小,通过的电流越大,输出的功率越大。 ( )

(9) 汽车隔音施工后可以更好地感受音响效果。 ( )

3. 简答题

(1) 汽车音响系统的组成。

(2) RDS的优点。

(3) 导航系统的分类。

项目9　车用空调系统

【项目要求】

- 了解汽车空调系统的功能、制冷剂、冷冻机油的特性。
- 掌握汽车空调的基本原理、组成。
- 了解汽车空调的控制方法。
- 掌握汽车空调的维护和检修方法。

【项目解析】

目前，现代汽车上大都装配了车用空调系统（简称为车用空调）。汽车上配备空调的作用是对车室内的空气温度、湿度、流速和清洁度等参数进行调节，为乘客提供良好、舒适的乘坐环境，以减少乘坐疲劳；同时，预防或去除风窗玻璃上的雾、霜、冰雪和改善驾驶员的劳动条件，有利于驾驶员的身体健康和安全行车。通过本项目的学习，学生能够掌握空调的结构、原理以及空调的使用和维护等知识。

任务9.1　车用空调系统的结构和原理

车用空调有多种类型，按空调功能分有单一功能型和冷暖一体型，按压缩机的驱动方式分有独立式空调和非独立式空调。本任务通过常见的非独立式空调讲解空调的结构和原理，使学生能够掌握车用空调的原理及结构。

9.1.1　车用空调的类型

一般汽车空调系统的分类有以下几种方式。

1. 按空调功能分

按空调功能分为单一功能型和冷暖一体型。

① 单一功能是指制冷、暖风各自独立，自成系统，一般用于大、中型客车上。

② 冷暖一体型是指制冷、暖风合用一个鼓风机、一套操纵机构。这种结构又分为制冷、暖风可同时工作两种方式，多用于轿车上。

2. 按压缩机的驱动方式分

按压缩机的驱动方式分为非独立式汽车空调系统和独立式汽车空调系统两种。

(1) 非独立式汽车空调系统

空调制冷压缩机由汽车本身的发动机驱动，汽车空调系统的制冷性能受汽车发动机工况的影响较大，工作稳定性较差。尤其是低速时制冷量不足，而在高速时制冷量过剩，并且消耗功率较大，影响发动机动力性。这种类型的汽车空调系统一般用于制冷量相对较小的中、小型汽车上。

(2) 独立式汽车空调系统

空调制冷压缩机由专用的空调发动机（也称副发动机）驱动，汽车空调系统的制冷性能不受汽车主发动机工况的影响,工作稳定,制冷量大,但由于加装了一台发动机,不仅成本增加,而且体积和质量也增加了。这种类型的汽车空调系统多用于大、中型客车上。

9.1.2 车用空调系统的组成与作用

(1) 车用空调系统的组成

车用空调系统主要由制冷系统、暖风系统、通风系统、空气净化系统和控制系统等组成。

(2) 车用空调系统的作用

① 制冷系统。制冷系统的作用是对车室内的空气(或外部进入车室内的新鲜空气)进行冷却或除湿,使车室内的空气变得凉爽舒适。

② 暖风系统。暖风系统主要用于取暖,对车室内的空气(或外部进入车室内的新鲜空气)进行加热,达到取暖、除湿的作用。

③ 通风系统。通风系统的作用是将外部新鲜空气吸进车室内,起到通风和换气的作用。同时通风对预防或去除风窗玻璃上的雾、霜、冰雪起着良好的作用。

④ 空气净化系统。空气净化系统的作用是除去车室内空气中的尘埃、臭味、烟气及有毒气体,使车室内的空气变得清新。

⑤ 控制系统。控制系统的作用是对制冷和暖风系统的温度、压力进行控制,同时,对车室内空气的温度、风量、流向进行控制,使车用空调系统的工作更加完善。

9.1.3 汽车空调的性能评价指标

① 温度指标。温度指标是最重要的一个指标。人感到最舒服的温度是20～28 ℃,超过28 ℃,人就会觉得燥热。超过40 ℃,即为有害温度,会对人体健康造成损害。低于14 ℃,人就会感到“冷”。当温度下降到0 ℃时,会造成冻伤。因此,空调应控制车内温度夏天在25 ℃,冬天在18 ℃,以保证驾驶员正常操作,防止发生事故,保证乘员在舒适的状况下旅行。

② 湿度指标。湿度指标用相对湿度来表示。因为人觉得最舒适的相对湿度在50%～70%,所以汽车空调的湿度参数要求控制在此范围内。

③ 空气的清新度。由于车内空间小,乘员密度大,在密闭的空间内极易产生缺氧和二氧化碳浓度过高。汽车发动机废气中的一氧化碳、道路上的粉尘及野外有毒的花粉都容易进入车厢内,造成车内空气混浊,影响乘车人员身体健康。这样汽车空调必须具有对车内空气进行过滤的功能,以保证车内空气的清新度。

④ 除霜功能。由于有时汽车内外温度相差太大,会在玻璃上出现雾式霜,影响司机的视线,所以汽车空调必须有除霜功能。

⑤ 操作简单、容易、稳定。汽车空调必须做到不增加驾驶员的劳动强度,不影响驾驶员的正常驾驶。

9.1.4 制冷剂与冷冻机油

制冷剂是空调系统制冷回路里循环的工作介质,对制冷剂使用有严格的要求。

1. 制冷剂

(1) 对制冷剂的要求

① 制冷剂能与冷冻机油互溶,不起化学反应,不改变润滑油的特性。

② 制冷剂不易燃烧、不易爆炸、无毒、无刺激性，对金属和密封件无腐蚀作用。

③ 在蒸发器内易蒸发，蒸发温度低。蒸发压力应稍高于大气压力，防止制冷系统产生负压而吸进空气，影响制冷效果。

④ 冷凝压力不宜太高，否则对制冷设备、管路的要求提高，同时引起压缩机的功耗增加。

⑤ 制冷剂在高温下要求不容易分解，化学性能稳定。

(2) 制冷剂的种类

当前通用的制冷剂为 R134a。制冷剂 R134a 又称无氟制冷剂（不含 CL 分子，实际应称无氯制冷剂），是四氟乙烷（分子式为 $C_2H_2F_4$），代号为 R134a。该制冷剂的特点是：热力学性质好，易蒸发、易冷凝，物理化学性质稳定，安全性好，无色、无味、不燃烧、不爆炸、无腐蚀性，不破坏大气臭氧层，蒸发潜热高、定压比热大，具有较好的制冷能力。早期曾使用制冷剂 R12（又称氟利昂），因为对大气臭氧层有破坏作用，故被淘汰，其性质与 R134a 类似，故当添加制冷剂 R134a 时，习惯仍称为加氟。

R134a 与矿物油不相溶，使用 R134a 制冷剂不能使用矿物油作冷冻机油。

2. 冷冻机油

车用空调压缩机使用的润滑油叫作冷冻机油，是一种能在高、低温工作情况下都能正常工作的特殊润滑油。

(1) 对冷冻机油的要求

① 冷冻机油的凝固点要低，在低温下应具有良好的流动性。

② 冷冻机油应具有一定的黏度，受温度的影响要小。

③ 冷冻机油与制冷剂的溶解性要好。

④ 冷冻机油的闪点温度要高，具有较高的热稳定性（在高温下不氧化、不分解、不结胶、不积炭）。

⑤ 冷冻机油的化学性能要稳定，与制冷剂、密封件、金属和其他材料不起化学反应。

(2) 冷冻机油的作用

空调系统压缩机使用的冷冻机油又叫润滑油，它是一种能在高、低温工况下正常工作的特殊润滑油。

① 润滑作用。能润滑压缩机内的轴承、活塞、活塞环、连杆和曲轴等运动零部件表面，减少运动阻力和磨损，降低压缩机的功率消耗，延长压缩机的使用寿命。

② 冷却作用。能及时带走运动零部件表面摩擦产生的热量，防止压缩机内温升过高而烧坏压缩机。

③ 密封作用。润滑油渗入到压缩机各摩擦件的密封面中形成油封，起到阻止制冷剂向外泄漏的作用。

④ 降低压缩机的噪声。润滑油不断冲洗压缩机各摩擦表面，带走磨屑。同时，润滑油在各运动处形成油膜，减小配合间隙。

9.1.5　车用空调制冷系统的构造与工作原理

1. 车用空调制冷系统的组成

尽管车用空调系统的类型多种多样，但其结构与工作原理基本相同。车用空调的制冷系统一般由压缩机、冷凝器、贮液干燥器、膨胀阀、蒸发器、电风扇、鼓风机和控制装置等组成，如

图 9-1 所示。

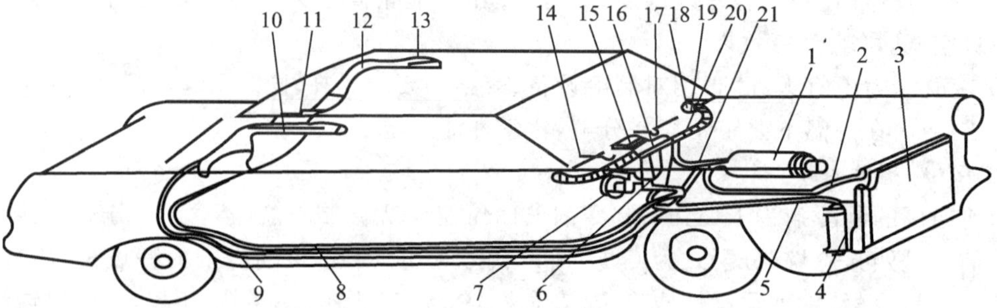

1—压缩机;2—高压排气管路;3—冷凝器;4—贮液干燥器;5—前高压管路;6—膨胀阀;
7—前鼓风机;8—后高压管路;9—后低压管路;10—后蒸发器;11—后鼓风机;
12—后风道;13—后出风口;14—后冷风开关;15—前冷风出口;16—前蒸发器;
17—前冷风开关;18—前冷风左风挡开关;19—前冷风左出风口;20—管路连接三通;21—前低压管路

图 9-1 车用空调制冷系统的组成

2. 车用空调制冷系统各部件的结构

(1) 压缩机

压缩机是制冷系统中的心脏,其作用是将低温、低压的气态制冷剂变或为高温、高压的制冷蒸气,为制冷剂循环提供足够的动力。

压缩机的类型很多,但目前汽车上采用曲轴连杆式压缩机和轴向斜盘式压缩机的较多,二者均利用活塞在汽缸中往复运动改变容积的大小进行增压。

曲轴连杆式压缩机如同立式单缸空压机,结构大、制冷量大、功耗也大,常用于大、中型汽车独立式空调系统,轴向斜盘式压缩机常用于小型汽车非独立式空调系统。桑塔纳轿车空调制冷系统采用的 SD-508 型单向斜盘式压缩机,一般由电磁离合器、压缩机驱动轴、斜盘、活塞、汽缸和阀片等组成,其结构如图 9-2 所示。

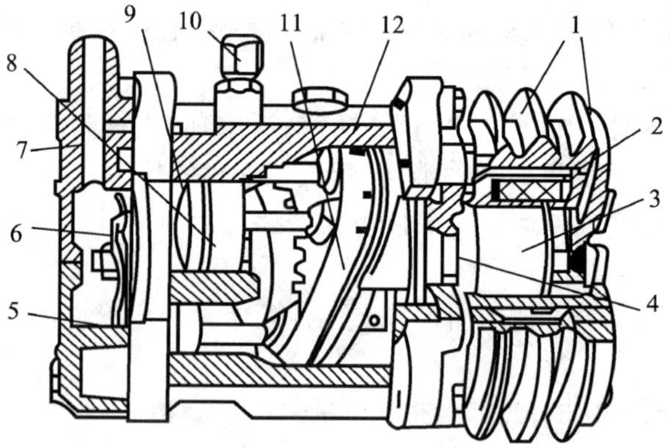

1—传动带轮;2—电磁线圈;3—轴承;4—压缩机驱动轴;5—阀片;6—阀片限程板;
7—接头;8—活塞;9—汽缸;10—油塞;11—斜盘;12—压缩机壳体

图 9-2 SD-508 型单向斜盘式压缩机的结构

在压缩机内部设有 5 个汽缸,均匀分布在压缩机壳体内部周围。发动机工作,如接通空调制冷系统的开关,电磁离合器接合,发动机曲轴通过 V 带轮驱动压缩机斜盘运动,斜盘驱动活塞作轴向往复运动，使汽缸容积变化实现吸气和压气过程。在吸气过程中，将蒸发器中的低温(273 K)、低压(150 kPa)气态制冷剂吸入汽缸；在压气过程中，将吸入汽缸的制冷剂蒸气压缩成高温(333～339 K)、高压(1 100～1 400 kPa)气态制冷剂输入到冷凝器中去。

(2) 电磁离合器

电磁离合器的作用是接通或切断发动机输入压缩机的动力。电磁离合器一般由V带轮、电磁线圈、衔铁和轴承等组成，其结构如图9-3所示。

当电磁线圈未通电时，衔铁与V带轮分离，压缩机的传动带轮在压缩机驱动轴上空转，压缩机不工作；当电磁线圈通电时，电磁线圈产生电磁吸力，使衔铁与V带轮紧密结合在一起，发动机曲轴上的动力经V带轮、衔铁、压缩机驱动轴，驱动压缩机工作。电磁线圈电路的接通和切断由控制电路根据车室内的温度进行自动调节控制。

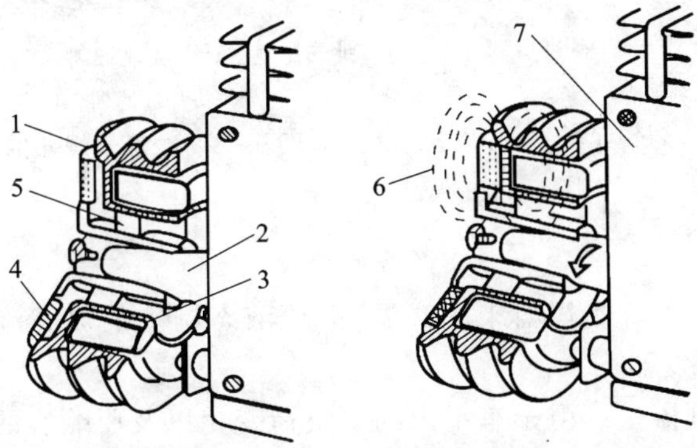

(a) 电磁离合器分离状态　(b) 电磁离合器结合状态

1—V带轮；2—压缩机驱动轴；3—电磁线圈；4—衔铁；

5—轴承；6—磁场；7—压缩机壳体

图9-3　电磁离合器的结构

(3) 冷凝器

冷凝器的作用是将压缩机输送来的高温(333～339 K)、高压(1 100～1 400 kPa)气态制冷剂在冷凝器内冷却，将热量传递给车室外部环境；同时，将高温、高压制冷剂蒸气冷凝为高温、高压液态制冷剂送往贮液干燥器。冷凝器一般由铜管或铝管制成空心管，将空心管制成蛇形弯曲状，并在空心管外部周围焊接若干散热片，安装在发动机冷却液散热器的前方(或车顶上)，其结构如图9-4所示。

(4) 贮液干燥器

贮液干燥器的作用就是去除制冷系统内的水分、过滤杂质和贮存多余的液态制冷剂，以防止制冷系统管路产生冰堵和杂堵。

贮液干燥器一般安装在冷凝器与膨胀阀之间，用高压管路相连接。贮液干燥器一般由玻璃见视窗、吸取管、粗过滤器、干燥剂、过滤器及壳体等组成，其结构如图9-5所示。在贮液干燥器顶部还有易熔塞，易熔塞是一种安全保护装置。当贮液干燥器内部压力达到30 MPa，温度达到373～378 K时，铜铝合金的易熔塞熔化，排泄制冷系统中的高温、高压制冷剂，避免制冷系统的机件损坏。

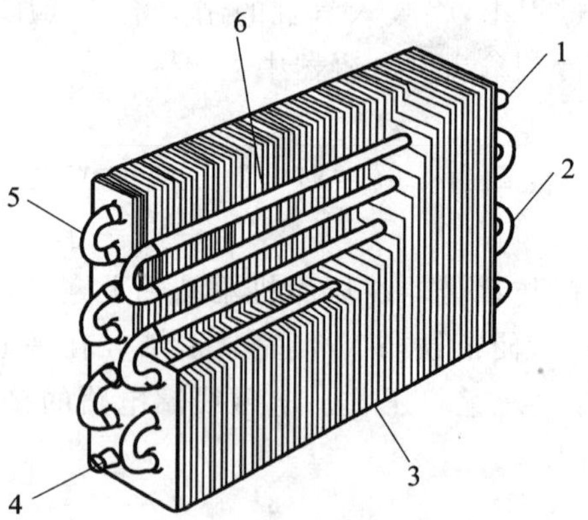

1—进口;2—U形管;3—翅片;4—出口;
5—弯头;6—盘管

图9-4 冷凝器的结构外形

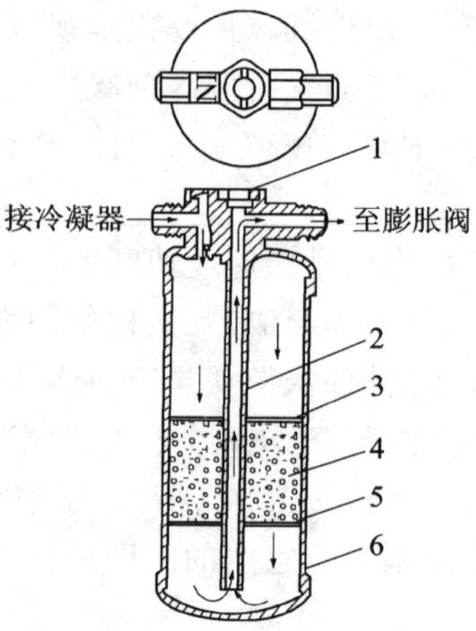

1—玻璃见视窗;2—吸取管;3—粗过滤器;4—干燥剂;
5—过滤器;6—壳体

图9-5 贮液干燥器的结构原理

(5) 膨胀阀

1) 膨胀阀的作用

① 节流降压。将从贮液干燥器来的高温、高压液态制冷剂提高流速、降低压力,使低温、低压雾状制冷剂进入蒸发器。

② 自动调节制冷剂流量。由于车室内的热负荷变化以及压缩机的转速改变,要求流量作相应的调节,以保持车室内温度的稳定,热力膨胀阀能自动调节进入蒸发器内的制冷剂流量,以满足制冷系统循环的要求。

③ 控制制冷剂流量,防止液击和异常过热现象发生。以热力膨胀阀的感温包作为感温组件,安装在蒸发器尾部,去控制制冷剂流量的大小,保证蒸发器尾部有一定量的过热度,避免液态制冷剂进入压缩机而造成压缩机阀片损坏。

2) 膨胀阀的类型

膨胀阀的类型有热力膨胀阀、组合式膨胀阀、电子式膨胀阀和膨胀节流管等。热力膨胀阀又分为外平衡式和内平衡式两种,都能自动调节制冷剂流量,广泛用于各种车用空调系统中。下面以外平衡式热力膨胀阀为例说明热力膨胀阀的结构与原理。

① 外平衡式热力膨胀阀。外平衡式热力膨胀阀主要由感温包、毛细管、膜片、上阀体、下阀体、阀针、外平衡管接头、弹簧与调节螺钉等组成,如图9-6所示。外平衡式热力膨胀阀的工作原理如图9-7所示。

当车室内温度处在某一工况时,膨胀阀处在

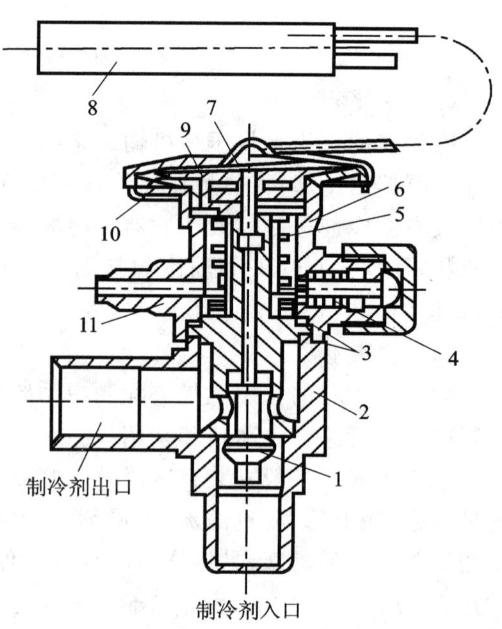

1—阀针;2—下阀体;3—密封垫;4—调节齿轮;5—弹簧;
6—上阀体;7—膜片;8—感温包;9—膜片内室;
10—膜片外室;11—外均压管接头

图9-6 外平衡式热力膨胀阀的结构

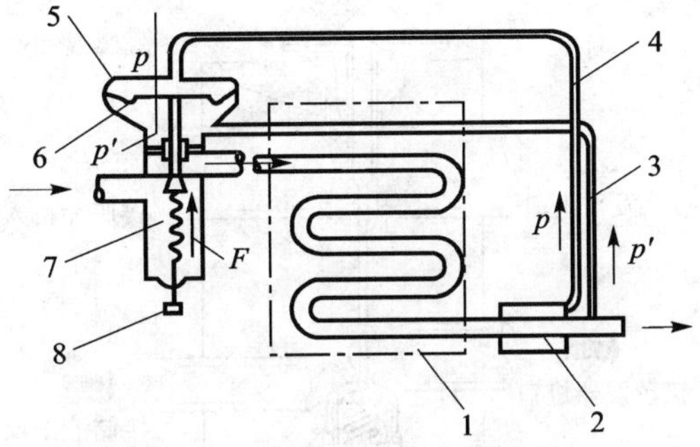

1—蒸发器；2—感温包；3—外均压管；4—毛细管；5—热力膨胀阀；6—膜片；7—弹簧；8—调节螺钉

图 9－7　外平衡式热力膨胀阀的工作原理

一定的开度，p、p'和 F 应处在平衡状态（$p=p'+F$）。如果车室内的温度升高，蒸发器出口过热度增大，则感温包感应的温度上升，相应的感应压力 p 也增大（$p>p'+F$），因此，膜片向下移动，并推动传动杆使膨胀阀孔开度增大，使制冷剂流量增加，制冷量也增大，随之蒸发器出口过热度相应下降达到新的平衡。反之，当感应压力 p 减小（$p<p'+F$）时，膜片向上移动，并带动传动杆使膨胀阀孔开度减小，使制冷剂流量减小，制冷量也减小，随之蒸发器出口过热度相应上升达到新的平衡，满足了蒸发器变化的要求。因在蒸发器口处与膨胀阀波纹膜片下方引有一个外部均压管，所以该膨胀阀称为外平衡式热力膨胀阀。

② H 型热力膨胀阀。H 形热力膨胀阀的结构如图 9－8 所示，主要由阀体、感温元件、球阀、调节螺栓和预紧弹簧组成。因为其内部结构与大写英文字母“H”相似，所以称为 H 形热力膨胀阀，又称为整体式膨胀阀。

在 H 形热力膨胀阀上，设有低压与高压 2 个通道和 4 个管路接头，如图 9－8 所示，分别与制冷系统的低压管路和高压管路连接。在图 9－8 所示结构中，上面一个通道为低压通道，下面一个通道为高压通道。低压通道的入口接头经制冷管路与蒸发器出口连接，出口接头经制冷管路与空调压缩机入口连接；高压通道的入口接头经制冷管路与储液干燥器连接，出口接头经制冷管路与蒸发器入口连接。

在高压液体进口和出口之间，设有一个由球阀组成的节流阀，节流阀开度的大小由感温元件和预紧弹簧控制。感温元件内部充注有制冷剂，安放在低压通道上直接感受蒸发器出口蒸气的温度。转动调节螺栓即可调节弹簧的预紧力，从而便可调节节流阀的开度和流入蒸发器的制冷剂流量来调节车内空气的温度。

当蒸发器出口蒸气温度升高时，感温元件内部制冷剂吸热膨胀压力升高，迫使球阀压缩预紧弹簧，使节流阀开度增大，进入蒸发器的制冷剂流量增大，蒸发器制冷量增大，车内空气温度降低。反之，当蒸发器出口蒸气温度降低时，节流阀开度减小，制冷剂流量减小，蒸发器制冷量减少，车内空气温度将升高。

(6) 蒸发器

蒸发器用来吸收车室内部的热量，调节汽车室内空气温度。蒸发器的结构与冷凝器相似，一般由铜管或铝管制成空心管，将空心管制成蛇形弯曲，并在空心管外部周围焊接若干散热片，安装在前乘员一侧（或顶侧）。

当液态制冷剂经膨胀阀节流、降压变成低压、雾状制冷剂后，立即在蒸发器内沸腾或蒸发，汽化为气态制冷剂。同时，吸收管壁内大量的热量，使蒸发器周围的温度降低。

3. 车用空调制冷系统的工作原理

汽车空调制冷系统的工作原理如图 9－9 所示。

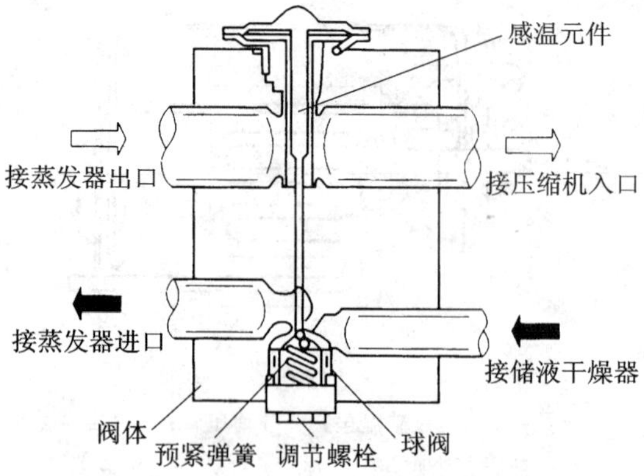

图9-8 H型热力膨胀阀的结构示意图

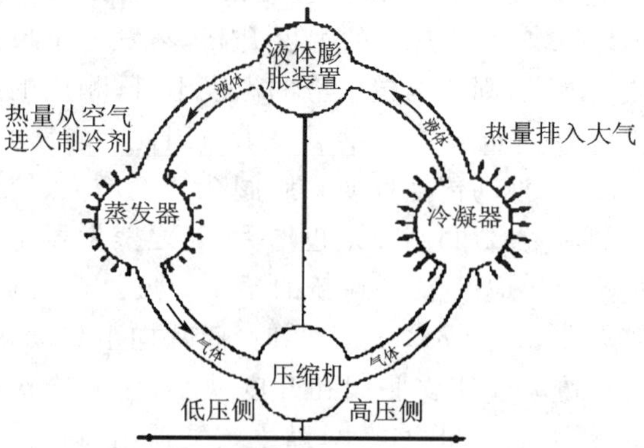

图9-9 车用空调系统制冷的工作原理

制冷系统的制冷循环示意图如图9-10所示。

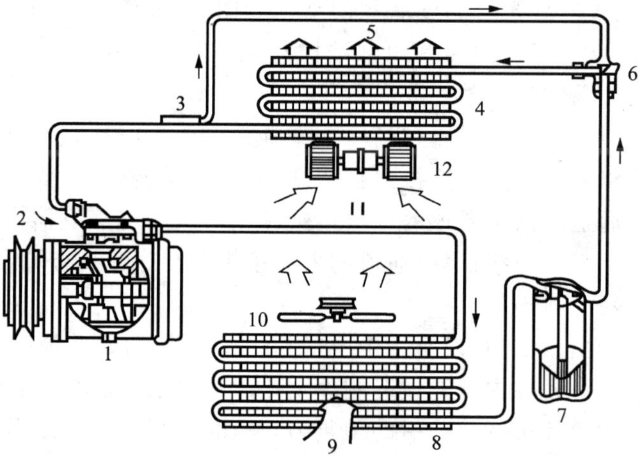

1—压缩机;2—低压侧;3—感温包;4—蒸发器;5—冷气;6—膨胀阀;7—贮液干燥器;
8—冷凝器;9—迎风面;10—冷却风扇;11—空气;12—鼓风机

图9-10 制冷系统的制冷循环示意图

当汽车发动机带动压缩机1运转时,将蒸发器4中因吸热而汽化的低温(273 K)、低压(约0.15 MPa)制冷剂吸入压缩机内,经压缩机压缩后,变为高温(343 K)、高压(1.37~1.5 MPa)的制冷剂气体,然后经高压管送入冷凝器8,经冷凝器冷却后,变为高温(323~328 K)、高压(1.1~1.4 MPa)的制冷剂液体。经高压管流入贮液干燥器7,液态制冷剂在贮液干燥器中除去水分和杂质后,再经高压管流入膨胀阀6,经膨胀阀节流膨胀变成低温(274~277 K)、低压(0.15~0.3 MPa)雾状液体进入蒸发器4,进入蒸发器的低温、低压雾状液态制冷剂将蒸发器管壁表面周围的热量吸收,使其沸腾汽化。在鼓风机12的作用下加速空气的对流,从而降低车室内的温度,达到车用空调制冷的效果。在蒸发器内吸热汽化后的制冷剂蒸气再次被压缩机吸入,周而复始的重复上述过程。

任务9.2　车用空调系统的控制与操纵控制系统

9.2.1　车用空调系统的控制系统

为了方便控制汽车空调系统的工作，充分发挥空调使用性能，保证汽车空调系统的可靠运行，汽车空调系统上增设了电气控制系统。

1. 车速调节装置

车用空调系统的工作对汽车发动机功率有一定的影响，反过来说，发动机的转速变化同样影响空调系统的工作性能。因此，为使汽车在不同运行情况下既能保证车速要求，又能保证空调系统的正常工作，就需要用车速调节装置来实现。

(1) 发动机怠速调节装置

怠速调节装置的类型有两类：一类是采用被动式调节（怠速继电器），另一类是采用主动式调节（怠速转速提高装置）。

1) 怠速继电器

怠速继电器的作用就是当发动机在怠速运转时，自动切断压缩机电磁离合器电路，停止压缩机运行，以减轻发动机的负荷，稳定发动机怠速性能。这种装置是利用点火线圈的脉冲数作为转速识别信号，并把此信号输入到怠速继电器电路中，通过电路信号放大去控制继电器的通、断。怠速控制范围可通过电路中的可变电阻器来调定，一般怠速设定为600～700 r/min时电磁离合器电路断开，在850～950 r/min时就接通。怠速继电器控制电路如图9-11所示。

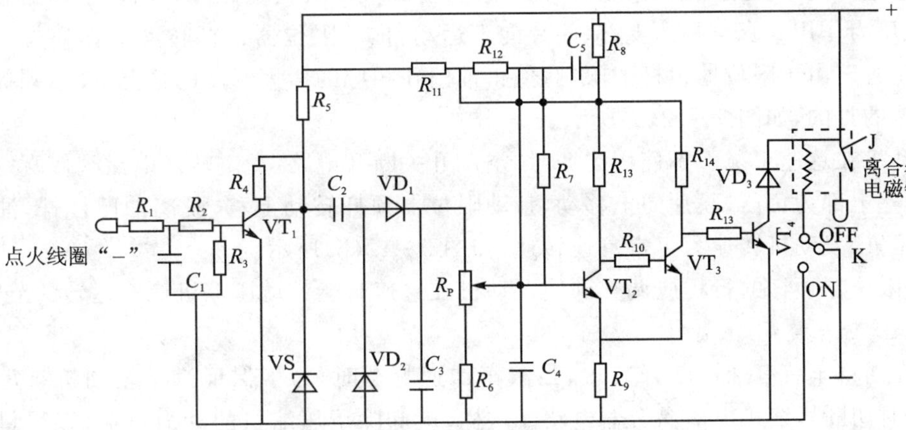

图9-11　怠速继电器控制电路

图9-11中R_1、C_1、VT_1、VS、VD_2、C_2等组成脉冲信号发生器，VT_3、VT_4组成施塞特触发器，它在电路中起幅度鉴别作用。当发动机转速低于设定转速时，由点火线圈产生的脉冲积分值下降，经电路使VT_2截止、VT_3导通，从而使VT_4截止，怠速继电器的触点断开，电磁离合器电路被切断，压缩机停止工作。当发动机转速高于设定转速时，由点火线圈产生的脉冲积分值上升，高于施塞特触发器的翻转电压时，使VT_2导通、VT_3截止，从而使VT_4导通，怠速继电器的触点闭合，电磁离合器电路被接通，压缩机工作。怠速设定范围由可变电阻器R_P

调节。

2) 怠速转速提高装置

怠速转速提高装置就是发动机在怠速运转时,加大油门以增加发动机的输出功率,使发动机转速稍有提高,达到带动压缩机负荷的低速稳定运转的目的。这类调节又可分为两种:一种是人为地把怠速时油门开度调大,以提高此时的转速;另一种是利用电磁阀、真空阀以及空调开关等自动控制怠速时的油门开度,以提高此时的转速。怠速转速提高装置的结构原理如图 9-12所示。它是在油门处装一套限位装置以及一套真空控制系统,真空控制系统的主要控制组件是真空转换阀(VSV)和真空马达(图 9-12 中未画出)。

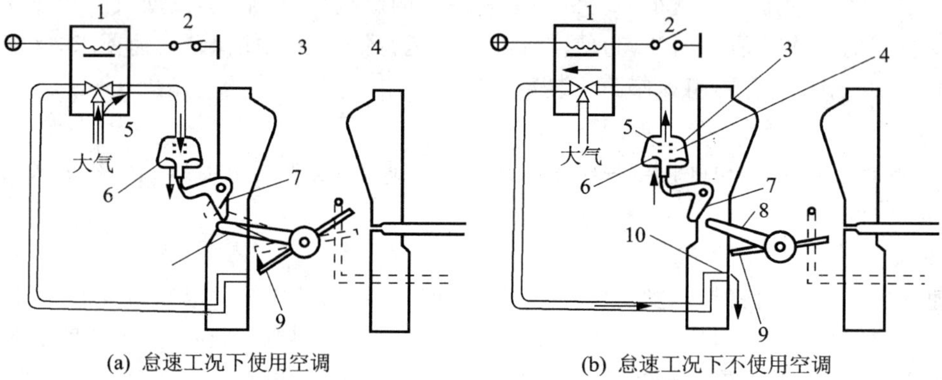

1—真空转换电磁阀;2—空调电源开关;3—膜片缸;
4—膜片缸上腔;5—弹簧;6—膜片;7—操纵臂;8—节气门操纵杆;9—节气门;10—真空道口

图 9-12　怠速转速提高装置的结构原理

当在怠速工况下使用空调时,空调开关接通电路,真空转换电磁阀切断真空回路并与大气相通,大气压力作用到真空马达上部,膜片向下运动,推动限位器顶杆转动下移到与油门杠杆相接触的位置。由于限位器顶杆的限制,使得油门在相应的增大开度的情况下,达到提高发动机怠速转速的目的,如图 9-12(a)所示。

当发动机在怠速工况下不使用空调时,空调开关断开电路,真空转换电磁阀使真空回路接通,真空马达上部为负压,膜片向上移动,带动限位器顶杆转动上移,脱离油门杠杆,油门开度转到正常位置,发动机转速为正常怠速转速,如图 9-12(b)所示。

注意:限位器顶杆的行程应调整到使发动机在怠速时能带动压缩机稳定运转的范围。

(2) 加速断开装置

一般高档轿车装有加速断开装置,当汽车加速超车时,为了保证汽车发动机有足够的动力,应当及时切断压缩机电磁离合器电路。这样,就卸除了压缩机的动力负荷,以尽量提高发动机的功率使汽车加速。常用的加速断开装置(又称超速控制器)由超速开关和延时继电器组成。超速开关一般安装在加速踏板下,当加速踏板踩下时(踩到底),电磁离合器电路被断开,压缩机停止工作,使发动机输出的功率全部用于加速,而 6 s 后电路又自动被接通,压缩机又恢复工作。

2. 温度控制器

蒸发器温度控制器简称温控器,又称为恒温器。为了充分发挥蒸发器的最大冷却能力,同时又不致造成蒸发器表面的冷凝水(即除湿水)结冰、结霜而堵塞蒸发器换热片之间的空气通道，蒸发器表面的温度应当控制在1～4 ℃范围内。温控器的作用就是根据蒸发器表、面温度的高、低，接通和切断空调压缩机电磁离合器线圈电路，使蒸发器表面温度保持在设定的(一般为1～4 ℃)范围内。

常用的温控器有波纹管式(如桑塔纳轿车和奥迪100型轿车空调系统采用的温控器)和热敏电阻式两种。

(1) 波纹管式温控器

波纹管式温控器又称为压力式温控器，结构如图9-13所示，主要由感温管、波纹伸缩管、温度调节凸轮、弹簧、触点等组成。在感温管内充有制冷剂饱和液体，一端与温控器内的波纹伸缩管相连通，另一端插入蒸发器吸热片内20～25 cm。

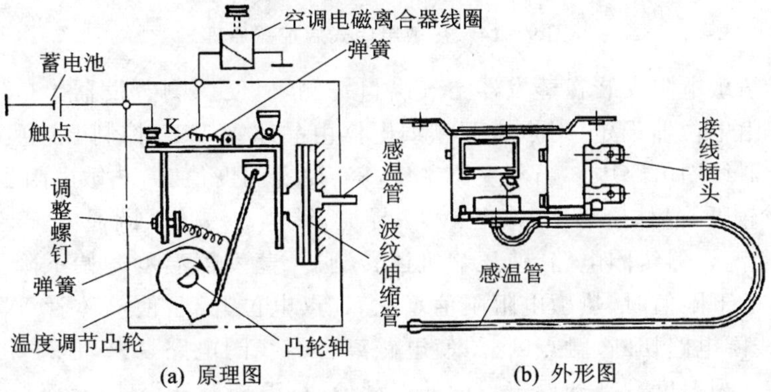

图9-13　波纹管式温控器

当蒸发器温度较高时，插在其吸热片内的感温管的温度相应也较高，因此感温管内部制冷剂液体膨胀，压力相应较高而使波纹伸缩管伸长，推动传动杠杆放大机构使触点K闭合，接通电磁离合器线圈电路使压缩机运转制冷，蒸发器温发开始下降，感温管温度随之下降，其内部制冷剂压力下降而使波纹伸缩管逐渐收缩。

当蒸发器温度下降到某一设定值(一般为1 ℃)时，波纹伸缩管的收缩量通过传动杠杆放大机构使触点K断开，电磁离合器线圈切断，压缩机停止运转，制冷系统停止制冷，因此蒸发器温度开始上升。

当蒸发器温度升高到设定温度的上限值(一般为4 ℃)时，温控器触点K再次闭合，压缩机重新运转制冷，蒸发器温度重又降低。温控器和制冷系统如此循环工作，便可使蒸发器温度控制在设定的温度范围内。

在使用过程中，转动温度调节凸轮可以改变弹簧的预紧力，从而改变蒸发器的温度调节范围。

(2) 热敏电阻式温控器

热敏电阻式温控器又称为电子控制式温控器，由热敏电阻式蒸发器、温度传感器、电子放大电路、电磁离合器继电器等组成。这种温控器具有反应迅速、控制精度高等优点。图9-14所示为丰田航行者牌中型客车空调系统用电子温控器的电路原理图，主要由热敏电阻式温度传感器、4只晶体管VT_1、VT_2、VT_3、VT_4、电阻、电容和二极管等电子元件以及1只继电器组成。

热敏电阻式温控器采用负温度特性的热敏电阻，具有温度升高电阻值减小、温度下降电阻

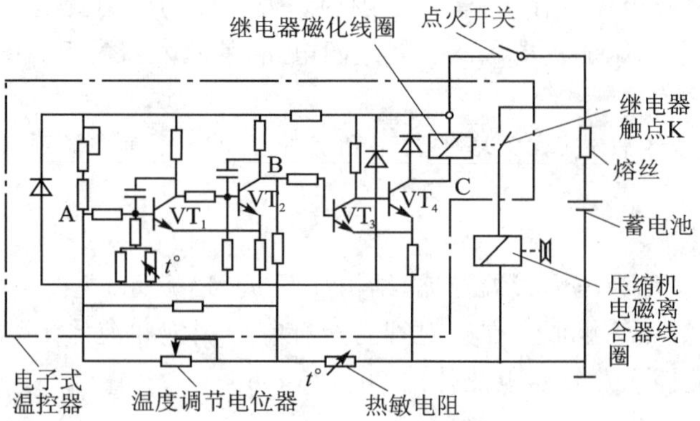

图 9-14　热敏电阻式温控器原理

值增大的特点。热敏电阻安装在蒸发器空气出口一侧,以便感测蒸发器出口冷气的温度。温控器的设定温度由电位器设定,触点常开型继电器由晶体管 VT_4 控制,继电器触点 K 串联在压缩机电磁离合器线圈电路中。当蒸发器温度高于设定温度值时,热敏电阻阻值较小,温控器电路中 B 点电位较低,晶体管 VT_3 截止、VT_4 导通,继电器磁化线圈通电,产生电磁吸力将触点吸闭,接通电磁离合器线圈电路,使压缩机运转制冷,蒸发器温度开始下降。当蒸发器温度下降到设定温度的下限值时,热敏电阻阻值增大,B 点电位升高,使晶体管 VT_3 导通、VT_4 截止,继电器磁化线圈电路切断、触点断开,使电磁离合器线圈电路切断,压缩机停止运转,蒸发器温度开始升高。当温度升高到设定温度的上限值时,温控器又会使压缩机运转制冷,蒸发器温度将再次下降,如此循环工作,便可使蒸发器温度控制在设定的温度范围内。

3. 采暖系统

暖风装置是空调的重要组成部分,可以对车内空气或进入车内的外部空气进行加热的装置,称为汽车暖风装置。

(1) 暖风系统的分类

按所使用的热源不同可分为以下 3 种。

① 水暖式暖风系统,利用发动机的冷却液热量采暖,多用于轿车。

② 独立热源式,装有专门的燃烧供热暖风装置,多用于客车和载货车。

③ 综合预热式,既利用发动机的冷却液热量,又装有燃烧预热的综合加热暖风装置,多用于大客车。

(2) 暖风系统的作用

① 冬季天气寒冷,在运动的汽车内人们感觉更寒冷。这时,汽车空调可以向车内提供暖风,提高车室内的温度,使乘员不再感觉到寒冷。

② 冬季或者初春,室内外温差较大,车窗玻璃会结霜或起雾,影响驾驶员和乘客的视线,不利于安全行车,这时可以用暖风来除霜和除雾。

(3) 水暖式暖风系统工作过程

水暖式暖风系统一般由控制开关、鼓风机、暖风水箱、循环水控制开关及相应的管路组成,如图 9-15 所示。需要暖风时,接通控制开关,循环水控制开关也自动接通,这样发动机的冷却液开始在暖风水箱及管路中循环。鼓风机同时开始转动,冷风通过暖风水箱后变成暖风,通过出风口吹向车内。这种暖风装置结构简单、耗能少、成本低、维修方便,所以各种小轿车一般都采用这种暖风装置。

4. 通风系统的控制

通风系统的作用是向车室内提供温度适宜的干净空气。通风系统主要由新鲜空气/循环空气风门、鼓风机、中央风门、除霜/下出风风门、风道和各出风口等组成，如图 9－16 所示。

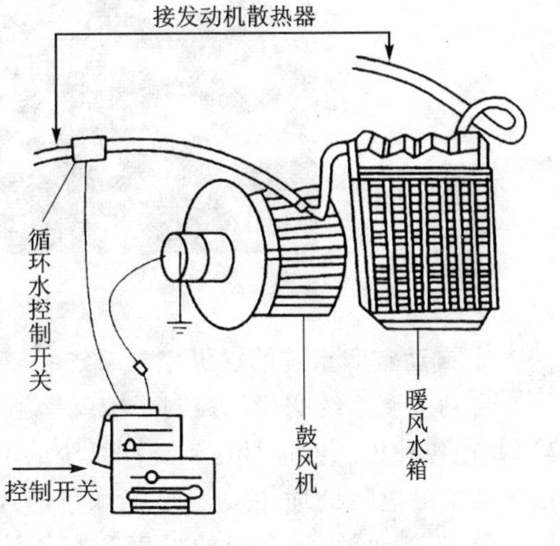

图 9－15　水暖式暖风装置

图 9－16 中新鲜空气/循环空气风门真空阀 2 的作用是控制车外新鲜空气/车内循环空气的进气比例，当空气流经鼓风机 3 后，通过蒸发器 4，再流经暖风加热器 10。由于温度风门 11 的位置不同，流向暖风加热器 10 加热的空气比例也不同。这样，通过调节温度风门 11 的位置就改变了出风温度。图 9－16 中除霜/下出风口真空阀 8 的作用是打开或关闭除霜出风口 9 和下出风口 7。中央风门双向真空阀 6 的作用是打开或关闭仪表板出风口 5 和除霜/下出风口，改变通风系统的出风方式。

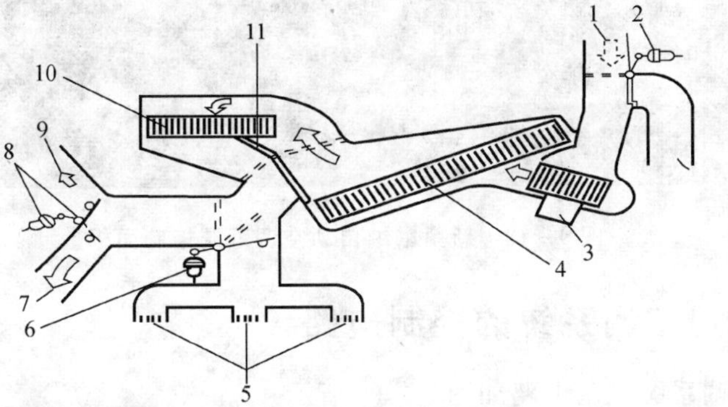

1—车外新鲜空气；2—新鲜空气/循环空气风门真空阀；3—鼓风机；4—蒸发器；5—仪表板出风口；6—中央风门双向真空阀；7—下出风口；8—除霜/下出风口真空阀；9—除霜出风口；10—暖风加热器；11—温度风门

图 9－16　通风系统

9.2.2　空调的操纵控制系统

空调的操纵控制系统的功用是对制冷系统与加热系统进行控制，调节车室内的空气温度、风量、流向，确保空调系统的正常工作。空调系统的操纵控制系统的类型分为手动和自动两种。

1. 手动空调的操纵控制系统

手动空调的操纵控制系统就是指空调系统中的鼓风机运转的转速、出风温度与送风方式都是由驾驶员手动操纵控制的。图 9－17 所示为赛欧的手动控制面板。

其中，左边旋钮控制冷暖风，右边控制出风位置（最右边挡位为吹前挡玻璃），中间旋钮控制出风速度。A/C 是空调启动、关闭开关，对称位置为风窗加热装置开关，中间为车内/车外空气循环选择。

图9-17　赛欧的手动控制面板

2. 自动空调系统的操纵控制系统

自动空调系统的操纵控制系统就是利用各种传感器随时检测车内外温度和阳光强度等信号,并把各种传感器信号送到空调系统的电子控制单元(ECU)。ECU按照预先编制的程序对传感器信号进行处理,并通过执行组件对风机运行转速、出风温度、送风方式及压缩机工况等进行调节,从而使车室内的温度和空气流动状况等始终保持在驾驶员设定的控制参数上。图9-18所示是新桑塔纳自动空调系统控制面板。

图9-18　新桑塔纳自动空调系统控制面板

9.2.3　典型车用空调系统的控制电路

桑塔纳轿车空调系统控制电路如图9-19所示。

其工作过程如下。

① 点火开关断开(置于OFF)时,减负荷继电器的线圈电路切断,触点分开,空调系统不工作。

② 点火开关接通(置于ON)时,减负荷继电器线圈电路接通,触点闭合,主继电器中的J_2线圈通电,接通鼓风机电路。此时可由鼓风机开关进行调速,使鼓风机按要求的转速运转,进行强制通风、换气或送出暖风。

③ 需要制冷系统工作时,接通空调开关,便可接通下列电路。

第一,空调开关的指示灯亮,表示空调开关已经接通。

第二,新鲜空气电磁阀电路接通,该阀动作接通新鲜空气控制电磁阀的真空通路,而使鼓风机强制通过蒸发器总成的空气通道进风,否则将无法获得冷气。

第三,电源经环境温度开关、恒温器、低压保护开关对电磁离合器线圈供电,同时对怠速提升电磁真空转换阀供电。另一路对主继电器中的J_1线圈供电,使两对触点同时闭合,其中一对触点接通冷凝器冷却风扇继电器线圈电路,另一对触点接通鼓风机电路。

低压保护开关串联在恒温器和电磁离合器之间,当制冷系统缺少制冷剂,系统压力过低

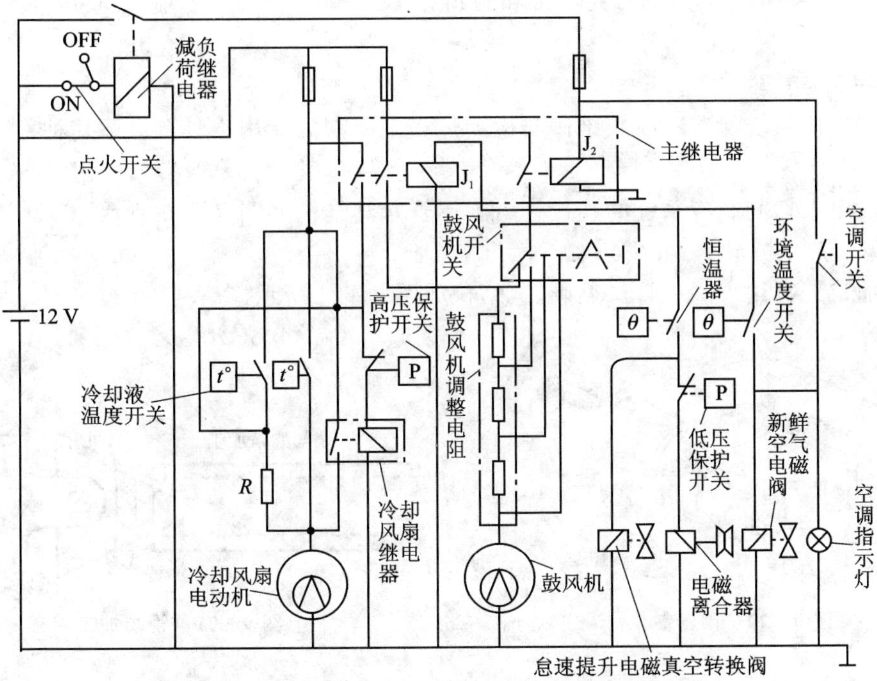

图 9-19 桑塔纳轿车空调系统控制电路

时，开关断开，停止压缩机工作。

高压保护开关串联在冷却风扇继电器和主继电器 J_1 的一对触点之间。当制冷系统高压值超过规定值时，高压保护开关触点闭合，将电阻短路，使风扇电动机高速运转，以增强冷凝器的冷却能力。同时，冷却风扇电动机还直接受发动机冷却液温度开关的控制。当不开空调开关时，若发动机冷却液温度低于 85 ℃时，风扇电动机不转动；高于 95 ℃时，风扇电动机低速转动；当冷却液温度达到 105 ℃时，风扇电动机将高速转动。

主继电器中的 J_1 触点在空调开关接通时，即可闭合，使鼓风机低速运转，以防止蒸发器表面温度过低而结冰。

第四，点火开关置于启动(ST)位置时，减负荷继电器线圈电路切断，触点分开，中断空调系统的工作，以保证发动机启动时蓄电池维持足够的电能。

任务 9.3 车用空调系统的使用与维护

对于车用空调系统的维修与检测，不但需要有经过培训学习的专业人员，还需配备专用工具和专用设备，才能保证维修质量，提高维修效率。

9.3.1 车用空调系统的专用工具及设备

1. 基本工具

在保养、维护、维修与检测过程中进行基本操作时所需的工具，一般有各类扳手(活动扳手、呆扳手、内六角扳手和套筒扳手等)、各种旋具(一字起子、十字起子)、各种锉刀(圆锉和方锉等)、钢锯、各种钳子(电工钳、尖嘴钳和封口钳等)、榔头(木制、铁制)、起拔器、凿子以及尖冲等。

2. 专用工具

在车用空调系统保养、维护、维修与检测过程中所需的专用工具有以下几种。

(1) 割管器

割管器用来切割制冷系统的连接管(铜、铝管),其结构如图9-20所示。

(2) 管端加工刀具

管端加工刀具用来除去管口毛刺,其结构如图9-21所示。

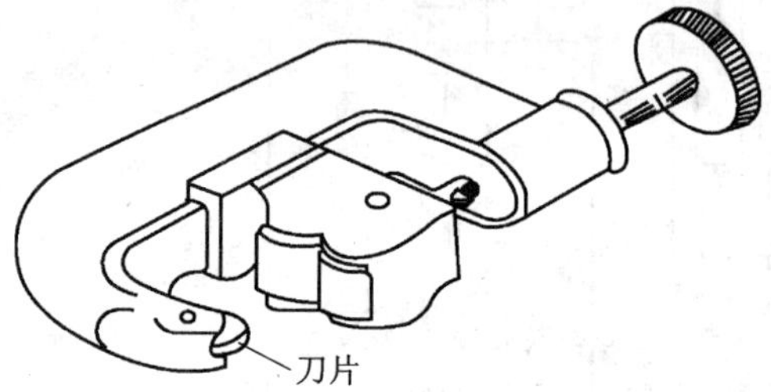

图9-20 割管器

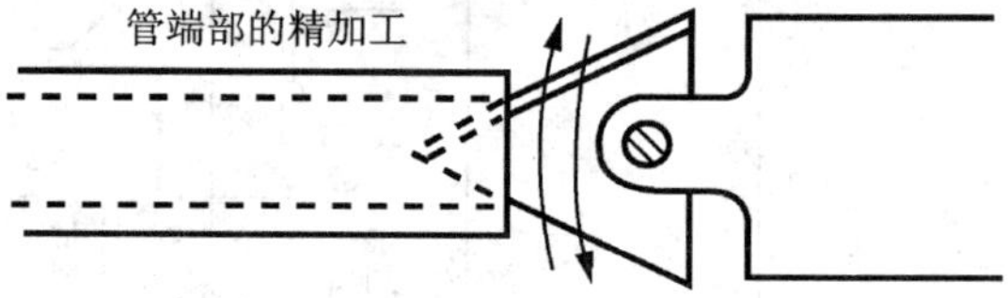

图9-21 管端加工刀具

(3) 胀管器

胀管器用来对管端口进行扬声器口形处理(铜管退火处理,其管端部应露出 $a/3$ 高度,夹紧后用扩口头胀管端),其结构如图9-22所示。

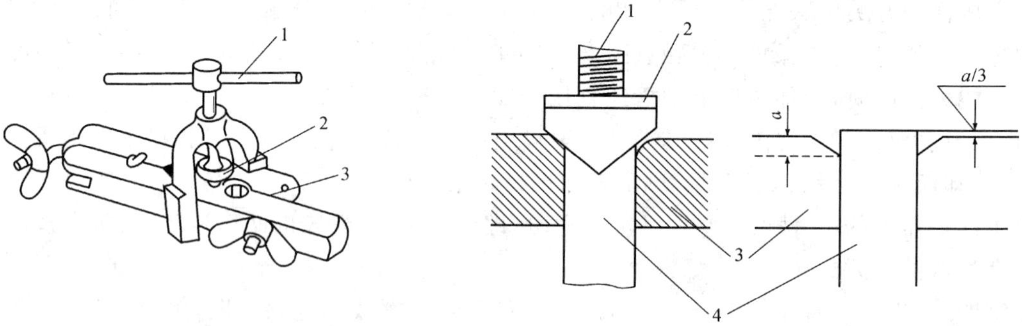

(a) 胀管器外形

(b) 胀管器扩口头胀管端

1—螺旋杆;2—扩口工具;3—固管架;4—铜管

图9-22 胀管器

(4) 弯管器

弯管器用来对管子进行弯曲处理(注意弯曲半径应大于管径的5倍),其结构如图9-23所示。

(5) 维修专用成套工具

维修专用成套工具是车用空调维修必备的专用工具,各用具装在一个工具箱内,便于携带保管。便携式组合工具的结构如图9-24

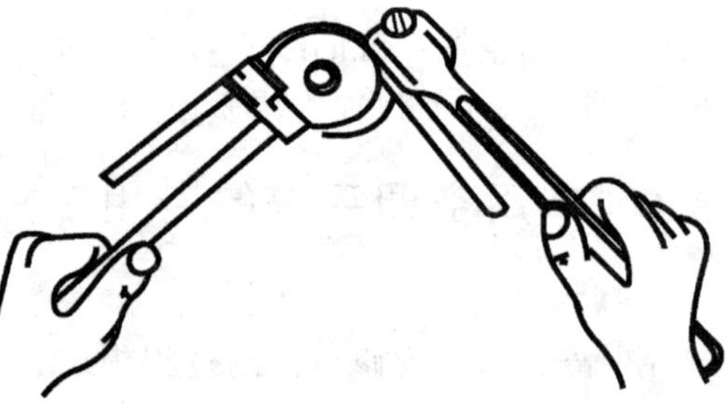

图9-23 弯管器

所示。

3. 维修设备

(1) 常用设备

常用设备用于空调系统检修时，对电路、管路与接头等进行检测、焊接、局部加热和制冷剂质量称重等。常用设备有磅秤、万用表、兆欧表、电烙铁、喷灯、焊具和手电钻等。

(2) 专用设备

专用设备是空调系统维修时不可少的设备。常用专用设备有真空泵、检漏仪、制冷剂加注器及回收多功能机等。

(3) 连接件

连接件用来连接制冷系统部件与管路，以便进行检测与维修。常用连接件有各种型号的高、低压软管和各种规格的连接头。

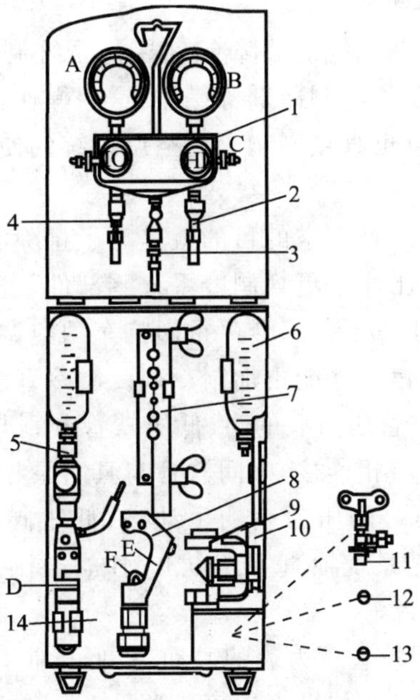

1—歧管压力表装置；2—高压注入软管（红）；3—低压注入软管（绿）；4—注入软管（蓝）；5—检漏灯；6—备用容器；7—夹管；8—割管器；9—扩口工具；10—检修阀扳手；11—制冷剂罐注入阀；12—注入软衬垫；13—检修阀衬垫；14—工具箱；A—低压表；B—高压表；C—压力表座；D—反应板；E—铰刀；F—刀片

图9-24 便携式组合工具

9.3.2 车用空调的检修

汽车空调系统维护检修时应严格按规程操作，这样既可保证安全，又可保证维护检修质量。

1. 空调系统的使用与维护

(1) 安全使用注意事项

① 维修空调系统应在通风良好的地方进行，制冷剂浓度超过28.5%以上时，就会使人窒息。

② 维修空调系统时要戴手套和防护眼镜，以免制冷剂伤及皮肤和眼睛。

③ 避免制冷剂与明火靠近，以免产生有毒气体。

④ 制冷剂应储存在干燥、阴凉、通风的库房中，搬运时防止撞击、振动，防止曝晒，远离火源，在40 ℃以下的环境中。

(2) 使用维护注意事项

① 每两周检查一次贮液干燥器的见视窗，如有气泡说明制冷剂不足，应及时补充制冷剂。

② 每月检查一次压缩机V带的张紧度的质量，用98 N的力量按压V带，新的V带挠度应为9～11 mm，旧的V带挠度应为11～16 mm。

③ 不使用空调的季节，应每周开动一次，让空调系统工作5～10 min。

④ 空调系统工作期间，应经常保持冷凝器、蒸发器的清洁。

⑤ 空调系统不用季节时可使V带稍微松弛，夏季来临时应对空调系统全面检查。

⑥ 制冷剂R12与R134a不能混用，与之配合使用的润滑油也不能混用。

2. 基本维护

车用空调系统的故障有80%是系统制冷剂泄漏造成的。基本维护是指对制冷系统抽真空、检漏以及加注制冷剂等操作,这些操作技能掌握的好坏,不仅直接影响车用空调系统的工作性能,而且也直接影响车用空调系统的使用寿命。

(1) 制冷系统抽真空

制冷系统抽真空的目的就是为了排除制冷系统内的空气和水汽,这是维修中一项重要和需要仔细的工序。更换制冷系统零部件、查漏、焊接管后,都必然会有空气和水汽进入制冷系统,空气和水汽不排除会严重影响车用空调系统的工作。因此,只有通过对制冷系统抽真空排除空气和水汽后才能再加制冷剂。制冷系统抽真空如图9-25所示,具体操作如下。

① 将歧管压力表的高、低压软管分别与制冷管路上的高、低压检测接口相连接,中间软管与真空泵相连接。

② 打开歧管压力表的手动高、低压阀,使真空泵运行,观察低压表,把系统抽真空至0.1 MPa,否则应检查是否有堵塞现象。

③ 关闭歧管压力表的手动高、低压阀,观察歧管压力表真空度是否下降。如果真空度下降,说明系统有泄漏,应查找出泄漏点再进行维修。如果系统不漏,再打开歧管压力表的手动高、低压阀,继续抽真空20~30 min,再将真空泵的排气管插入水中,观察是否还有气泡排出。

④ 关闭歧管压力表的手动高、低压阀。

⑤ 关闭真空泵。先关歧管压力表的手动高、低压阀,后关真空泵,以防止空气和水汽再次进入系统。

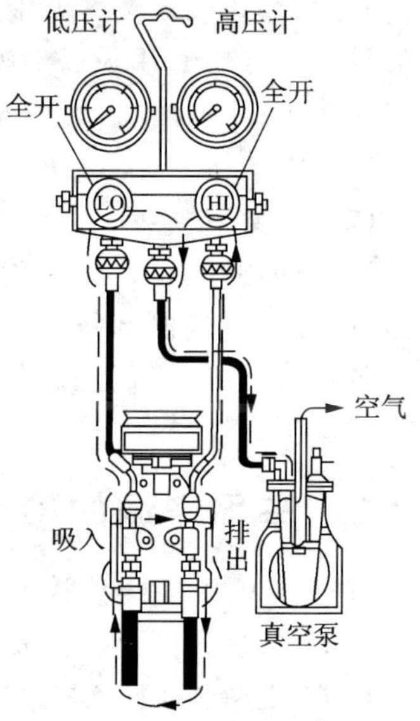

图9-25 制冷系统抽真空

(2) 系统检漏

车用空调系统由于经常受较强的振动,易造成零部件、管路的损坏和接头的松动,造成制冷剂泄漏。车用空调系统常用的检漏方法有外观检漏和设备检漏。

1) 外观检漏

① 目测检漏。因制冷剂与冷冻润滑油互溶,在泄漏处会出现油迹,因此,有油迹部位必是泄漏处。

② 肥皂水检漏。将肥皂削成薄片,浸泡在热水中溶化成稠状浅黄色肥皂水(检查高压侧可在压缩机工作时进行,检查低压侧应在压缩机停止工作后进行),检漏时将被测部分油污擦干净,在被检处用毛刷或棉纱涂入肥皂水,泄漏处会有肥皂泡泡鼓出。

2) 设备检漏

① 卤素检漏灯。卤素检漏灯检漏结构简单、价格低廉,燃烧的燃料有乙醇和丁烷。燃料不同,灯的结构稍有不同,使用液化丁烷的卤素检漏灯的结构如图9-26所示。

使用前用明火从点火孔中点燃丁烷气体,将调节阀的调节手柄缓慢朝逆时针方向拧转(调大火焰),使火焰稳定。将反应板烧至红热状态,调整调节手柄使火焰尖端正好触及反应板。将吸气管的管口靠近检漏部位,观察火焰颜色便可检漏。

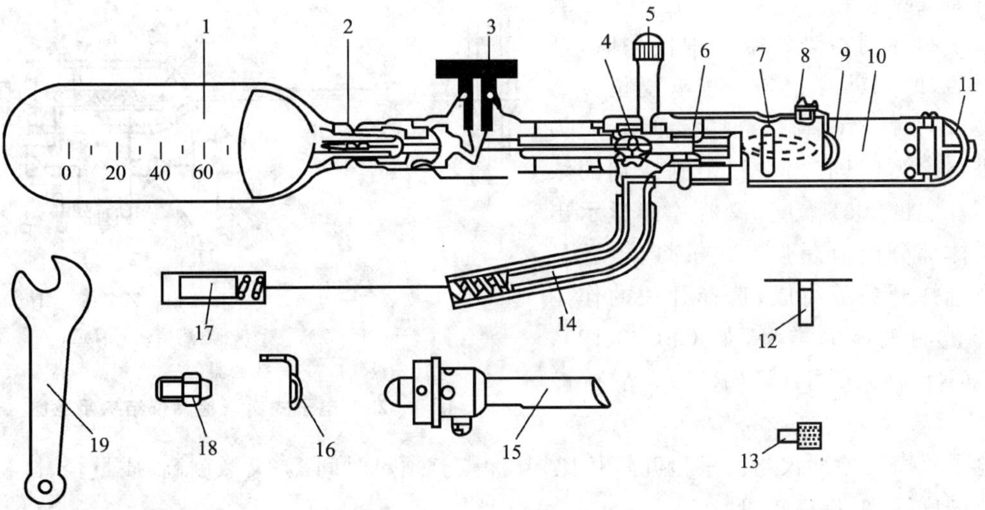

1—储气瓶；2、4、18—喷嘴；3—调节阀；5—支架；6—分离器；7—点火孔；8—螺钉；9、16—反应板；10—燃烧筒；11—盖；12—清洗器；13、19—扳手；14—吸入管；15—铬铁；17—滤清板

图9－26　使用液化丁烷的卤素检漏灯

由于氟利昂通过检漏灯火焰会发生颜色变化，根据颜色变化程度来判断空调制冷系统是否泄漏或泄漏量的大小，泄漏量与火焰颜色对照情况如表9－1所列。

表9－1　泄漏量与火焰颜色对照

火焰颜色	R12泄漏量/(g·月$^{-1}$)	火焰颜色	R12泄漏量/(g·月$^{-1}$)
无变化	＜4	绿紫色	114
微变化	24	带紫的绿紫色	163
浅绿色	32	强紫的绿紫色	500
深绿色	42		

② 电子式卤素检漏仪。电子式卤素检漏仪的工作原理如图9－27所示。在空气中加热器对阳极加热时，就会有大量阳离子射向阴极产生电流。当两极之间有氟利昂气体通过时，则回路中的电流明显增大，电流的大小与氟利昂的浓度成正比。根据上述原理制作的电子式卤素检漏仪结构示意图如图9－28所示。圆筒状的白金质阳极内装有电热器，阳极外侧是筒状阴极，端部装有一小风扇。工作时接通电源，电热器将阳极加热到800 ℃左右（阳极与阴极之间加有12 V直流电压），气体被风扇吹动从极间通过，有卤素元素的阳离子就会使电流变化，经放大后驱动电流表指示或发光二极管显示（有的还装有振荡电路发出不同的声响），以表示制冷剂的泄漏程度。

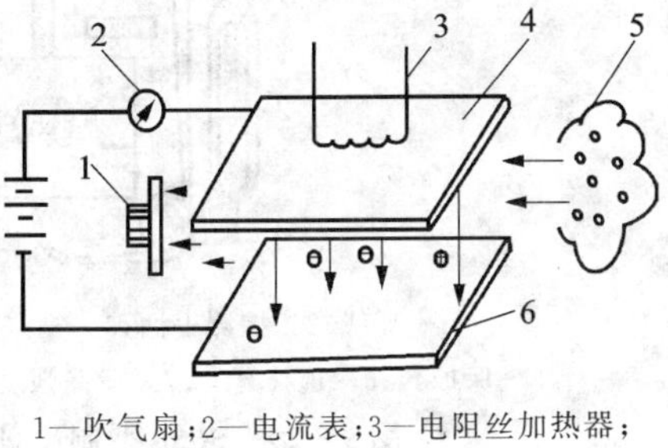

1—吹气扇；2—电流表；3—电阻丝加热器；4—阳极；5—卤素气体；6—阴极

图9－27　电子式卤素检漏仪的工作原理

图9－29所示是5650型制冷剂自动检漏仪，它是一种常用的电子式卤素检漏仪。主要由探测和主体两部分组成，探测部分由保护套、传感器、探测手柄和复位按钮等组成。探测手柄

内装有高效吸气扇。复位按钮的作用是当仪器置于制冷剂污染的空气中使用时,开关接通后,蜂鸣器会报警。按下复位按钮仪器便以当时空气中制冷剂的浓度标定为零值进行检测,只有当空气中制冷剂的浓度高于标定的“00”浓度,仪器才能显示出来。主体部分由泄漏强度显示灯、电源显示灯及选择开关等组成,选择开关的作用是选择被测气体的类型,如CFC(R12)、HCFC(R134a)和HFC(R500)等制冷气体。

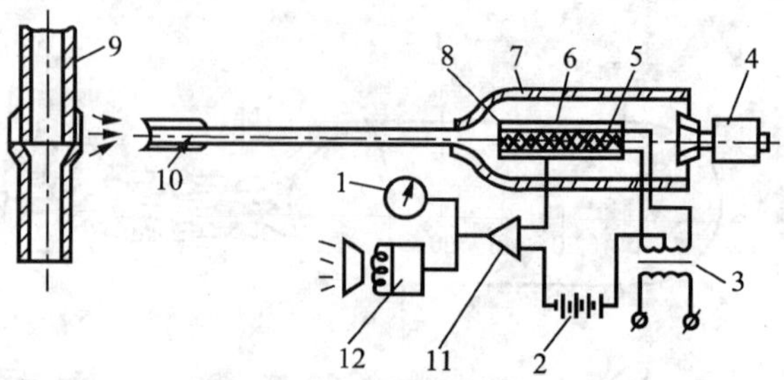

1—微安表;2—电源;3—变压器;4—风扇;5—阳极;6—阴极;7—外壳;8—电热器;9—管道;10—吸气口;11—放大器;12—音频振荡器

图9-28 电子式卤素检漏仪结构示意图

电子式卤素检漏仪与卤素检漏灯相比,其优点有预热时间短、灵敏度高、质量轻、体积小和检测范围广等,但价格较贵。

③ 压力检漏。压力检漏就是向空调系统内充以一定压力的氮气或二氧化碳气体,一般压力为1.5~2 MPa,然后用肥皂水检查是否有泄漏部位,压力检漏方法如图9-30所示。检漏方法如下。

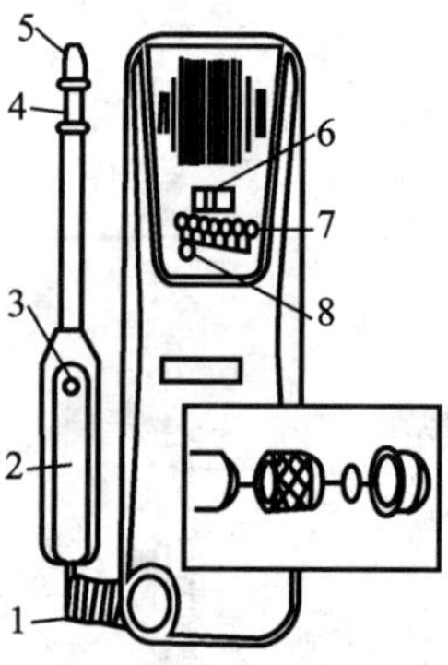

1—导线;2—探测手柄;3—复位按钮;4—传感器;5—保护套;6—选择开关;7—泄漏强度显示灯;8—电源显示灯

图9-29 5650型制冷剂自动检漏仪

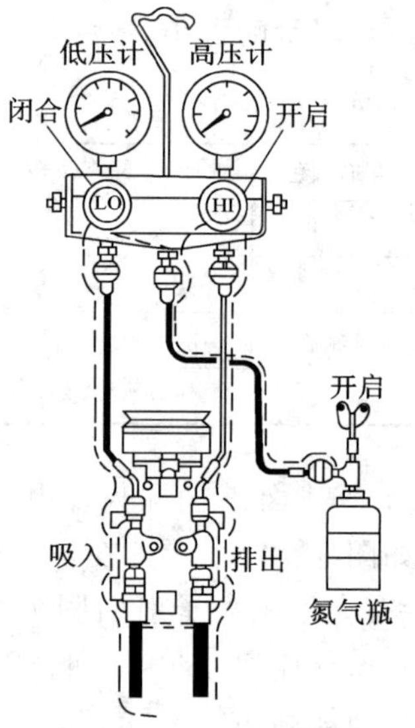

图9-30 压力检漏

第一,将歧管压力表的高、低压软管分别与制冷管路上的高、低压检测接口相连接,中间软管与氮气瓶相连接。

第二,排出内空气,将氮气瓶上的表压减至981 kPa后,向系统内加入氮气,直到系统内压力稳定为止。

第三,停止充气待24 h后,压力无明显下降,说明系统密闭性好,保压期间可用肥皂水检测泄漏部位,也可在系统中加入少量的制冷剂后再充入氮气,直接用检漏仪检测。还可用旧氟利昂直接充入(待系统中的压力达到3.5×105 Pa后),再用检漏仪进行检漏。

(3) 加注制冷剂

在制冷系统经过抽真空,并确认制冷系统没有泄漏后,就可开始对系统加注制冷剂。加注制冷剂的方法有两种:一种是从高压侧加注,另一种是从低压侧加注。

1) 从高压侧加注法

从高压侧加注的是液态制冷剂,它是靠制冷剂罐内与系统之间的压力差与位差进行加注的,这种方法适合于系统抽过真空而无制冷剂的情况。它的特点是加注速度快。从高压侧加注法如图9-31所示。

① 将歧管压力表的高、低压软管分别与制冷管路上的高、低压检测接口相连接,中间软管与制冷剂瓶相连接,并将制冷剂瓶倒置。

② 用制冷剂排除连接软管内的空气。先关闭高、低压手动阀,拧松高压侧检修阀与软管连接的接头,然后打开高压手动阀,最后打开制冷剂瓶上的阀门,当高压侧软管排出制冷剂气体时,迅速将软管与高压侧检修阀连接的接头拧紧,并关闭制冷剂瓶上的阀门。用同样的方法排除低压侧连接软管内的空气,然后关闭好高、低压手动阀和制冷剂瓶上的阀门。

③ 将制冷剂瓶倒置在磅秤上,并记录起始质量。

④ 打开制冷剂瓶上的阀门,缓慢打开高压侧手动阀,制冷剂液体注入系统内,当磅秤指示到达规定质量时,迅速关闭制冷剂瓶上的阀门。

⑤ 关闭高压手动阀,加注制冷剂结束。

注意:

- 从高压侧加注制冷剂时,严禁开启空调系统,也不可以打开低压手动阀,防止压缩机产生“液击”现象,而损坏机件;
- 加注前应查明系统所用制冷剂的类型,R12和R134a两者不可混用;
- 加注制冷剂前一定要排空连接软管内的空气,防止空气进入系统产生冰堵;
- 加注后,拆卸软管时应防止残留的制冷剂损伤眼睛及皮肤。

2) 从低压侧加注法

从低压侧加注的是气态制冷剂,这种方法适合于向系统内补充少量制冷剂的情况。它的特点是加注速度慢。从低压侧加注法如图9-32所示。

① 将歧管压力表的高、低压软管分别与制冷管路上的高、低压检测接口相连接,中间软管与制冷剂瓶相连接,并将制冷剂瓶竖置。

② 用制冷剂排除连接软管内的空气(同高压侧加注法)。

③ 将制冷剂瓶竖置在磅秤上,并记录起始质量。

④ 打开制冷剂瓶上的阀门,缓慢打开低压侧手动阀,向系统内注入气态制冷剂。

⑤ 启动发动机并将转速调整在1 250～1 500 r/min,接通空调开关,把风机开关和温度控制开关开至最大。

⑥ 当磅秤指示到达规定质量时,迅速关闭低压侧手动阀,然后关闭制冷剂瓶上的阀门。

⑦ 关闭空调开关,停止发动机运转,迅速将高、低压软管拆下。

3) 制冷剂加注量

① 压力表观察。R12制冷剂,当发动机转速为2 000 r/min,风机转速为最高档,气温为30～35 ℃时,低压侧压力应为0.15～0.19 MPa,高压侧压力应为1.37～1.67 MPa。R134a制

冷剂压力稍低点。

② 贮液干燥器见视窗观察。见视窗内清亮、透明,无气泡、液体流动。

③ 参照厂家提供的参数加注,几种车型制冷剂加注量如表9-2所列,仅供参考。

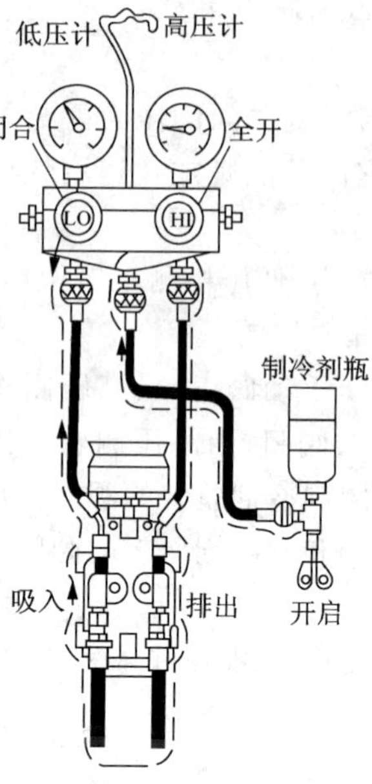

图9-31 从高压侧加注法

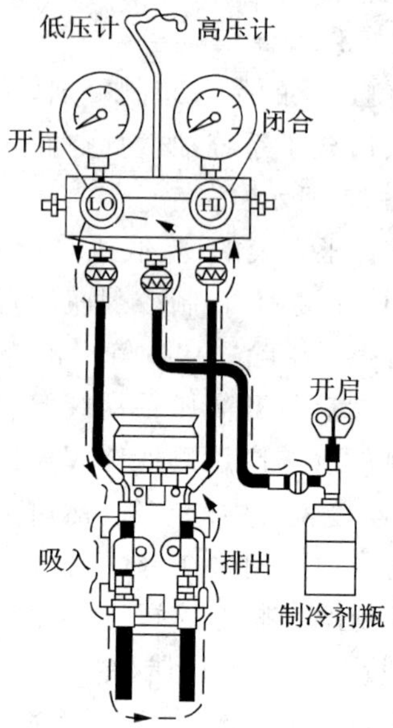

图9-32 从低压侧加注法

表9-2 几种车型制冷剂加注量

车　型	制冷剂加注量/kg
桑塔纳轿车	1～1.2
普通轿车	0.7～0.8
丰田CROWN牌MS112、MS122小轿车	前置空调0.8;双联空调1.2
日产DATSUN牌430轿车	前置空调0.9;双联空调1.4
马自达E200、E1800型旅行车	1.6
三菱ROSA牌BS310C型旅行车	2.7
丰田HIAC牌ERH20型旅行车	2.4
日野RC420型、RE200型大客车	7
三菱BS701T型大客车	6.3

(4) 加注冷冻润滑油

在车用空调系统正常运行情况下,无须检查冷冻润滑油的油量,也无须添加冷冻润滑油。但是,空调系统发生制冷剂严重泄漏、接头处或压缩机轴密封处有油迹,以及更换了系统部件后,应当适量添加冷冻润滑油。加注冷冻润滑油的方法有直接加入法和真空吸入法两种。

1) 直接加入法

将冷冻润滑油装入干净的量瓶里,从压缩机的旋塞口直接倒入即可,这种方法适合于更换蒸发器、冷凝器和贮液干燥器时采用。

2）真空吸入法

真空吸入法加注冷冻润滑油如图 9－33 所示。

① 首先将系统抽真空至 100 kPa（在检漏过程中进行）。

② 准备一个带刻度的量杯，量杯中装入稍多于所添加量的冷冻润滑油。

③ 关闭高压手动阀及辅助阀门，将高压软管一端从歧管压力表上拆下，并插入量杯冷冻润滑油中。

④ 打开辅助阀门，油从量杯中被吸入系统内。

⑤ 当油面到达规定刻度时，立即关闭辅助阀门。

⑥ 将量杯软管与歧管压力表组连接，打开高压手动阀，启动真空泵，先对高压软管抽真空，然后打开辅助阀门对系统抽真空。

3）冷冻润滑油加注量

① 系统新加油量。空调系统中，只有压缩机内装有冷冻润滑油，一般为 270～350 g，不同型号的压缩机充油量也不同，具体可直接查看供应商手册。

② 系统补充加油量。在维修中，如更换了系统部件或管路，由于这些部件和管路中残存有一定量的冷冻润滑油，因此，在更换这些部件和管路的同时应向系统内补充冷冻润滑油，其冷冻润滑油补充量见表 9－3，仅供参考。

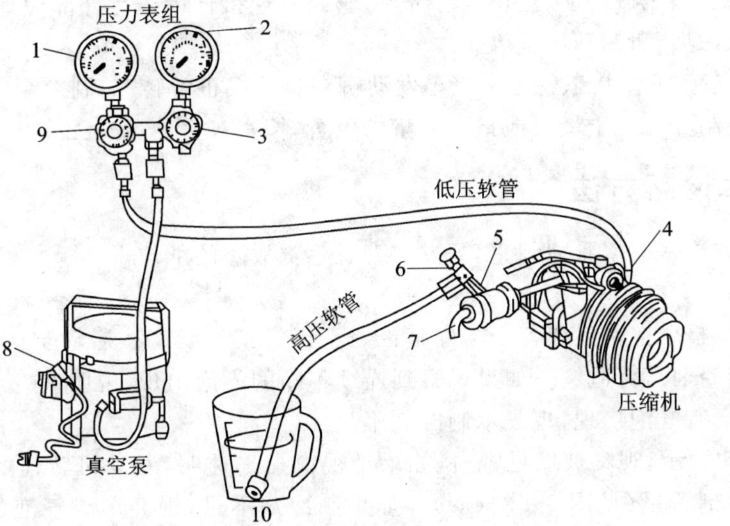

1—低压表；2—高压表；3—高压手动阀；4—低压检修阀；5—高压检修阀；6—辅助阀门；7—高压管路；8—真空泵；9—低压手动阀；10—冷冻润滑油

图 9－33　冷冻润滑油加注方法

表 9－3　系统部件冷冻润滑油补充量

更换的部件	冷冻润滑油补充量/ml	更换的部件	冷冻润滑油补充量/ml
冷凝器	40～50	贮液干燥器	10～20
蒸发器	40～50	制冷循环管道	10～20

任务9.4 空调系统的故障诊断

汽车空调系统常见故障主要表现为不制冷、制冷不足、无暖风或暖风不足以及制冷系统失控等。造成这些故障的原因与现象的对应性强,诊断起来应采用不同的方法,进行具体分析才能找出问题并排除。

汽车空调系统的工作环境和工作条件较为恶劣,零部件多,管路接头又多,因而容易出现较多故障。如果不及时排除出现的故障,非但享受不到空调带串的舒适,而且可能造成汽车空调系统的损坏,甚至影响发动机的正常运行。汽车空调系统出现故障的部位及原因很多,主要集中在电气线路、内部机件和外部元件。这些线路和元件对故障部位的确定带来一定的困难,因此对汽车空调系统的故障诊断方法尤为重要。

9.4.1 诊断状态

诊断状态是指诊断故障时空调系统所处的状态,根据诊断状态观察故障现象,由表及里完成全面诊断。空调系统所处的状态有静止状态和工作状态两种。

① 静止状态。静止状态就是指汽车发动机和制冷系统都在静止不工作状态下,对空调制冷系统的电气线路、机械传动、空调制冷部件、管路及连接件等进行外部检查,如松动、脱落、搭铁、锈蚀、损伤、污垢、泄漏和堵塞等。

② 工作状态。工作状态就是指汽车发动机在怠速或正常转速,制冷系统都在稳定工作状态下,将空调控制开关置于最大或最小冷量的位置,检查车室内风有无变化、压缩机是否工作。

9.4.2 基本诊断方法

基本诊断方法是根据看、听和摸等方式直观感觉故障的部位。

1. 看

用眼睛观察整个空调系统各个零件是否处于正常工作状态。启动空调,观察储液干燥器的见视窗,看制冷剂是否适量。如果观察到连续不断的气泡出现,说明制冷剂严重不足。如果每隔1~2 s就会有气泡出现,也表示制冷剂不足。

如图9-34所示,观察玻璃见视窗,如果见视窗几乎透明,发动机转速变化时可能会出现气泡,说明制冷剂适量(见图9-34(a))。如果制冷剂不足,则会形成气泡(见图9-34(a)和图9-34(b))。看各接头处是否有油污,沾有灰尘。如果有油污(见图9-34(d))和灰尘(见图9-34(e)),说明可能有泄漏。观察冷凝器表面脏不脏,散热片是否变形。

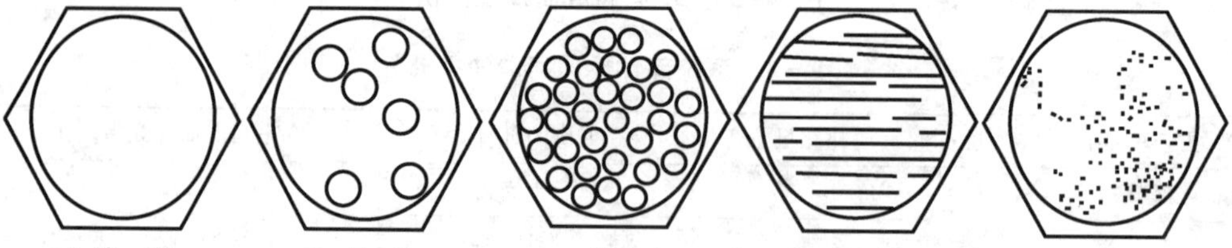

图9-34 观察贮液干燥器见视窗制冷剂情况

2. 听

用耳朵听运转中的空调系统有无异常声音,如果有噪声,则可能是电磁线圈老化,吸力不足,通电后由于打滑而产生噪声,也可能是离合器片磨损造成间隙过大使离合器打滑。听压缩机是否有液击声,如果有液击声,可能是制冷剂过多或膨胀阀开度过大,应释放制冷剂或调整膨胀阀。除此之外,就是压缩机内部损坏。

3. 摸

开机 15～20 min 后,用手触摸空调制冷系统部件,感受各部位温度。高压管路比较热,如果某处特别热或进出口有明显温差,说明这个地方堵了。如果空调系统各部分工作正常,则下列部件会有正常温差。

① 压缩机进、排气管应有明显温差(进气管低、排气管高)。

② 冷凝器进、出口管应有温差(进口管高、出口管低)。

③ 贮液干燥器进、出口温度相等时,表示系统正常;进口温度低于出口温度时,表示系统制冷剂不足;进口温度高于出口温度时,表示系统制冷剂过多。

④ 膨胀阀进、出口应有明显温差(进口高、出口低)。

⑤ 蒸发器进、出口应有明显温差(进口高、出口低)。

⑥ 膨胀阀出口到压缩机之间的软管应该凉而不结霜,正常情况应为结霜后即化,用肉眼看到的只是化霜后结成的水珠。用手感觉车内出风口有凉的感觉,车内保持适应人体的正常温度。

如果高压管路、低压管路没有明显温差,说明制冷系统不工作或系统泄漏,制冷剂严重不足。

9.4.3　测

① 用检漏仪检查各接头是含有泄漏。

② 用歧管压力表检查制冷系统的压力。运转压缩机,发动饥转速 2 000 r/min,观察歧管压力表。在一定的大气湿度内,轿车制冷系统正常工作时的高、低压

范围是:高压端压力应为 1.421～1.470 MPa;低压端压力应为 0.147～0.196 MPa。若不在此范围内,则说明系统有故障。

③ 用万用表检查空调电路故障。

④ 用温度计检查蒸发器、冷凝器和贮液干燥器的温度。

第一,蒸发器:不结霜的前提下,蒸发器表面温度越低越好。

第二,冷凝器:正常工作时,冷凝器入口温度为 70～90 ℃,冷凝器出口温度为 50～65 ℃。

第三,贮液干燥器:正常情况下应为 50 ℃。如果上下温度不一致,说明贮液干燥器堵塞。

项目评测

1. 选择题

(1) 汽车空调系统中的(　　)装置能够将气体制冷剂变为液态。

A. 蒸发器　　B. 膨胀阀　　C. 冷凝器　　D. 压缩机

(2) 关于汽车空调中的压缩机说法不正确的是(　　)。

A. 压缩机从蒸发器中吸入气态制冷剂

B. 只有气态制冷剂可以压缩,否则会损坏压缩机

C. 压缩机压缩制冷剂,产生高温、高压的气态制冷剂进入蒸发器

D. 低压侧压力高,高压侧压力低,此故障多数压缩机内部有泄漏

(3) 若汽车空调高压侧正常值是15kg/cm^2,相当于(　　)Pa。

A. 15　　B. 1.5　　C. 1 500　　D. 1 500 000

(4) 将液态制冷剂注入完全排空的空调系统时,下列程序正确的是(　　)。

A. 确信低压手动阀打开

B. 确保整个过程低压手动阀打开,并让制冷剂罐倒置

C. 在给系统注入液态制冷剂时,不要运转发动机

D. 注入完成后,完全关闭低压手动阀

(5) 以下说法正确的是(　　)。

A. 延长抽真空的时间,可以有效地排除空调系统中存在的水分

B. 进入空调系统的水分是可以被干燥罐吸收的,所以不用担心水分的进入

C. 冰堵多在干燥罐处产生

D. 一滴水进入空调系统不足以对空调系统造成不良的影响

(6) 关于冷凝器,下列说法正确的是(　　)。

A. 制冷剂进入冷凝器时几乎为100%的蒸气,离开时为100%的液态制冷剂

B. 制冷剂是由冷凝器的顶部进入,由底部流出

C. 冷凝器内部发生堵塞后可以用汽油清洗

D. 清洗冷凝器外部的污物时,用高压水枪更为有效

(7) 能将液态的制冷剂散成雾状,在很低的温度下就可以沸腾吸收热量,这个装置是(　　)。

A. 压缩机　　B. 蒸发器　　C. 冷凝器　　D. 膨胀阀

(8) 对于离合器循环控制系统,压缩机的工作状况是(　　)。

A. 工作—停止—工作的循环状态

B. 一直工作

C. 不能确定

D. 工作到过热后自动停止

(9) 汽车空调暖风的热源一般取自(　　)。

A. 鼓风机内电热丝　　B. 排气管中废气

C. 发动机冷却水　　D. 外界空气温度

2. 判断题(对打"√",错打"×")

(1) 电磁离合器是压缩机总成的一部分。　　(　　)

(2) 接通冷气开关前,应先将鼓风机开关接通。　　(　　)

(3) 蒸发器安装在车厢内。　　(　　)

(4) 膨胀阀能控制冷剂流量的大小。　　(　　)

(5) 通过见视窗可以看到制冷剂的流动状态,从而判断制冷系统的工作状况。　　(　　)

(6) 空调开关用于控制汽车空调是否投入工作。　　(　　)

(7) 空调不能作为强制通风换气装置使用。　(　　)

(8) 温度传感器通过检测蒸发器表面的温度,控制电磁离合器的工作。　(　　)

(9) 若在高速超车时继续使用空调,会使车辆加速性能降低。　(　　)

3. 填空题

(1) 空调压缩机电磁离合器的作用是________压缩机的工作。

(2) 加注制冷剂的方法有两种,一种是从________侧加注,另一种是从________侧加注。

4. 简答题

(1) 车用空调制冷系统由哪些部分组成？各起何作用？

(2) 车用空调制冷系统常用哪些方法检漏？

(3) 制冷系统怎样加注制冷剂、冷冻润滑油？

(4) 结合习题图 9－1,试述车用汽车空调制冷系统的工作原理。

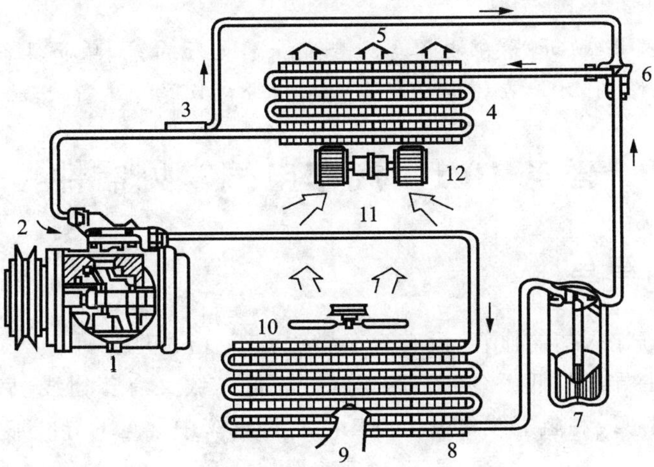

1—压缩机;2—低压侧;3—感温包,4—蒸发器;
5—冷气;6—膨胀阀;7—贮液干燥器;8—冷凝器;
9—迎风面;10—冷却风扇;11—空气;12—鼓风机

习题图 9－1

项目 10　汽车电气设备总线路

【项目要求】

- 了解汽车用导线的规格、型号和选用原则。
- 了解汽车线束的包扎和电路接头连接方式。
- 掌握电路开关、保护装置的作用、种类和工作方式。
- 掌握汽车电路的组成和读图方法。
- 学会利用原车电路进行故障分析。

【项目解析】

汽车电器是通过导线、开关、继电器等组合成一套电气系统，从而具备各种功能。了解各种电气部件，读懂电路图，才能在纷繁的汽车线路中分析故障并进行处理。

任务 10.1　汽车电气常见器件

10.1.1　汽车电气导线

汽车中的导线好比人体的血管，没有汽车导线就没有汽车电路。

汽车电气系统的导线有低压线和高压线两种。低压线又有普通线、启动电缆和控制电缆之分，高压线又有铜芯线和阻尼线之分。图 10－1 是汽车中常见的导线形式。

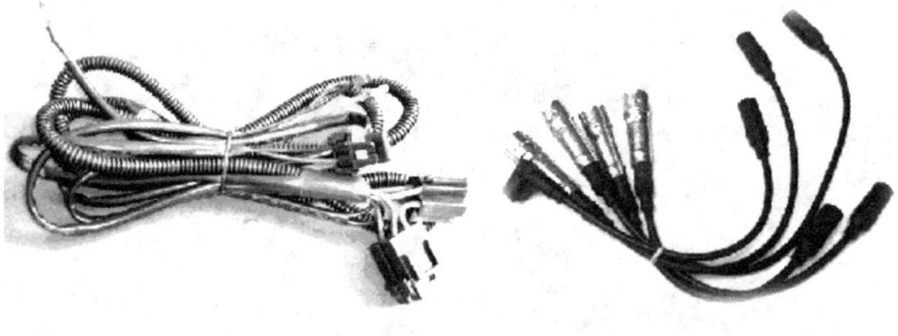

图 10－1　汽车中的导线

1. 低压导线

(1) 普通低压导线

1) 导线的颜色标识

随着汽车电气设备的增多，导线数量也不断增加，为了便于区分，低压导线常以不同颜色制作。导线的颜色大都以英文字母表示，但也有部分国产汽车直接用中文表示。例如，捷达轿车常用的配线颜色及字母代号如下：Ws——白色、Sw——黑色、Ro——红色、Br——棕色、Gn——绿色、Bl——蓝色、Gr——灰色、Li——紫色、Ge——黄色。日本汽车常用的颜色标识方法是：B——黑色；L——蓝色；R——红色；Br——棕色；Lg——浅绿；V——紫色；G——绿色;O——橙色;W——白色;GR——灰色;P——粉色;Y——黄色。

如果导线是双色的,则以两种颜色的字母共同标记,导线颜色的表示方法:第一组字母表示基本颜色,即主色。第二组字母表示条纹颜色。常见的国产汽车电路系统的导线主色如表10-1所列。

表10-1 国产汽车电路系统的主色

序 号	系统名称	导线主色	代 号
1	电源系	红	R
2	点火和启动系	白	W
3	前照灯、雾灯及外部灯光照明系统	蓝	U
4	灯光信号系统(包括转向指示灯)	绿	G
5	内部照明	黄	Y
6	仪表及警报指示系统、扬声器系统	棕	N
7	收音机、时钟、点烟器等辅助装置	紫	P
8	辅助电动机及电气操纵系统	灰	S
9	搭铁线	黑	B

2) 汽车导线横截面积的选择

汽车导线的横截面积要按用电设备负载电流的大小进行选择,其一般原则为:长时间工作的电气设备可选择实际载流量60%的导线,短时间工作的用电设备可选择载流量60%~100%之间的导线。同时,还应该考虑电路中的电压降和导线发热等情况,以免影响用电设备的电器性能及超过导线的允许温度。为保证一定的机械强度,一般低压导线的横截面积不低于0.5mm^2。导线的截面积以数字形式标识在导线颜色的上方,如,4.0 mm^2、6.0 mm^{2}等。4.0 mm^{2}以上的导线采用单色线,4.0 mm^{2}以下的采用双色线。汽车主要线路导线截面积推荐值如表10-2所列。

表10-2 12 V汽车导线的推荐规格

导线的使用部位	标称截面/m^2
后灯、顶灯、指示灯、仪表灯、牌照灯、燃油表、刮水器等电路	0.5
转向灯、制动灯、停车灯、分电器等电路	0.8
前照灯、电扬声器(3A以下)电路	1.0
前照灯、电扬声器(3A以上)电路	1.5
其他5A以上的电路	1.5~4.0
电源电路	4~25
启动电路	16~95
柴油机汽车电热塞电路	4~6

如,1.5Y表示截面积为1.5mm^2,主色为黄色的单色线。1.0GY表示截面积为1.0 mm^2,主色为绿色,辅色为黄色的双色线。

(2) 启动电缆

启动电缆为带绝缘包层的大截面铜质或铝质多丝软线,主要用来连接蓄电池与起动机开关的主接线柱,截面积有 25 mm^2、35 mm^2、50 mm^2、70 mm^2 等多种规格,允许电流达 500~1 000 A。为了保证起动机功率的发挥,要求在线路上每 100 A 的电流所产生的电压降不超过 0.1~0.15 V。

(3) 蓄电池搭铁电缆

蓄电池搭铁电缆有两种,一种外形同启动电缆,覆有绝缘层,另一种则是由铜丝编织成的扁形软导线,不带绝缘层,长度有:300 mm、450 mm、600 mm、760 mm 四种。搭铁电缆常用于蓄电池与车架、车架与车身、发动机与车架等总成之间的连接。

2. 高压导线

在汽车点火线圈到火花塞之间的电路使用高压点火线。它分为普通铜芯高压线及高压阻尼点火线。带阻尼的高压线可抑制和衰减点火系产生的高频电磁波,降低无线电的干扰。

因为其工作电压高,故电流小所以截面积较小,约为 1.5 mm^2,但绝缘层很厚。

3. 汽车电气数据总线

所谓数据总线,就是指在一条数据线上传递的信号可以被多个系统共享,从而最大限度地提高系统整体效率,充分利用有限的资源。汽车电脑与电脑之间的通信和数据共享,采用 CAN 数据总线。

CAN 数据总线的作用是传输数据,它是双向数据线,分为 CAN 高位和 CAN 低位数据线。数据没有指定接收器,数据通过数据总线发送给控制模块,各控制模块接收到数据后进行计算。为了防止外界电磁波的干扰和向外辐射,CAN 数据总线采用将两根线缠绕在一起,如图 10－2 所示。两根线上的电位总是不等的,如果一根线上的电压是 5V,另一根线上的电压是 0V,两根线上的电压和总是 5V,可以看成两根线朝一个方向合起来流过一个稳定的电流,同时起到屏蔽作用。一汽宝来、一汽奥迪 A6、上海帕萨特 B5 和波罗轿车上都采用了 CAN 双线式数据总线系统。

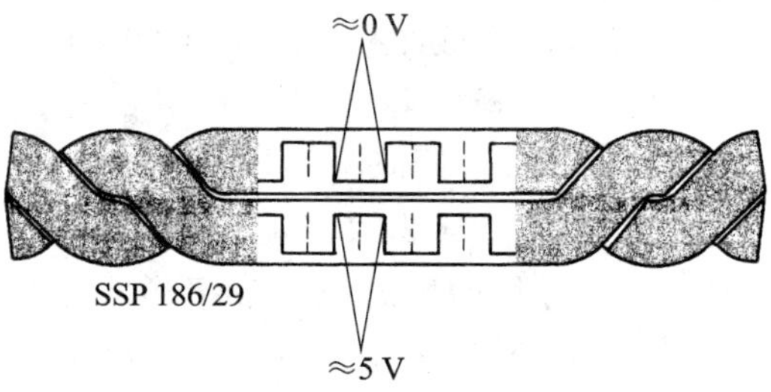

图 10－2　CAN 数据总线

10.1.2　汽车电气线束

为使全车线路规整,安装方便及保护导线的绝缘,汽车上的全车线路除高压线、蓄电池电缆和起动机电缆外,一般将同区域的不同规格的导线用棉纱或薄聚氯乙烯带缠绕包扎成束,称为线束。图 10－3 是汽车中常见的线束。

在目前,不管是高级豪华汽车还是经济型普通汽车,线束组成的形式基本是一样的,都是由电线、接插件和包裹胶带组成。汽车线束与普通家用电线是不一样的,普通家用电线是铜质单芯电线,有一定硬度,而汽车电线都是铜质多芯软线管(聚氯乙烯)内,柔软而不容易折断。

随着汽车电气与电子设备的增多,线束总成的结构与电路也越来越复杂,因此,对线束的结构、功能、适用性、可靠性都提出了更高的要求。现代汽车的线束总成由导线、端子、插接器、

(a) 车门线束

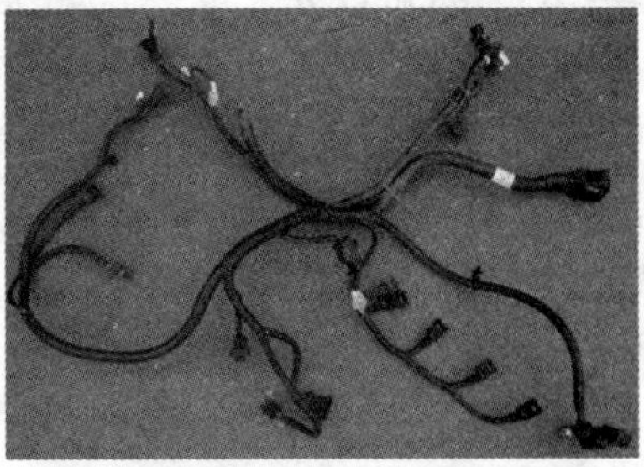

(b) 发动机电喷系统线束

图 10-3　汽车中常见线束

护套等组成。线束安装与检修的注意事项为：

① 线束应用卡簧或绊钉固定，以免松动磨坏。

② 线束不可拉得过紧，尤其在拐弯处，在绕过锐角或穿过金属孔时，应用橡皮或套管保护，否则容易磨坏线束而发生短路、搭铁，以至烧毁全车线束。

③ 连接电器时，应根据插接器的规格及导线或插接头的颜色，分别接于电器上并插接到位。

10.1.3　连接器

连接器就是通常所说的连接插头和插座，用于线束与线束或导线与导线间的相互连接。连接器可分以下几类：第一类是连接线束和电器元件（见图 10-4）；第二类是连接线束与线束（见图 10-5）；第三类是线束与车身的连接（见图 10-6）；第四类是过渡连接，将连接器中需要连接的导线用短接端子连接起来（见图 10-7）。

线和件连接器

图 10-4　线束与电器元件的连接

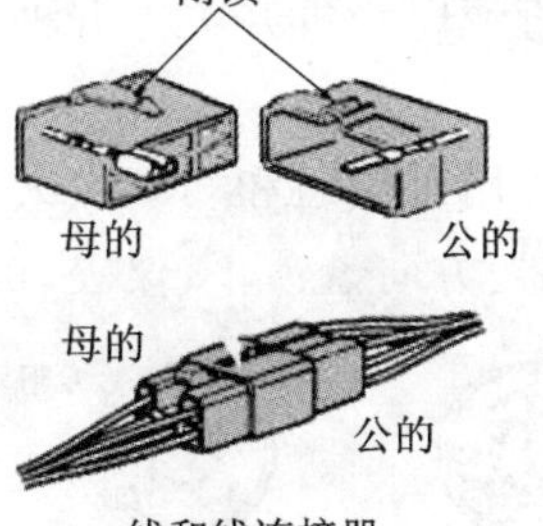

线和线连接器

图 10-5　线束与线束的连接

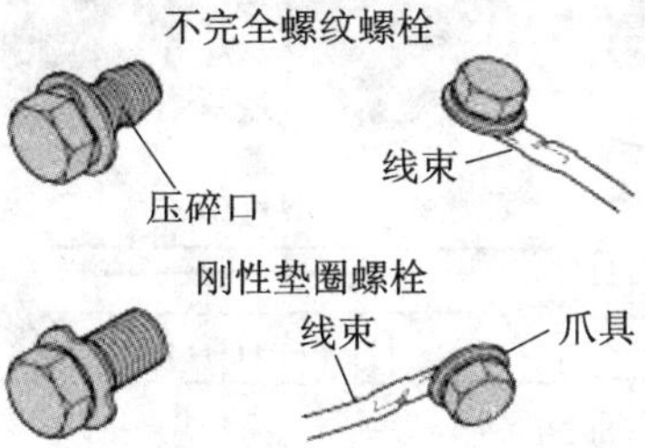

图 10-6　线束与车身连接

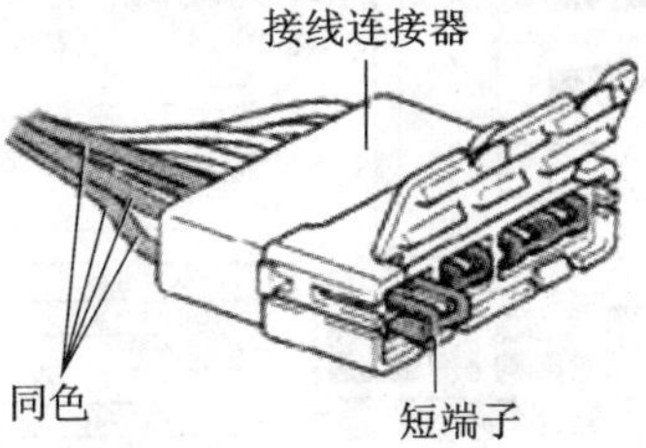

图 10-7　过渡连接器

连接器种类很多,可以分为单路、双路或多路等形式,如图10-8所示。连接器由导线端子盒壳体组成,如图10-9所示。连接器端子上设有锁扣,装入护套内以防脱出。连接器端子由表面镀锡(或镀银)的黄铜片制成,有柱状(针状)和片状两类。连接器护套由塑料或橡胶制成。

连接器接合时,应先将其导向槽重叠在一起,使插头和插孔对准且稍用力插入,这样就可以十分牢固地连接在一起。

为了防止汽车行驶过程中连接器脱开,所有连接器均采用闭锁装置,如图10-5所示。当要拆下连接器时,应先压下闭锁,然后再将其拉开。不压下闭锁时绝不可用力猛拉导线,以防止拉坏闭锁或导线。

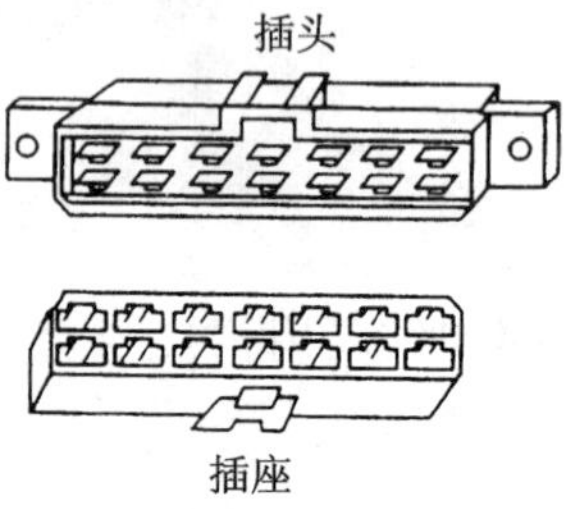

图10-8 连接器

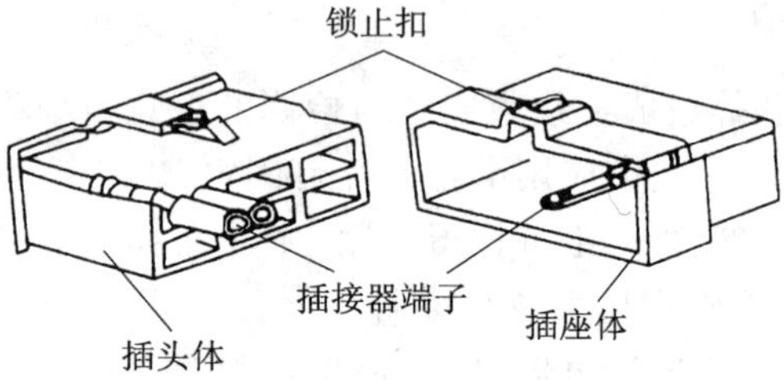

图10-9 连接器的结构

10.1.4 汽车常见开关、继电器及保护装置

1. 开 关

开关是用来控制汽车电路中各种用电设备的。按操作方式可分为手操纵和脚踏式两种;按其结构原理可分为机械开关和电磁开关;按其用途分为点火开关、启动开关、电源开关以及灯光开关和小型直流电动机开关等五种。

(1) 点火开关

点火开关主要用来接通和切断点火电路,同时还用以控制起动机、发电机励磁、收录机、空调、刮水器、点烟器、方向盘锁止、仪表、信号灯、进气预热和其他电器设备电路。图10-10为

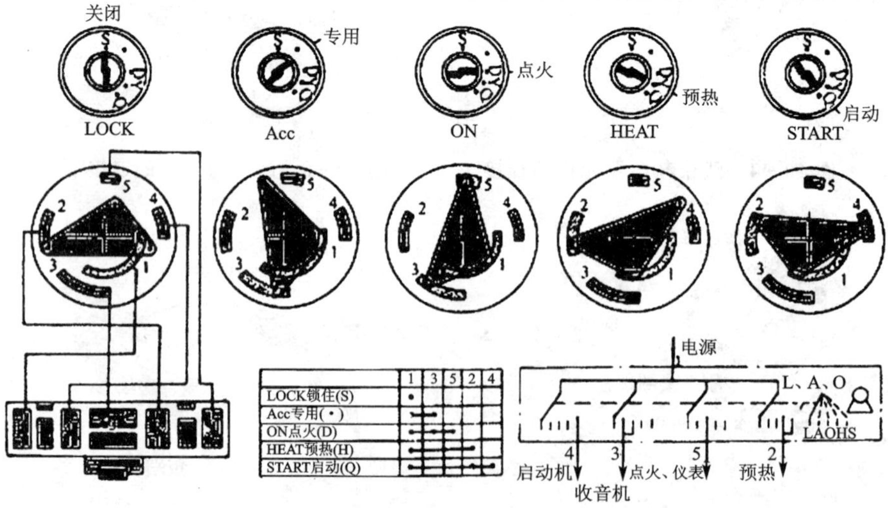

(a) 结构示意图　(b) 表格表示法　(c) 图形符号表示法

图10-10 点火电源开关的结构及表示方法

点火开关的挡位与接线柱关系。

点火开关各挡位要接触良好，一般用万用表欧姆挡可以测量各挡位的导通情况，若不导通或有电阻，说明有断路或接触不良，如导通情况不符规定应调换其上的导线。

(2) 组合开关

多功能组合开关将照明开关(前照灯开关、变光开关)、信号(转向、危险警告、超车)开关、刮水器/清洗器开关等组合为一体，安装在便于驾驶员操纵的转向柱上。如图 10－11 所示。

图 10－11　组合开关

2. 继电器

继电器有功能继电器和电路控制继电器两种。如闪光继电器、刮水器间歇继电器属功能继电器。电路控制继电器在汽车上常见的有前照灯继电器、雾灯继电器、启动继电器、扬声器继电器、减荷继电器等。其作用是通过开关的小电流控制继电器，继电器触点闭合后大电流直接供给用电器，保护开关触点不被烧蚀。一般继电器的外形和原理如图 10－12 所示。

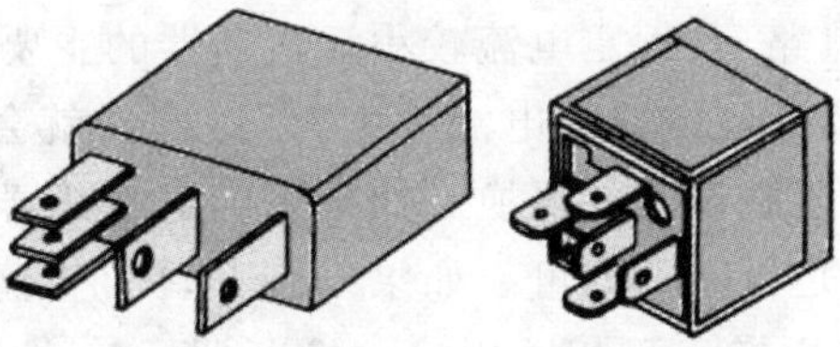

(a) 外　形

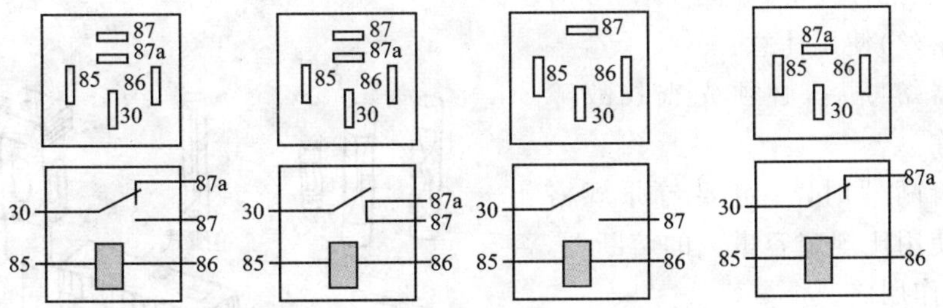

(b) 内部原理

图 10－12　常见继电器的外形与内部原理

3. 电路保护装置

汽车电路保护装置用于线路或电气设备发生短路或过载时自动切断电路，保证电气设备及线路的安全。汽车上常用的电路保护装置有易熔线、断路器及熔断器(片)。易熔线、断路器及熔断器这三种电路保护装置的常用符号如图 10－13 所示。

(1) 易熔线

易熔线是为在电流过大时熔化和断开电路而设计的导线。其截面积小于被保护导线的面积,可长时间通过额定电流,一般为铜芯低压导线或合金导线。过易熔线额定电流数倍时,易熔线首先熔断,以确保线路或电气设备免遭损坏。易熔线常用于保护总电路或大电流电路。易熔线的多股绞合线外面包有聚乙烯护套,比常见导线柔软,一般长度为50～200 mm,通过连接件接入电路,易熔线一般位于蓄电池和起动机或电气中心之间或附近,如图10-14所示。

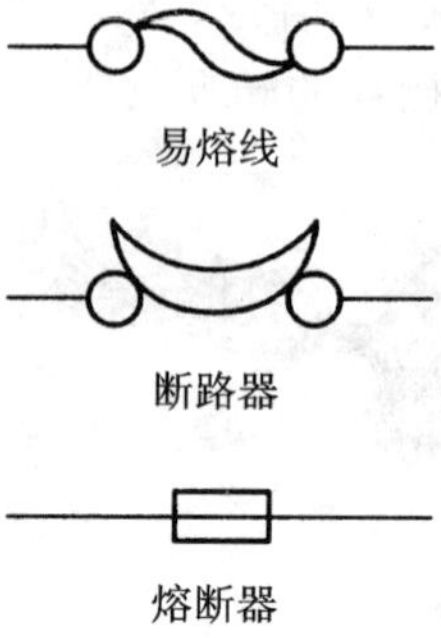

图10-13 电路保护装置的常用符号

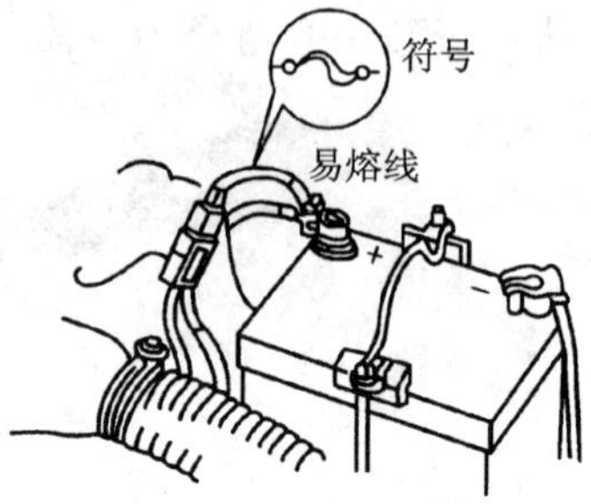

图10-14 易熔线

(2) 断路器

断路器是当电流负荷超过用电设备额定容量时将电路断开的一种可重复使用的电路保护装置。如果电路中存在短路或其他类型的过载条件,强大的电流将使断路器端子之间的线路断路。有些断路器需要手工复原,有些则必须撤了电源才能复原。

(3) 熔断器

熔断器常用于保护局部电路,其额定电流较小。熔断器的主要元件是熔丝(片),其材料是锌、锡、铅等金属的合金。只要流经电路的电流过大,易熔部件就会熔断并形成断路。熔断器属于“一次性保护装置”,每次过载都需要更换。如果想确定熔断器是否熔断,只要拆卸怀疑的熔断器,检查熔断器中的元件是否断开即可。如果未断开,但仍有怀疑,可用数字式万用表或断路检测仪检查其导通性,或更换一只相同规格的熔断器试验.熔断器按外形可分为熔管式、绝缘式、缠丝式、插片式等,如图10-15所示。

熔断器(熔丝)使用注意:

① 熔断器熔断后,必须先查找故障原因,并彻底排除。

② 更换熔断器时,一定要与原规格相同,特别不能使用比规定容量大的熔断器,否则将失去保护作用。

③ 熔断器支架与熔断器接触不良会产生电压降和发热现象。因此,特别要注意检查有无氧化现象和脏污。若有脏污和氧化物,须用细砂纸打磨光,使其接触良好。

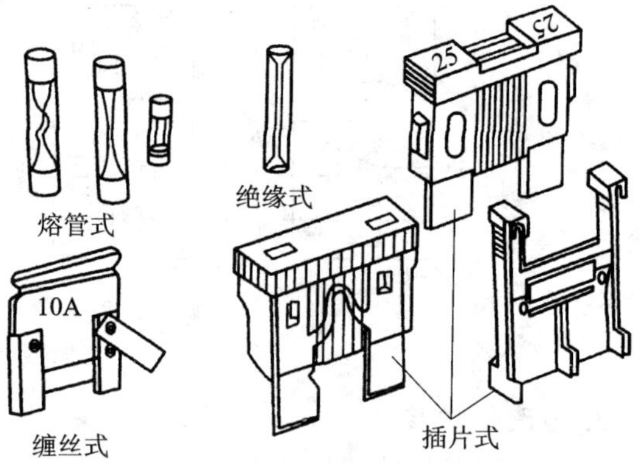

图10-15 常见熔断器外形

4. 中央接线盒

为便于诊断故障、规范布线,现代汽车常将熔断器、断路保护器、继电器等电路易损件集中布置在一块或几块配电板上,配电板背面用来连接导线,这种配电板及其盖子就组成了中央线路板(或称中央接线盒)。

桑塔纳 2000GSi 轿车整车电气系统采用中央线路板，即大部分继电器和熔断器都安装在中央线路板正面，如图 10－16 所示。

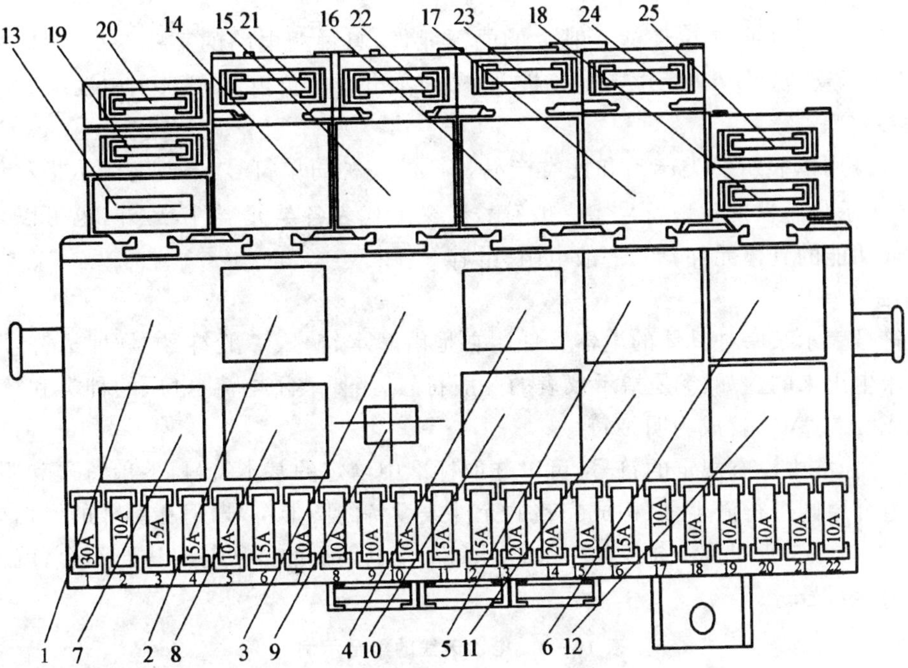

1—空位；2—燃油泵继电器；3—空位；4—冷却液液位继电器；5—空调继电器；6—扬声器继电器；7—雾灯继中器；8—X—接触继电器；9—拆卸保险丝专用工具；10—前风窗刮水及清洗继电器；11—空位；12—转向灯继电器；13—诊断线接口；14—摇窗机自动下降继电器；15—摇窗机延时继电器；16—内部灯延时继电器；17—压缩机切断继电器；18—ABS 电磁阀保险丝(S129－30A)；19—喷油器、空气质量计、活性炭罐电磁阀、氧传感器保险丝(S123－10A)；20—后雾灯保险丝(S124－10A)；21—电动摇窗机过热保护器(S125)；22—空调鼓风机电动机保险丝(S126－30A)；23—自动升降天线保险丝(S127－10A)；24—电动后视镜保险丝(S128－3A)；25—液压泵保险丝(S130－30A)

图 10－16　桑塔纳 2000GSi 轿车中央线路板

主线束从中央线路板反面插接后通往各电器，如图 11－16 所示，中央线路板上标有线束和导线插接位置的代号及节点的数字号，主要线束的插接代号有 A、B、C、D、E、G、H、K、L、M、N、P、R。其中 P 插座插入常相线，R、K、M 均为空位插孔。查找时只要根据电路中导线与中央线路板区域中下框线交点处的代号就能了解该导线在某个线束中的第几个插头上。

任务 10.2　汽车线路常用符号

汽车电路图是利用图形符号和文字符号，表示汽车电路构成、连接关系和工作原理，而不考虑其实际安装位置的一种简图。为了使电路图具有通用性，便于进行技术交流，构成电路图的图形符号和文字符号，不是随意的，它有统一的国家标准和国际标准。要看懂电路图，必须了解图形符号和文字符号的含义、标注原则和使用方法。

10.2.1　图形符号

图形符号是用于电气图或其他文件中的表示项目或概念的一种图形、标记或字符，是电气技术领域中最基本的工程语言。因此,为了看懂汽车电路图,人们必须要掌握并能熟练地运用它。

图形符号分为基本符号、一般符号和明细符号 3 种。

1. 基本符号

基本符号不能单独使用,不表示独立的电器元件,只说明电路的某些特征。如:“—”表示直流,“~”表示交流,“+”表示电源的正极,“-”表示电源的负极,“N”表示中性线。

2. 一般符号

一般符号用以表示一类产品和此类产品特征的一种简单符号。如:⊗表示指示仪表的一般符号,⊠表示传感器的一般符号。一般符号广义上代表各类元器件,另外,也可以表示没有附加信息或功能的具体元件,如:一般电阻、电容等。

3. 明细符号

明细符号表示某一种具体的电器元件。它是由基本符号、一般符号、物理量符号、文字符号等组合派生出来的。如:⊛是指示仪表的一般符号,当要表示电流、电压的种类和特点时,将“ * ”处换成“A”、“V”,就成为明细符号。

另外,对标准中没有规定的符号,可以选取标准中给定的基本符号、一般符号和明细符号,按规定的组合原则进行派生,以构成完整的元件或设备的图形符号,但在图样的空白处必须加以说明,如表 10-3 所列。将天线的一般符号和直流电动机的一般符号进行组合,就构成了电动天线的图形符号。

表 10-3 电动天线的组合示例

图形符号	说 明
	天线的一般符号
	直流电动机的一般符号
	电动机天线的派生符号

4. 图形符号的使用原则

图形符号使用原则如下:

① 首先选用优选形。

② 在满足条件的情况下,首先采用最简单的形式,但图形符号必须完整。

③ 在同一份电路图中同一图形符号采用同一种形式。

④ 符号方位不是固定的,在不改变符号意义的前提下,符号可根据图面布置的需要旋转或成镜像放置,但文字和指示方向不得倒置。

⑤ 图形符号中一般没有端子代号,如果端子代号是符号的一部分,则端子代号必须画出。

⑥ 导线符号可以用不同宽度的线条表示,如电源线路(主电路)可用粗实线表示,控制、保护线路(辅助电路)则可用细实线表示。

⑦ 一般连接线不是图形符号的组成部分,方位可根据实际需要布置。

⑧ 符号的意义由其形式决定,可根据需要进行缩小或放大。

⑨ 图形符号表示的是在无电压、无外力的常规状态。

⑩ 图形符号中的文字符号、物理量符号，应视为图形符号的组成部分。当用这些符号不能满足标注时，可按有关标准加以补充。

⑪ 电路图中若未采用规定的图形符号，必须加以说明。

10.2.2 文字符号

文字符号是由电气设备、装置和元器件的种类（名称）字母代码和功能（与状态、特征）字母代码组成。其用于电气技术领域中技术文件的编制，也可标注在电气设备、装置和元器件上或其近旁，以表明电气设备、装置和元器件的名称、功能、状态和特征。此外，还可与基本图形符号和一般图形符号组合使用，以派生新的图形符号。

文字符号分为基本文字符号和辅助文字符号两大类，基本文字符号又分为单字母符号和双字母符号。

1. 基本文字符号

（1）单字母符号

单字母符号是按拉丁字母将各种电气设备、装置和元器件划分为二十三大类，每大类用一个专用单字母符号表示，如“C”表示电容器类，“R”表示电阻类等。

（2）双字母符号

双字母符号是由一个表示种类的单字母符号与另一字母组成，其组合形式应以单字母符号在前而另一字母在后的次序列出，如：“R”表示电阻，“RP”就表示电位器，“RT”表示热敏电阻；“G”表示电源、发电机、发生器，“GB”就表示蓄电池，“GS”表示同步发电机、发生器，“GA”表示异步发电机。

2. 辅助文字符号

辅助文字符号表示电气设备、装置和元器件以及线路的功能、状态和特征。如“SYN”表示同步，“L”表示限制左或低，“RD”表示红色，“ON”表示闭合，“OFF”表示断开等。

3. 文字符号的使用规则

① 单字母符号应优先选用。

② 只有当用单字母符号不能满足要求，需要将大类进一步划分时，才采用双字母符号，以便较详细和更具体地表述电气设备、装置和元器件等。如“F”表示保护器类，“FU”表示熔断器，“FV”表示限压保护器件。

③ 辅助文字符号也可放在表示种类的单字母符号后边组成双字母符号，如“ST”表示启动，“DC”表示直流，“AC”表示交流。为简化文字符号，若辅助文字符号由两个字母组成时，允许只采用其第一位字母进行组合，如“MS”表示同步电动机，“MS”中的“S”为辅助文字符号“SYN”（同步）的第一位字母。辅助文字符号还可以单独使用，如“ON”表示接通，“N”表示中性线，“E”表示搭铁，“PE”表示保护搭铁等。

10.2.3 图形符号、文字符号的识读

对于基本的元器件，其图形符号、文字符号都是相同的，如电阻、电容、照明灯、蓄电池等。

由于目前国际上还没有汽车电气设备图形符号、文字符号的统一标准，各个汽车生产厂家对某些汽车电器所采用的图形符号、文字符号有所不同，与标准规定有一些差异，这给识读电

路图造成一定困难,但图形符号基本结构的组成是相似的,只要了解它们的区别,就能避免识读错误。下面通过具体示例来说明不同车型在表示同一元器件的图形符号时,在汽车电路图中的差异。

如图 10-17 所示,表示导线连接的两种形式。上海桑塔纳、南京依维柯采用图 10-17(a)的形式,神龙富康、天津夏利则采用图 10-17(b)的形式。

图 10-17　导线连接两种表示形式

汽车都装有硅整流发电机和电压调节器,不同的是有的采用内装式,有的采用外装式,即使同一结构形式,不同的车型所采用的电路图形符号也有所不同。

图 10-18 为富康轿车内装调节器硅整流发电机的图形符号;图 10-19 为夏利轿车内装调节器硅整流发电机的图形符号(国家标准规定的符号)。

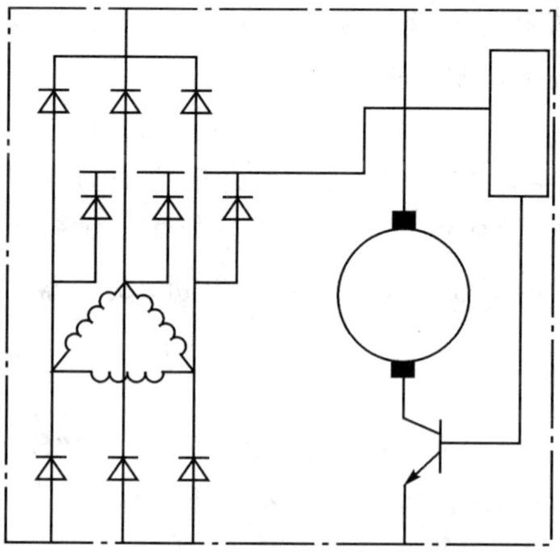

图 10-18　富康轿车硅整流发电机图形符号

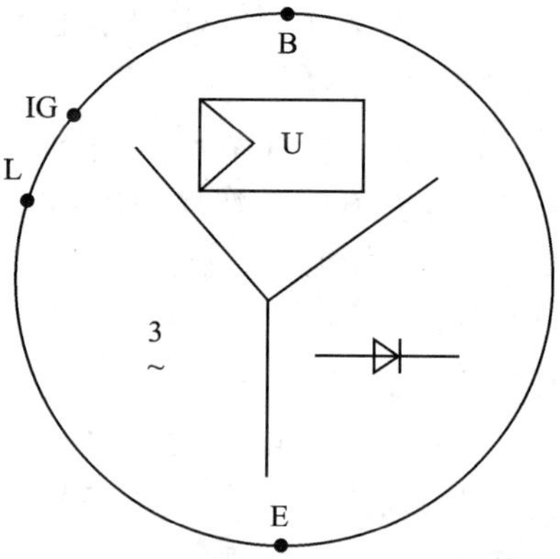

图 10-19　夏利轿车硅整流发电机图形符号

现代汽车上都装有用于启动发动机的起动机,且中、小型汽车起动机的结构基本相同,但在不同车型的电路图中,所采用的符号差别很大。图 10-20 为天津夏利轿车起动机的图形符号;图 10-21 为富康轿车起动机的图形符号。

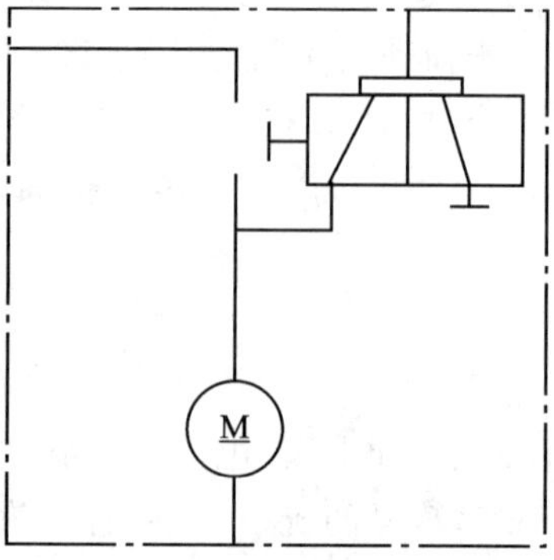

图 10-20　夏利轿车起动机图形符号

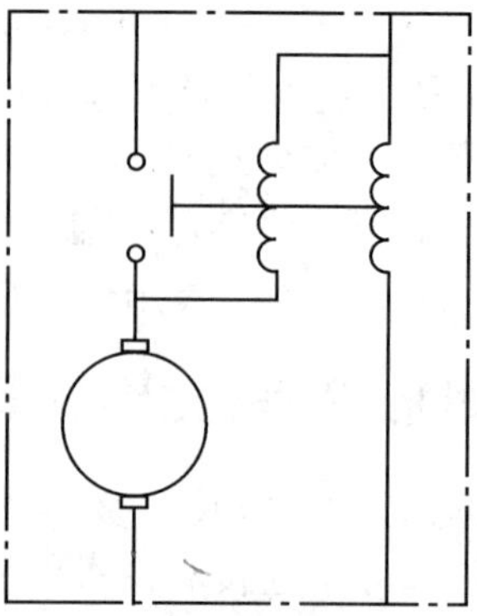

图 10-21　富康轿车起动机图形符号

很多车上都装有三挡四接柱的点火开关，其表示方法采用方框符号，表示接线柱和挡位的符号有两种，如图 10－22(a)和图 10－22(b)所示。上海桑塔纳则采用与前两者截然不同的另一种符号，如图 10－23 所示。

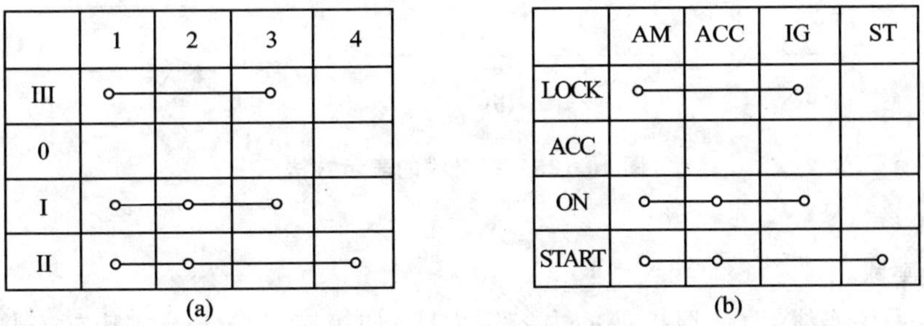

图 10－22　点火开关图形符号

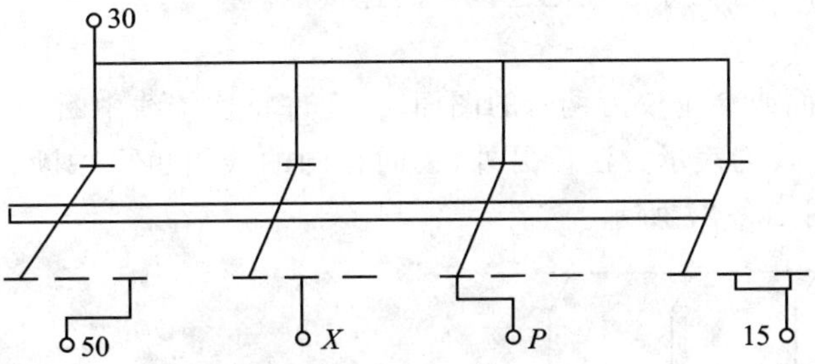

图 10－23　上海桑塔纳轿车点火开关图形符号

通过上述示例可知，汽车电路图形符号目前还没有统一的标准。国产汽车制造企业大都采用电气技术行业标准，而合资汽车制造企业大都沿用国外的原标准，所以在识图过程中应不断地总结经验，找出不同的电路中采用的图形符号有哪些相同点和不同点，这样可以提高读图速度。

10.2.4　电路制图的一般规则

为了便于识读电路图，需了解电器制图的一般规则。

1. 箭头和指引线

在电路制图中，信号线和连接线上的箭头必须开口，如图 10－24(a)所示；而指引线上的箭头必须是实心的，如图 10－24(b)所示，以区别不同的含义。

图 10－24　信号线和连接线的箭头表示方法

指引线用细实线表示，且指向被注释处，并根据不同情况在指引线的末端加注黑点、实心箭头、短斜线加以标记。

指引线末端在轮廓线内，用一黑点标记，如图 10－25(a)所示。

指引线末端在轮廓线上，用一实心箭头标记，如图 10－25(b)所示。

指引线末端在回路线上，用一斜短线标记，如图 10－25(c)所示。

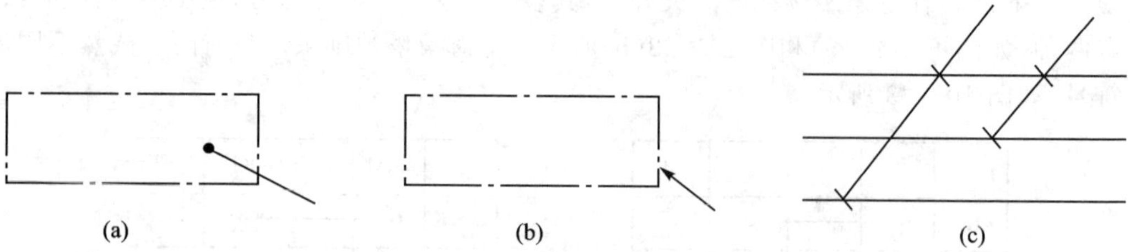

图 10-25 指引线的表示方法

2. 连接线

(1) 一般要求

连接线应采用实线,而计划扩展的内容用虚线(如第三章第五节富康轿车中的选装件)。有时为了突出或区分某些电路功能,可采用不同粗细的连接线。连接线应避免在与另一条连接线的交叉处改变方向,避免穿过其他连接线的连接点。

(2) 中断线

当连接线穿越画面或穿越较为稠密的图面时,允许将连接线中断,并在中断处加相应的标记。图 10-26 为中断线的表示方法。另外,去向相同的线组也可中断,但必须在线组的末端加注适当的标记,如图 10-27 所示。

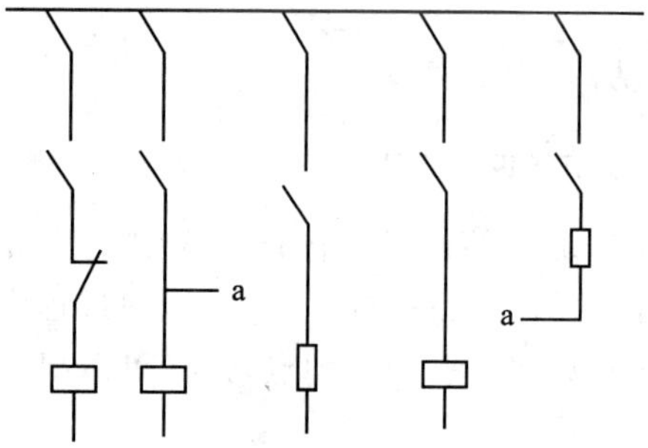

图 10-26 中断线的表示方法

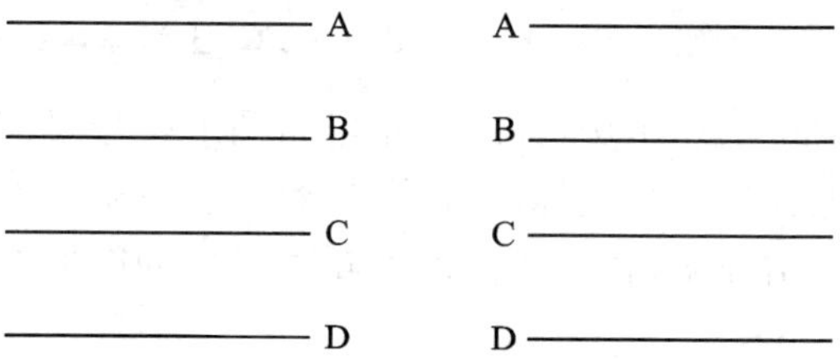

图 10-27 中断线组的表示方法

(3) 单线表示法

为了避免平行线过多,造成图面复杂,可采用单线表示法。图 10-28 表示两端处于相同位置的平行线。在一组导线中,当连接线两端处于不同位置时,为避免交叉太多,也可用单线表示,但每根连接线两端应标以相同的编号,如图 10-29 所示。

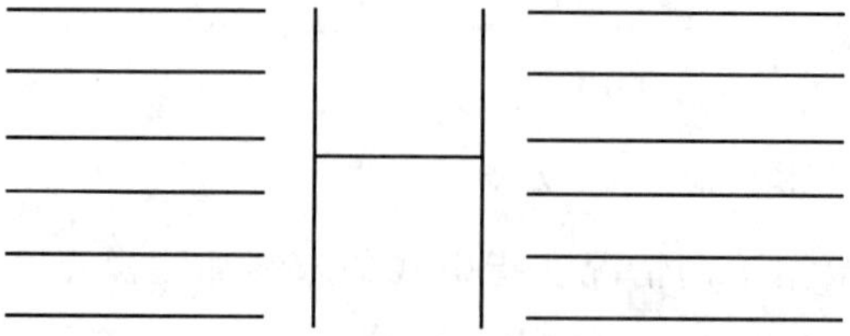

图 10-28 两端处于相同位置的平行线的单线表示法

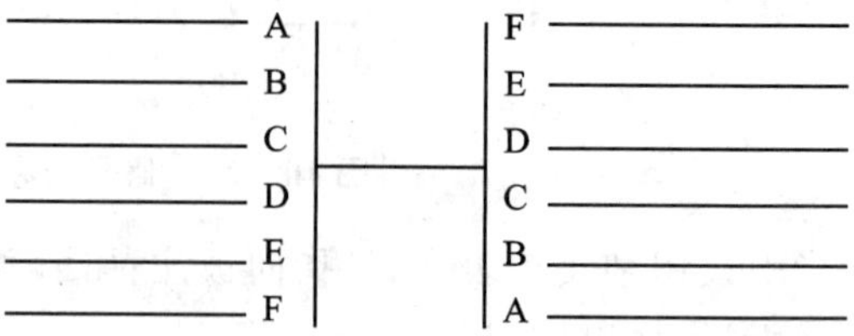

图 10-29 两端处于不相同位置的平行线的单线表示法

任务 10.3　汽车电路图识读

10.3.1　电路图的种类

汽车电路图是利用各种符号和线条构成的图形，电路图清楚地表示了电路中的各组成元件、电源、熔丝、继电器、开关、继电器盒、接线盒、连接器、电线、搭铁等，有些电路图还表示出了电器零件的安装位置、连接器的形式及接线情况、电线的颜色，接线盒和继电器盒中继电器及熔丝的位置，线束在汽车上的布置等。但根据各种电路图的特点可分成以下几种。

1. 电路原理图

电路原理图是通过简明的图形符号表示电气系统的元件连接关系和完整的回路构成。通过电路原理图可以了解电气系统的功能以及系统工作过程等。图 6－16 即为照明系统电路原理图。

电路原理图的特点：

① 电路元件表达清晰。在各车系电路中，使用固定的电气符号表示电器元件。有的电器或电子控制部件符号通常还载有功能与基本结构信息。

② 电路连接关系清晰。各电路横纵布局合理，电路简化后较少迂回曲折，元件串并联关系清晰。

③ 系统电路原理分析方便。为方便分析电路，全车电路原理图多由各分系统原理图组成。分析每个系统电路原理非常方便。

2. 线束图

线束图是将相关电器的导线汇在一起组成线束绘制出来，并表示线束在车上的走向的图形。根据线束图可以了解线束之间的连接关系，电气元件与线束连接的插接器名称、位置和标记等，目前线束图的绘制标准并不统一。线束图可分为线束结构图和线束布置图。

线束结构图主要表示在线束上有哪些插接器连接以及搭铁点的连接。图 10－30 所示为某车型发动机线束结构图。线束布置图主要是反应线束在车上的布置位置及连接元件的位置。图 10－31 所示为某车型线束布置图。

3. 线路图

线路图的作用是将所有汽车电器按车上的实际位置、用相应的外形简图或原理简图画出来，并用线条一一连接起来。线路图的特点是汽车电器的实际位置、外形与图中所示方位相符，较为直观，便于循线跟踪地查找导线的分支和节点。但线路图线束密集、纵横交错，可读性较差，电路分析过程相对较为复杂。图 10－32 所示是解放 CA1092 型汽车的线路图。

4. 接线图

接线图的作用是用来标记接线与连接器的实际位置、色码和线型等信息的指示图。接线图是专门用于检修时查寻线束走向、线路故障及线路复原时使用。接线图的特点是导线以接近于线束的形式从相应的连接点引出，便于维修时接线、按线路查找故障，但不便于进行电路分析。可以是整车电路的接线图，也可以是子系统的接线图。图 10－33 所示是日产风度轿车充电系统接线图电路。

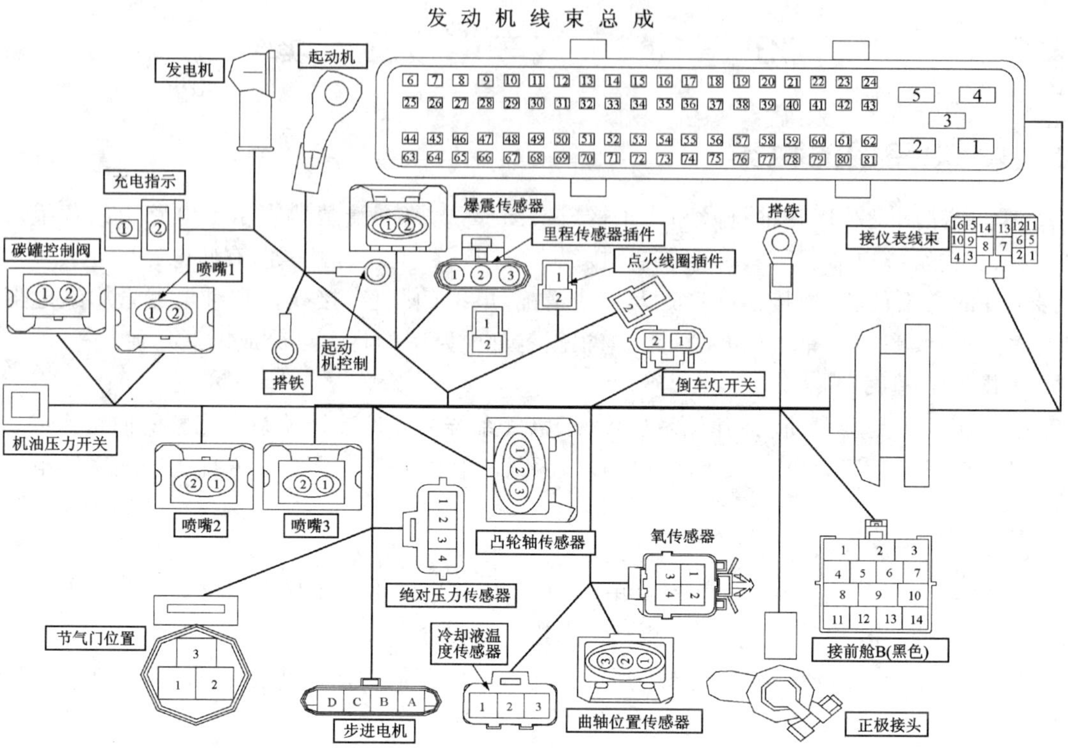

图 10－30　某车型发动机线束结构图

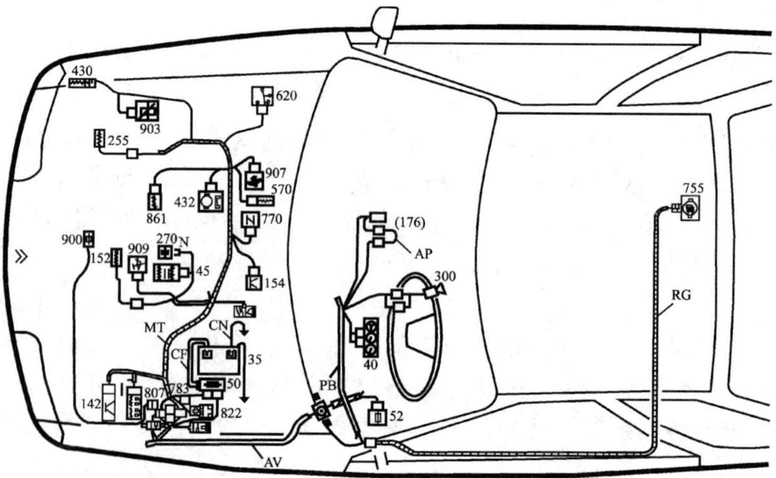

图 10－31　某车型线束布置图

5. 汽车电器元件位置图

汽车电器元件位置图标明电路图上的电气元件、线束及搭铁点在车上的实际布置位置，便于在检测时快速找到相应的电器元件。图 10－34 所示为某车型继电器电器元件位置图。

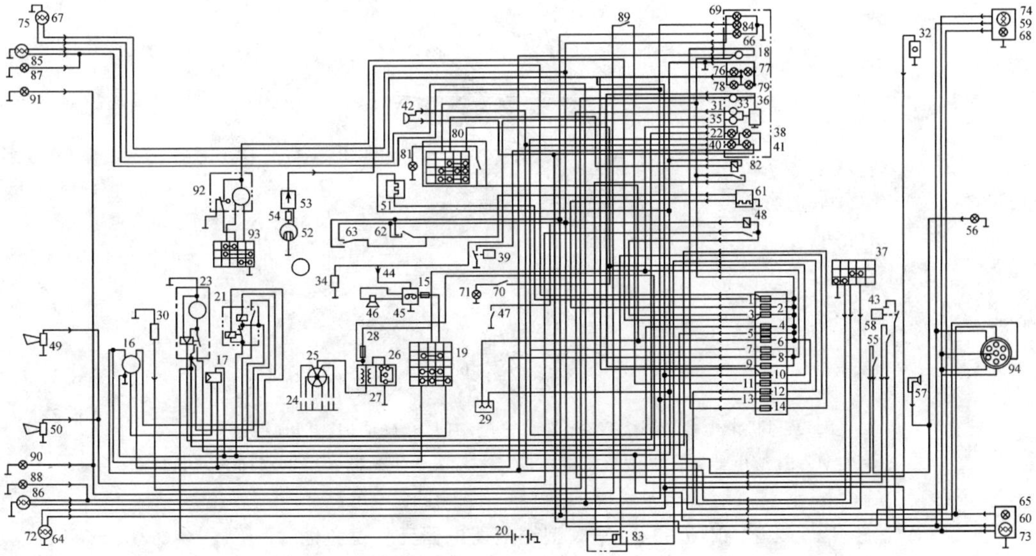

图 10－32　解放 CA1092 型汽车线路图

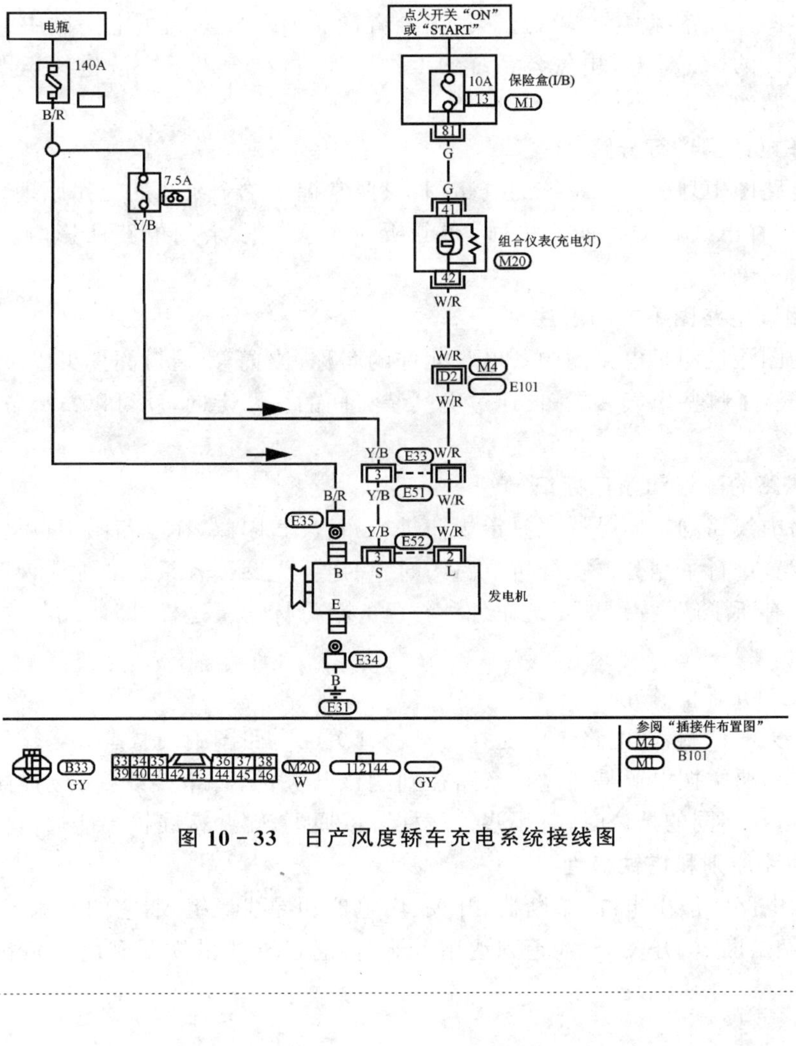

图 10－33　日产风度轿车充电系统接线图

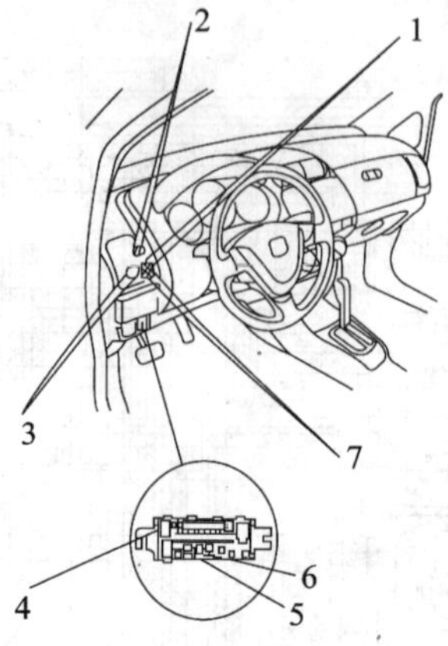

1—鼓风机继电器/车尾灯继电器；2—电动门锁/燃油加注门锁继电器；
3—PGM-FI继电器；4—电动车窗继电器；5—仪表板下熔断丝继电器；6—继电器；
7—起动机断开继电器/后车窗除霜继电器

图10-34 某车型继电器电器元件位置图

10.3.2 汽车电气设备线路分析的一般方法

汽车电路图一般错综复杂，较为密集，很难看懂。但只要掌握了电路图中的图形符号、相关标志和接线柱的标记，以及电气各系统的工作原理，再结合以下方法进行识图，就可以读懂不同形式的电路图了：

1. 对整车电路图进行分解

从整车电路图中划分出各系统的电路图，只要掌握了单个系统的工作原理，就能按照该系统的工作过程，查出线路的走向。这样，在分析时不会被多余的电路所影响，将复杂转变为简单。

2. 认真阅读电路图下方的图注

电路图的图注说明了电路图中各电气元件的名称、位置等，通过阅读可以帮助读者尽快了解该汽车上安装了哪些电气装置，再通过电气装置间的线路走向，就可以掌握各电气元件的控制关系。

3. 熟悉线路的配线和颜色标记

由于电路中线路的走向是按照一定规律进行布置的，因此，在电路图中也将电路走向按照不同的配线装置进行了划分。在分析电路图时，一定要先阅读各系统的配线说明。另外，对于配线颜色也要有所了解，特别是要记住各种颜色的字母标记。这样，即便线路的跨距很远也不会影响阅读。

4. 熟悉控制元件的作用

特别是开关的控制，在电路图中随处可见。开关在电路图中的状态和各位置的功能，必须首先了解；其次，要掌握电源是通过什么路径到达该开关的，各个接线柱分别与哪些元器件连接；同时要知道在不同的挡位时，有哪些接线柱可以通电，哪些接线柱不能通电。

5. 熟记回路原则和搭铁极性

汽车上的电路一般由电源、熔断器、开关、用电器和导线等组成，它的电流流向必定是从电源正极出发，经熔断器、开关、导线等到达用电器，再通过导线搭铁回到电源负极，从而构成一个完整的回路。电路的搭铁极性一般为负极搭铁方式。

6. 了解继电器的工作状态

现代汽车电路中经常采用各种继电器对一些复杂电路进行控制。可以把含有线圈和触点的继电器看成是由线圈工作的控制电路和触点工作的主电路两部分。主电路中的触点只有在线圈电路中有工作电流流过后才能动作。了解继电器的工作状态，特别是一些电子继电器的工作状态，对分析电路会大有帮助。

7. 通过解剖典型电路，达到触类旁通

许多车型的局部电路都是相同或相近的，因此，剖析几个典型电路，掌握其共同特点和原则，就能了解许多其他车型的电路。

8. 电路图的识读注意事项

电路图的识读应注意：

① 读电源系统电路时应从电源开始，先找到蓄电池、发电机及电压调节器。发电机励磁电路是受点火开关控制的。

② 查找启动电路必须先找到点火开关、启动继电器及电源开关的控制电路。

③ 查找点火电路时，先找点火控制器(或分电器)、点火线圈、点火开关及火花塞。

④ 查找照明电路时，先找车灯控制开关、变光器、前照灯、示廓灯及各种照明灯。照明电路的一般接线规律是：示廓灯与前照灯不同时亮；前照灯的远光与近光不能同时亮；仪表照明灯、尾灯、牌照灯等只有在夜间工作时才亮。

⑤ 查找仪表电路时，先找组合仪表、点火开关、仪表传感器与仪表电源稳压器。仪表电路都受点火开关控制，电热式或电磁式仪表表头与传感器并联。有些汽车仪表和指示灯同时显示一种参数。如充电、油压、油量与冷却液温度等，它们的指示灯是闪烁的，由一个多谐振荡器控制，同时还有蜂鸣器报警。

⑥ 查找信号控制电路时，由于信号装置属于随时使用的短暂工作设备，一般应注意它是接在经常有电的导线上，且仅受一个开关控制，以免影响信号的发出。

⑦ 查找辅助装置控制电路时，应首先熟悉辅助装置的图形符号、有关控制开关及其功能，而后按照从电源熔断器控制开关到用电设备的顺序进行。

表 10－4 所列为大众汽车电路图中的电器图形符号。

表 10－4　大众汽车电路图中的电器图形符号

序　号	图　形	名　称	序　号	图　形	名　称
1	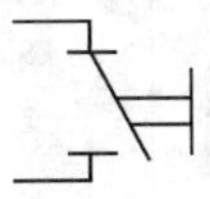	手动开关	3	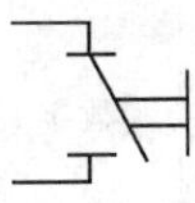	手动按钮开关
3	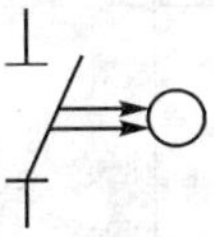	机械控制开关	4	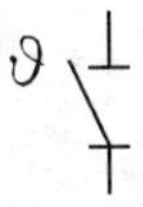	热敏开关
5	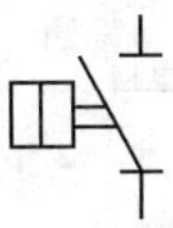	压力开关	6		电阻

续表 10－4

序　号	图　形	名　称	序　号	图　形	名　称
7	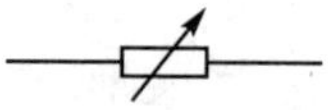	可变电阻	8	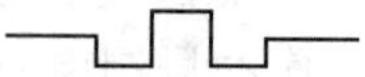	加热器加热电阻
9	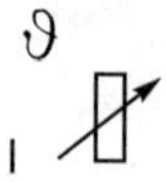	热敏电阻	10		线圈
11	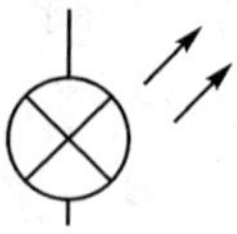	线圈	12	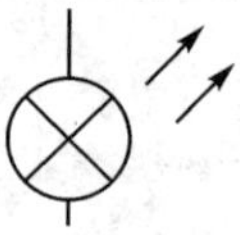	发光二极管
13		二极管	14		稳压二极管
15	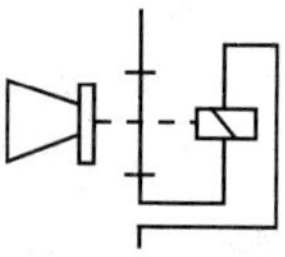	扬声器	16	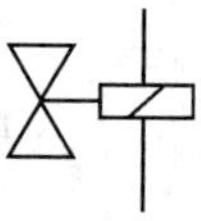	电磁阀
17	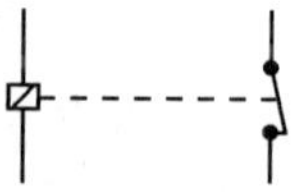	继电器	18	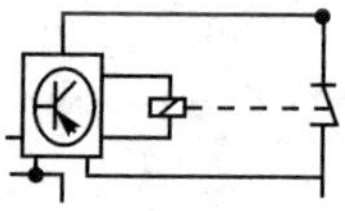	电子控制式继电器
19		蓄电池	20	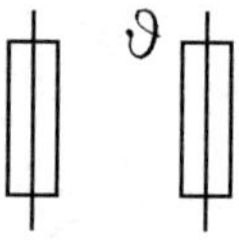	保险丝
21	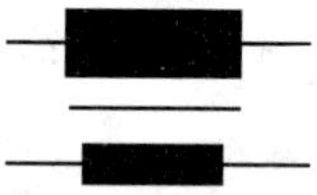	点火线圈	22		火花塞
23	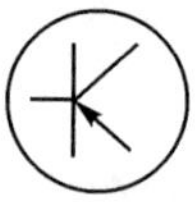	电子控制器	24		指针式仪表
25	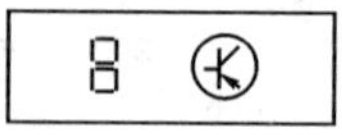	数字式时钟	26	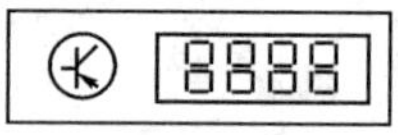	多功能显示器
27	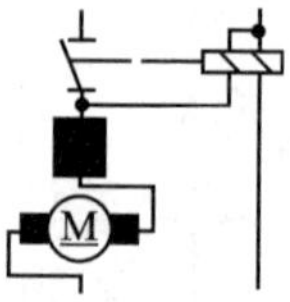	起动机	28	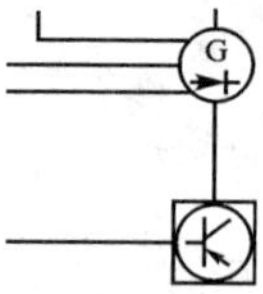	带电压调节器的交流发电机

续表 10-4

序 号	图 形	名 称	序 号	图 形	名 称
29	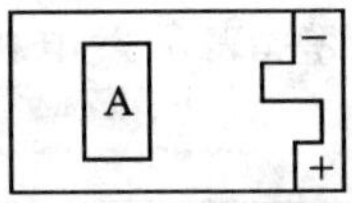	氧传感器	30	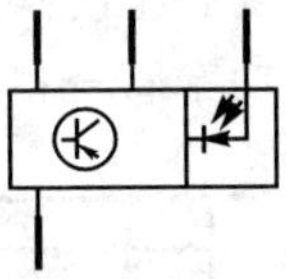	光电式传感器

10.3.3 大众汽车电路图说明

大众车系电路图图上的灰色区域表示汽车的中央接线盒的熔丝与继电器。灰色区域内部水平线为接电源正极的导线，有 30、15 和 X 等。其中 30 线直接接蓄电池正极，称为常火线。15 线接点火开关，当点火开关处于“ON”及“START”挡时有电，给小功率用电器供电。X 线的电路为当点火开关接至“ON”或“ST”挡时，中间继电器闭合，通过触点给大功率用电器供电。31 线为接地线，它与中央接线盒支架搭铁点相连接。所有电器件均处于图中间的位置。

(1) 外线部分

在图上以粗实线画出，集中在图的中间部分。每条线上都有导线的颜色、导线的截面积的标注(原厂图)。线端都有接线柱号或插口号表示其连接关系。

(2) 内部连接部分

内部连接部分在图上以细线画出。这部分连接是存在的，但线路是不存在的。这种标示线路是为了说明连接关系。同时，使电路图更加容易理解。图中起连接作用的细实线表示接线柱、接线铜片及铰接等的非导线连接方式。

(3) 电气元件部分

电气元件在图中用框图辅以相应的标号表示。每一个元件都有一个代号。电气元件的接线点都用标号标出，标号在元件上可以找到。

图中还有继电器标号、继电器盘上插接件和连接件符号、熔断丝座标号及熔断丝容量等。熔断丝容量用不同的颜色加以区别。车上的大部分继电器和熔断丝都安装在保险丝/继电器盒内。几乎全部主线束均从继电器盘背面插接后通往各个用电器。

(4) 电路连接序号

图最下端是标注图中各线路位置的编号，这一标号只是制图和识图的标记号，数字的大小没有实际的物理意义，它的作用一是可顺序表达整个车的全部电路内容，便于表示每一部分的相对独立及相互联系；二是便于反映一部分电路图中难以表达的接线部分。各线路平行排列，每条线路对准下框线上的一个编号。线路如在图中中断，断口处标注与之连接的另一段线路所在的编号。

1. 电源系电路

桑塔纳轿车电源系电路如图 10-35 所示。其电路编号 1～6、23～30。

(1) 发电机他励电路

当点火开关 D 置于 1 挡，发电机转速低于 1 200 r/min 时，蓄电池担负着向用电设备供电的任务，同时向发电机提供励磁电流。其励磁电路为：蓄电池正极→中央线路板单端子插座 P 端子→中央线路板内部线路→中央线路板单端子插座 P→点火开关 30 端子→点火开关 15 端子→组合仪表板下方26端子连接器的11端子→两只并联电阻和充电指示灯 K_2→二极管→组合仪表板下方26端子连接器的26端子→中央线路板A16端子→中央线路板内部线路→中央线路板D4端子→单端子连接器 T_{1d}(蓄电池旁边)→交流发电机D+端子→交流发电机的励磁绕组→电子调节器功率管→搭铁→蓄电池负极。充电指示灯亮,表示发电机处于他励。

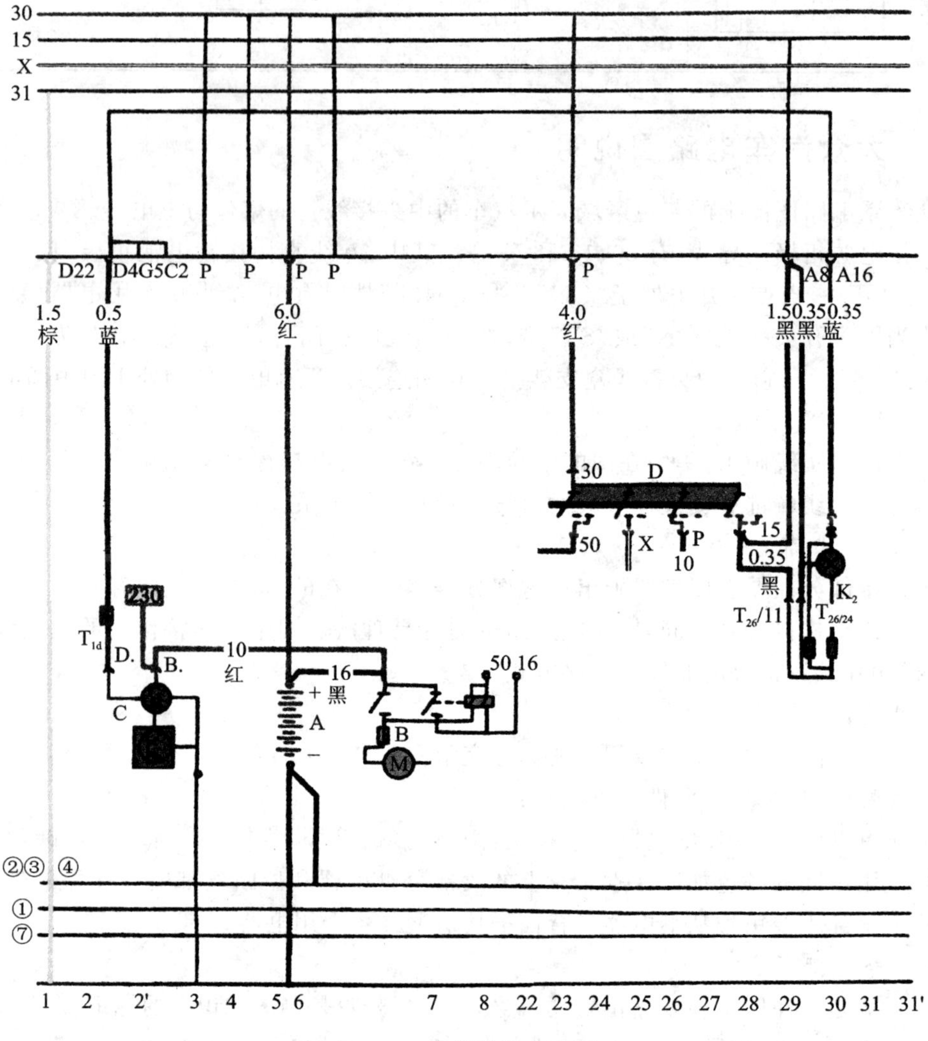

图10-35 桑塔纳轿车电源系

(2) 发电机自励电路

当 n 大于1 200 r/min向外供电,并向蓄电池充电,充电指示灯熄灭。

发电机励磁电路为:蓄电池"+"或(发电机"+")点火开关→充电指示灯 K_2→发电机励磁绕组→电压调节器→搭铁→蓄电池"-"或(发电机"-")。

(3) 发电机充电电路

发电机充电电路为:交流发电机的B端子→起动机30端子→蓄电池A正极→蓄电池负极→搭铁→发电机负极。

2. 启动系电路

启动系电路如图10-36所示。其电路编号5~8、23~28。

直流串励式电动机(功率为 950W)由点火开关的启动挡直接控制。点火开关内设置有机械锁止装置,对启动系起保护作用。

当点火开关置于启动挡时,接通起动机电磁开关内的吸拉和保持线圈,其电路为:蓄电池正极→中央线路板单端子插座 P 端子→中央线路板内部线路→中央线路板单端子插座 P 端子→点火开关 30 端子→点火开关 50 端子→中央线路板 B8 端子→中央线路饭内部线路→中央线路板 C18 端子→起动机 50 端子→进入电磁开关→搭铁→蓄电池负极。

起动机主电路为:蓄电池正极→起动机 30 接线柱→电磁开关接触盘→起动机 C 接线柱→起动机→搭铁→蓄电池负极。

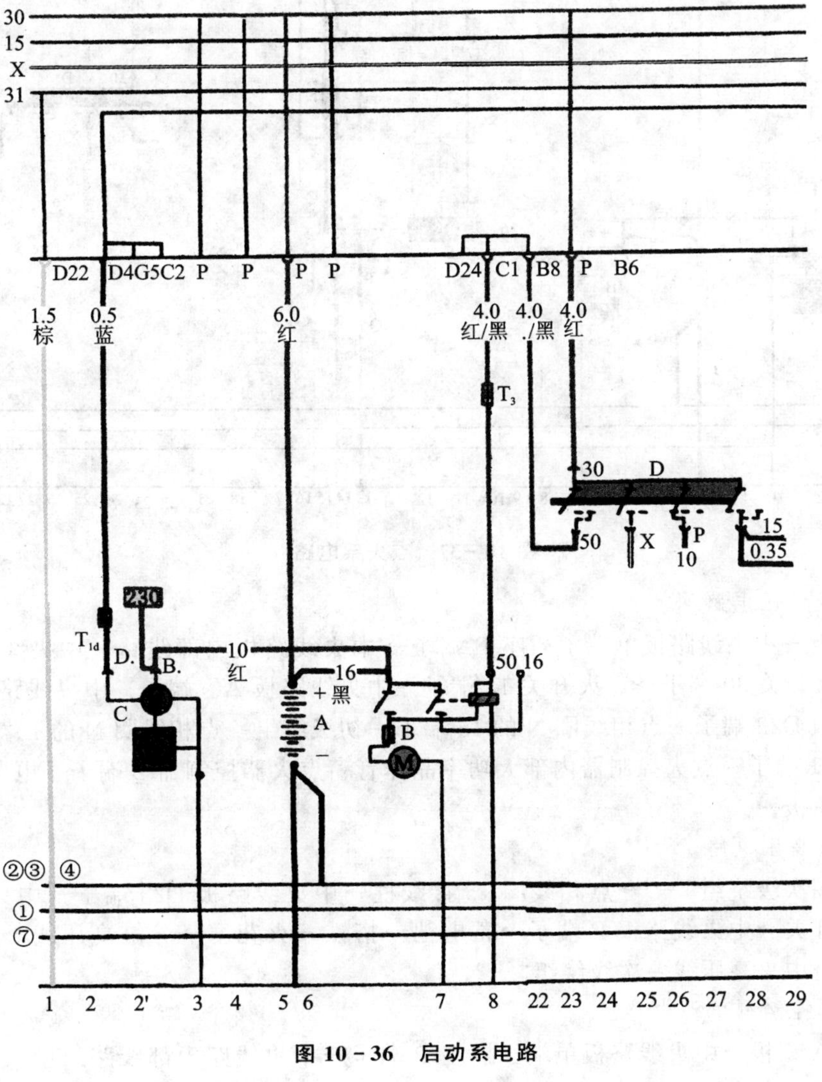

图 10 - 36　启动系电路

3. 点火系电路

点火系电路如图 10 - 37 所示。

电子点火器 N41 有 7 个脚,"1"——接点火线圈"−";"2"——接蓄电池"−";"3"——接分电器"−";　"4"——接点火线圈"+";"5"——接分电器"+";"6"——接分电器"S";

“7”——空脚。

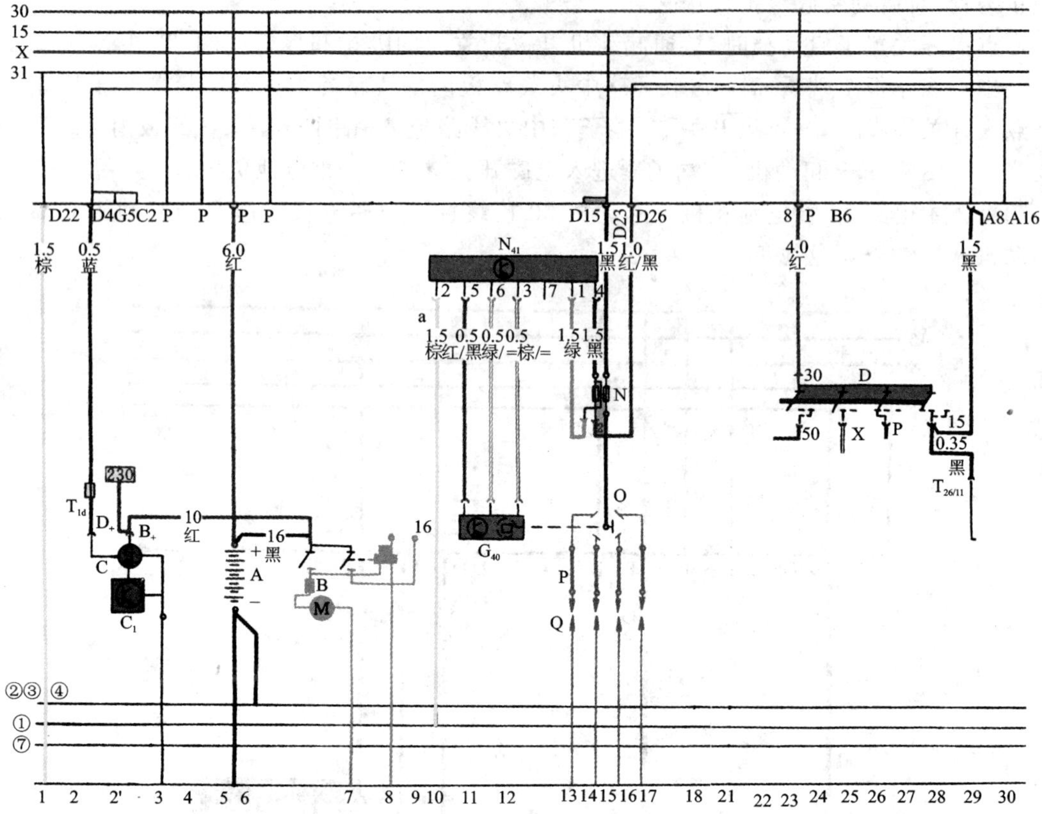

图 10-37 点火系电路

（1）初级低压电路

电源正极→中央线路板单端子插座 P 端子→中央线路板内部线路→中央线路板单端子插座 P→点火开关 30 端子→点火开关 15 端子→中央线路板 A。端子一中央线路板内部电路一中央线路板 D23 端子一点相线圈 N 的 15 端子一初级绕组一点相线圈 N 的 1 端子一点火控制器 N41 的 1 端子一点火控制器内部大功率晶体管一点火器控制器 2 端子一电路编号 10 搭铁一蓄电池负极。

（2）次级高压电路

点相线圈次级绕组“+”→点相线圈 15 接线柱→中央线路板 D23 端子→中央线路板 A8 端子→点火开关→中央线路板 P 端子→蓄电池→搭铁→火花塞→分缸高压线→配电器旁电极→分火头→中央高压线一次级绕组“−”。

（3）点火控制器电源电路

蓄电池 A 正极→中央线路板单端子插座 P 端子→中央线路内部线路→中央线路板单端子插座 P 端子→点火开关 30 端子→点火开关 15 端子→中央线板 A8 端子→中央线路板内部电路→中央线路板 D23 端子→点相线圈 N 的 15 端子→点火控器 4 端子→点火控制器内部电路→点火控制器 2 端子一搭铁一蓄电池负极。

（4）霍尔传感器信号电路

霍尔传感器的电源线(红/黑)、信号线(绿/白)、搭铁(棕/白)分别与点火控制器 5、6、3 端子连接,将信号传给点火控制器,点火控制器内大功率晶体管导通与截止,控制初级电路的通断。

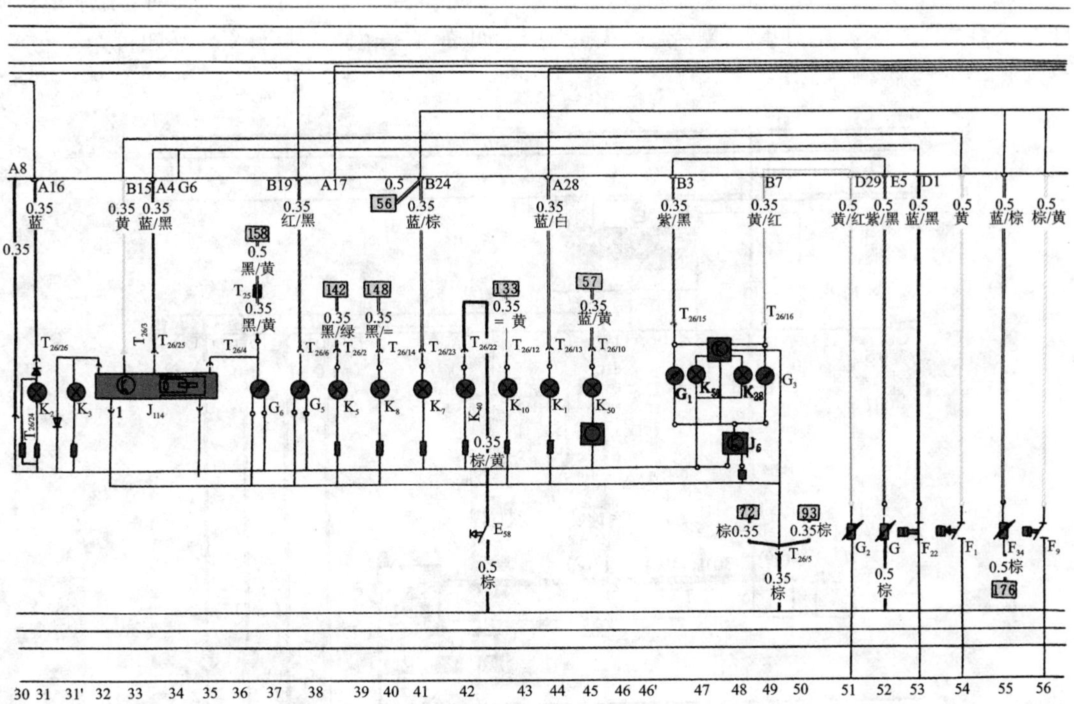

图 10-38 仪表、信号电路

4. 仪表、信号电路

点火系工作的同时,仪表和指示灯电路也同时工作。仪表、信号电路如图 10-38 所示。

油压指示系统的特点:

① 低压传感器触点为常闭触点,工作压力为 30 kPa,低于该值,低压传感器触点闭合;其电路为:电源正极→点火开关 30→油压检查控制器 J114→低压传感器 F1 触点→低压传感器 F1 外壳→搭铁→电源负极。

② 高压传感器触点为常开触点,工作压力 180 kPa,低于该值,高压传感器触点断合,高于该值,高压传感器触点闭合;电源正极→点火开关→油压检查控制 J114→高压传感器 F22 触点→高压传感器壳体→搭铁→电源负极。

③ 燃油表电路:电源正极→点火开关→编号 15 的线路→稳压器 J6→燃油表 G1→燃油传感器 G→搭铁→电源负极。

④ 水温表电路:电源正极→点火开关→编号 15 的线路→稳压器 J6→水温表 G3→水温表传感器 G2→搭铁→电源负极。

⑤ 冷却液位报警指示电路:电源正极→点火开关→编号 15 的线路→稳压器 J6→液位报警灯 K28→液位控制器 J120→冷却液不足开关 F66→搭铁→电源负极。

当冷却液温度超过 1240C 或液位低于限定值时,报警灯 K28 点亮。

5. 信号电路特点

信号电路如图 10-39 所示,其特点为:

① 四只转向信号灯 M_5、M_6、M_7、M_8 兼作报警灯使用。

② 倒车灯和制动灯分为左、右两只,与后转向信号灯、尾灯等组合在一起。

③ 小灯与尾灯兼作停车灯使用,当汽车停驶时,用作停车灯;当汽车行驶时,用作小灯和尾灯。小灯 M_1、M_3 和尾灯 M_2、M_4 受点火开关 D(四掷第三位)、车灯开关 El(四掷第三位)和停车灯开关 E19 控制。

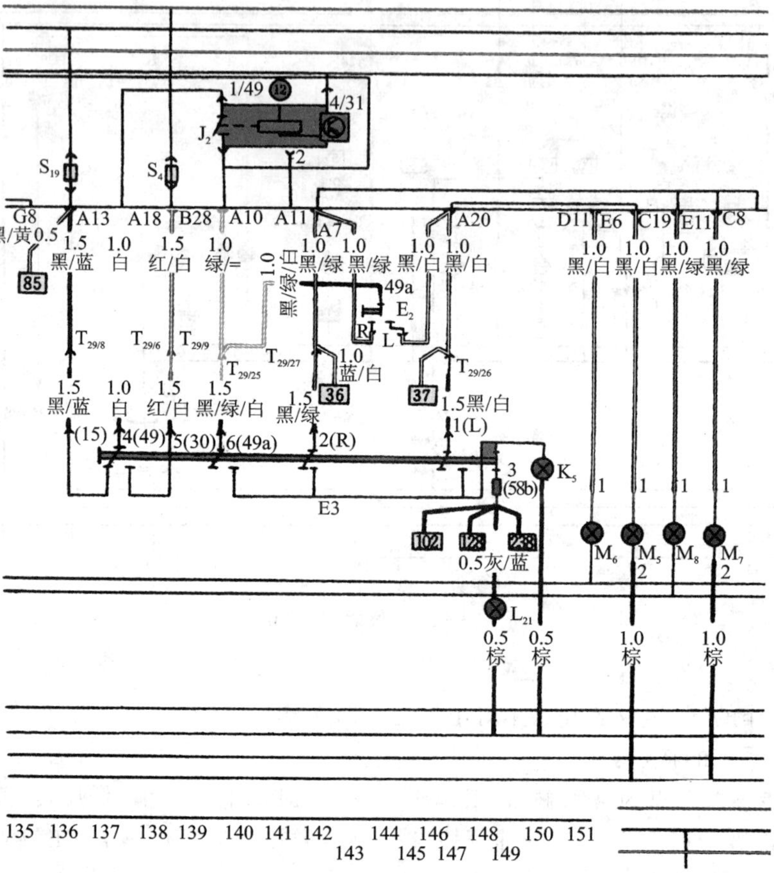

图 10-39 信号电路

6. 照明系电路特点

照明系电路如图 10-40 所示,其特点为:

① 前照灯 L_1、L_2 受车灯开关 E1 和转向组合手柄开关中的变光与超车灯开关 E4 控制。

② 雾灯开关受车灯开关 E1 和雾灯开关 E23 控制。

③ 行李箱照明灯 W3 由 30 号线电源经熔断器 S_3 供电,且受行李箱照明灯开关 F5 控制。

④ 顶灯 W 由 30 号线电源经熔断器 S3 供电,并分别受到顶灯开关和四个并联的门控开关 F2、F3、F10、F11 控制。

⑤ 牌照灯有两只,受车灯开关控制。

7. 扬声器和冷却风扇控制电路

① 扬声器与冷却风扇的电路由点火开关控制的编号为 15 的线路控制,电流通过熔丝 S_{16} 给扬声器 H1 通电发音。

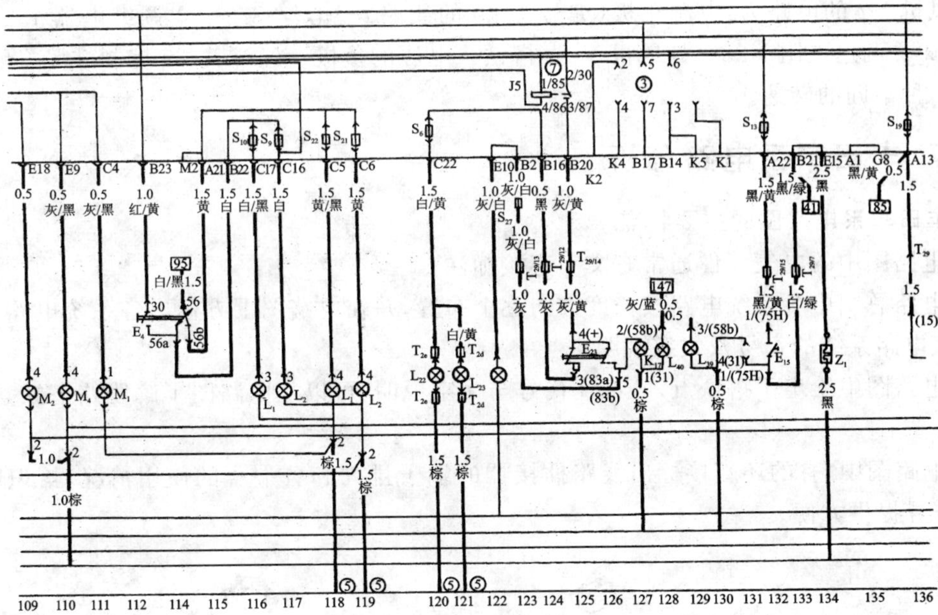

图 10-40　照明系电路

② 当冷却液温度高于 95℃时，温控开关 F18 闭合，电源经熔丝 S1、冷却风扇电动机 V7 低速接柱构成回路，V7 以 1 600 r/min 的速度运转。当冷却液温度高于 105℃时，温控开关 F18 的高温触点闭合，风扇电动机 V7 的高速接柱通电，冷却风扇以 2 400 r/min 的速度高速运转。

③ 当接通空调开关 E30，冷却继电器 J32 吸合，使风扇电动机 V7 高速运转，以加强冷凝器的散热强度，提高制冷系的制冷效率。

8. 空调系电路

由采暖和制冷两部分组成。发动机的冷却液为采暖系统的热源，由手动开关控制。新鲜

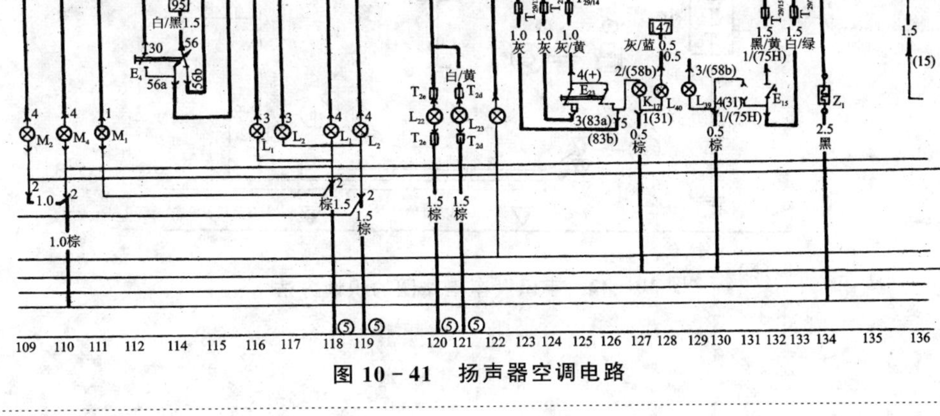

图 10-41　扬声器空调电路

空气鼓风机 V2 的电路为:电源正极(编号为 30 的线路)→熔丝 S23→空调继电器 J32→鼓风机开关 E9→调速电阻 N23→鼓风机 V2→搭铁→电源的负极。经开关 E9 控制鼓风机的电阻,可获得 4 种不同的转速。

10.3.4 丰田车系电路分析

1. 丰田车系电路图的主要特点

① 电路图中的电气元件通常有文字直接标注。

② 电路总图中各系统电路按长度方向逐个布置,并在电路图上方标出各系统电路的区域和代表该电路系统的符号及文字说明。

③ 电路图中绘出了搭铁点,并标注代号与文字说明,可以从电路图了解线路搭铁点,直观明了。

④ 电路图中,有的还直接标出线路插接器的端子排列和各端子的使用情况,给识图和电路故障查寻提供方便。

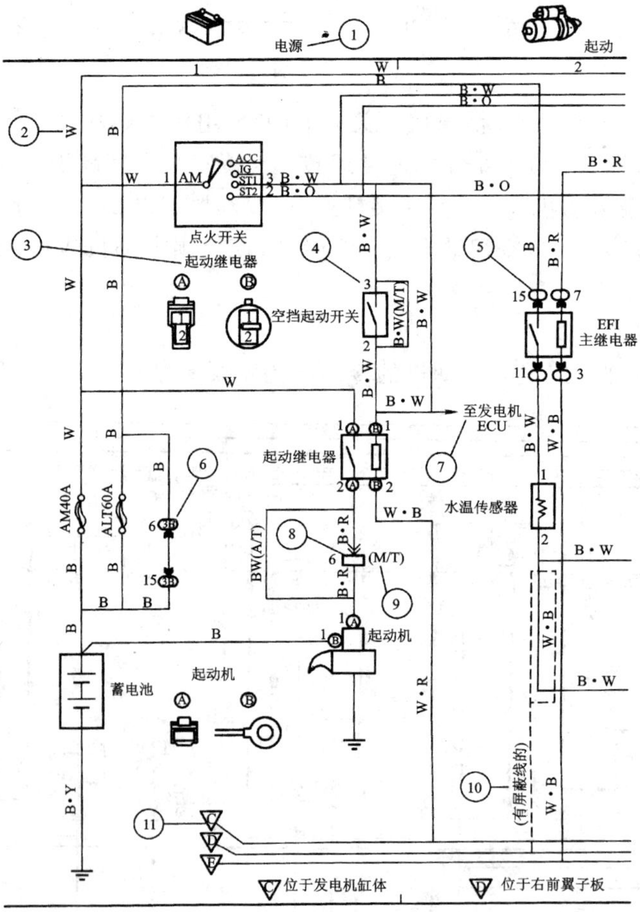

图 10-42 丰田汽车电路图的识读方法

2. 丰田汽车电路图的识读

①——系统标题;②——配线颜色;③——与电路元件连接的插接器;④——插接器的接线端子编号 ;⑤——继电器盒;⑥——接线盒。圈内数字表示接线盒(J/B)号码,圈旁数字表示该插接器插座位置代码;⑦——相关联的系统;⑧——配线与配线之间的插接器;⑨——当车辆型号、发动机型号或规格不同时,用()中内容来表示不同的配线和插接器等;⑩——屏蔽的配线;⑪——搭铁(搭铁)点位置。搭铁(搭铁)点在电路图中用“▽”符号表示。

任务 10.4　汽车电气的故障检修方法

10.4.1　常见电路故障

汽车电路常见的故障有开路(断路)、短路、搭铁等。

1. 开路(断路)

开路故障如图 10-43 所示。

开路一般由导线折断、导线连接端松脱或接触不良等原因所造成。

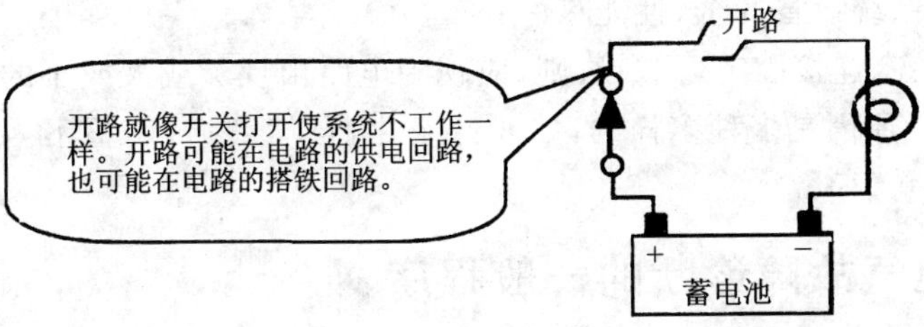

图 10-43　开路故障

2. 短　路

短路如图 10-44 所示。造成短路的原因有:导线绝缘破坏,并相互接触造成短路,开关、接线盒、灯座等外接线螺丝松脱,造成线头相碰;接线时不慎,使两线头相碰;导线头碰金属部分。

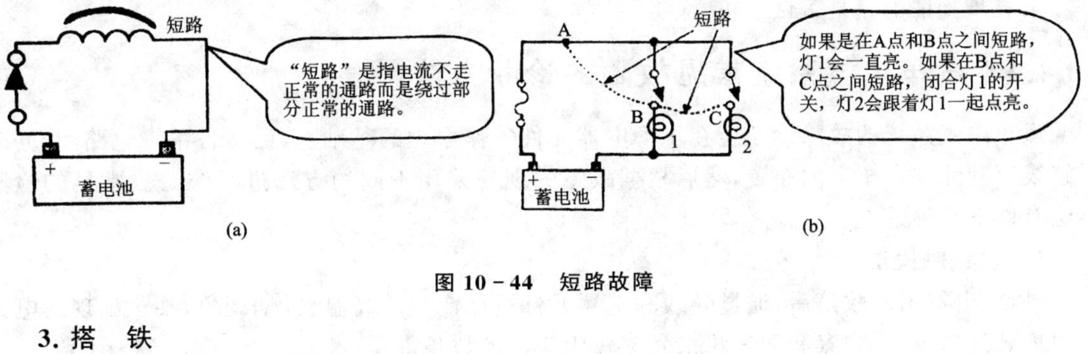

图 10-44　短路故障

3. 搭　铁

搭铁如图 10-45 所示。搭铁的原因:火线直接与金属机体相碰。

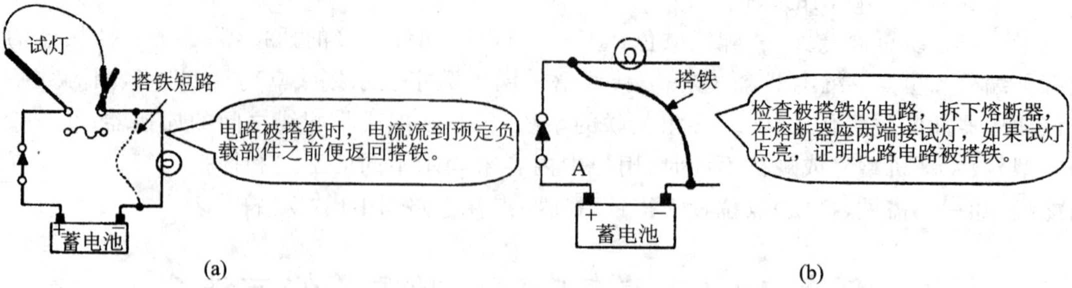

图10-45 搭铁故障

10.4.2 检修故障的思路

正常的汽车电气电路，必须是：

① 点火电路能够产生足够能量的正时火花；

② 电源电路充电稳定，并能满足用电设备在各种状态下的需要；

③ 起动机启动有力，分离彻底；

④ 照明及信号系统设备齐全，性能良好；

⑤ 全车线路整齐，连接固定可靠；否则，应视为电路出现了或大或小的故障。

电路故障的产生原因是多种多样的，如元件老化，自然磨损，调整不当，环境腐蚀，机械摩擦、导线短路或断路等。

10.4.3 汽车电气故障诊断的一般程序

汽车电气故障诊断的一般程序为：

第一步验证车主(用户)所反映的情况，并注意通电后各种现象。再动手拆检之前，尽量缩小故障产生的范围。

第二步分析电路原理图，弄清电路的工作原理，对问题所在做出推断。

第三步重点检查问题集中的线路或部件，验证第二步做出的推断。

第四步进一步进行诊断与检修。

第五步验证电路是否恢复正常。

10.4.4 汽车电气系统常见故障的诊断方法

汽车电气系统的故障诊断应在了解电器元件工作原理的基础上，读懂各系统电路图，同时了解线束和元件在车上的布置，然后根据故障的现象采用不同的方法进行维修。常见的检测方法有以下几种。

1. 观察、触摸法

电路、电器出现故障后，通过导线和电器元件可能产生的高温、冒烟现象，甚至出现的电火花和焦煳气味等，靠观察和闻气味来发现较为浅显的故障部位。

用手触摸电器元件表面，根据温度的高低进行故障诊断。电器元件正常工作时，应有合适的工作温度，若温度过高、过低，将意味着有故障。例如，起动机运转无力时，若蓄电池极柱与导线接触不良，触摸时将有烫手感觉；当发动机出现少数汽缸不工作或工作不良时，可用手触摸火花塞外表面,温度偏低的为故障汽缸。

2. 利用车上仪表法

观察汽车仪表板上的电流表、水温表、燃油表和机油压力表等的指示情况,判断电路中有无故障。例如:发动机冷态,接通点火开关时,水温表指示满刻度位置不动,说明水温表传感器有故障或该线路有搭铁。

3. 试灯法

用试灯将已经出现或怀疑有问题的电路连接起来,通过观察试灯的亮与不亮或亮的程度,来确诊某段电路的故障情况。

4. 断路法

汽车电路设备发生搭铁(短路)故障时,可用断路法判断,即将怀疑有搭铁故障的电路段断开后,观察电器设备中搭铁故障是否还存在,以此来判断电路搭铁的部位和原因。

5. 短路法

当低压电路断路时,用导线或螺丝刀等将某一线路或总成短路,以检验和确定故障部位。如制动灯不亮时,可在踏下制动踏板后,用螺丝刀将制动灯开关两接线柱连接以检验制动灯开关是否良好。对于现代汽车的电子设备而言,应慎用短路法来诊断故障,以防止短路时因瞬间电流过大而损坏电子设备。

6. 元件替换法

对于难以诊断且故障涉及面大的故障,可利用更换机件的方法来确定或缩小故障范围。如高压火花弱,怀疑是电容器故障时,可换用良好的电容器进行试火,若火花变强,说明原电容器损坏,否则应继续查找。

7. 高压试火法

当发动机工作不良或少数汽缸不工作时,可将高压分缸电火花塞取下,在距离火花塞5~7 mm处试火。若发动机工况好转,表明该缸工作失常。在试火过程中,还可以通过观察高压火花的强、弱或无火等现象来判断点火系统的工作是否正常。

8. 仪器、仪表检测法

利用万用表等仪表,对电器元件进行检测,以确定其技术状况。对现代汽车上越来越多的电子设备来说,仪表检测法有省时、省力和诊断准确的优点,但要求操作者必须具备熟练应用万用表的技能,以及对汽车电器元件的原理、标准数据能准确地把握。

10.4.5 汽车电气系统检修的注意事项

在对汽车电气系统进行检查时,应注意以下一些问题,以免在检修的时候损坏车辆或造成人为故障。

① 在点火开关接通时,不要轻易取下或插上电脑的线束插头。在带电插拔电脑插头的时候,瞬间的高电压可能损坏电脑内部元件或电路。

② 在点火开关接通或发动机运转时,如果没有特殊要求,不要断开任何线路。因为此时任何一个线圈的自感作用都会产生很高的瞬时电压,容易使电脑或传感器受损。

③ 在转动起动机检查汽缸压力时,要拔掉燃油喷射系统的电源继电器或保险丝以防喷入的燃油影响检查结果。

④ 不可用快速充电机进行辅助启动,以防止其脉冲高电压损坏电子元件。在使用快速充

电机充电时,务必拆下蓄电池搭铁线。

⑤ 不要随便用手触摸电脑针脚,也不要用测试灯测试与电脑相连的电路;在检测传感器时,不能用指针型欧姆表检测,而应用高阻抗的数字表。

⑥ 测试探针插入插头时,要从接头后侧(连线一端)插入探针,不要从针脚一侧插入探针,以免损坏接头或针脚。

⑦ 如果没有特殊要求,不要给任何电子元件施加12 V电压,因为许多电子元件只允许施加5 V电压。

⑧ 在检修汽车时,不要把电焊缆线随便搭在汽车电线上,也不能使其穿过汽车电线;在检修电脑或集成电路时,应带上金属环,防止静电损坏电脑电路。

⑨ 维修或诊断气囊元件周围零件时,应切断气囊的正常监控状态,防止因误操作引爆气囊。

项目评定

1. 选择题

(1) 国产汽车电源系导线常用的颜色是(　　)。

A. 黑色　　B. 白色　　C. 红色　　D. 紫色

(2) 导线根据使用部位和电流大小可以选用不同的横截面积,以下横截面积的导线适用于起动系统的是(　　)。

A. 1.0 m^2　　B. 1.5～4.0 m^2　　C. 4～25 m^2　　D. 16～95 m^2

(3) 以下不属于汽车电路保护装置的是(　　)。

A. 易熔线　　B. 断路器　　C. 空气开关　　D. 熔断器

2. 判断题

(1) 汽车中的搭铁电缆常用在蓄电池和车架、车架与车身、发动机与车架上。(　　)

(2) 连接蓄电池与起动机的导线应以工作电流大小来选定。(　　)

(3) 高压点火线因其承载电压高,故线芯截面积选得都很大。(　　)

(4) 启动继电器、扬声器继电器属于功能继电器。(　　)

(5) 汽车电脑与汽车电脑的通信采用数据总线的形式,使用普通导线即可。(　　)

(6) 汽车电气诊断采用触摸法是最方便的,对于所有故障的位置都可以用手直接触摸进行判断。(　　)

3. 简答题

(1) 新型汽车点火开关的作用?

(2) 熔断丝为什么能起“保险”作用?熔断丝烧坏了,能否用铜丝代替?

(3) 什么是电路原理图?有什么特点?

(4) 汽车电路图的读图要点?

参考文献

[1] 凌晨.汽车电器设备构造与维修[M].天津:天津科学技术出版社,2013.

[2] 纪光兰.汽车电器设备构造与维修[M].北京:机械工业出版社,2011.

[3] 张森林,王培先.汽车电气设备与维修[M].北京:冶金工业出版社,2009.

[4] 孙仁云,付百学.汽车电器与电子技术[M].北京:机械工业出版社,2011.

[5] 张美娟.汽车电气与电控系统简明教学图解[M].北京:人民交通出版社,2004.

[6] 毛峰.汽车电器设备与维修[M].北京:机械工业出版社,2005.

[7] 马友良.汽车电路分析与故障诊断[M].北京:机械工业出版社,2007.

[8] 吴涛.汽车电器设备与维修[M].陕西:西安电子科技大学出版社,2006.

[9] 方瑞学.汽车电器维修[M].北京:机械工业出版社,2006.

[10] 赵福堂.汽车电气与电子设备[M].北京:北京理工大学出版社,2005.

[11] 周泳敏,朱洪波.汽车电路识图指南[M].北京:机械工业出版社.2004.

[12] 胡光辉.汽车电气设备构造与维修[M].北京:人民邮电出版社,2012.

[13] 赵凤杰.汽车电气设备构造与维修[M].北京:人民交通出版社,2005.

[14] 冯渊.电控发动机维修[M].北京:机械工业出版社,2004.

[15] 舒华,姚国平.汽车电子控制技术[M].北京:人民交通出版社,2002.

[16] 舒华等.汽车新技术[M].北京:国防工业出版社,2005.

[17] 刘坚.用于下一代汽车双电压(14/42V)电气系统[J].汽车电气,2000(1):5-6.

[18] 赵仁杰.汽车电气设备[M].北京:人民交通出版社,2000.

[19] 王振群.汽车行驶记录仪在道路交通管理中的应用[J].广东公安科技,2003(4):59-61.